ZEROCALCARE

SERÁ TODO PARA MÍ

Traducción de Carlos Mayor

Tonos de grises de Alberto Madrigal

RESERVOIR BOOKS

Papel certificado por el Forest Stewardship Council®

Título original: *Quando muori resta a me*
Primera edición: abril de 2025

© 2024, Zerocalcare
Esta edición ha sido publicada por acuerdo con BAO Publishing s.r.l. a través de International Editors and Yáñez' Co.
© 2025, Penguin Random House Grupo Editorial, S. A. U.
Travessera de Gràcia, 47-49. 08021 Barcelona
© 2025, Carlos Mayor Ortega, por la traducción

Penguin Random House Grupo Editorial apoya la protección de la propiedad intelectual. La propiedad intelectual estimula la creatividad, defiende la diversidad en el ámbito de las ideas y el conocimiento, promueve la libre expresión y favorece una cultura viva. Gracias por comprar una edición autorizada de este libro y por respetar las leyes de propiedad intelectual al no reproducir ni distribuir ninguna parte de esta obra por ningún medio sin permiso. Al hacerlo está respaldando a los autores y permitiendo que PRHGE continúe publicando libros para todos los lectores. De conformidad con lo dispuesto en el artículo 67.3 del Real Decreto Ley 24/2021, de 2 de noviembre, PRHGE se reserva expresamente los derechos de reproducción y de uso de esta obra y de todos sus elementos mediante medios de lectura mecánica y otros medios adecuados a tal fin. Diríjase a CEDRO (Centro Español de Derechos Reprográficos, http://www.cedro.org) si necesita reproducir algún fragmento de esta obra. En caso de necesidad, contacte con: seguridadproductos@penguinrandomhouse.com

Printed in Spain – Impreso en España

ISBN: 978-84-10352-13-1
Depósito legal: B-2.591-2025

Compuesto en M.I. Maquetación, S.L.
Impreso en Gráficas 94, S.L.
Sant Quirze del Vallès (Barcelona)

RK52131

*Todas las emociones descritas en este libro
se han experimentado de verdad.
Pueden haberse modificado nombres, lugares y situaciones
para proteger a los supervivientes.*

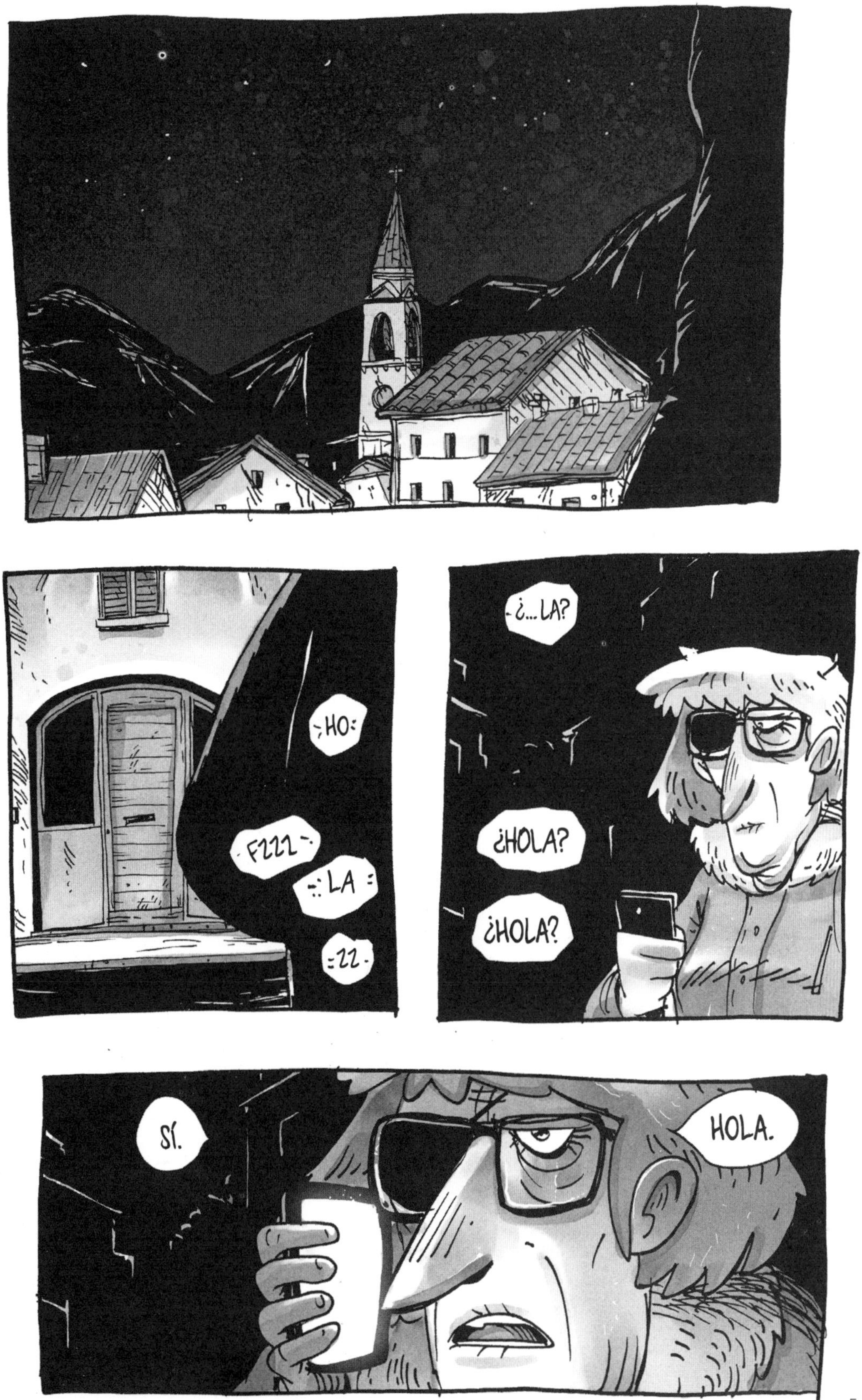
HO
FZZZ
LA
ZZ
¿...LA?
¿HOLA?
¿HOLA?
SÍ.
HOLA.

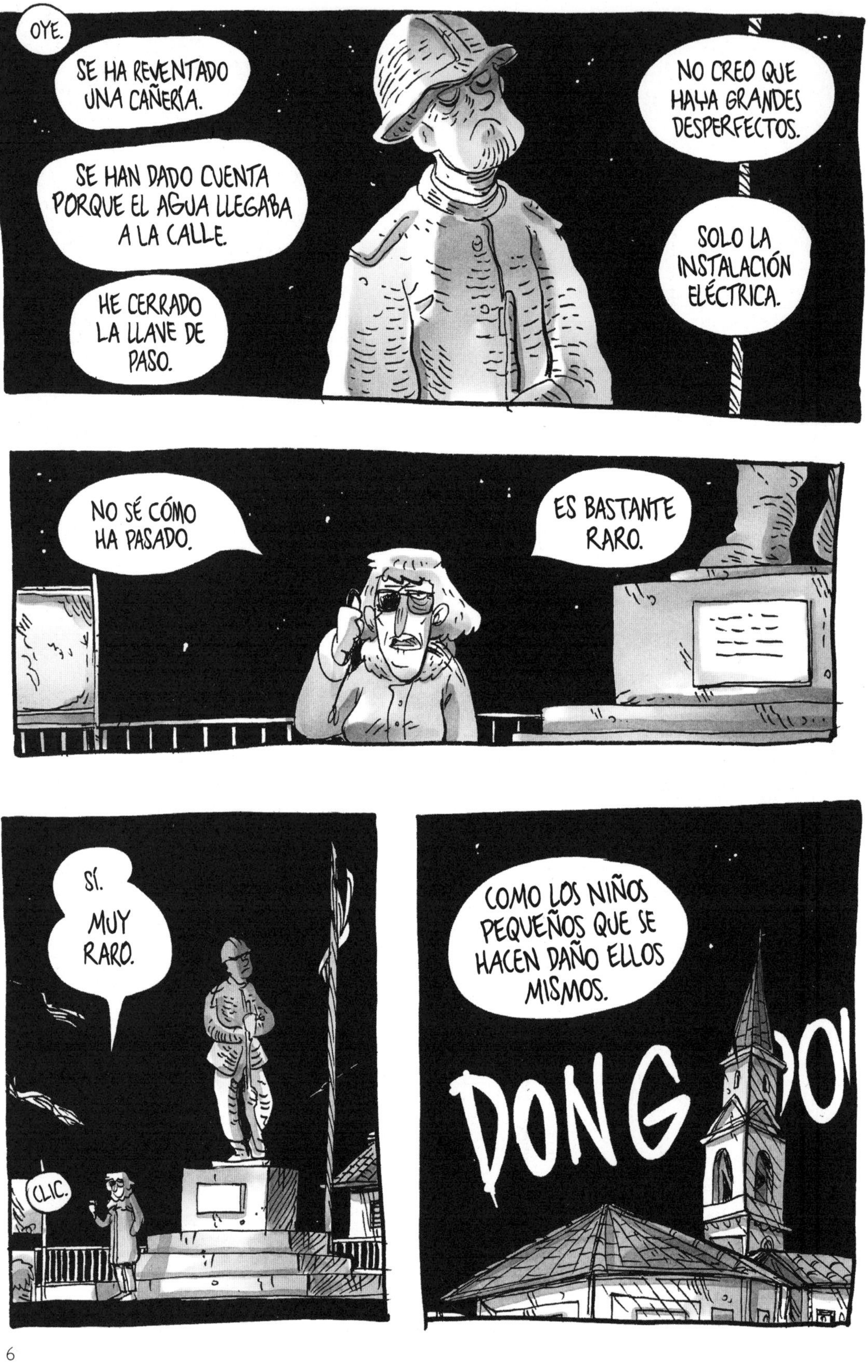
OYE.
SE HA REVENTADO UNA CAÑERÍA.
SE HAN DADO CUENTA PORQUE EL AGUA LLEGABA A LA CALLE.
HE CERRADO LA LLAVE DE PASO.
NO CREO QUE HAYA GRANDES DESPERFECTOS.
SOLO LA INSTALACIÓN ELÉCTRICA.
NO SÉ CÓMO HA PASADO.
ES BASTANTE RARO.
SÍ.
MUY RARO.
CLIC.
COMO LOS NIÑOS PEQUEÑOS QUE SE HACEN DAÑO ELLOS MISMOS.
DONG

¿LAS CASAS PUEDEN RECLAMAR QUE SE LES PRESTE ATENCIÓN?

Primer acto

DE AQUELLA TARDE TENGO ALGUNOS RECUERDOS SUPERNÍTIDOS. LO DEMÁS QUIZÁ LO HE RECONSTRUIDO.

RECUERDO N.º 1: LLOVÍA.

BUENO, MÁS QUE LLOVER, CAÍA LA DE DIOSESCRITO.

Y YO VEÍA «HE-MAN» EN LA TELE COMO TODAS LAS TARDES.

ESTABA MUY OBSESIONADO.

EL TÉRMINO CIENTÍFICO ES «MEGAOBSESIÓN ACOJONANTE MONOMANÍACA EXALTADA».

ESE NIVEL DE OBSESIÓN NO SE PUEDE TENER CON TODO.

SI NO, ERES UN ENTUSIASTA.

Y ESO ES MUY PUAJ.

YO SOLO LA SENTÍA POR TRES COSAS Y YA ME PARECÍAN TIRANDO A MUCHAS.

ERAN LAS TRES ÚNICAS COSAS QUE HACÍAN QUE ME LATIESE EL CORAZÓN.

AQUELLO TENÍA A MI MADRE MUY PREOCUPADA.

QUE CONSTE QUE YO DECÍA «HE-MAN», PERO ME REFERÍA A TODA LA SERIE DE «MASTERS DEL UNIVERSO». ERA EN PLAN ROLLO SINÉCDOQUE, LA PARTE POR EL TODO.

A LO QUE VAMOS: AQUELLA TARDE ESTABA VIENDO LA SERIE, PERO ME MANTENÍA ALERTA.

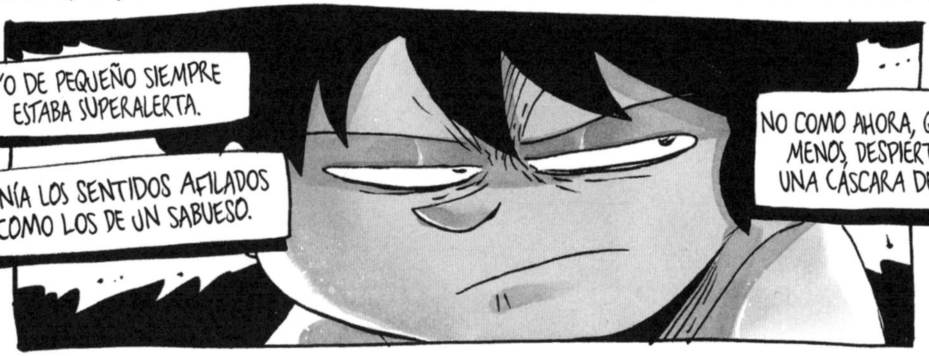

YO DE PEQUEÑO SIEMPRE ESTABA SUPERALERTA.
TENÍA LOS SENTIDOS AFILADOS COMO LOS DE UN SABUESO.
NO COMO AHORA, QUE ESTOY MENOS DESPIERTO QUE UNA CÁSCARA DE NUEZ.

TOTAL, QUE PERCIBÍA CUALQUIER RUIDO, CUALQUIER SUSURRO.

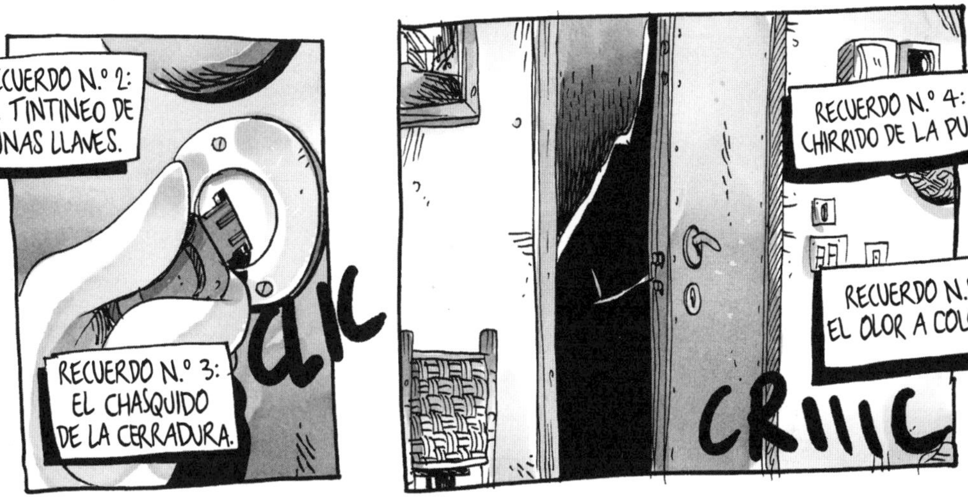

RECUERDO N.º 2: EL TINTINEO DE UNAS LLAVES.
CLIC
RECUERDO N.º 3: EL CHASQUIDO DE LA CERRADURA.
RECUERDO N.º 4: EL CHIRRIDO DE LA PUERTA.
RECUERDO N.º 5: EL OLOR A COLONIA.
CRIIIC

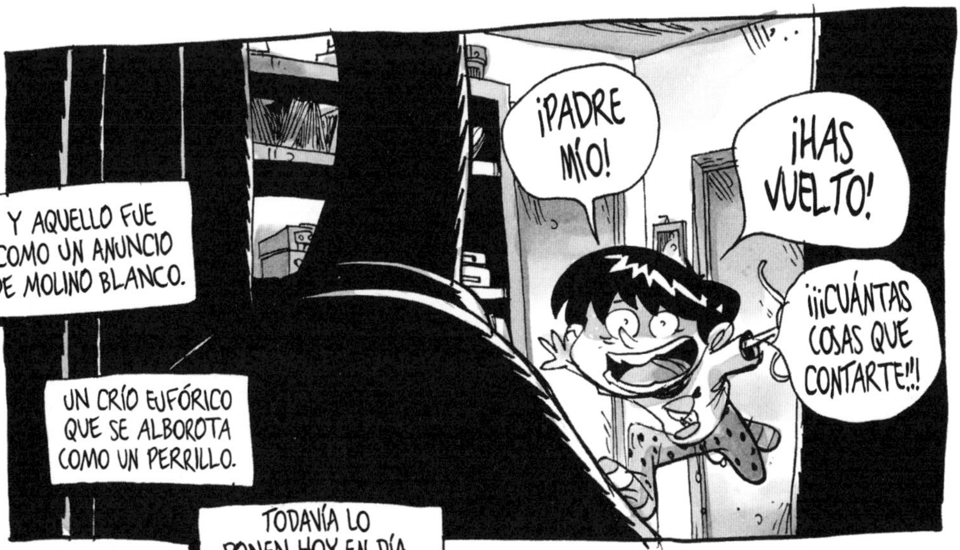

Y AQUELLO FUE COMO UN ANUNCIO DE MOLINO BLANCO.
UN CRÍO EUFÓRICO QUE SE ALBOROTA COMO UN PERRILLO.
TODAVÍA LO PONEN HOY EN DÍA.
¡PADRE MÍO!
¡HAS VUELTO!
¡¡¡CUÁNTAS COSAS QUE CONTARTE!!!

BUENO, QUIZÁ FUE MÁS BIEN LA VERSIÓN DE AQUEL ANUNCIO DIRIGIDA A FAMILIAS DISFUNCIONALES.

UNA PREGUNTA QUE, PARA EMPEZAR, UN NIÑO NO DEBERÍA HACERLE A UN PADRE.

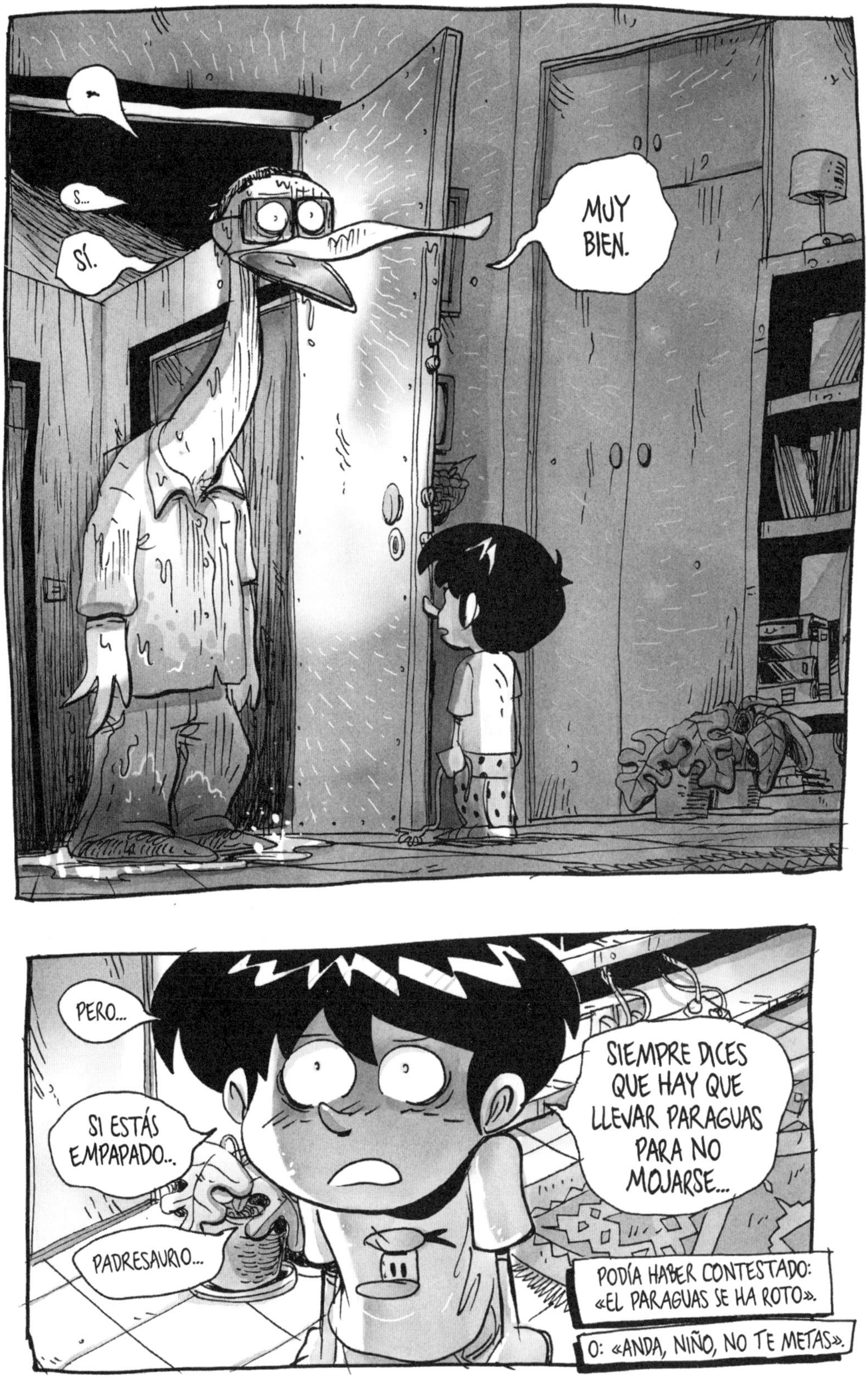
S...
SÍ.
MUY BIEN.
PERO...
SI ESTÁS EMPAPADO...
PADRESAURIO...
SIEMPRE DICES QUE HAY QUE LLEVAR PARAGUAS PARA NO MOJARSE...
PODÍA HABER CONTESTADO: «EL PARAGUAS SE HA ROTO».
O: «ANDA, NIÑO, NO TE METAS».

PERO NADA, SILENCIO.

RECUERDO N.º 6: UN SILENCIO INTERMINABLE, COMO SI YA NADIE SUPIERA CUÁL ERA SU PAPEL.

LUEGO EL TIEMPO VOLVIÓ A ACTIVARSE.

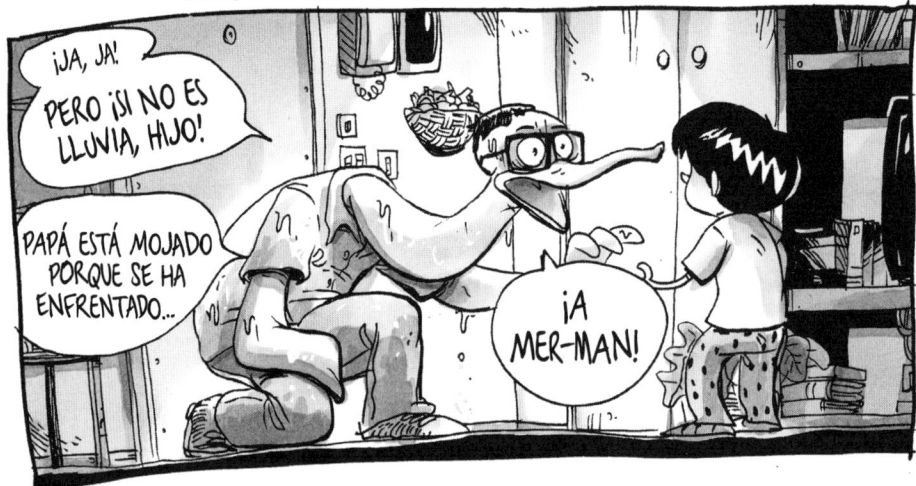

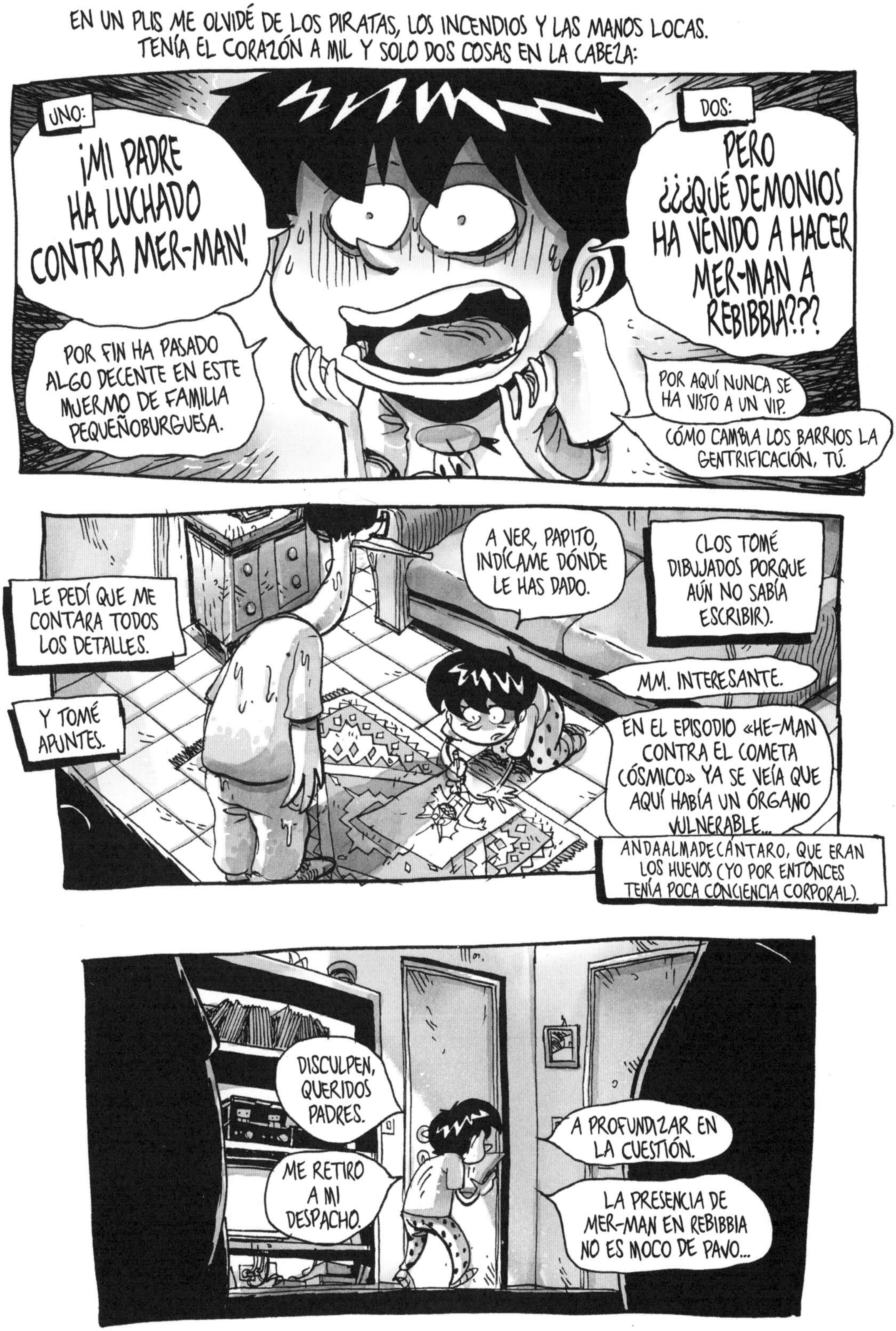
EN UN PLIS ME OLVIDÉ DE LOS PIRATAS, LOS INCENDIOS Y LAS MANOS LOCAS. TENÍA EL CORAZÓN A MIL Y SOLO DOS COSAS EN LA CABEZA:
UNO:
¡MI PADRE HA LUCHADO CONTRA MER-MAN!
POR FIN HA PASADO ALGO DECENTE EN ESTE MUERMO DE FAMILIA PEQUEÑOBURGUESA.
DOS:
PERO ¿¿¿QUÉ DEMONIOS HA VENIDO A HACER MER-MAN A REBIBBIA???
POR AQUÍ NUNCA SE HA VISTO A UN VIP.
CÓMO CAMBIA LOS BARRIOS LA GENTRIFICACIÓN, TÚ.
LE PEDÍ QUE ME CONTARA TODOS LOS DETALLES.
Y TOMÉ APUNTES.
A VER, PAPITO, INDÍCAME DÓNDE LE HAS DADO.
(LOS TOMÉ DIBUJADOS PORQUE AÚN NO SABÍA ESCRIBIR).
MM. INTERESANTE.
EN EL EPISODIO «HE-MAN CONTRA EL COMETA CÓSMICO» YA SE VEÍA QUE AQUÍ HABÍA UN ÓRGANO VULNERABLE...
ANDAALMADECÁNTARO, QUE ERAN LOS HUEVOS (YO POR ENTONCES TENÍA POCA CONCIENCIA CORPORAL).
DISCULPEN, QUERIDOS PADRES.
ME RETIRO A MI DESPACHO.
A PROFUNDIZAR EN LA CUESTIÓN.
LA PRESENCIA DE MER-MAN EN REBIBBIA NO ES MOCO DE PAVO...

AHORA, LA VERDAD, NO ME ACUERDO DE LAS CONCLUSIONES. PERO SÍ DE LA SENSACIÓN.

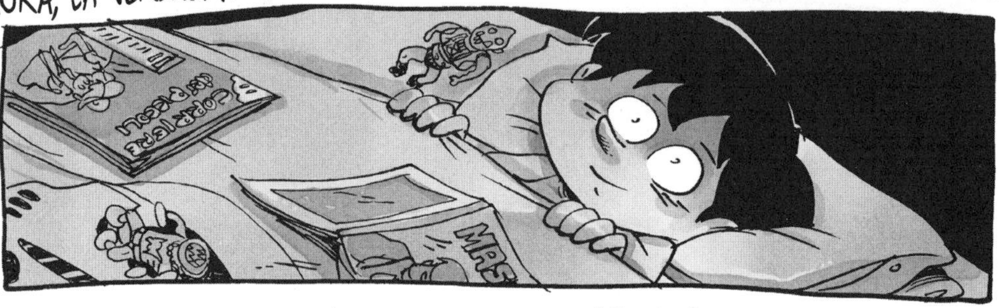

RECUERDO N.º 7: EL MÁS NÍTIDO, O SEA, EL ORGULLO.

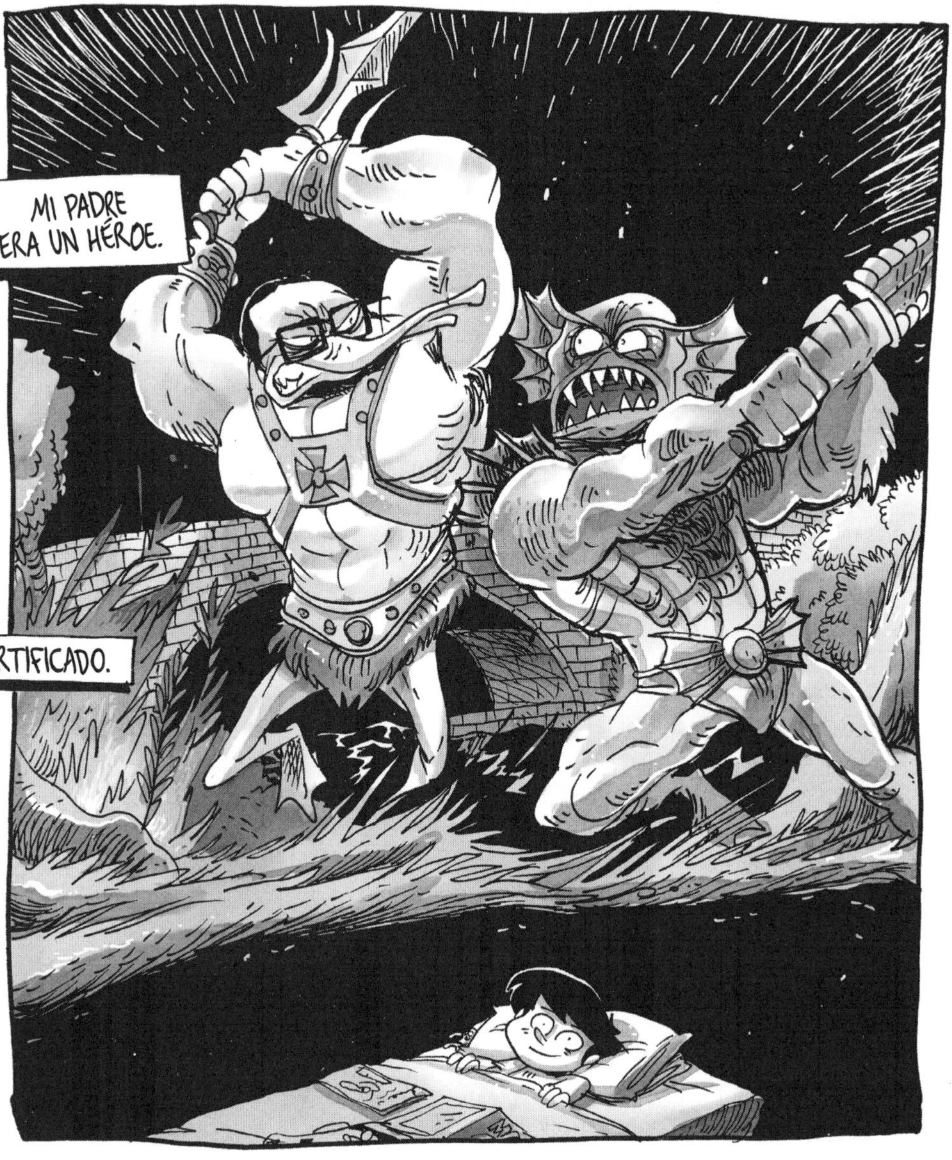
MI PADRE ERA UN HÉROE.
CERTIFICADO.

SE HABÍA ENFRENTADO A MER-MAN.

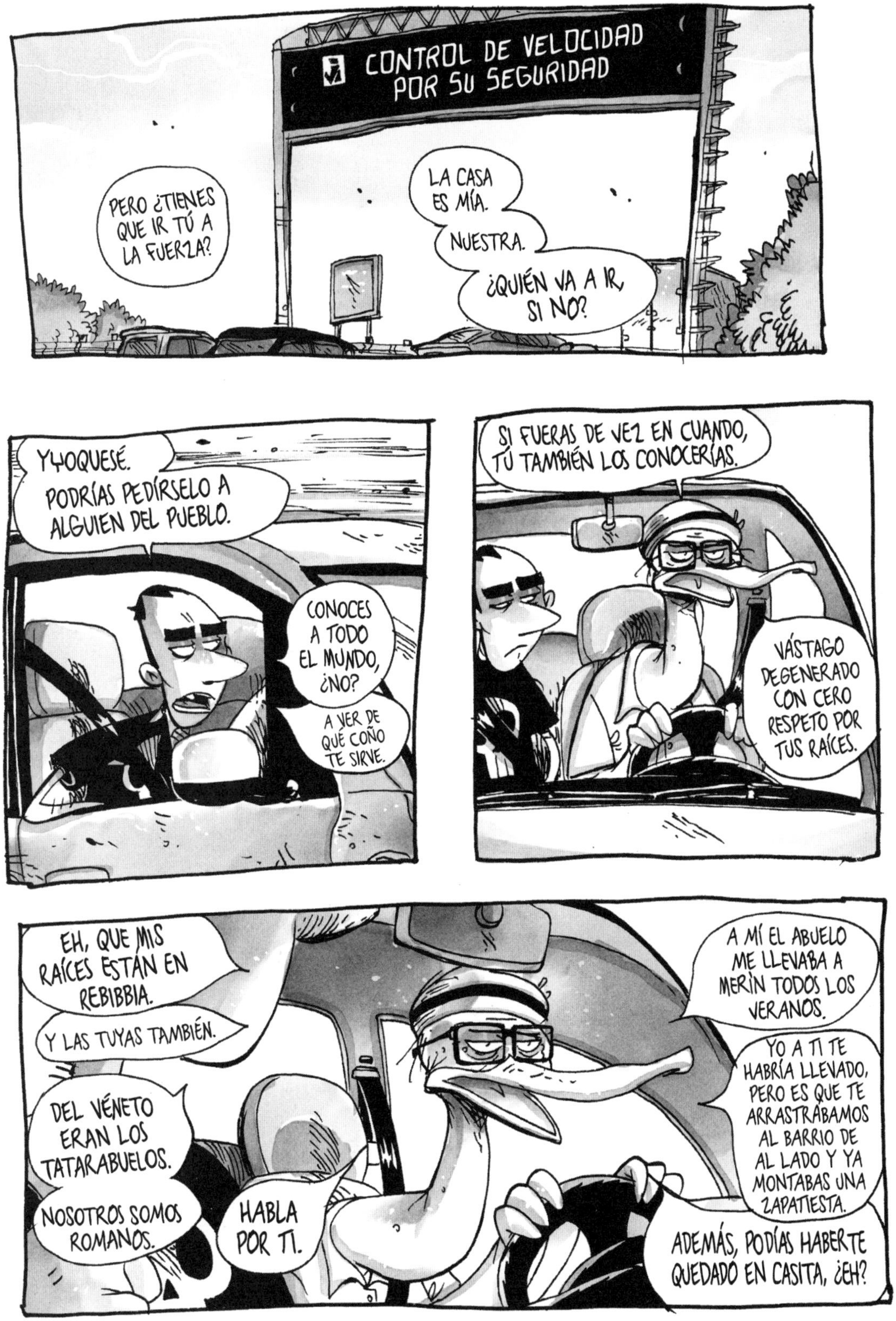
CONTROL DE VELOCIDAD POR SU SEGURIDAD
PERO ¿TIENES QUE IR TÚ A LA FUERZA?
LA CASA ES MÍA.
NUESTRA.
¿QUIÉN VA A IR, SI NO?
YYOQUESÉ.
PODRÍAS PEDÍRSELO A ALGUIEN DEL PUEBLO.
CONOCES A TODO EL MUNDO, ¿NO?
A VER DE QUÉ COÑO TE SIRVE.
SI FUERAS DE VEZ EN CUANDO, TÚ TAMBIÉN LOS CONOCERÍAS.
VÁSTAGO DEGENERADO CON CERO RESPETO POR TUS RAÍCES.
EH, QUE MIS RAÍCES ESTÁN EN REBIBBIA.
Y LAS TUYAS TAMBIÉN.
DEL VÉNETO ERAN LOS TATARABUELOS.
NOSOTROS SOMOS ROMANOS.
HABLA POR TI.
A MÍ EL ABUELO ME LLEVABA A MERÍN TODOS LOS VERANOS.
YO A TI TE HABRÍA LLEVADO, PERO ES QUE TE ARRASTRÁBAMOS AL BARRIO DE AL LADO Y YA MONTABAS UNA ZAPATIESTA.
ADEMÁS, PODÍAS HABERTE QUEDADO EN CASITA, ¿EH?

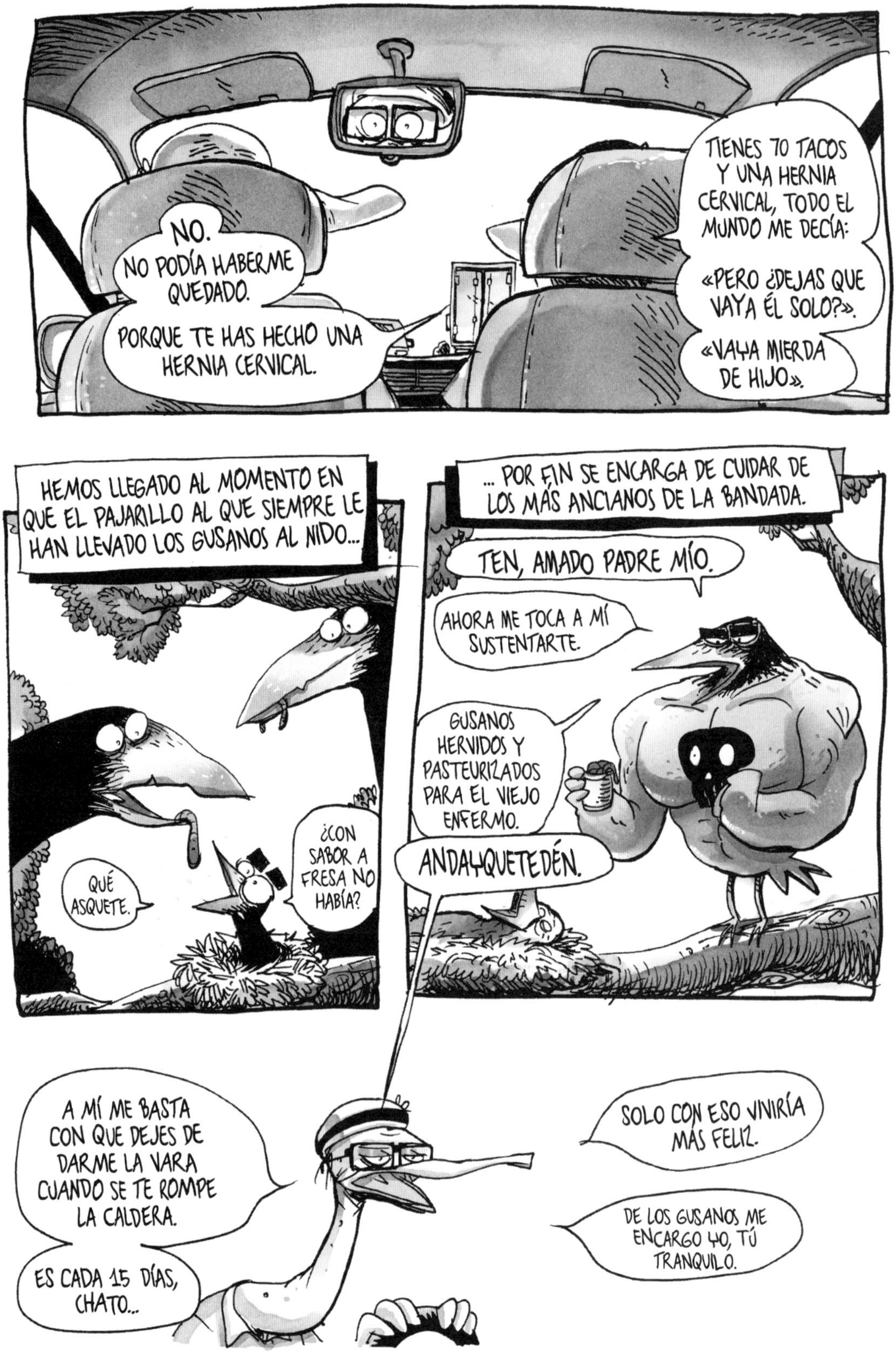
NO.
NO PODÍA HABERME QUEDADO.
PORQUE TE HAS HECHO UNA HERNIA CERVICAL.
TIENES 70 TACOS Y UNA HERNIA CERVICAL, TODO EL MUNDO ME DECÍA:
«PERO ¿DEJAS QUE VAYA ÉL SOLO?».
«VAYA MIERDA DE HIJO».
HEMOS LLEGADO AL MOMENTO EN QUE EL PAJARILLO AL QUE SIEMPRE LE HAN LLEVADO LOS GUSANOS AL NIDO...
QUÉ ASQUETE.
¿CON SABOR A FRESA NO HABÍA?
... POR FIN SE ENCARGA DE CUIDAR DE LOS MÁS ANCIANOS DE LA BANDADA.
TEN, AMADO PADRE MÍO.
AHORA ME TOCA A MÍ SUSTENTARTE.
GUSANOS HERVIDOS Y PASTEURIZADOS PARA EL VIEJO ENFERMO.
ANDAYQUETEDÉN.
A MÍ ME BASTA CON QUE DEJES DE DARME LA VARA CUANDO SE TE ROMPE LA CALDERA.
ES CADA 15 DÍAS, CHATO...
SOLO CON ESO VIVIRÍA MÁS FELIZ.
DE LOS GUSANOS ME ENCARGO 40, TÚ TRANQUILO.

VOY HACIA EL NORTE POR LA AUTOPISTA A1. EN COCHE CON MI PADRE.
DESTINO: DONDE CRISTO PERDIÓ EL GORRO, ALLÍ POR LOS DOLOMITAS.

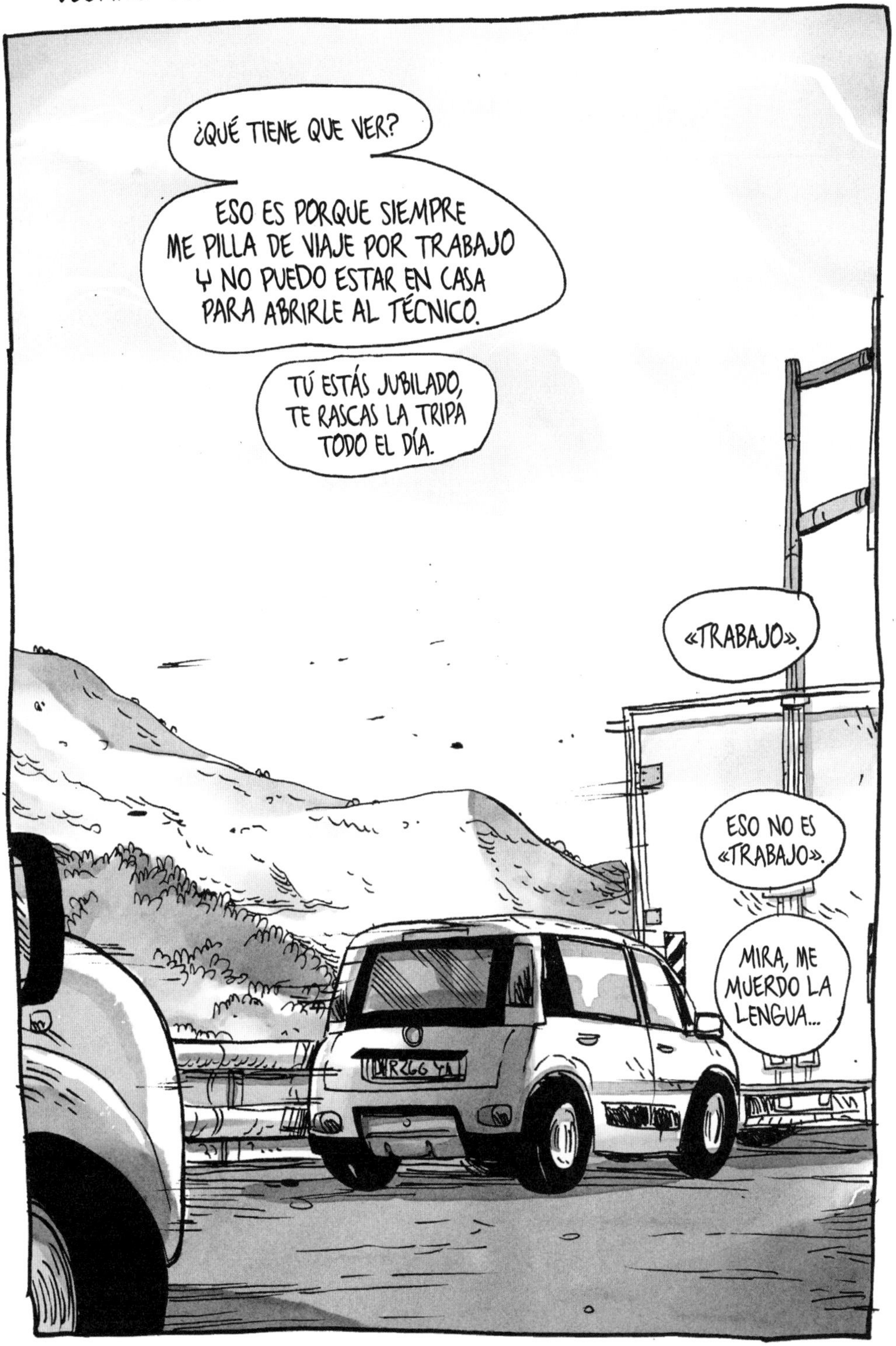
¿QUÉ TIENE QUE VER?
ESO ES PORQUE SIEMPRE ME PILLA DE VIAJE POR TRABAJO Y NO PUEDO ESTAR EN CASA PARA ABRIRLE AL TÉCNICO.
TÚ ESTÁS JUBILADO, TE RASCAS LA TRIPA TODO EL DÍA.
«TRABAJO».
ESO NO ES «TRABAJO».
MIRA, ME MUERDO LA LENGUA...

VA SER UN VIAJE MUY LARGO.

10 de octubre de 1909

HOY HAN VUELTO CARA DE ANGUILA Y LOS DEMÁS IMBÉCILES DE LARAI. PARA PROVOCAR, COMO LA SEMANA PASADA. COMO TODAS LAS SEMANAS.

SE CREEN MEJORES QUE NOSOTROS. PORQUE TIENEN MÁS *SCHEI* EN EL BOLSILLO. SON APARCEROS QUE NO SABEN NADA DE LA VIDA DE MONTAÑA.

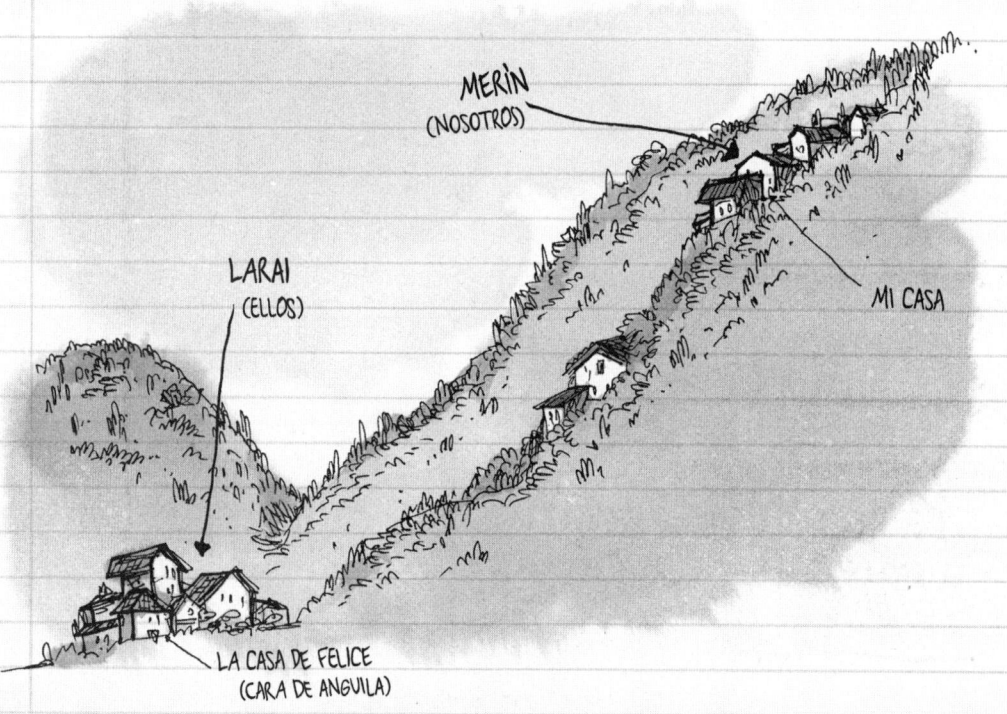

* LOS HABITANTES DE MERÌN Y LARAI, EN LAS PÁGINAS DE ESTE DIARIO Y MÁS ADELANTE DURANTE LA VISITA DE ZEROCALCARE, HABLAN EN UNA MEZCLA DE ITALIANO Y DIALECTO VÉNETO, DEL QUE EN LA TRADUCCIÓN SE HAN CONSERVADO ALGUNOS TÉRMINOS Y EXPRESIONES EN CURSIVA. *(N. DEL T.)*

YO NO TENÍA *SCHEI,* PERO SÍ UNA PALA EN LA MANO.

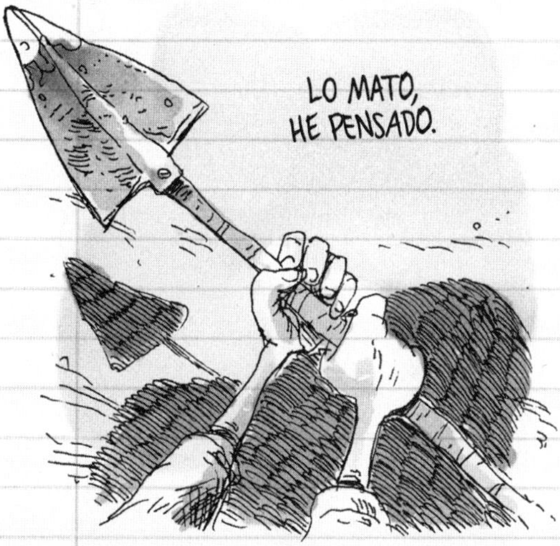
LO MATO, HE PENSADO.

COMO SE MATA A LAS BESTIAS.

LE SACO LA VIDA POR LA BOCA.

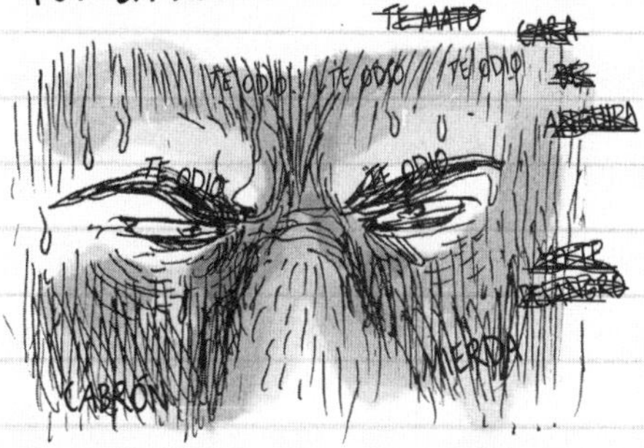
TE ODIO
TE ODIO
TE ODIO
TE ODIO
TE ODIO
CABRÓN
MIERDA

MAEDETO SEAS, CARA DE ANGUILA.

MAEDITI SEÁIS LOS DE LARAI.

PERO GIGLIO ME HA PARADO LOS PIES.

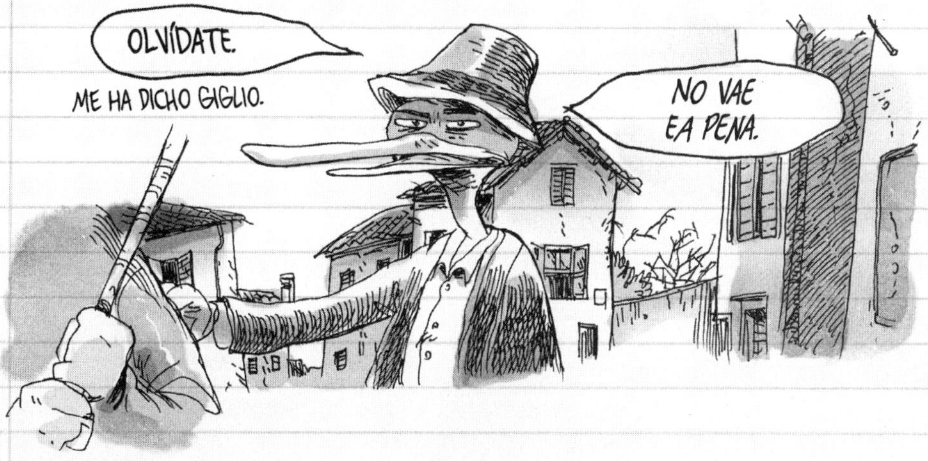
OLVÍDATE.
ME HA DICHO GIGLIO.
NO VAE EA PENA.

ES QUE NO PODEMOS DEJAR QUE NOS TRATEN *CUSÌ,* LE HE DICHO YO.

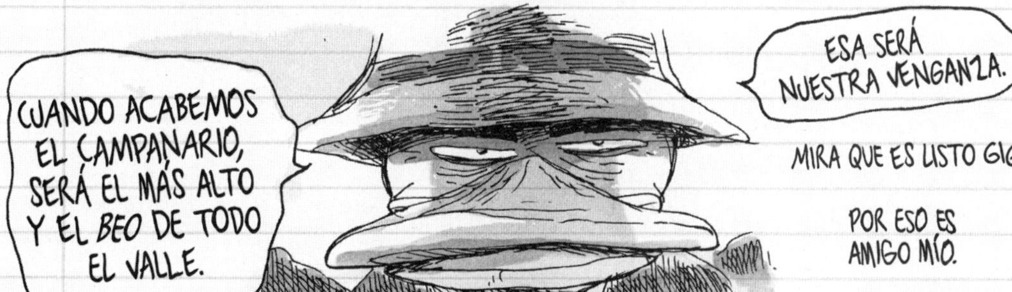
CUANDO ACABEMOS EL CAMPANARIO, SERÁ EL MÁS ALTO Y EL *BEO* DE TODO EL VALLE.
ESA SERÁ NUESTRA VENGANZA.

MIRA QUE ES LISTO GIGLIO.

POR ESO ES AMIGO MÍO.

EL MÁS LISTO DE TODO MERÌN.

SERÁ LO ÚLTIMO QUE VERÁN.

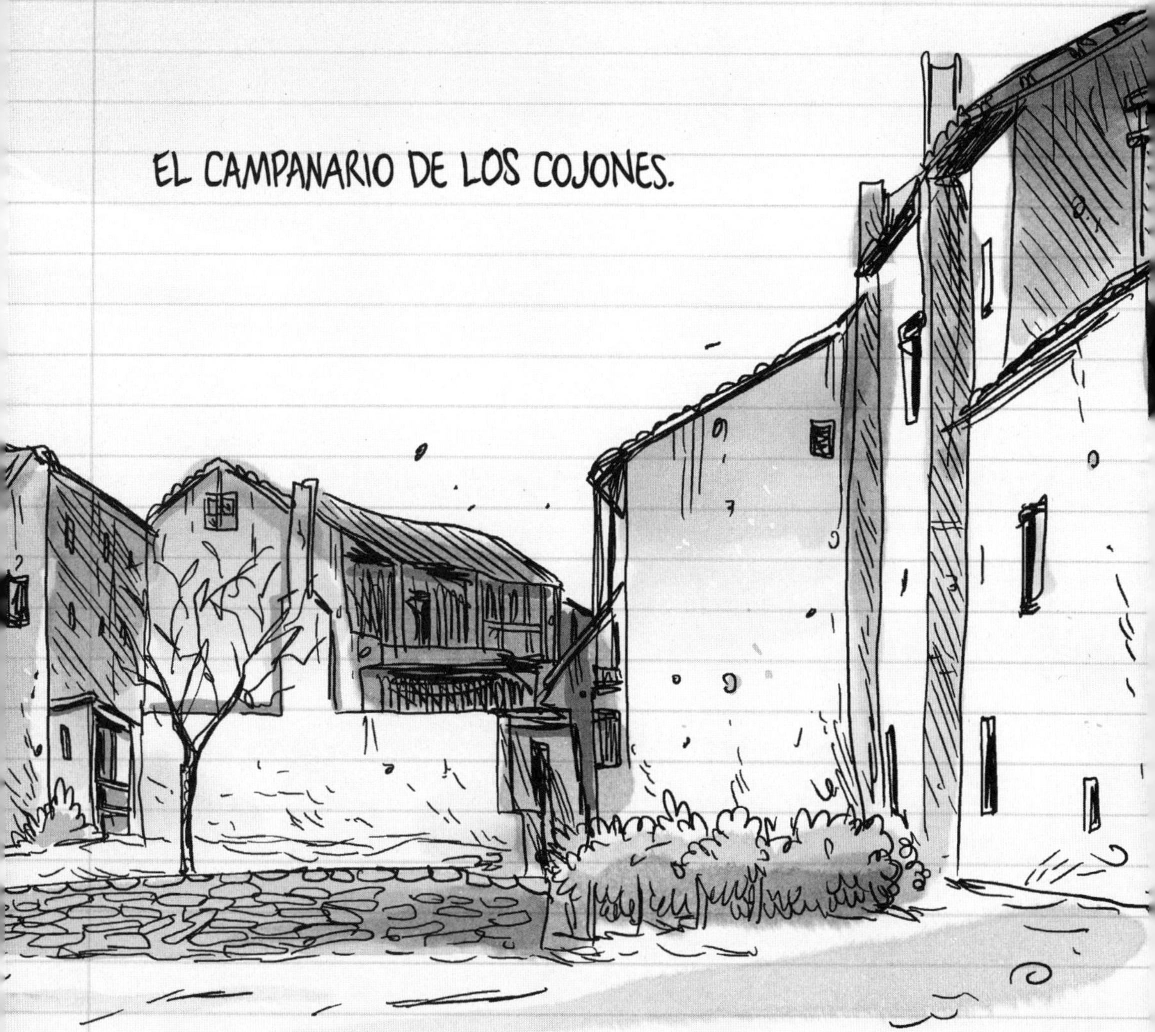
EL CAMPANARIO DE LOS COJONES.

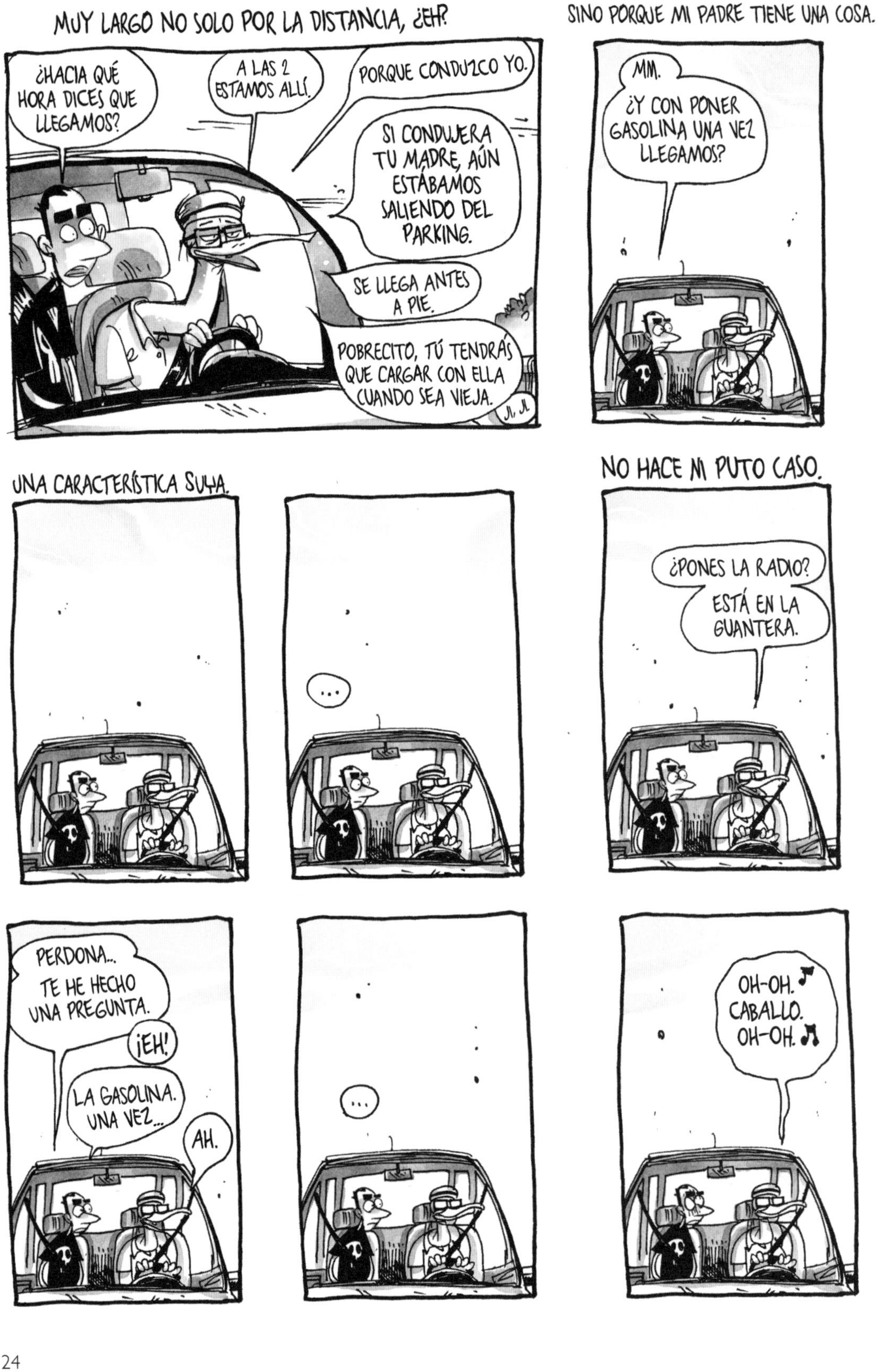

MUY LARGO NO SOLO POR LA DISTANCIA, ¿EH?
¿HACIA QUÉ HORA DICES QUE LLEGAMOS?
A LAS 2 ESTAMOS ALLÍ.
PORQUE CONDUZCO YO.
SI CONDUJERA TU MADRE, AÚN ESTÁBAMOS SALIENDO DEL PARKING.
SE LLEGA ANTES A PIE.
POBRECITO, TÚ TENDRÁS QUE CARGAR CON ELLA CUANDO SEA VIEJA.
JI, JI.
SINO PORQUE MI PADRE TIENE UNA COSA.
MM.
¿Y CON PONER GASOLINA UNA VEZ LLEGAMOS?
UNA CARACTERÍSTICA SUYA.
...
NO HACE NI PUTO CASO.
¿PONES LA RADIO?
ESTÁ EN LA GUANTERA.
PERDONA...
TE HE HECHO UNA PREGUNTA.
¡EH!
LA GASOLINA. UNA VEZ...
AH.
...
OH-OH. CABALLO. OH-OH.

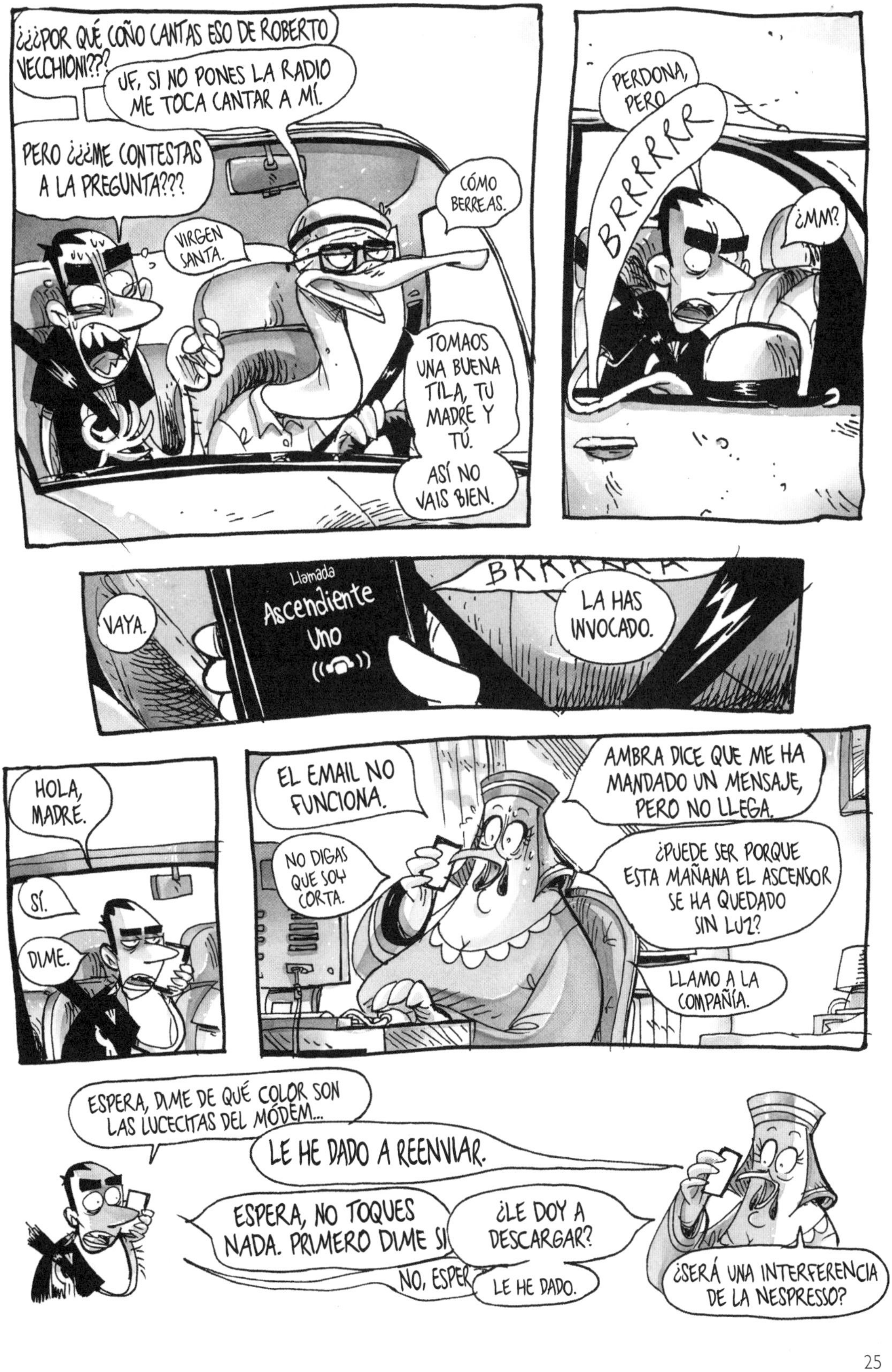
¿¿¿POR QUÉ COÑO CANTAS ESO DE ROBERTO VECCHIONI???
UF, SI NO PONES LA RADIO ME TOCA CANTAR A MÍ.
PERO ¿¿¿ME CONTESTAS A LA PREGUNTA???
CÓMO BERREAS.
VIRGEN SANTA.
TOMAOS UNA BUENA TILA, TU MADRE Y TÚ.
ASÍ NO VAIS BIEN.
PERDONA, PERO
BRRRRRR
¿MM?
BRRRRRR
Llamada
Ascendiente Uno
VAYA.
LA HAS INVOCADO.
HOLA, MADRE.
SÍ.
DIME.
EL EMAIL NO FUNCIONA.
AMBRA DICE QUE ME HA MANDADO UN MENSAJE, PERO NO LLEGA.
NO DIGAS QUE SOY CORTA.
¿PUEDE SER PORQUE ESTA MAÑANA EL ASCENSOR SE HA QUEDADO SIN LUZ?
LLAMO A LA COMPAÑÍA.
ESPERA, DIME DE QUÉ COLOR SON LAS LUCECITAS DEL MÓDEM...
LE HE DADO A REENVIAR.
ESPERA, NO TOQUES NADA. PRIMERO DIME SI
¿LE DOY A DESCARGAR?
NO, ESPER
LE HE DADO.
¿SERÁ UNA INTERFERENCIA DE LA NESPRESSO?

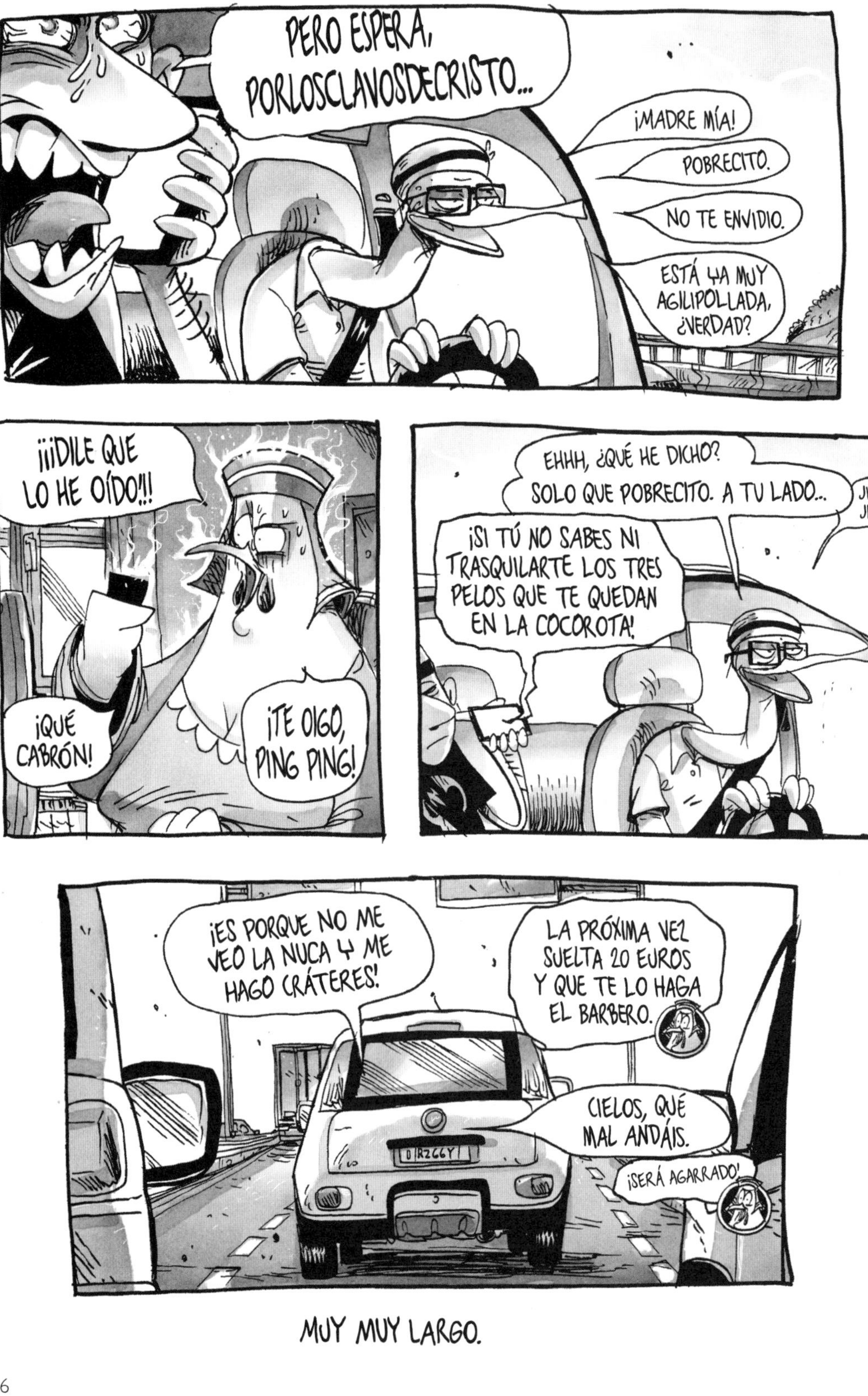
PERO ESPERA, PORLOSCLAVOSDECRISTO...
...
¡MADRE MÍA!
POBRECITO.
NO TE ENVIDIO.
ESTÁ YA MUY AGILIPOLLADA, ¿VERDAD?
¡¡¡DILE QUE LO HE OÍDO!!!
¡QUÉ CABRÓN!
¡TE OIGO, PING PING!
EHHH, ¿QUÉ HE DICHO?
SOLO QUE POBRECITO. A TU LADO...
JI, JI.
¡SI TÚ NO SABES NI TRASQUILARTE LOS TRES PELOS QUE TE QUEDAN EN LA COCOROTA!
¡ES PORQUE NO ME VEO LA NUCA Y ME HAGO CRÁTERES!
LA PRÓXIMA VEZ SUELTA 20 EUROS Y QUE TE LO HAGA EL BARBERO.
CIELOS, QUÉ MAL ANDÁIS.
¡SERÁ AGARRADO!

MUY MUY LARGO.

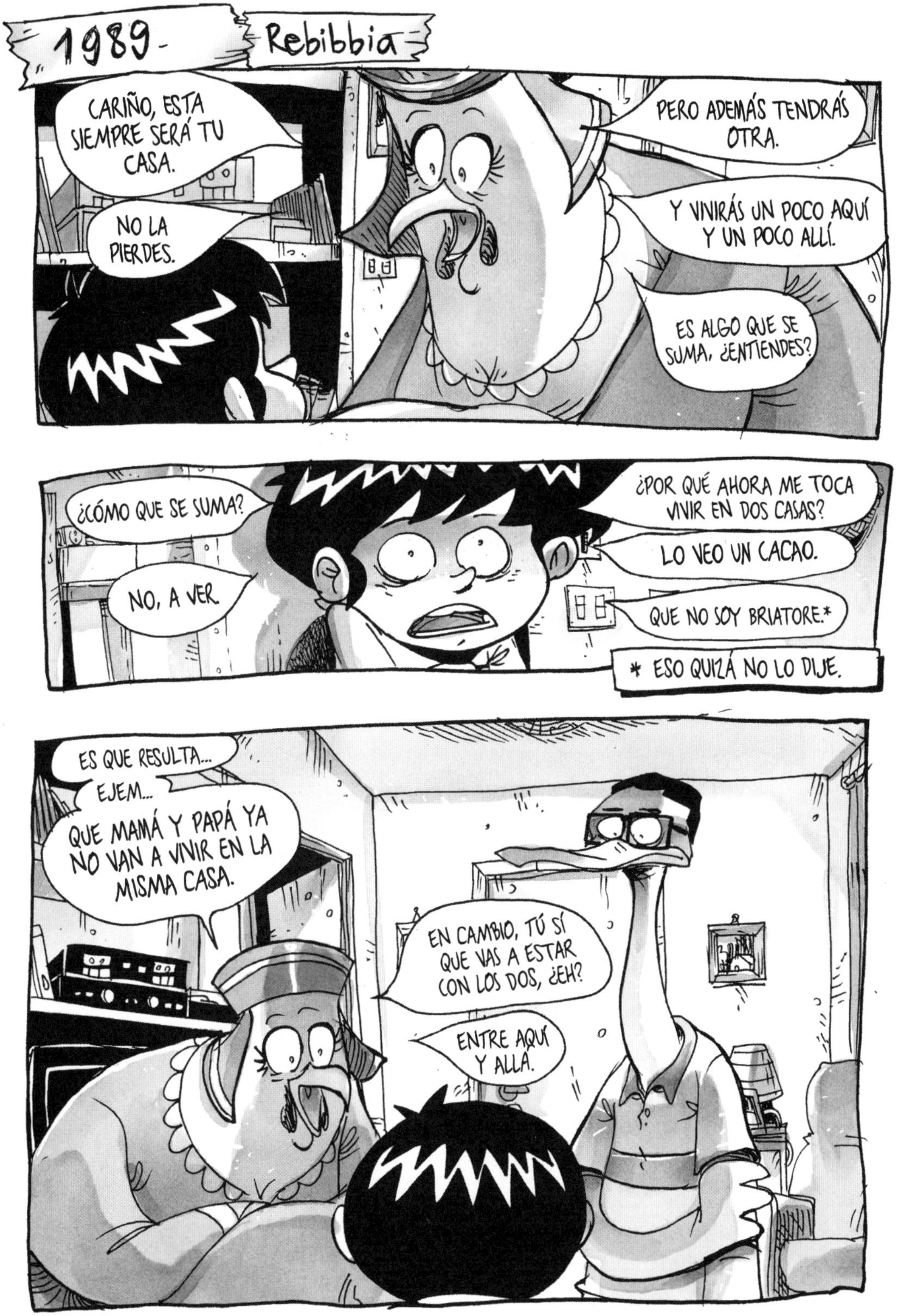
1989 - Rebibbia
CARIÑO, ESTA SIEMPRE SERÁ TU CASA.
NO LA PIERDES.
PERO ADEMÁS TENDRÁS OTRA.
Y VIVIRÁS UN POCO AQUÍ Y UN POCO ALLÍ.
ES ALGO QUE SE SUMA, ¿ENTIENDES?
¿CÓMO QUE SE SUMA?
NO, A VER.
¿POR QUÉ AHORA ME TOCA VIVIR EN DOS CASAS?
LO VEO UN CACAO.
QUE NO SOY BRIATORE.*
* ESO QUIZÁ NO LO DIJE.
ES QUE RESULTA...
EJEM...
QUE MAMÁ Y PAPÁ YA NO VAN A VIVIR EN LA MISMA CASA.
EN CAMBIO, TÚ SÍ QUE VAS A ESTAR CON LOS DOS, ¿EH?
ENTRE AQUÍ Y ALLÁ.

PLANTEADO ASÍ, TAMPOCO ES QUE ME TRASTORNARA MUCHO.

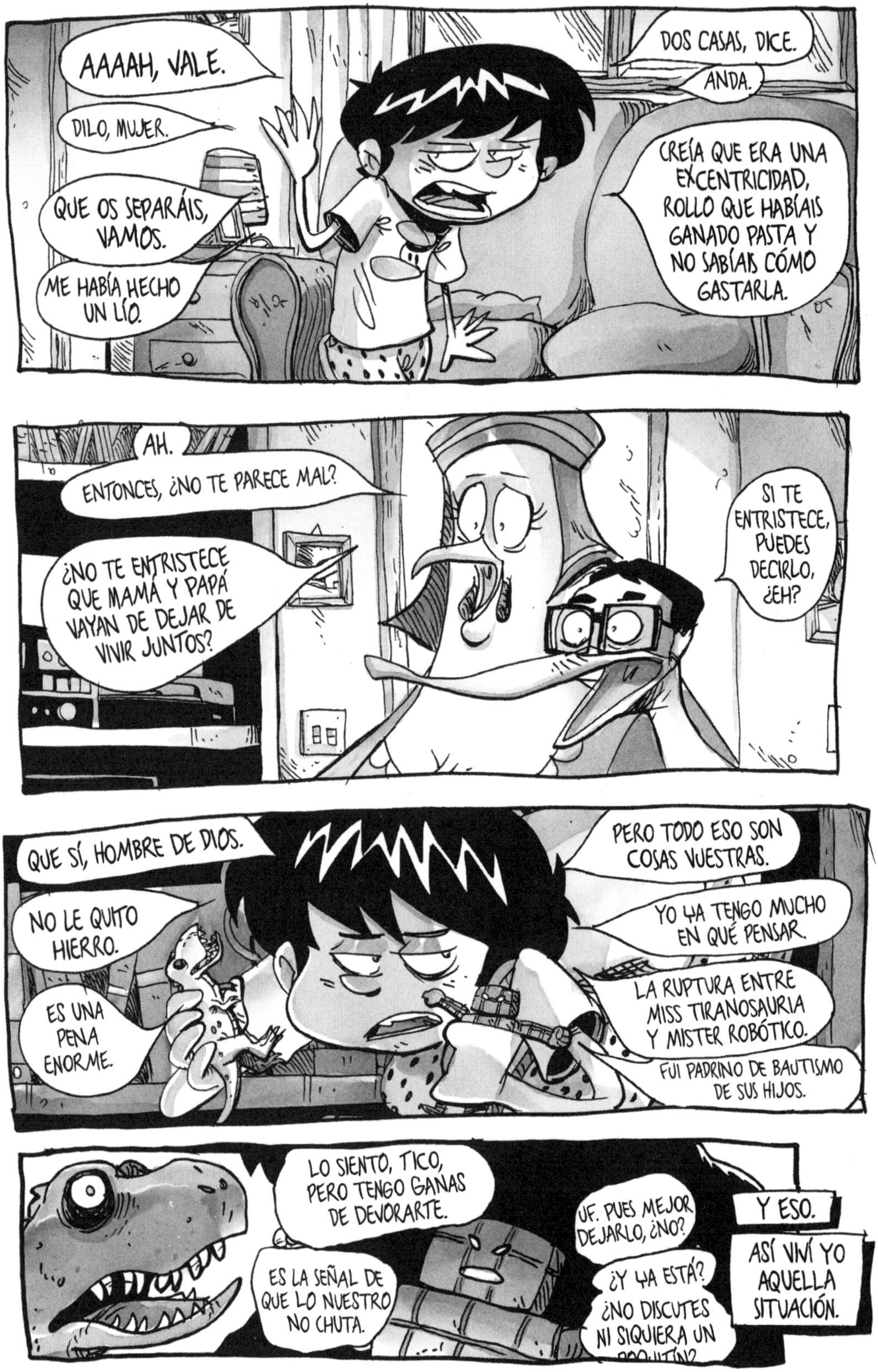
AAAAH, VALE.
DILO, MUJER.
QUE OS SEPARÁIS, VAMOS.
ME HABÍA HECHO UN LÍO.
DOS CASAS, DICE.
ANDA.
CREÍA QUE ERA UNA EXCENTRICIDAD, ROLLO QUE HABÍAIS GANADO PASTA Y NO SABÍAIS CÓMO GASTARLA.
AH.
ENTONCES, ¿NO TE PARECE MAL?
¿NO TE ENTRISTECE QUE MAMÁ Y PAPÁ VAYAN DE DEJAR DE VIVIR JUNTOS?
SI TE ENTRISTECE, PUEDES DECIRLO, ¿EH?
QUE SÍ, HOMBRE DE DIOS.
NO LE QUITO HIERRO.
ES UNA PENA ENORME.
PERO TODO ESO SON COSAS VUESTRAS.
YO YA TENGO MUCHO EN QUÉ PENSAR.
LA RUPTURA ENTRE MISS TIRANOSAURIA Y MISTER ROBÓTICO.
FUI PADRINO DE BAUTISMO DE SUS HIJOS.
LO SIENTO, TICO, PERO TENGO GANAS DE DEVORARTE.
ES LA SEÑAL DE QUE LO NUESTRO NO CHUTA.
UF. PUES MEJOR DEJARLO, ¿NO?
¿Y YA ESTÁ?
¿NO DISCUTES NI SIQUIERA UN
Y ESO.
ASÍ VIVÍ YO AQUELLA SITUACIÓN.

¿QUÉ IBA A HACER? NO ERA DE ESOS CRÍOS OBSESIONADOS CON EL ROLLO DE LA SAGRADA FAMILIA.

RACIONALMENTE, A LOS SEIS AÑOS YA SABÍA QUÉ ERA LO QUE ME TOCABA HACER CUANDO LAS COSAS IBAN MAL DADAS.

RESUMIENDO: EN TEORÍA ESTABA SUPERAFAVOR.

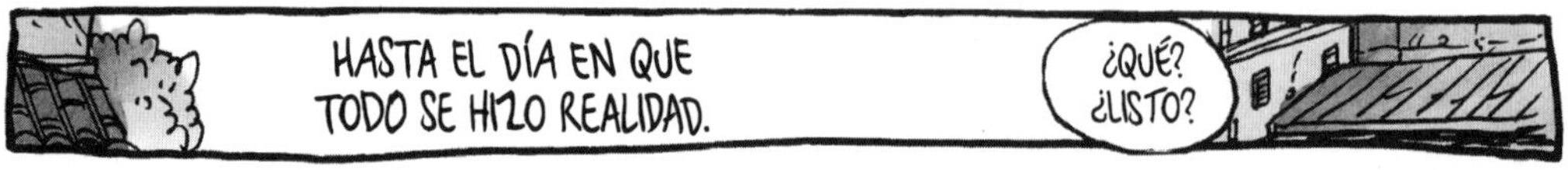
HASTA EL DÍA EN QUE TODO SE HIZO REALIDAD.
¿QUÉ? ¿LISTO?

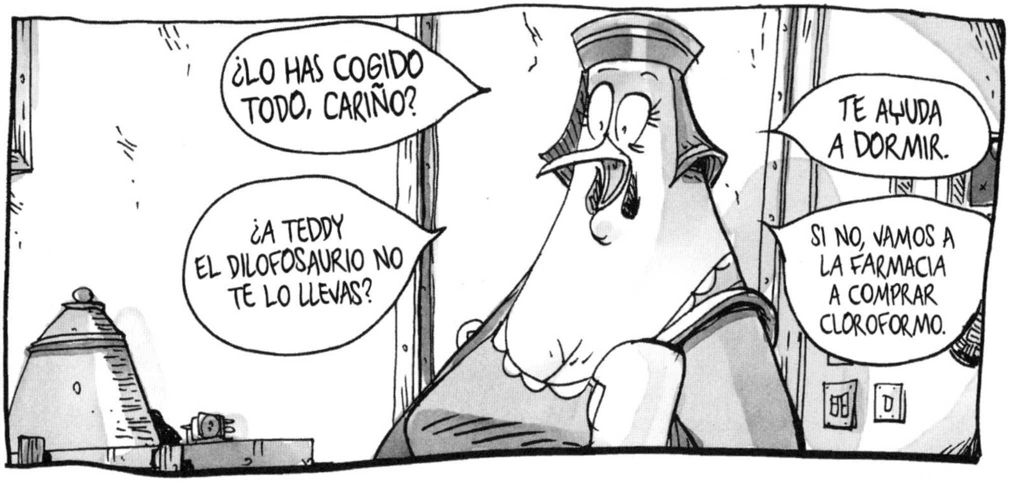
¿LO HAS COGIDO TODO, CARIÑO?
¿A TEDDY EL DILOFOSAURIO NO TE LO LLEVAS?
TE AYUDA A DORMIR.
SI NO, VAMOS A LA FARMACIA A COMPRAR CLOROFORMO.

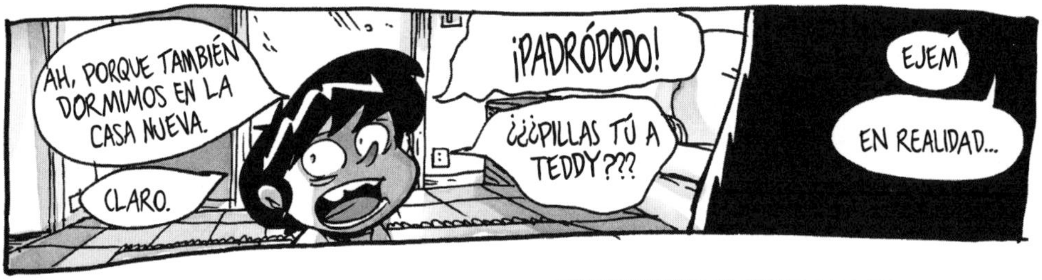
AH, PORQUE TAMBIÉN DORMIMOS EN LA CASA NUEVA.
CLARO.
¡PADRÓPODO!
¿¿¿PILLAS TÚ A TEDDY???
EJEM
EN REALIDAD...

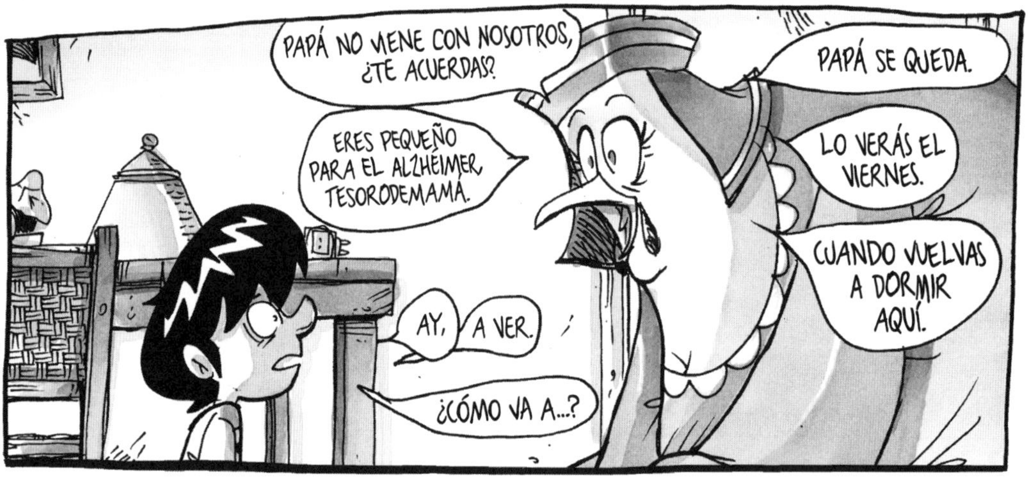
PAPÁ NO VIENE CON NOSOTROS, ¿TE ACUERDAS?
PAPÁ SE QUEDA.
ERES PEQUEÑO PARA EL ALZHÉIMER, TESORODEMAMÁ.
LO VERÁS EL VIERNES.
CUANDO VUELVAS A DORMIR AQUÍ.
AY,
A VER.
¿CÓMO VA A...?

ES QUE EN MI CABECITA HASTA AQUEL MOMENTO ERAN DOS COSAS DISTINTAS.

Padres que se separan.

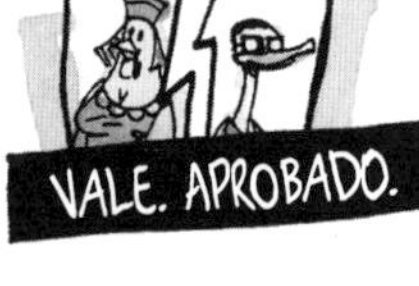
VALE. APROBADO.

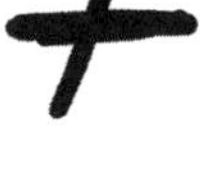

Padre que se queda solo.

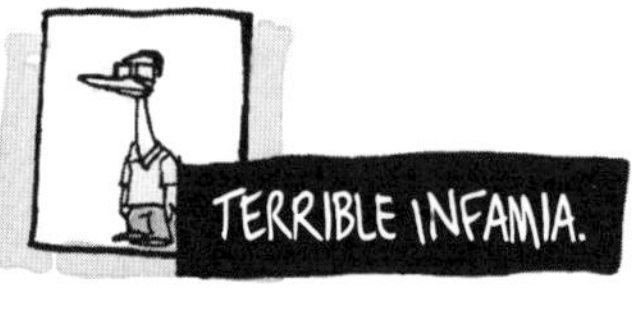
TERRIBLE INFAMIA.

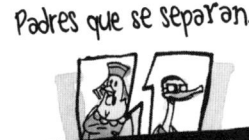

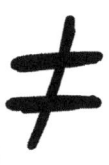

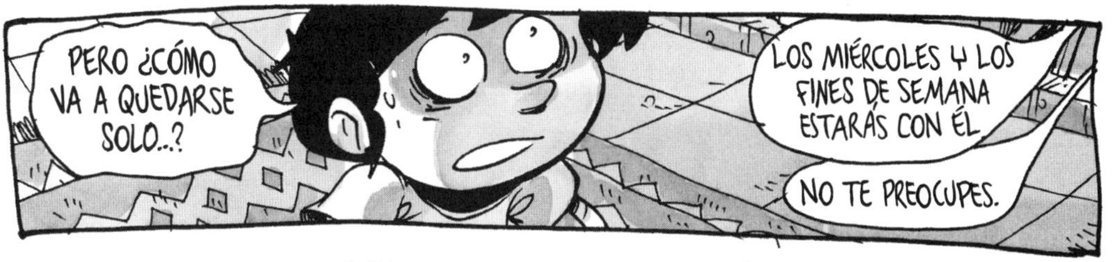
PERO ¿CÓMO VA A QUEDARSE SOLO...?
LOS MIÉRCOLES Y LOS FINES DE SEMANA ESTARÁS CON ÉL
NO TE PREOCUPES.

ME PARECÍA QUE ESTABA HACIENDO UNA COSA TAL QUE ASÍ:

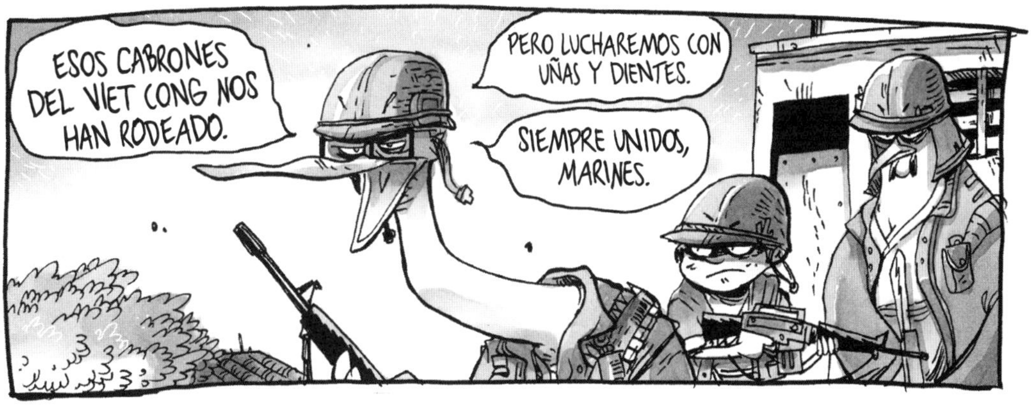
ESOS CABRONES DEL VIET CONG NOS HAN RODEADO.
PERO LUCHAREMOS CON UÑAS Y DIENTES.
SIEMPRE UNIDOS, MARINES.

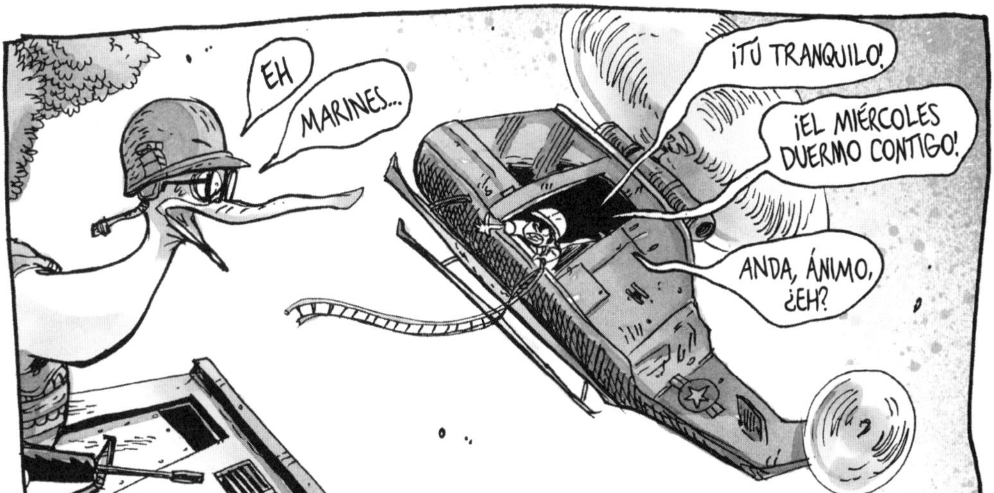
EH
MARINES...
¡TÚ TRANQUILO!
¡EL MIÉRCOLES DUERMO CONTIGO!
ANDA, ÁNIMO, ¿EH?

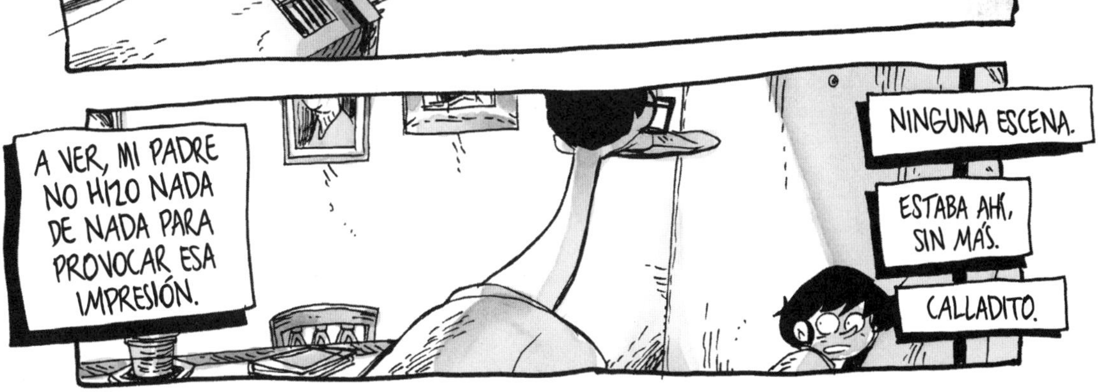
A VER, MI PADRE NO HIZO NADA DE NADA PARA PROVOCAR ESA IMPRESIÓN.
NINGUNA ESCENA.
ESTABA AHÍ, SIN MÁS.
CALLADITO.

PERO EN AQUEL MOMENTO, CUANDO MI MADRE Y YO SALIMOS DE AQUELLA CASA...

YA NO ERA EL HÉROE INVULNERABLE QUE SE HABÍA ENFRENTADO A MER-MAN.

ERA UN HOMBRECILLO. HECHO DE UN MATERIAL MUY FRÁGIL...

QUE PODÍA DESMENUZARSE CON UN GOLPE DE VIENTO.

FUE LA PRIMERA VEZ EN LA VIDA EN QUE ME SENTÍ ASÍ.

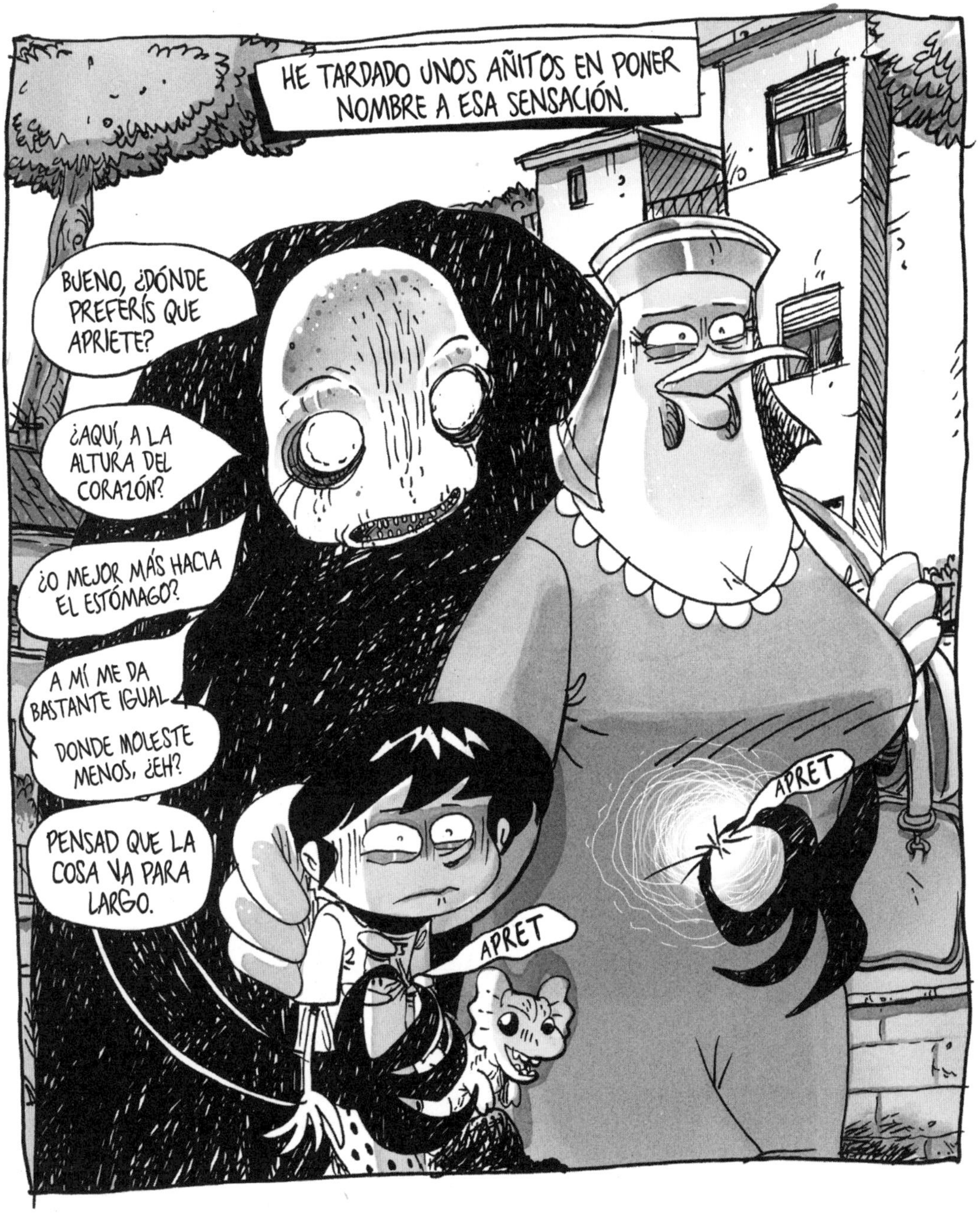
HE TARDADO UNOS AÑITOS EN PONER NOMBRE A ESA SENSACIÓN.
BUENO, ¿DÓNDE PREFERÍS QUE APRIETE?
¿AQUÍ, A LA ALTURA DEL CORAZÓN?
¿O MEJOR MÁS HACIA EL ESTÓMAGO?
A MÍ ME DA BASTANTE IGUAL.
DONDE MOLESTE MENOS, ¿EH?
PENSAD QUE LA COSA VA PARA LARGO.
APRET
APRET

EN EL COLEGIO, POR SUS MUERTOS, TE ENSEÑAN HASTA A DISTINGUIR FELIZ - TRISTE - ENFADADO.

PERO LO DEL SENTIMIENTO DE CULPA NO TE LO EXPLICA NI DIOS.

10 de mayo de 1911

CONSTRUIR UN CAMPANARIO CUESTA MUCHO MÁS ESFUERZO DE LO QUE CREÍA.

HAY DOS FORMAS DE HACERLO.

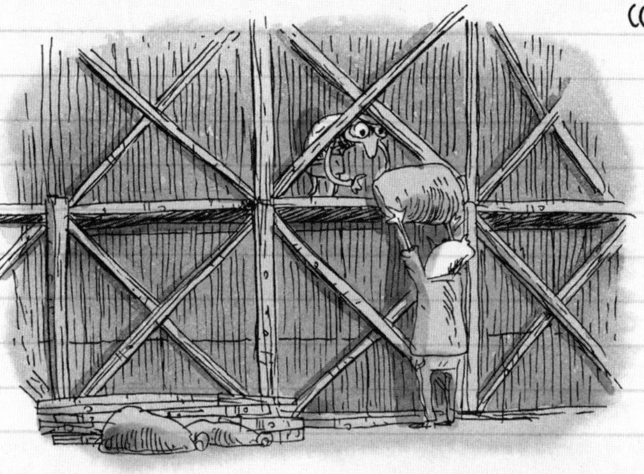

CON MUCHÍSIMA *FADIGA*.

O CON MUCHÍSIMOS *SCHEI*.

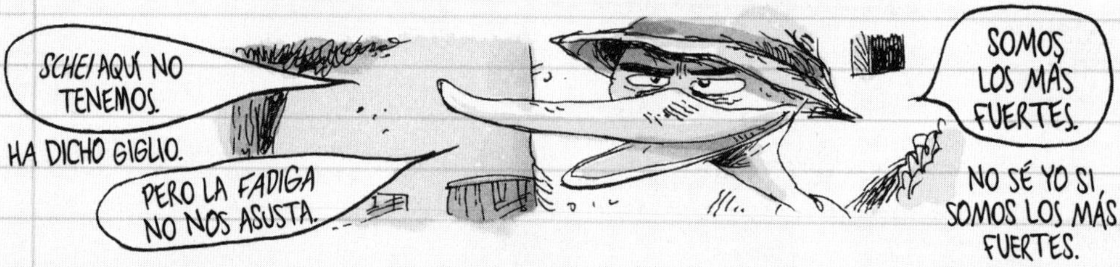
SCHEI AQUÍ NO TENEMOS.
PERO LA *FADIGA* NO NOS ASUSTA.
SOMOS LOS MÁS FUERTES.

HA DICHO GIGLIO.

NO SÉ YO SI SOMOS LOS MÁS FUERTES.

CUANDO NOS MIRO, NO ME LO PARECE, LA VERDAD.

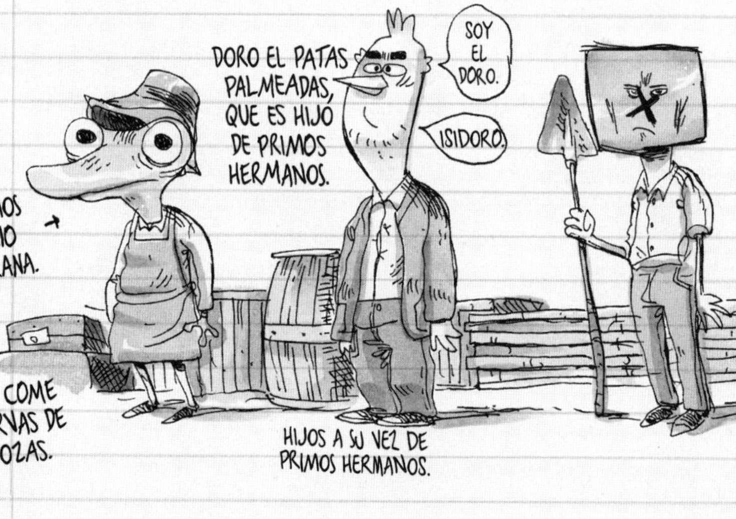
SOY EL DORO.
ISIDORO.

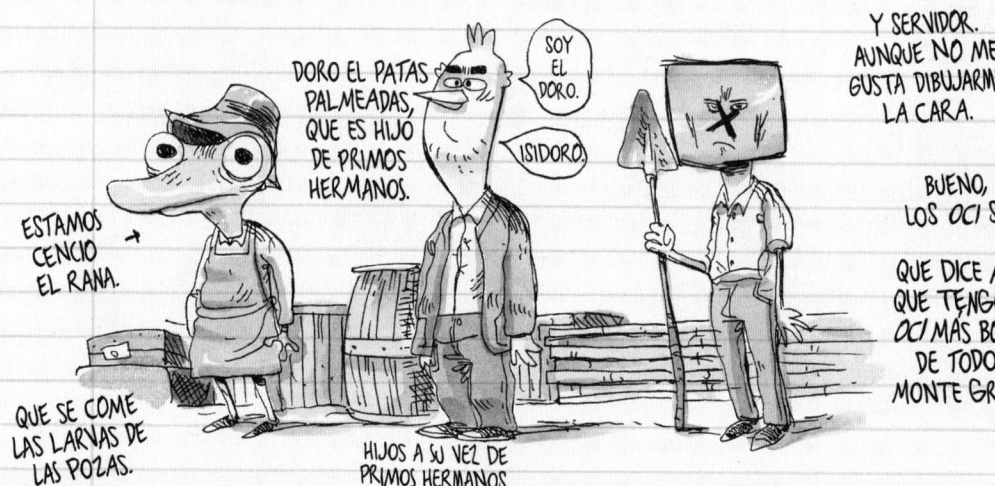

ESTAMOS CENCIO EL RANA.

QUE SE COME LAS LARVAS DE LAS POZAS.

DORO EL PATAS PALMEADAS, QUE ES HIJO DE PRIMOS HERMANOS.

HIJOS A SU VEZ DE PRIMOS HERMANOS.

Y SERVIDOR. AUNQUE NO ME GUSTA DIBUJARME LA CARA.

BUENO, LOS *OCI* SÍ.

QUE DICE ANNA QUE TENGO LOS *OCI* MÁS BONITOS DE TODO EL MONTE GRAPPA.

EN FIN, ME DA IGUAL QUE SEAMOS LOS MÁS FUERTES O NO.

SOMOS LOS QUE VAN A DAR UN CAMPANARIO A MERÍN.

Y SI AL PRINCIPIO EL ÚNICO GUAPO ERA GIGLIO...

¿OS PREPARO TAMBIÉN ARROZ A TODOS?

¡MIRA QUÉ MÚSCULOS!

GRACIAS, CHICOS.

... AHORA ME PARECE QUE GUAPOS SOMOS TODOS.

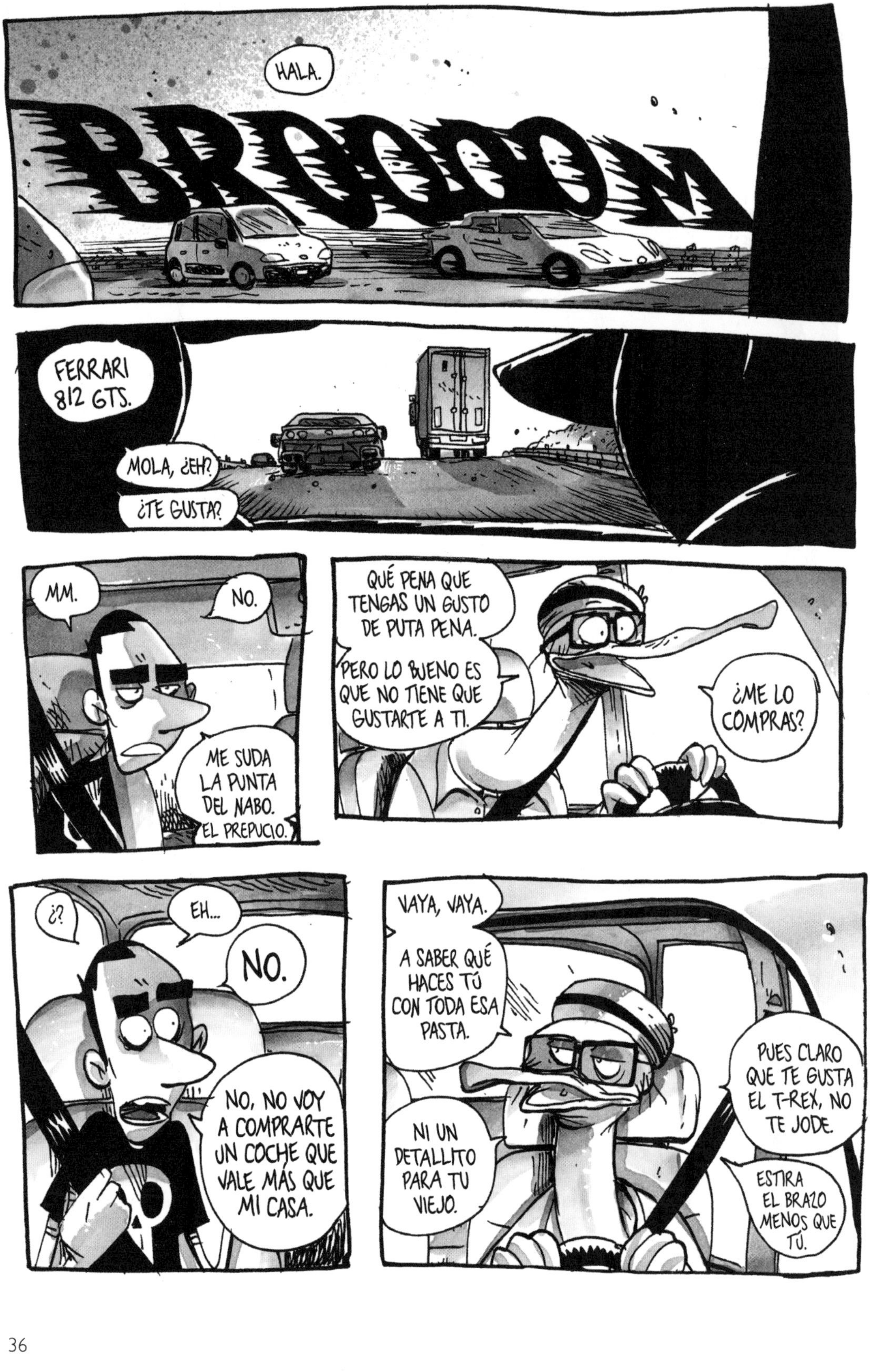
HALA.
BROOOOM
FERRARI 812 GTS.
MOLA, ¿EH?
¿TE GUSTA?
MM.
NO.
ME SUDA LA PUNTA DEL NABO. EL PREPUCIO.
QUÉ PENA QUE TENGAS UN GUSTO DE PUTA PENA.
PERO LO BUENO ES QUE NO TIENE QUE GUSTARTE A TI.
¿ME LO COMPRAS?
¿?
EH...
NO.
NO, NO VOY A COMPRARTE UN COCHE QUE VALE MÁS QUE MI CASA.
VAYA, VAYA.
A SABER QUÉ HACES TÚ CON TODA ESA PASTA.
NI UN DETALLITO PARA TU VIEJO.
PUES CLARO QUE TE GUSTA EL T-REX, NO TE JODE.
ESTIRA EL BRAZO MENOS QUE TÚ.

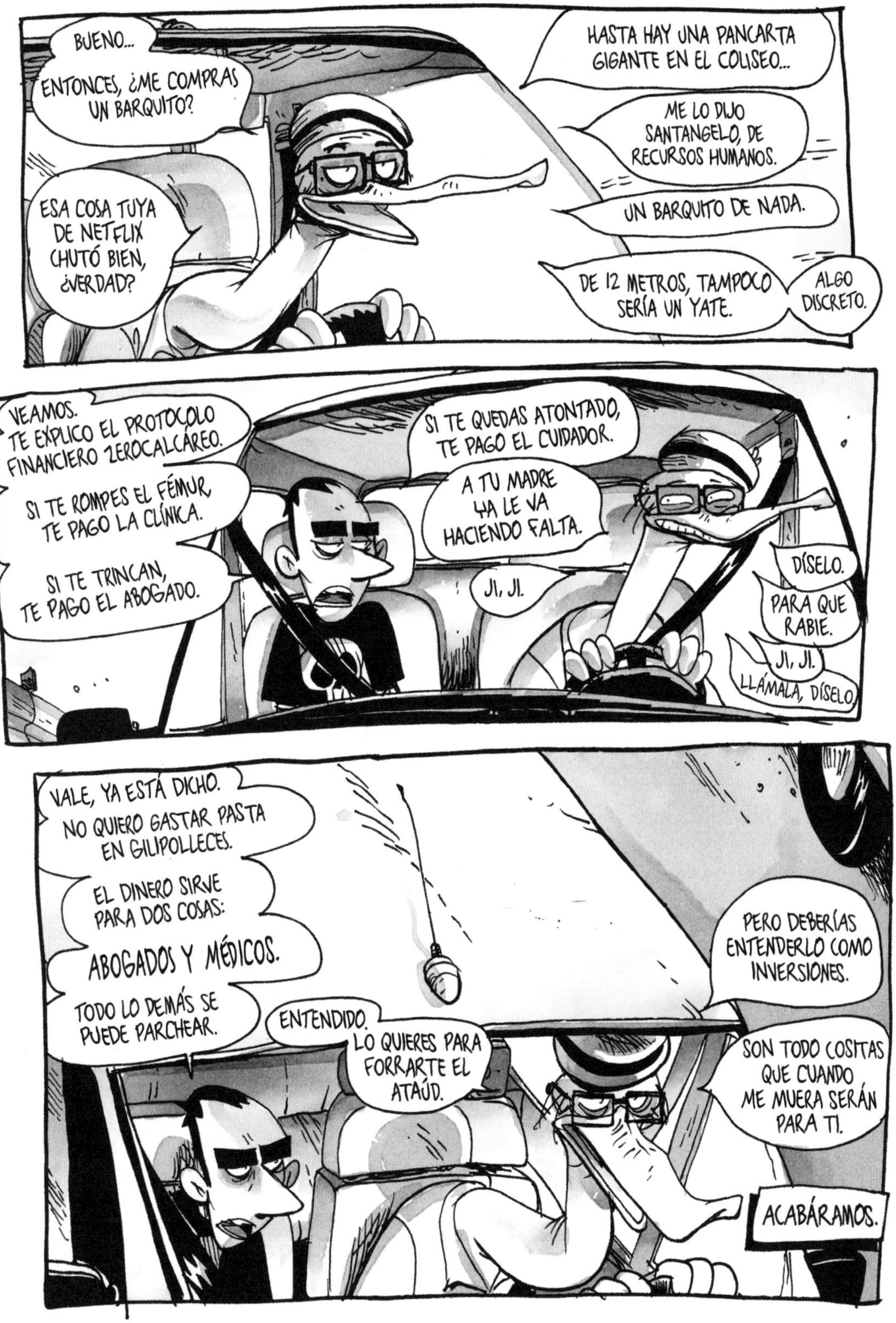
BUENO...
ENTONCES, ¿ME COMPRAS UN BARQUITO?
ESA COSA TUYA DE NETFLIX CHUTÓ BIEN, ¿VERDAD?
HASTA HAY UNA PANCARTA GIGANTE EN EL COLISEO...
ME LO DIJO SANTANGELO, DE RECURSOS HUMANOS.
UN BARQUITO DE NADA.
DE 12 METROS, TAMPOCO SERÍA UN YATE.
ALGO DISCRETO.
VEAMOS. TE EXPLICO EL PROTOCOLO FINANCIERO ZEROCALCÁREO.
SI TE ROMPES EL FÉMUR, TE PAGO LA CLÍNICA.
SI TE TRINCAN, TE PAGO EL ABOGADO.
SI TE QUEDAS ATONTADO, TE PAGO EL CUIDADOR.
A TU MADRE YA LE VA HACIENDO FALTA.
JI, JI.
DÍSELO.
PARA QUE RABIE.
JI, JI.
LLÁMALA, DÍSELO.
...
VALE, YA ESTÁ DICHO.
NO QUIERO GASTAR PASTA EN GILIPOLLECES.
EL DINERO SIRVE PARA DOS COSAS:
ABOGADOS Y MÉDICOS.
TODO LO DEMÁS SE PUEDE PARCHEAR.
ENTENDIDO.
LO QUIERES PARA FORRARTE EL ATAÚD.
PERO DEBERÍAS ENTENDERLO COMO INVERSIONES.
SON TODO COSITAS QUE CUANDO ME MUERA SERÁN PARA TI.
ACABÁRAMOS.

EL GRAN CABALLO DE BATALLA DE MI SEÑOR PADRE.

CUANDO ME MUERA, SERÁ TODO PARA TI

MENUDA OBSESIÓN.

LO DICE PARA TODO.

DESDE LA PLAZA DE PARKING HASTA LAS PLANTAS CRASAS.

Y ENCIMA LUEGO EL TÍO ESPERA GRATITUD, ¿EH?

ME HE PEDIDO UNA REPRODUCCIÓN A ESCALA 1/1000 DEL MAUSOLEO DE CECILIA METELA EN PASTA DE SAL.

¿ESTÁS CONTENTO?

ASÍ, CUANDO ME MUERA SERÁ PARA TI.

¿QUÉ COÑO HAGO CON...?

NO SÉ, TE LA FOLLAS.

SI ES QUE TE GUSTA FOLLAR.

QUE AÚN NO LO SÉ.

SE CREE QUE ME DEJA GRANDES TESOROS.

POR DESGRACIA, LA MUERTE DE SU PADRE ES SOSPECHOSA.

COMO USTED COMPRENDERÁ, SU PATRIMONIO ES ALGO MUY GOLOSO.

Y AL SER EL ÚNICO HEREDERO...

ÚLTIMAMENTE LOS TEBEOS NO SE VENDEN, ¿EH?

PARA USTED SERÁ UN BUEN SALVAVIDAS HACERSE CON UN KIT DE BRICOLAJE HECHO CON ESCAMAS DE PESCADO CARAMELIZADAS. UN TESORO.

ESTÁ A 89,50 EUROS EN AMAZON.

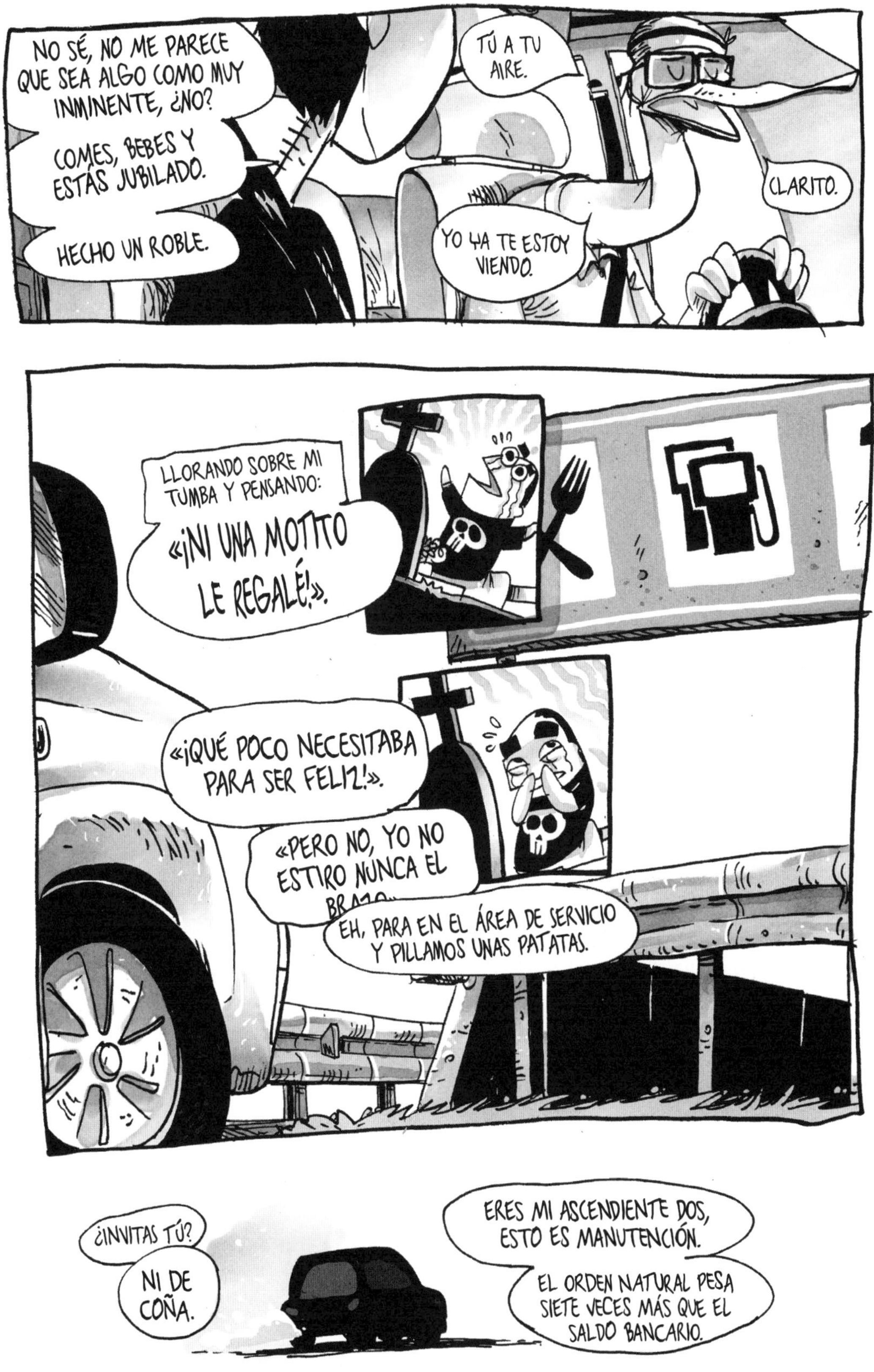
NO SÉ, NO ME PARECE QUE SEA ALGO COMO MUY INMINENTE, ¿NO?
TÚ A TU AIRE.
COMES, BEBES Y ESTÁS JUBILADO.
HECHO UN ROBLE.
YO YA TE ESTOY VIENDO.
CLARITO.
LLORANDO SOBRE MI TUMBA Y PENSANDO:
«¡NI UNA MOTITO LE REGALÉ!».
«¡QUÉ POCO NECESITABA PARA SER FELIZ!».
«PERO NO, YO NO ESTIRO NUNCA EL
EH, PARA EN EL ÁREA DE SERVICIO Y PILLAMOS UNAS PATATAS.
¿INVITAS TÚ?
NI DE COÑA.
ERES MI ASCENDIENTE DOS, ESTO ES MANUTENCIÓN.
EL ORDEN NATURAL PESA SIETE VECES MÁS QUE EL SALDO BANCARIO.

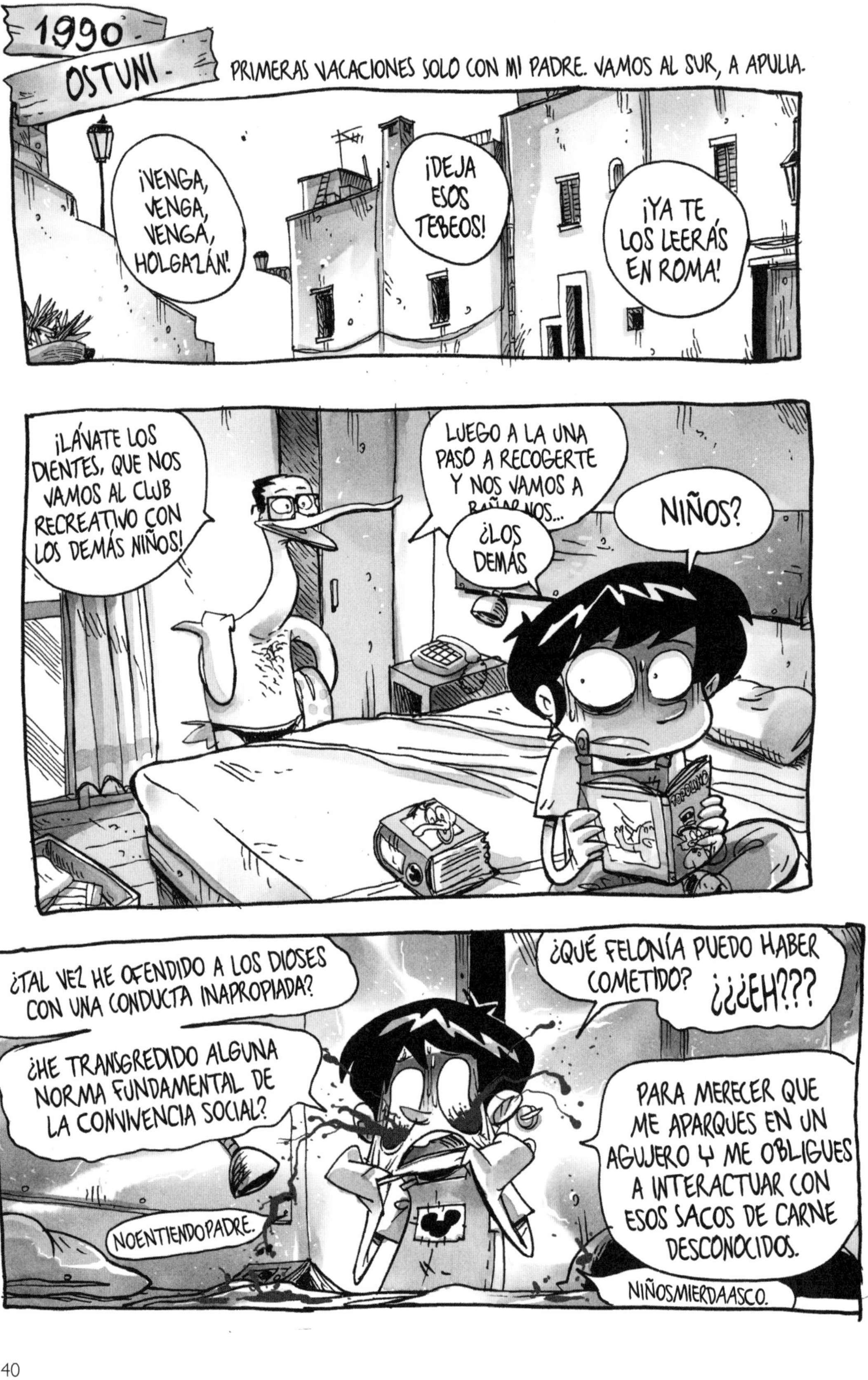
1990
OSTUNI
PRIMERAS VACACIONES SOLO CON MI PADRE. VAMOS AL SUR, A APULIA.
¡VENGA, VENGA, VENGA, HOLGAZÁN!
¡DEJA ESOS TEBEOS!
¡YA TE LOS LEERÁS EN ROMA!
¡LÁVATE LOS DIENTES, QUE NOS VAMOS AL CLUB RECREATIVO CON LOS DEMÁS NIÑOS!
LUEGO A LA UNA PASO A RECOGERTE Y NOS VAMOS A
¿LOS DEMÁS
NIÑOS?
¿TAL VEZ HE OFENDIDO A LOS DIOSES CON UNA CONDUCTA INAPROPIADA?
¿QUÉ FELONÍA PUEDO HABER COMETIDO? ¿¿¿EH???
¿HE TRANSGREDIDO ALGUNA NORMA FUNDAMENTAL DE LA CONVIVENCIA SOCIAL?
PARA MERECER QUE ME APARQUES EN UN AGUJERO Y ME OBLIGUES A INTERACTUAR CON ESOS SACOS DE CARNE DESCONOCIDOS.
NOENTIENDOPADRE.
NIÑOSMIERDAASCO.

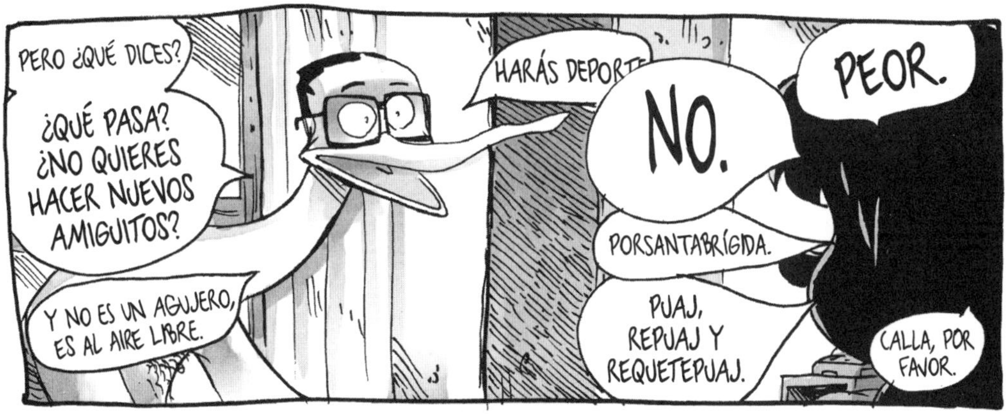

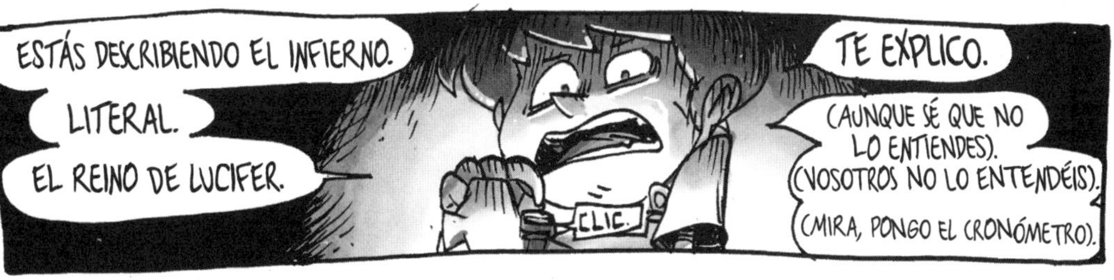

YO, PARA ESOS QUE INGENUAMENTE DENOMINAS «NIÑOS», NO EXISTO.

¿SABES ESAS FRECUENCIAS DE ULTRASONIDOS QUE NOSOTROS NO OÍMOS Y LOS PERROS SÍ? BUENO. PUES CLAVADITO.

YO EXISTO EN UN PLANO DE LA REALIDAD QUE ELLOS NO PERCIBEN.

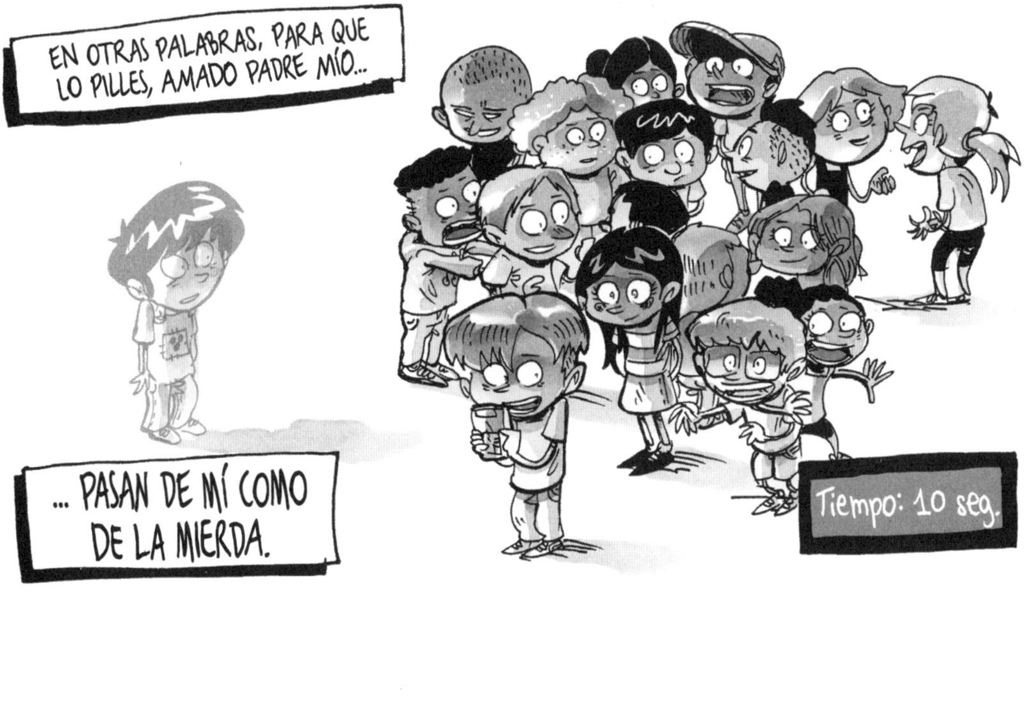

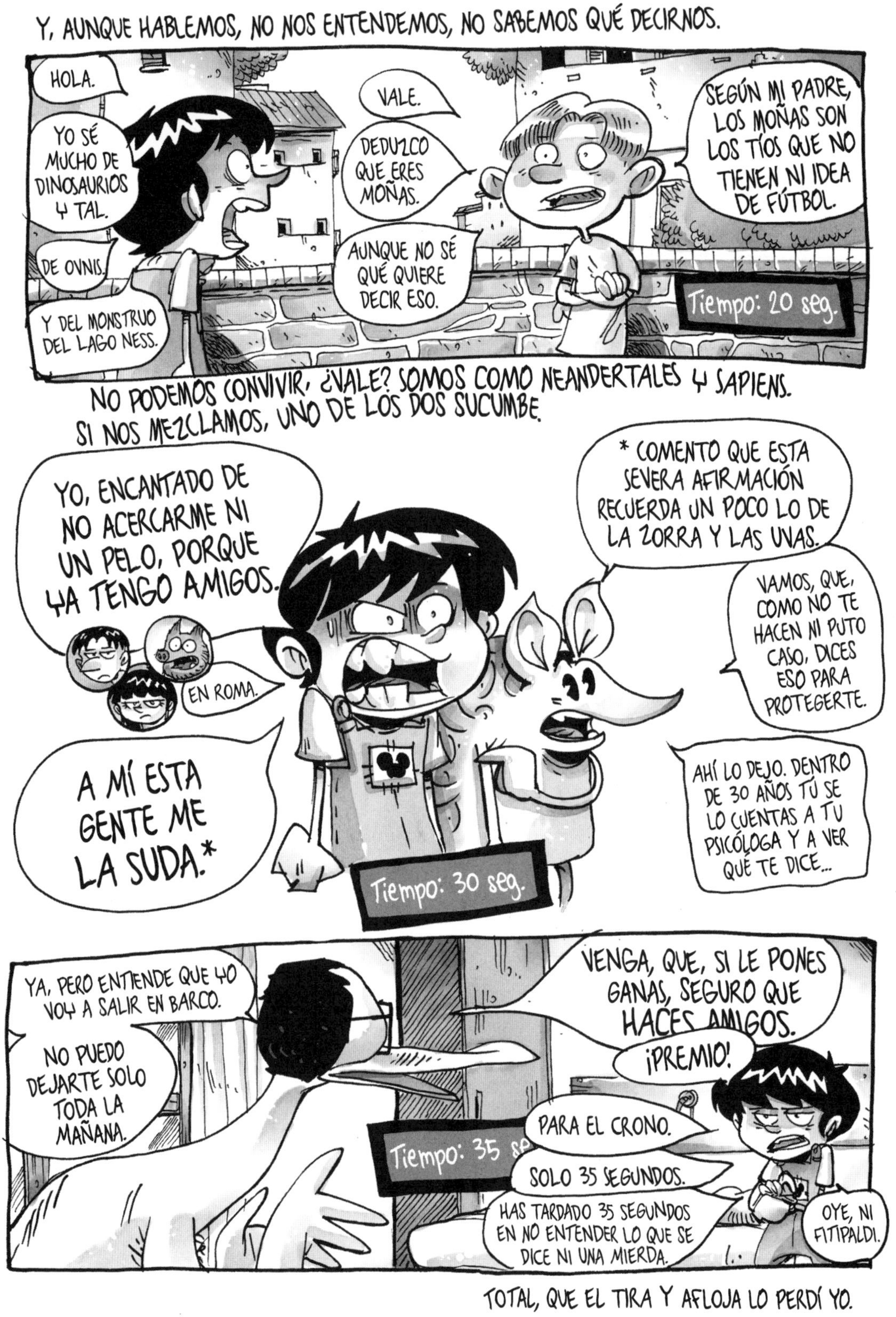
Y, AUNQUE HABLEMOS, NO NOS ENTENDEMOS, NO SABEMOS QUÉ DECIRNOS.
HOLA.
YO SÉ MUCHO DE DINOSAURIOS Y TAL.
DE OVNIS.
Y DEL MONSTRUO DEL LAGO NESS.
VALE.
DEDUZCO QUE ERES MOÑAS.
AUNQUE NO SÉ QUÉ QUIERE DECIR ESO.
SEGÚN MI PADRE, LOS MOÑAS SON LOS TÍOS QUE NO TIENEN NI IDEA DE FÚTBOL.
Tiempo: 20 seg.
NO PODEMOS CONVIVIR, ¿VALE? SOMOS COMO NEANDERTALES Y SAPIENS.
SI NOS MEZCLAMOS, UNO DE LOS DOS SUCUMBE.
YO, ENCANTADO DE NO ACERCARME NI UN PELO, PORQUE YA TENGO AMIGOS.
EN ROMA.
A MÍ ESTA GENTE ME LA SUDA.*
* COMENTO QUE ESTA SEVERA AFIRMACIÓN RECUERDA UN POCO LO DE LA ZORRA Y LAS UVAS.
VAMOS, QUE, COMO NO TE HACEN NI PUTO CASO, DICES ESO PARA PROTEGERTE.
AHÍ LO DEJO. DENTRO DE 30 AÑOS TÚ SE LO CUENTAS A TU PSICÓLOGA Y A VER QUÉ TE DICE...
Tiempo: 30 seg.
YA, PERO ENTIENDE QUE YO VOY A SALIR EN BARCO.
NO PUEDO DEJARTE SOLO TODA LA MAÑANA.
VENGA, QUE, SI LE PONES GANAS, SEGURO QUE HACES AMIGOS.
¡PREMIO!
PARA EL CRONO.
SOLO 35 SEGUNDOS.
HAS TARDADO 35 SEGUNDOS EN NO ENTENDER LO QUE SE DICE NI UNA MIERDA.
OYE, NI FITIPALDI.
TOTAL, QUE EL TIRA Y AFLOJA LO PERDÍ YO.

Y ACABÉ DEPORTADO A AQUEL CLUB RECREATIVO DONDE PASÉ LA PRIMERA DE CINCO MAÑANAS. ESTABA POBLADO POR CRIATURAS ALIENÍGENAS.

O NO.

LOS TERRESTRES ERAN ELLOS.

TERRESTRES PERFECTOS.

UNOS ÜBERTERRESTRES QUE TE CAGAS.

EL ALIENÍGENA ERA YO.

IMAGINAOS QUE ET, EN LUGAR DE TOCAR LOS CATAPLINES CON LO DE TELEFONOMICASA, SE PASARA TODO EL SANTO DÍA HACIENDO UNA CUENTA ATRÁS.

VALE.

DENTRO DE MEDIA HORA PODRÉ DECIR: «ESTOY A MITAD DE LA MAÑANA».

Y DENTRO DE UNA HORA, «DOS HORITAS MÁS Y SE ACABÓ EL SUPLICIO».

EL MUNDO DABA VUELTAS A MI ALREDEDOR MIENTRAS MIRABA FIJAMENTE
EL CASIO QUE TRAÍA DE REGALO UN TAMBOR DE DETERGENTE.

¿ME DAS EL RELOJ O QUÉ?
TE ADVIERTO DE QUE SI
NO TE LO QUITO...

SI QUIERES QUITARME
ESTE RELOJ TENDRÁS QUE
CORTARME LA MANO.

TÚ VERÁS.

ESO, ESO.
SIGUE HACIENDO
GRACIAS DELANTE DE ESOS
CUATRO PAJARILLOS.

MI TESSSSORO.

R SUERTE, A LA UNA FUE A BUSCARME MI PADRE. A TIEMPO PARA QUE NO SALIERA EN LAS PÁGINAS DE SUCESOS DE OSTUNI.

¿QUÉ? ¿CÓMO HA IDO? ¿HAS HECHO AMIGUITOS?

NO, LOS ODIO.

¿CÓMO VA LO DE LA LEY? ¿CON SOLO SIETE AÑOS PUEDO IR A LA CÁRCEL?

SI ES PELIRROJO Y DE MILÁN, ¿SIRVE COMO ATENUANTE?

VA, VENGA, HOMBRE, MAÑANA IRÁ MEJOR.

ADEMÁS, AHORA MEJORA EL DÍA.

¿SABES POR QUÉ?

ESTA TARDE JUEGA ITALIA.

¡TACHÁN!

ESE ERA OTRO SECRETO ESCABROSO.

EL MÁS HORRENDO.

A MÍ LA SELECCIÓN ITALIANA ME TRAÍA SIN CUIDADO.

ES QUE YO LO QUE QUERÍA ERA VOLVER A CASA, PORLOSCLAVOSDECRISTO.

Y NO PODÍA DECIRLO.

PORQUE HABRÍA SIDO COMO ARRANCARLE EL CORAZÓN DEL PECHO.

TEN, PERRO CALLEJERO CON ALOPECIA.

ALIMÉNTATE DE MI ÓRGANO APLASTADO Y DESGARRADO.

BUM BUM BUM BUM

A MI HIJO LE REPUGNAN LOS ÚNICOS DÍAS QUE PASA CON SU PADRE.

Y LO PEOR: NO SIENTE PASIÓN POR LOS AZZURRI.

QUIZÁ PORQUE SU MADRE ES FRANCESA.

ME PASA POR PROCREAR CON UNA GUIRI.

NO, SI CLARO...

EVIDENTEMENTE, ÉL NO TENÍA NADA QUE VER.

SIEMPRE QUE ESTABA LEJOS DE CASA LO PASABA FATAL.
AUNQUE ME HUBIERA IDO CON MI MADRE, HABRÍA PASADO LO MISMO.

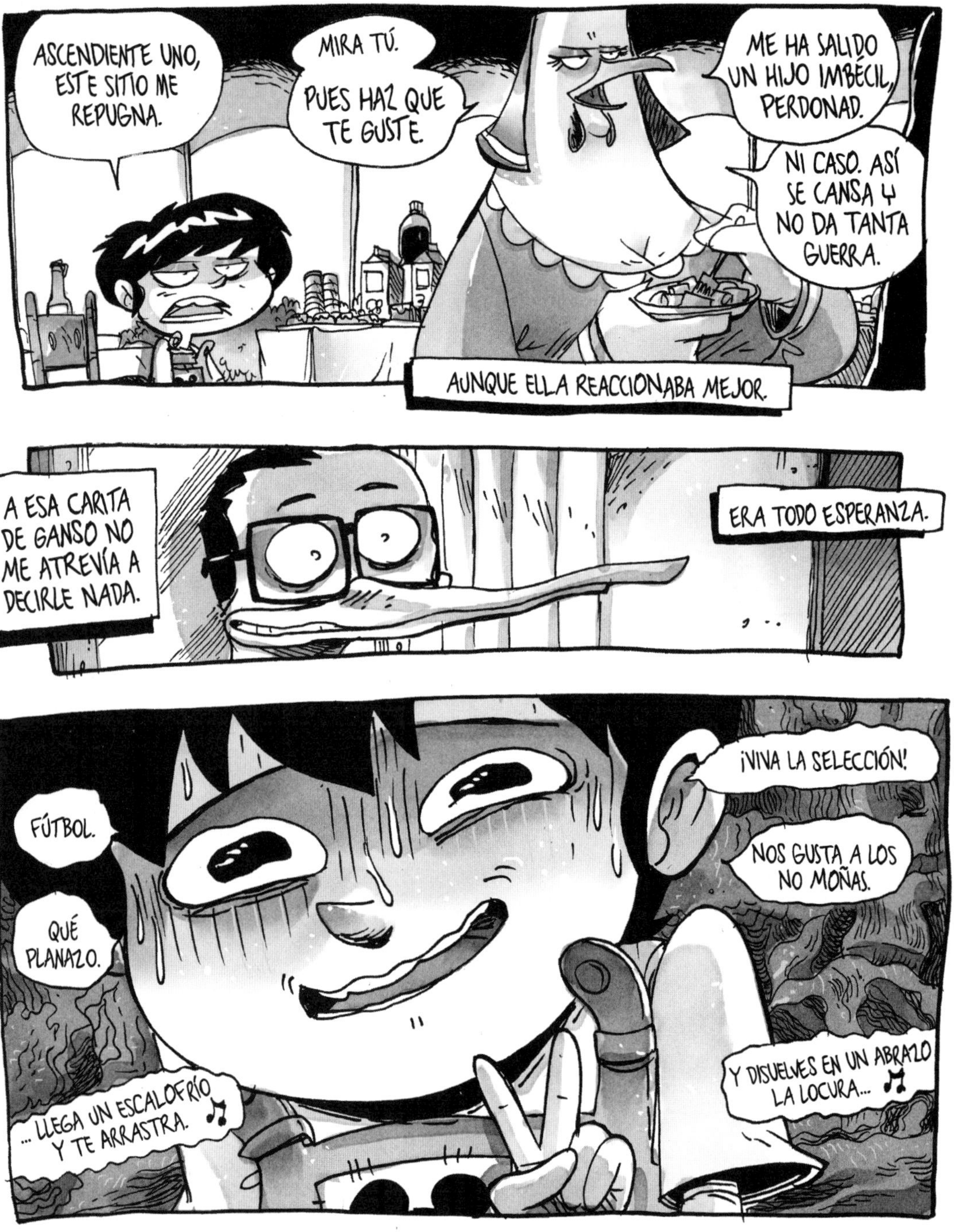

Y, ASÍ, SEGUÍA HACIENDO EN VOZ BAJA LO QUE SIGO HACIENDO
AHORA CUANDO ME ARRANCAN DE REBIBBIA...

¡NOCHES MÁGICAS! PERSIGUIENDO UN GOL...

BAJO EL CIELO DE UN VERANOOOO ITALIANOOOOOO

EDOARDO BENNATO Y GIANNA NANNINI CANTABAN A VOZ EN GRITO EN AQUEL MUNDIAL DEL 90 Y MIENTRAS YO PENSABA QUE AL DÍA SIGUIENTE PODRÍA DECIR: «MAÑANA ES YA LA MITAD DE LAS VACACIONES». Y AL OTRO PODRÍA DECIR: «DENTRO DE TRES DÍAS SERÁ EL ÚLTIMO DÍA...».

21 de julio de 1913

ESTA MAÑANA LLOVÍA TANTO QUE PARECÍA EL DILUVIO UNIVERSAL.

PERO MUCHA, ¿EH?

Y LA OBRA ESTABA TODA LLENA DE ~~MIERDA~~ ~~VACA~~ ~~OSCURA~~ ~~FRESA~~ ~~ES~~ MIERDA DE VACA.

TODA ESTA MIERDA NO LA HA TRAÍDO UN SOLO CRISTIANO.

NI CON UNA CARRETA.

TIC TIC TIC TIC TIC TIC TIC TIC TIC... HACÍA LA LLUVIA.

UNA MONTAÑA DE MIERDA.

QUE GNANCA CON LA LLUVIA SE DESHACÍA.

UN AUTÉNTICO ASCO.

A LIMPIAR ESTA GUARRADA.

HA DICHO GIGLIO.

TIC TIC TIC TIC TIC TIC TIC TIC TIC

ANDA, MIRA ESOS DE MERÍN.

HACEN LO QUE MEJOR SE LES DA.

ESPALAR LA MIERDA.

TIC TIC TIC TIC TIC TIC TIC TIC TIC TIC TIC TIC

— AH, NO. YA LO ENTIENDO.

— LA MIERDA ES PARA ABONAR.

— ASÍ EL CAMPANARIO LES CRECE MÁS DEPRISITA...

— ¿CUÁNTO TIEMPO LLEVÁIS EN ELLO? ¿TRES AÑOS? ¿Y AÚN ESTÁIS ASÍ?

— TARDAMOS EL TIEMPO QUE HACE FALTA.

— PERO TÚ NO TE PREOCUPES.

— QUE SERÁ UN REGALO TAMBIÉN PARA LA GENTE DE LARAI.

CARA DE ANGUILA Y LOS DEMÁS SE HAN QUEDADO CON LOS OJOS COMO PLATOS.

VAN A LLEVARSE UNA BEA SORPRESA.

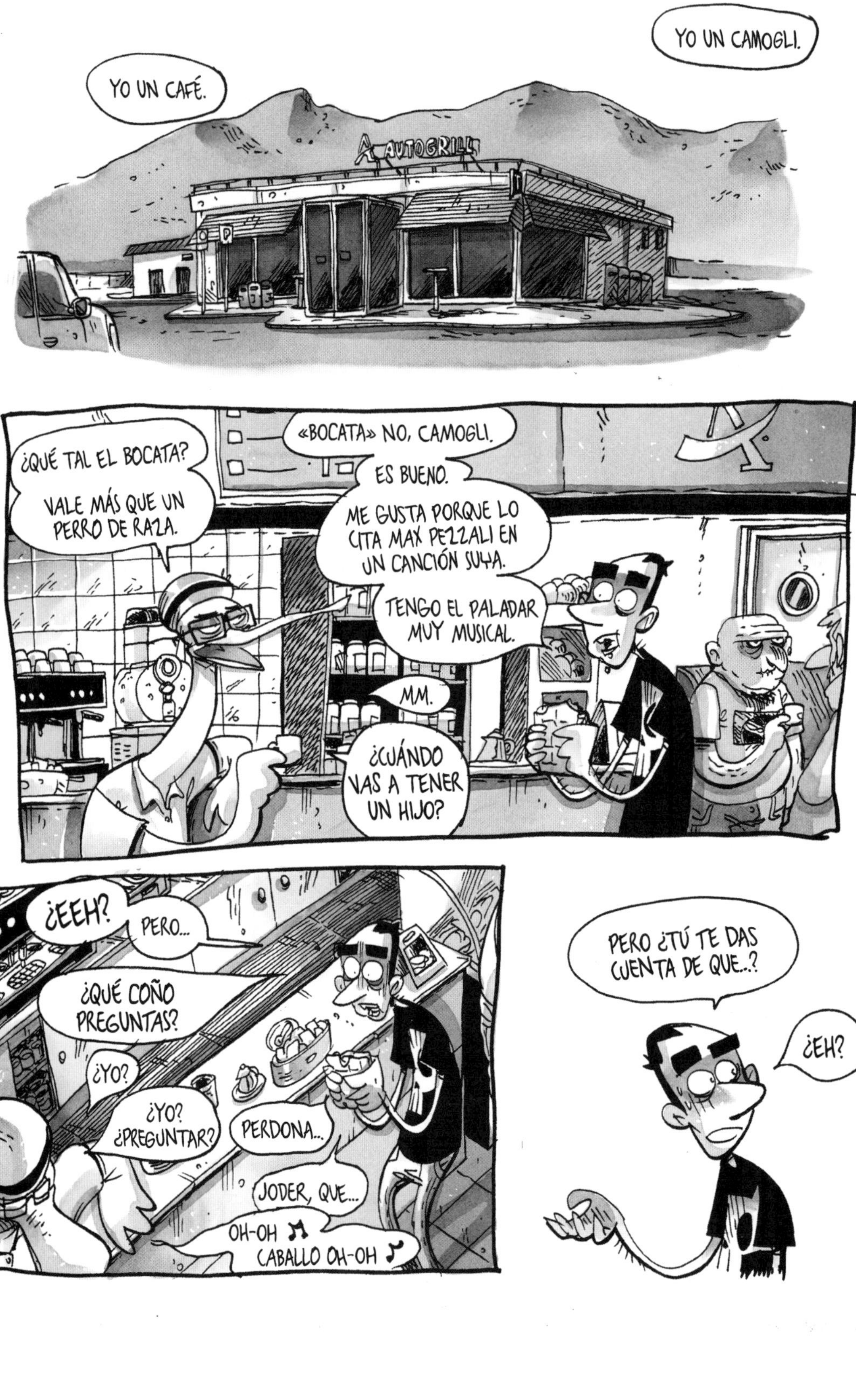
YO UN CAFÉ.
YO UN CAMOGLI.
AUTOGRILL
¿QUÉ TAL EL BOCATA?
«BOCATA» NO, CAMOGLI.
ES BUENO.
VALE MÁS QUE UN PERRO DE RAZA.
ME GUSTA PORQUE LO CITA MAX PEZZALI EN UN CANCIÓN SUYA.
TENGO EL PALADAR MUY MUSICAL.
MM.
¿CUÁNDO VAS A TENER UN HIJO?
¿EEH?
PERO...
¿QUÉ COÑO PREGUNTAS?
¿YO?
¿YO? ¿PREGUNTAR?
PERDONA...
JODER, QUE...
OH-OH ♪ CABALLO OH-OH ♪
PERO ¿TÚ TE DAS CUENTA DE QUE...?
¿EH?

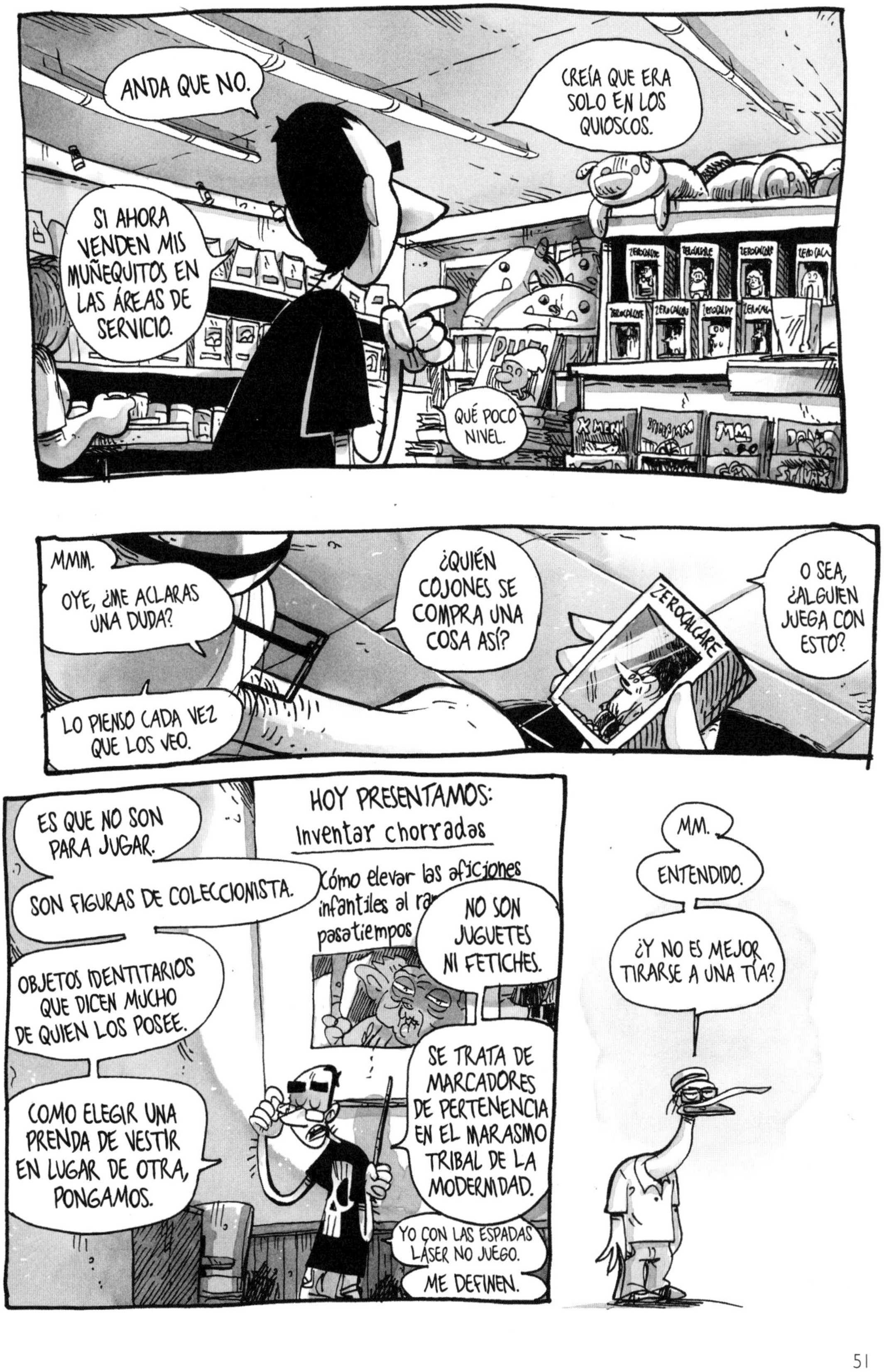

ANDA QUE NO.
CREÍA QUE ERA SOLO EN LOS QUIOSCOS.
SI AHORA VENDEN MIS MUÑEQUITOS EN LAS ÁREAS DE SERVICIO.
QUÉ POCO NIVEL.
MMM.
OYE, ¿ME ACLARAS UNA DUDA?
LO PIENSO CADA VEZ QUE LOS VEO.
¿QUIÉN COJONES SE COMPRA UNA COSA ASÍ?
ZEROCALCARE
O SEA, ¿ALGUIEN JUEGA CON ESTO?
HOY PRESENTAMOS:
Inventar chorradas
Cómo elevar las aficiones
infantiles al
pasatiempos
ES QUE NO SON PARA JUGAR.
SON FIGURAS DE COLECCIONISTA.
OBJETOS IDENTITARIOS QUE DICEN MUCHO DE QUIEN LOS POSEE.
COMO ELEGIR UNA PRENDA DE VESTIR EN LUGAR DE OTRA, PONGAMOS.
NO SON JUGUETES NI FETICHES.
SE TRATA DE MARCADORES DE PERTENENCIA EN EL MARASMO TRIBAL DE LA MODERNIDAD.
YO CON LAS ESPADAS LÁSER NO JUEGO.
ME DEFINEN.
MM.
ENTENDIDO.
¿Y NO ES MEJOR TIRARSE A UNA TÍA?

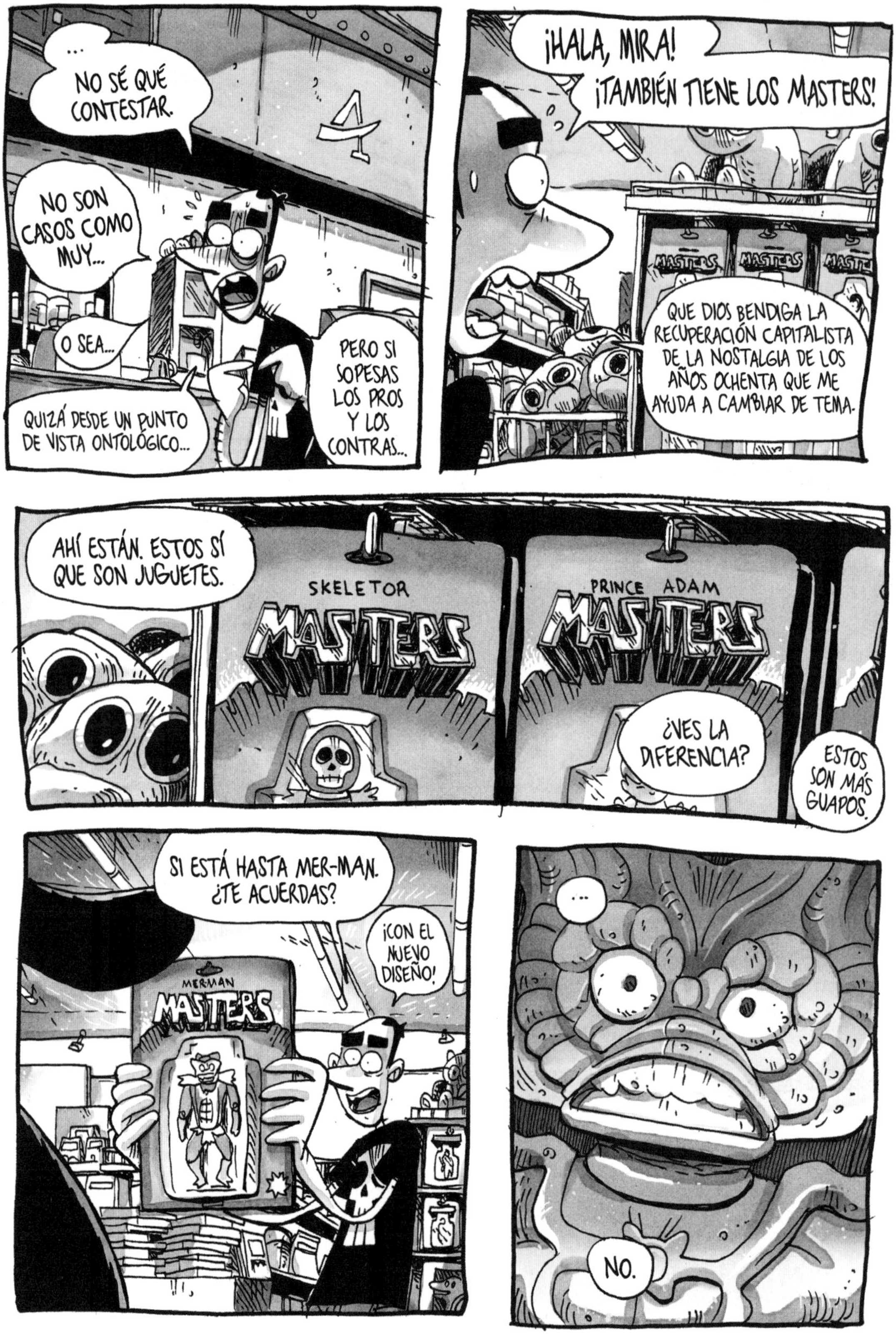
...
NO SÉ QUÉ CONTESTAR.
NO SON CASOS COMO MUY...
O SEA...
QUIZÁ DESDE UN PUNTO DE VISTA ONTOLÓGICO...
PERO SI SOPESAS LOS PROS Y LOS CONTRAS...
¡HALA, MIRA!
¡TAMBIÉN TIENE LOS MASTERS!
QUE DIOS BENDIGA LA RECUPERACIÓN CAPITALISTA DE LA NOSTALGIA DE LOS AÑOS OCHENTA QUE ME AYUDA A CAMBIAR DE TEMA.
AHÍ ESTÁN. ESTOS SÍ QUE SON JUGUETES.
SKELETOR
MASTERS
PRINCE ADAM
MASTERS
¿VES LA DIFERENCIA?
ESTOS SON MÁS GUAPOS.
SI ESTÁ HASTA MER-MAN. ¿TE ACUERDAS?
¡CON EL NUEVO DISEÑO!
MER-MAN
MASTERS
...
NO.

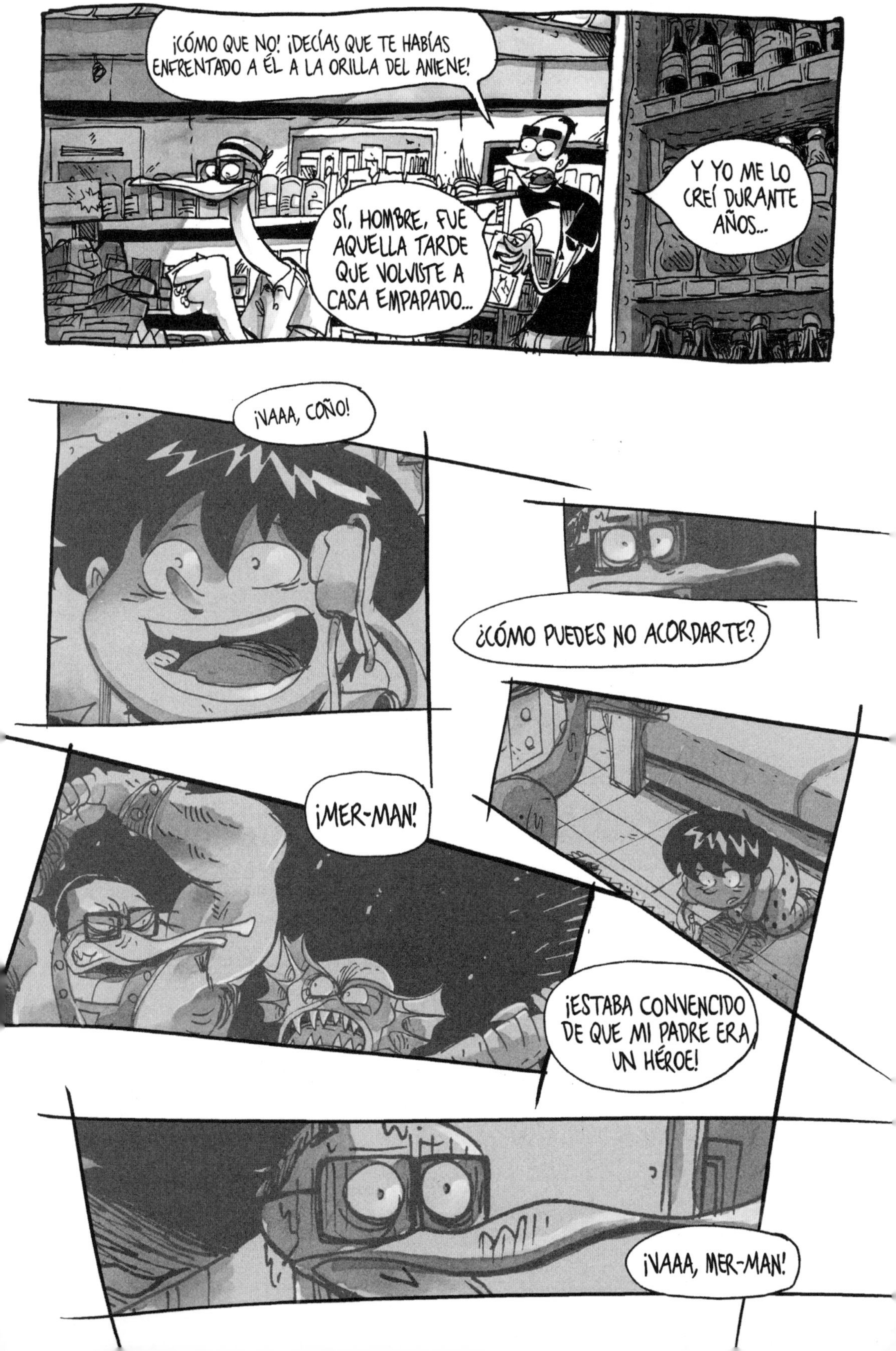
¡CÓMO QUE NO! ¡DECÍAS QUE TE HABÍAS ENFRENTADO A ÉL A LA ORILLA DEL ANIENE!
SÍ, HOMBRE, FUE AQUELLA TARDE QUE VOLVISTE A CASA EMPAPADO...
Y YO ME LO CREÍ DURANTE AÑOS...
¡VAAA, COÑO!
¿CÓMO PUEDES NO ACORDARTE?
¡MER-MAN!
¡ESTABA CONVENCIDO DE QUE MI PADRE ERA UN HÉROE!
¡VAAA, MER-MAN!

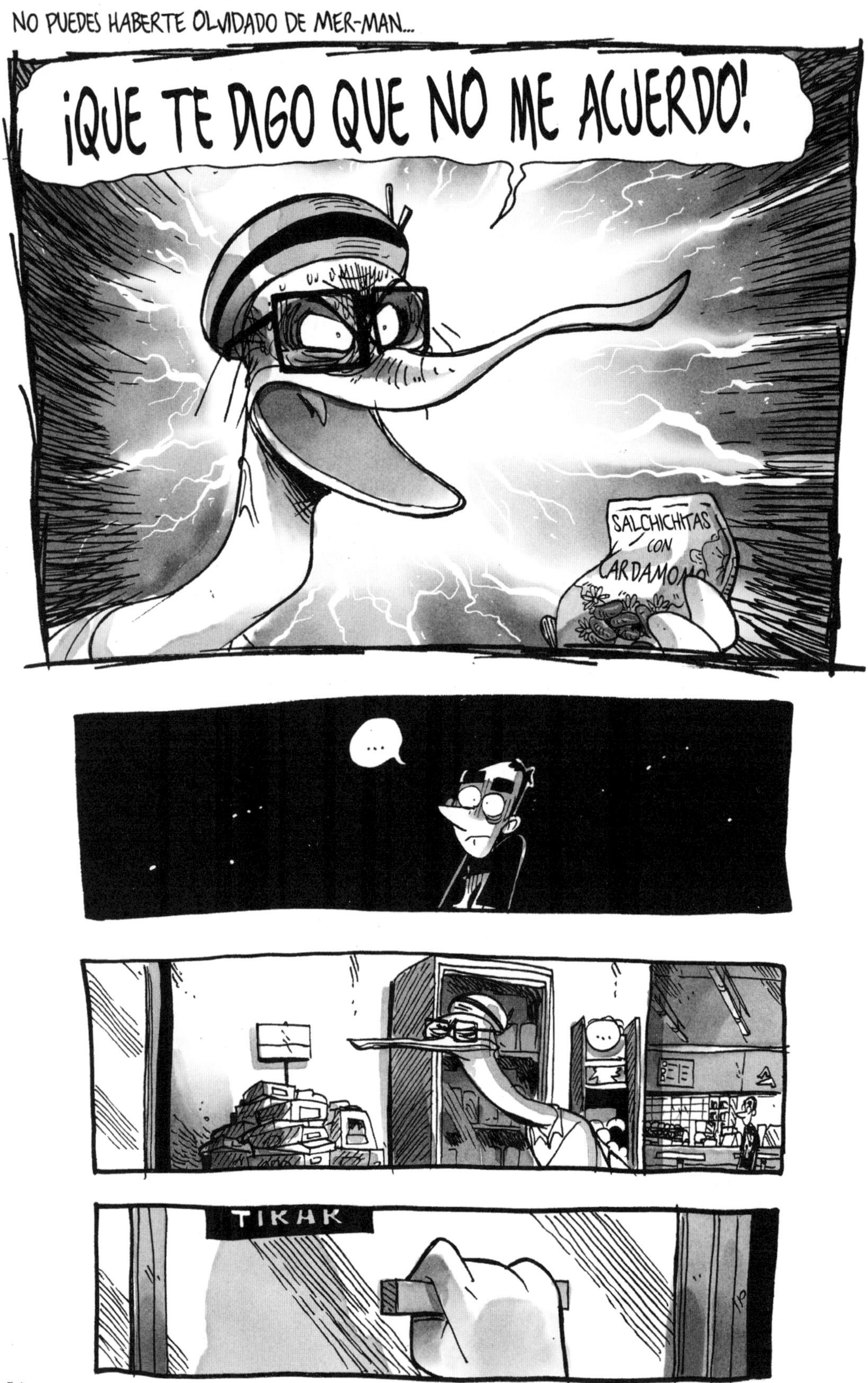
NO PUEDES HABERTE OLVIDADO DE MER-MAN...
¡QUE TE DIGO QUE NO ME ACUERDO!
SALCHICHITAS CON CARDAMOMO
...
...
TIKAK

MER-MAN. OTRA VEZ.

DESPUÉS DE 35 AÑOS.

[ASÍ, DE PASADA: EL CONFLICTO DE MI PADRE CON LOS «MUÑECASTROS» VIENE DE LEJOS. EL EPISODIO MÁS SANGRIENTO SE PRODUJO HACE TRES AÑOS, EN SU CASA, UN DOMINGO A LA HORA DE COMER].

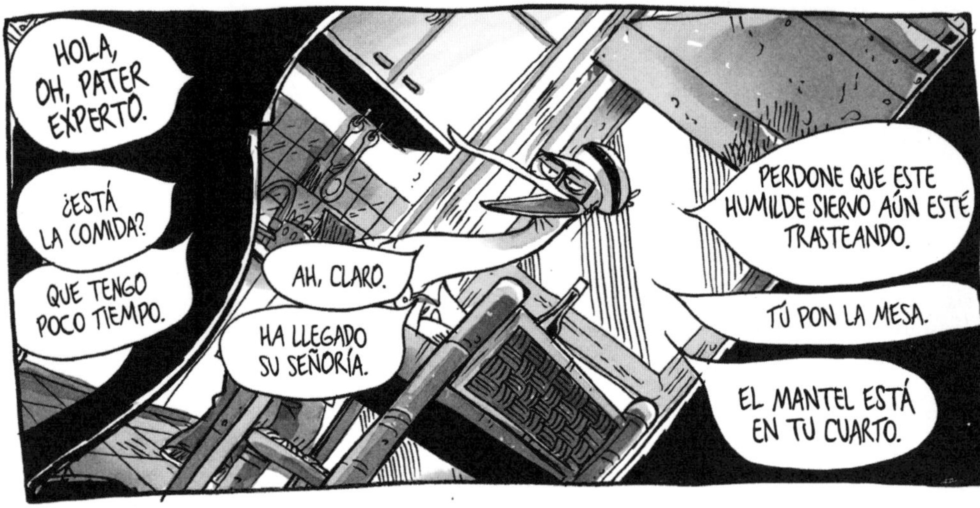

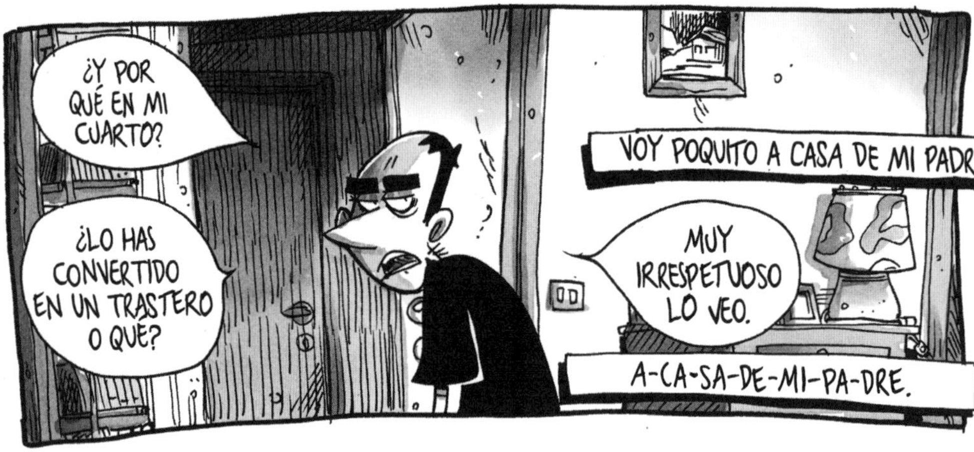

AHORA YA NO ES MÁS QUE ESO. LA CASA DE MI PADRE. YA NO ES MÍA. VENGO A COMER UN PLATO DE CARBONARA ALGÚN QUE OTRO DOMINGO.

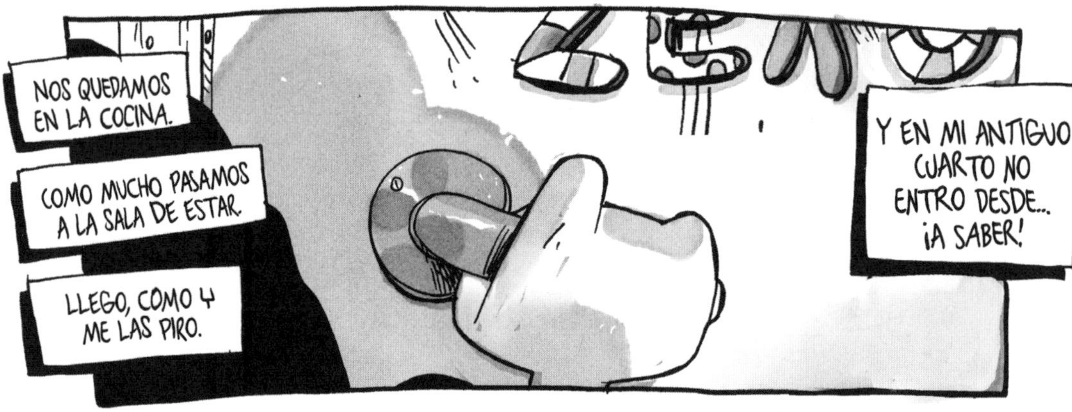

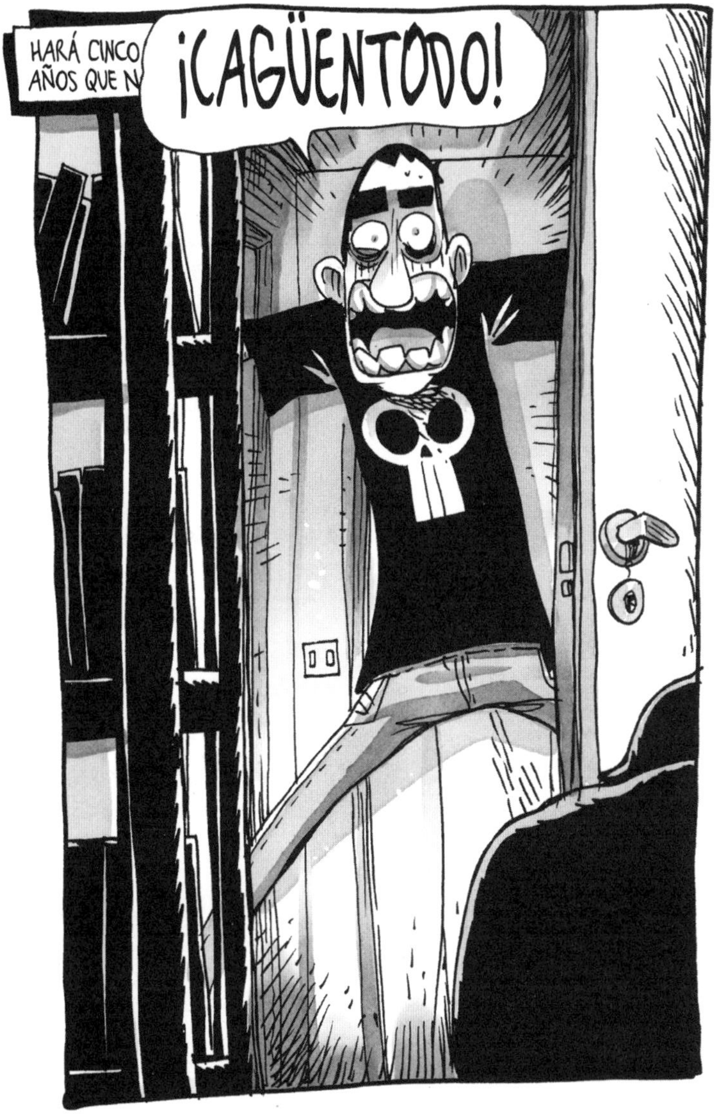

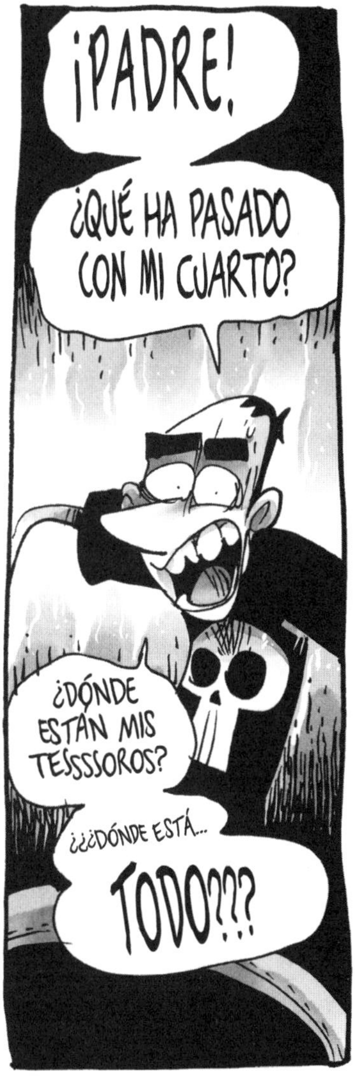

(CUANDO SUFRO UNA IMPRESIÓN MUY FUERTE, NO CONSIGO CONJUGAR LOS VERBOS).

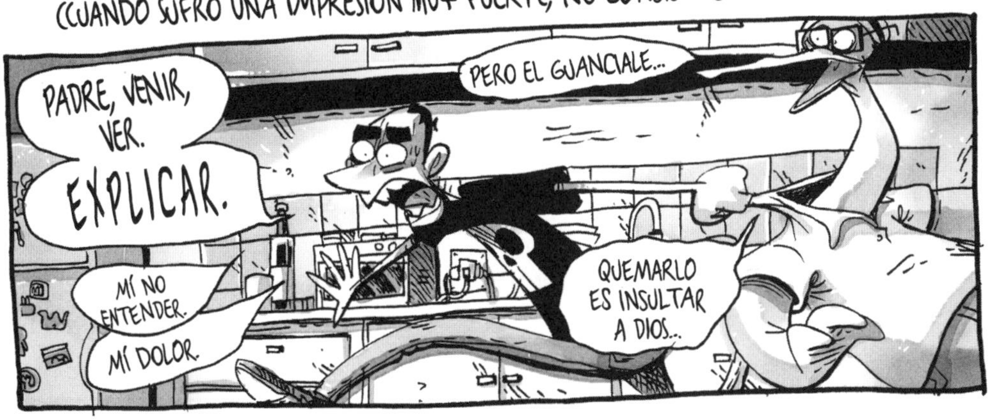

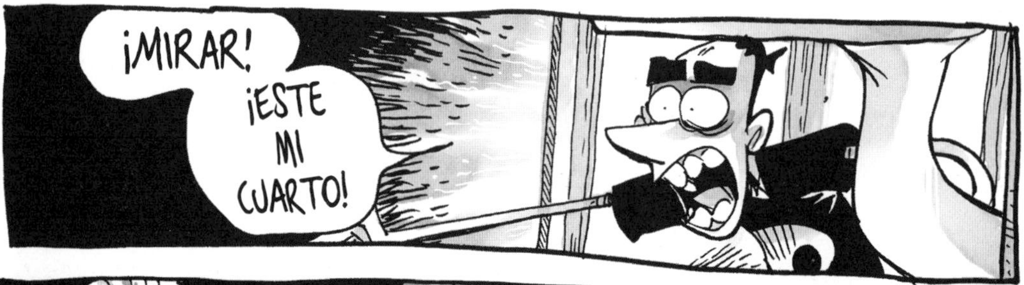
¡MIRAR!
¡ESTE MI CUARTO!

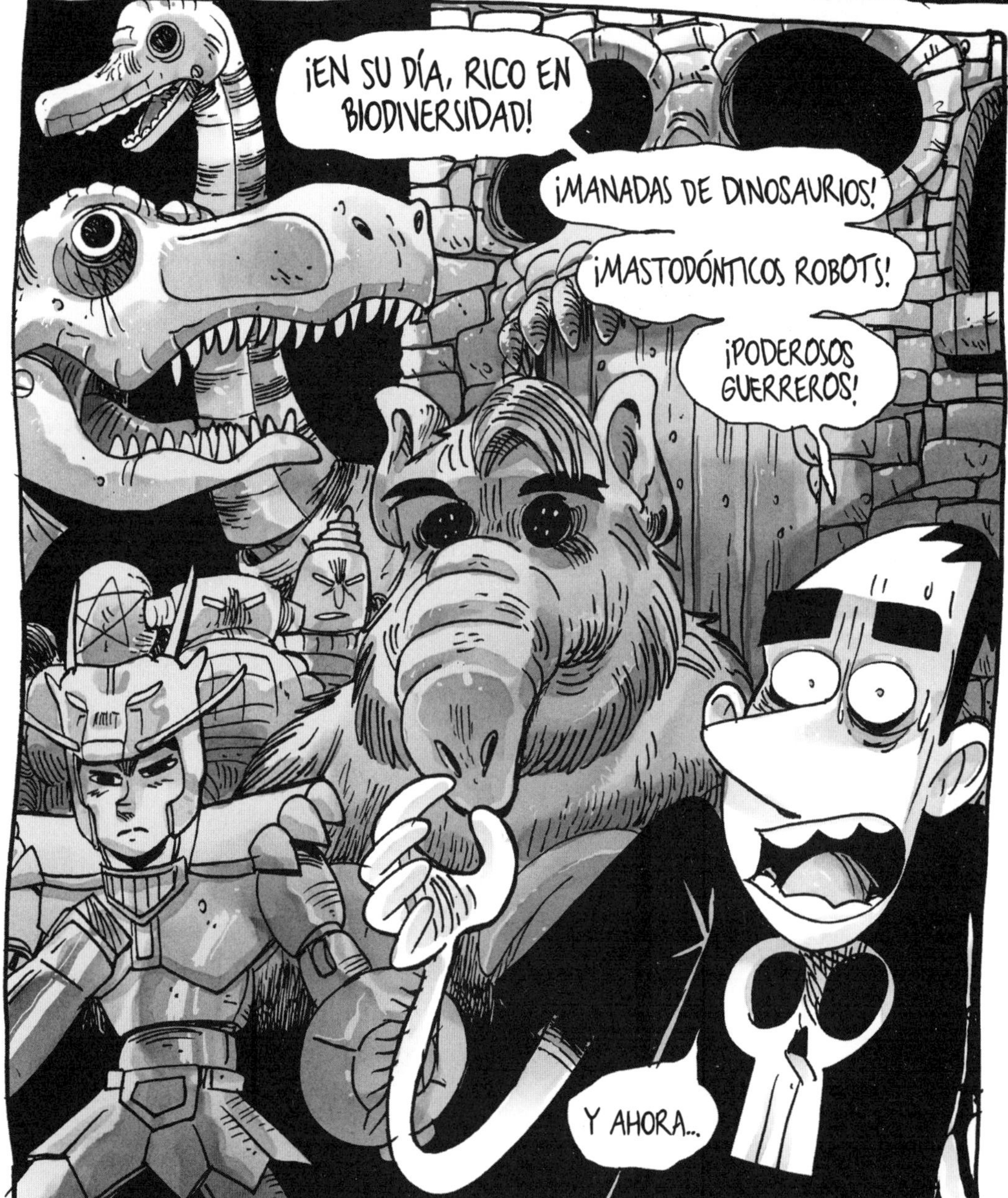
¡EN SU DÍA, RICO EN BIODIVERSIDAD!
¡MANADAS DE DINOSAURIOS!
¡MASTODÓNTICOS ROBOTS!
¡PODEROSOS GUERREROS!
Y AHORA...

¡AHORA SOLO HAY **MIERDA!**

¡REVISTAS DE COCHES!

Coches
que te la ponen dura
BMW XM
asientos sinuosos

¡MAQUETAS DE BARCOS!

¿ESTO QUÉ ES? ¿UN CD DE BATTIATO?

Currucú, paloma. **MADRE DE DIOS.**

LA INVASIÓN DE LOS ULTRA-BOOMERS.

HAY ALGO QUE NO HE ENTENDIDO.

ES QUE SOY UN POCO SIMPLÓN, ¿SABES?

A MÍ NO ME HAN DADO EL PREMIO FELTRINELLI.

O SEA, TÚ, HIJO... ¿¿¿QUÉ COJONES QUIERES???

POR CIERTO, LLAMAS «BOOMER» A LO QUE LA BIBLIA LLAMA «HOMBRE ADULTO».

SABER DÓNDE ESTÁN MIS COSAS.

¡TODAS MIS COSAS!

¿¿¿QUIÉN HA DADO PERMISO PARA QUE VIOLARAN MI SANTUARIO???

— ¡SOOO! HACE 30 AÑOS QUE YA NO VIVES EN ESTA CASA.

— Y 10 QUE NO PONES UN PIE EN ESTE CUARTO.

— SI ME QUERÍAS DE VIGILANTE DE UN MUSEO, HABERME PAGADO UN SUELDO.

— CON CONTRATO Y 14 PAGAS.

— PERO ESE INMENSO PATRIMONIO... ¿DÓNDE LO HAS METIDO?

— Y YO QUÉ SÉ. COSAS EN EL TRASTERO. COSAS TIRADAS.

— ¿PARA QUÉ COÑO QUERÍA MUÑECOS?

— SI TUVIERA UN NIETO...

— PERO TÚ ERES ESTÉRIL.

— «COSAS EN EL TRASTERO. COSAS TIRADAS...».

— LA DESTRUCCIÓN DE LA HISTORIA...

— COMO LOS TALIBANES CON LOS BUDAS DE PIEDRA...

— HE GUARDADO ESTO.

— PARA AGUANTAR LAS CERVEZAS.

— A VECES LO TAPO CON UN TRAPO PORQUE ES FEÚCHO.

— ES FEÚCHO, SÍ, POR MIS SANTOS HUEVOS.

SOLO SE HA QUEDADO CON EMILIO, UN TRASTO HORRIPILANTE QUE ME REGALÓ MI TÍA, QUE NO SE ENTERABA DE NADA (LA POBRE).

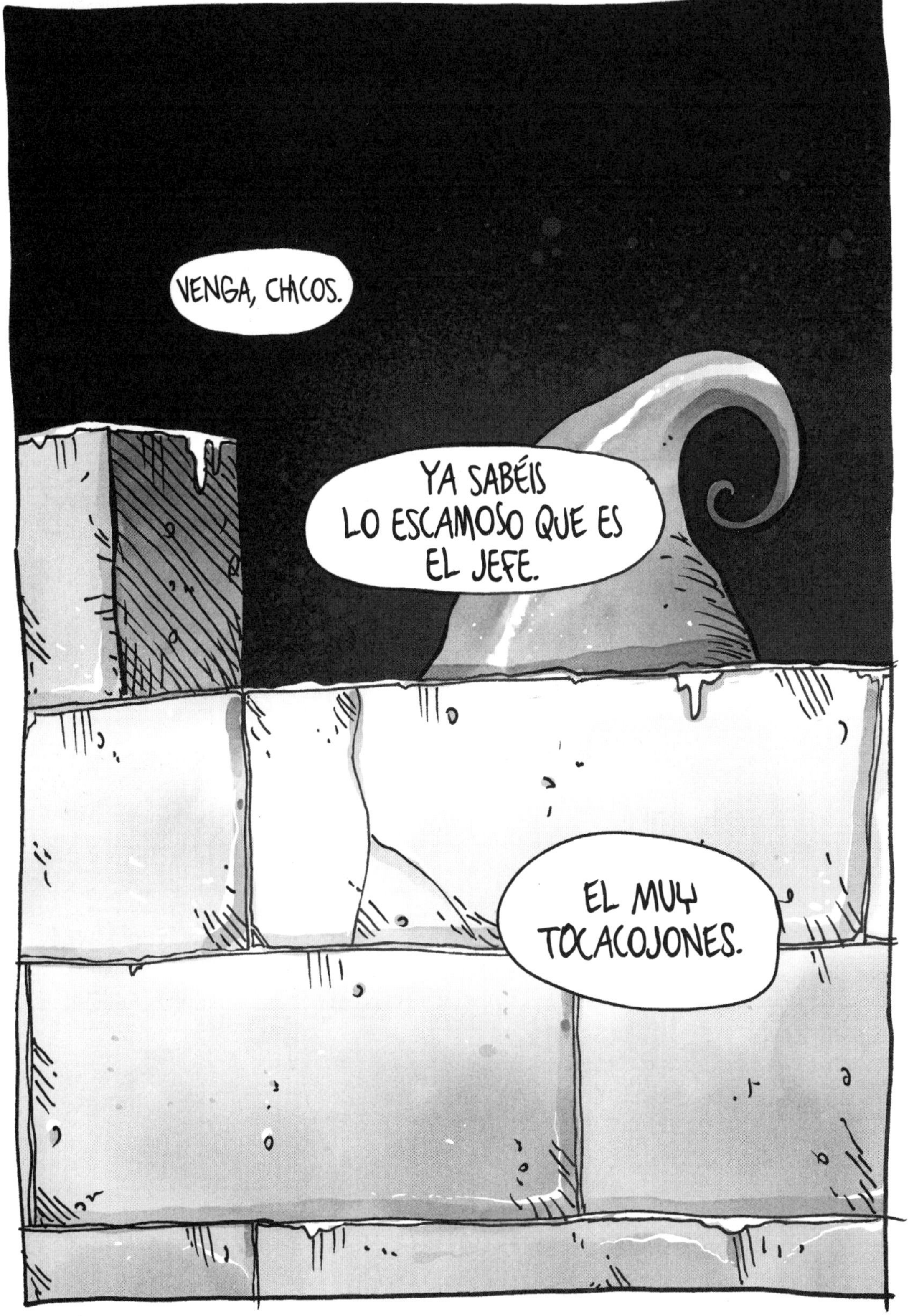
VENGA, CHICOS.
YA SABÉIS LO ESCAMOSO QUE ES EL JEFE.
EL MUY TOCACOJONES.

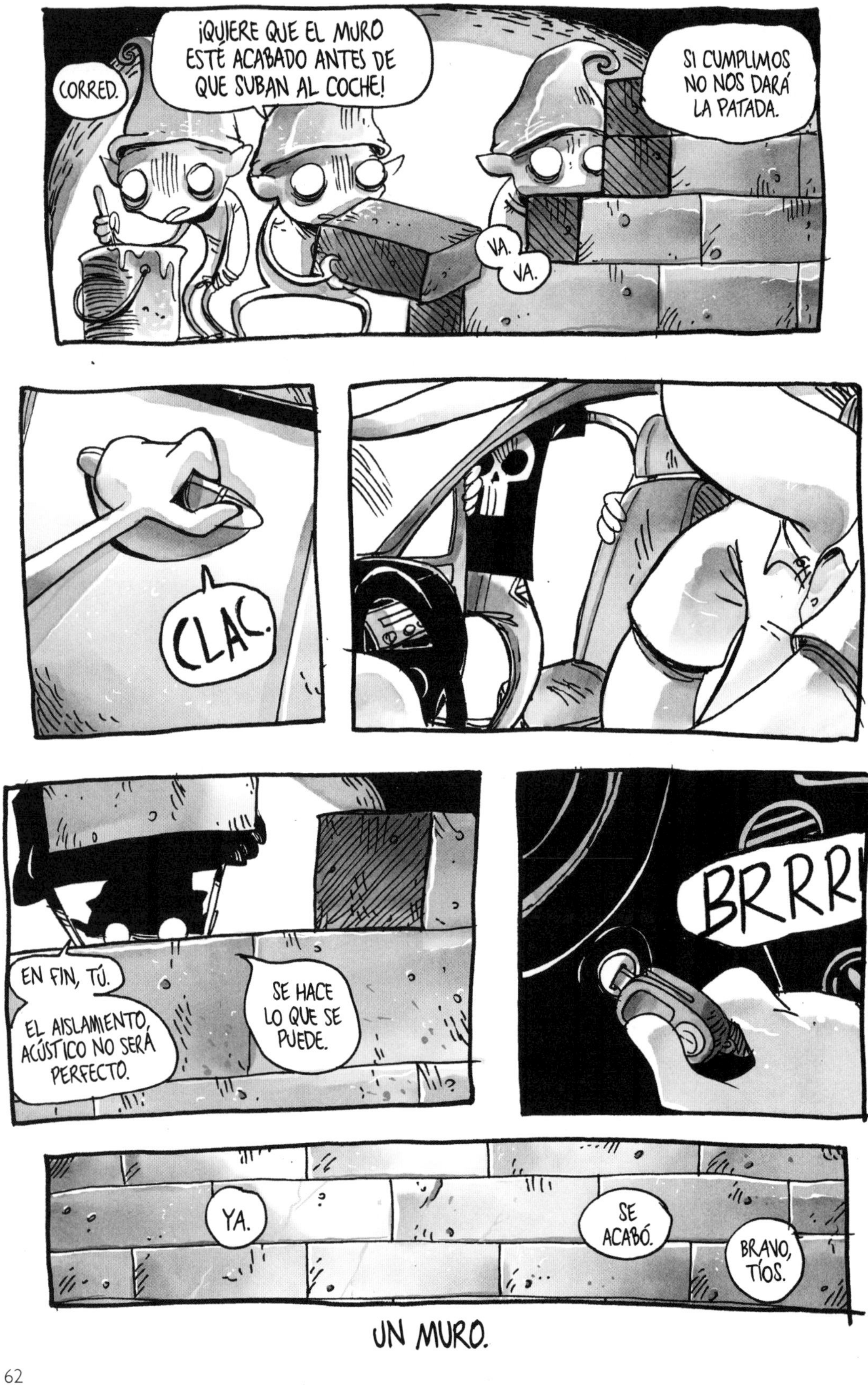
CORRED.
¡QUIERE QUE EL MURO ESTÉ ACABADO ANTES DE QUE SUBAN AL COCHE!
SI CUMPLIMOS NO NOS DARÁ LA PATADA.
VA.
VA.
CLAC.
EN FIN, TÚ.
EL AISLAMIENTO ACÚSTICO NO SERÁ PERFECTO.
SE HACE LO QUE SE PUEDE.
BRRR
YA.
SE ACABÓ.
BRAVO, TÍOS.

UN MURO.

UN MURO DE SILENCIO ENTRE LOS DOS.

Y NO PORQUE HAYAMOS DISCUTIDO EN EL ÁREA DE SERVICIO, ¿EH?

OJALÁ. LAS DISCUSIONES PODRÍAN RESOLVERSE HABLANDO. DICIÉNDOSE COSAS PROFUNDAS. ÍNTIMAS. SERIAS.

NO LO ENTIENDO, PADRE.

¿QUÉ LO HA TURBADO HASTA EL PUNTO DE DESENCADENAR SU IRA?

¿TAL VEZ MI INSISTENCIA INOPORTUNA?

EN ESE CASO, ME DISCULPO.

ÁBRAME SU CORAZÓN.

NO, HEREDERO.

MI ALMA SE HA ENSOMBRECIDO AL AFLORAR PENSAMIENTOS ACIAGOS.

ME DISPONGO A RELATÁRTELO.

ES QUE NI ME IMAGINO CÓMO SERÍA UN DIÁLOGO ÍNTIMO CON MI PADRE.

ES ASÍ Y PUNTO.

NOSOTROS ESAS COSAS NO SABEMOS HACERLAS.

SOLO SABEMOS HABLAR DE GILIPOLLECES.

BUEN TRABAJO, BOCHORNO, INCOMODIDAD Y VERGÜENZA.

HABÉIS VUELTO A LEVANTAR UN SEÑOR MURO.

GRACIAS, JEFE.

QUÉ GRAN HONOR.

ES UN PLACER TRABAJAR PARA CAPULLOS.

2 de febrero de 1913

HOY ANNA ESTABA MUY ARISCA.

¿ESTÁIS SEGUROS?

HA DICHO.

A MÍ NO ME PARECE MUY BIEN...

MEZCLAR NUESTRAS COSAS Y LAS COSAS SAGRADAS.

ESTAMOS SEGUROS, SÍ, LE HE DICHO. YA ESTÁ *FINIO*. MAÑANA *EO VEDERÁ' TUTTI*.

TÚ NO LO ENTIENDES PORQUE ERES DEL VALLE.

CONFÍA EN TU MARIDO.

SI YO ME FÍO, HOMBRE.

PERO ME PARECE COMO DE CRÍOS.

¿CÓMO SE DICE?

UNA COSA INFANTIL.

A ANNA NO LE PARECE BIEN.

NO LE PARECE BIEN QUE HAYAMOS PUESTO UN *RELOJ* EN TODAS LAS FACHADAS DEL CAMPANARIO.

TODAS MENOS UNA.

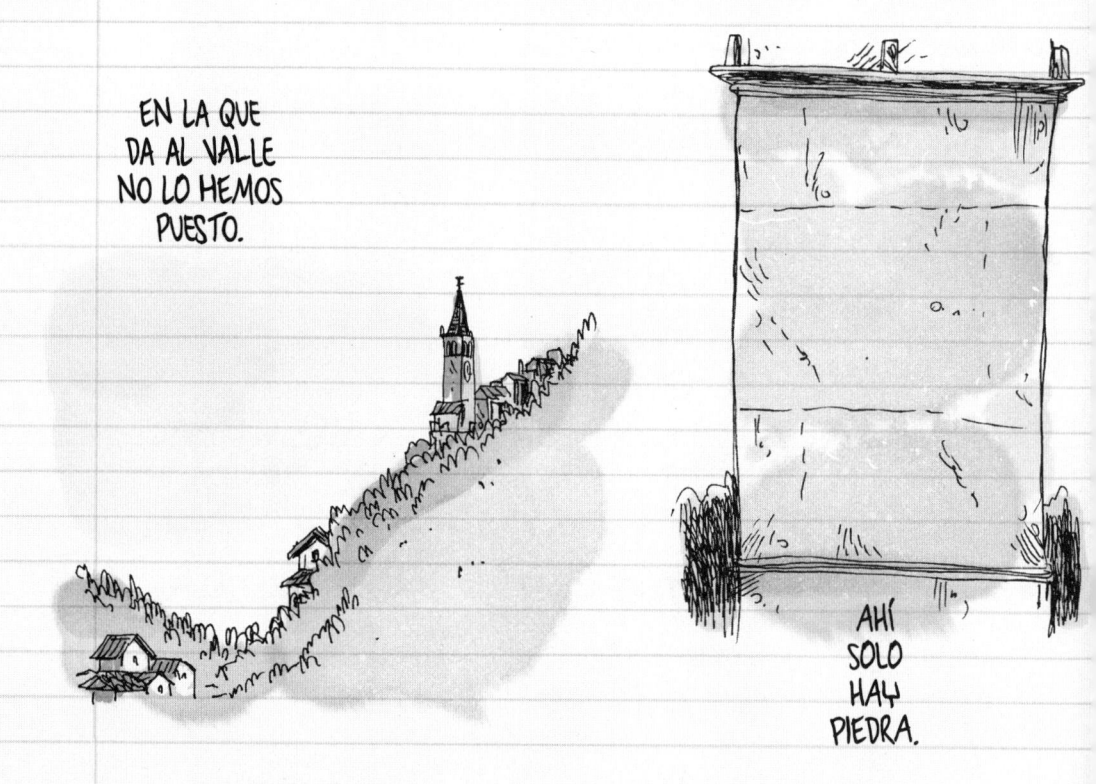

EN LA QUE DA AL VALLE NO LO HEMOS PUESTO.

AHÍ SOLO HAY PIEDRA.

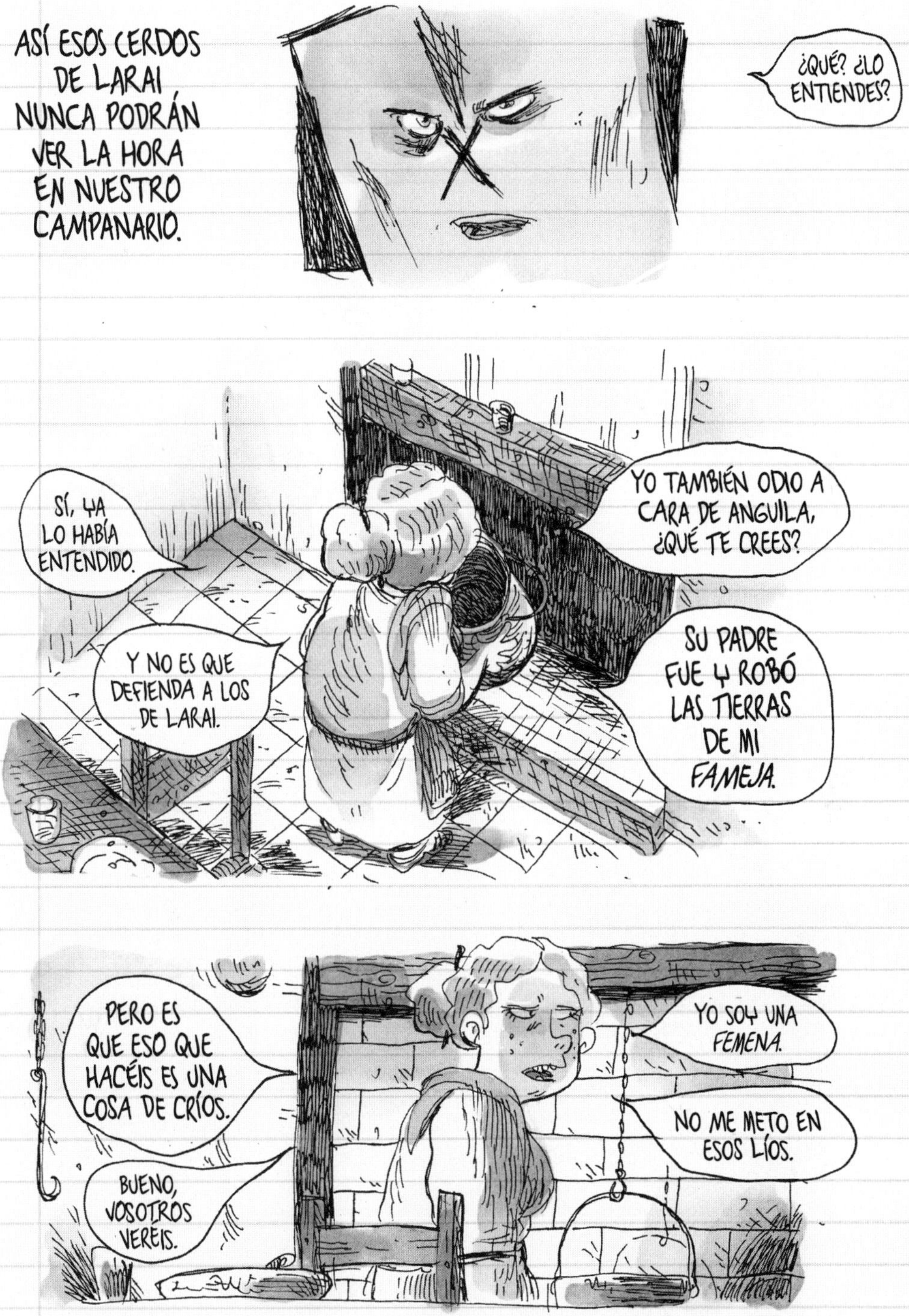

ANNA ES UNA GRAN MUJER, PERO CONFUNDE LAS COSAS DE LOS CRÍOS CON LAS COSAS DE LA MONTAÑA.

UN CRÍO CRECE. CAMBIA. DESMENTEGA.

LA MONTAÑA NO.

LA MONTAÑA NO *DESMENTEGA*.

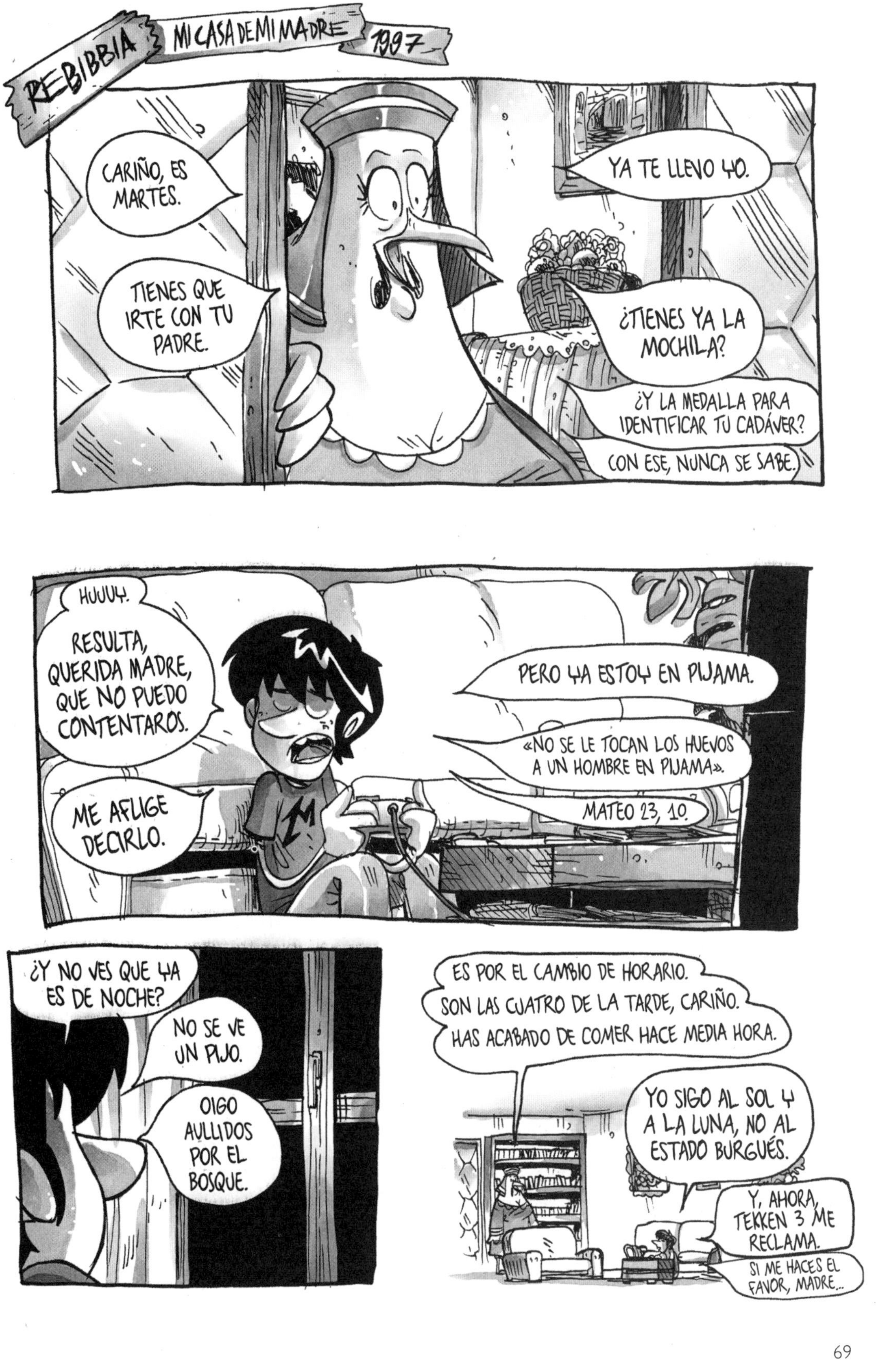
REBIBBIA
MI CASA DE MI MADRE
1997
CARIÑO, ES MARTES.
TIENES QUE IRTE CON TU PADRE.
YA TE LLEVO 40.
¿TIENES YA LA MOCHILA?
¿Y LA MEDALLA PARA IDENTIFICAR TU CADÁVER?
CON ESE, NUNCA SE SABE.
HUUUY.
RESULTA, QUERIDA MADRE, QUE NO PUEDO CONTENTAROS.
ME AFLIGE DECIRLO.
PERO YA ESTOY EN PIJAMA.
«NO SE LE TOCAN LOS HUEVOS A UN HOMBRE EN PIJAMA».
MATEO 23, 10.
¿Y NO VES QUE YA ES DE NOCHE?
NO SE VE UN PIJO.
OIGO AULLIDOS POR EL BOSQUE.
ES POR EL CAMBIO DE HORARIO.
SON LAS CUATRO DE LA TARDE, CARIÑO.
HAS ACABADO DE COMER HACE MEDIA HORA.
YO SIGO AL SOL Y A LA LUNA, NO AL ESTADO BURGUÉS.
Y, AHORA, TEKKEN 3 ME RECLAMA.
SI ME HACES EL FAVOR, MADRE...

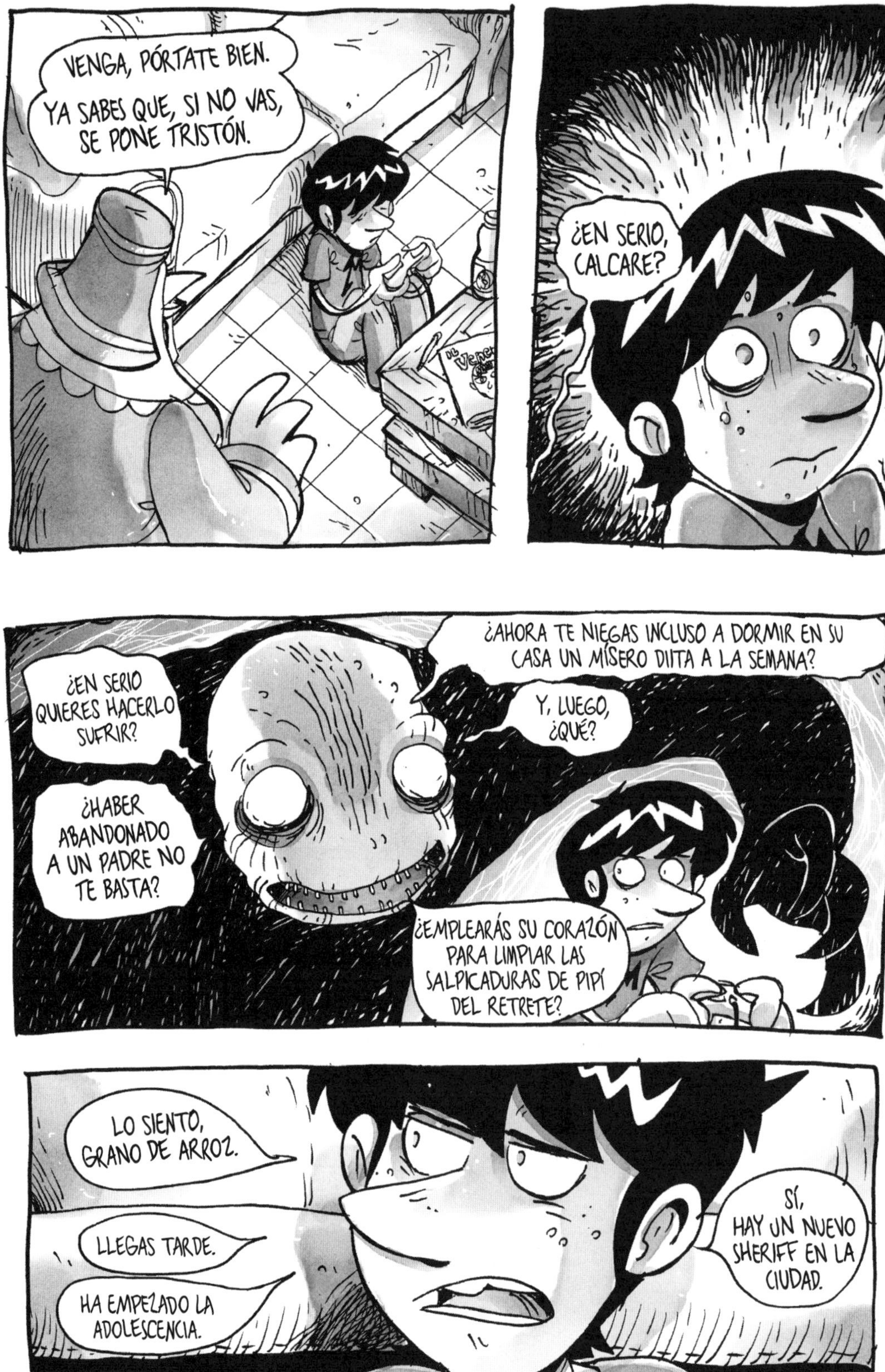
VENGA, PÓRTATE BIEN.
YA SABES QUE, SI NO VAS, SE PONE TRISTÓN.
¿EN SERIO, CALCARE?
¿AHORA TE NIEGAS INCLUSO A DORMIR EN SU CASA UN MÍSERO DIITA A LA SEMANA?
¿EN SERIO QUIERES HACERLO SUFRIR?
Y, LUEGO, ¿QUÉ?
¿HABER ABANDONADO A UN PADRE NO TE BASTA?
¿EMPLEARÁS SU CORAZÓN PARA LIMPIAR LAS SALPICADURAS DE PIPÍ DEL RETRETE?
LO SIENTO, GRANO DE ARROZ.
LLEGAS TARDE.
HA EMPEZADO LA ADOLESCENCIA.
SÍ, HAY UN NUEVO SHERIFF EN LA CIUDAD.

LA ÚNICA FUERZA QUE PUEDE DERROTAR AL SENTIMIENTO DE CULPA.

LA VAGANCIA.

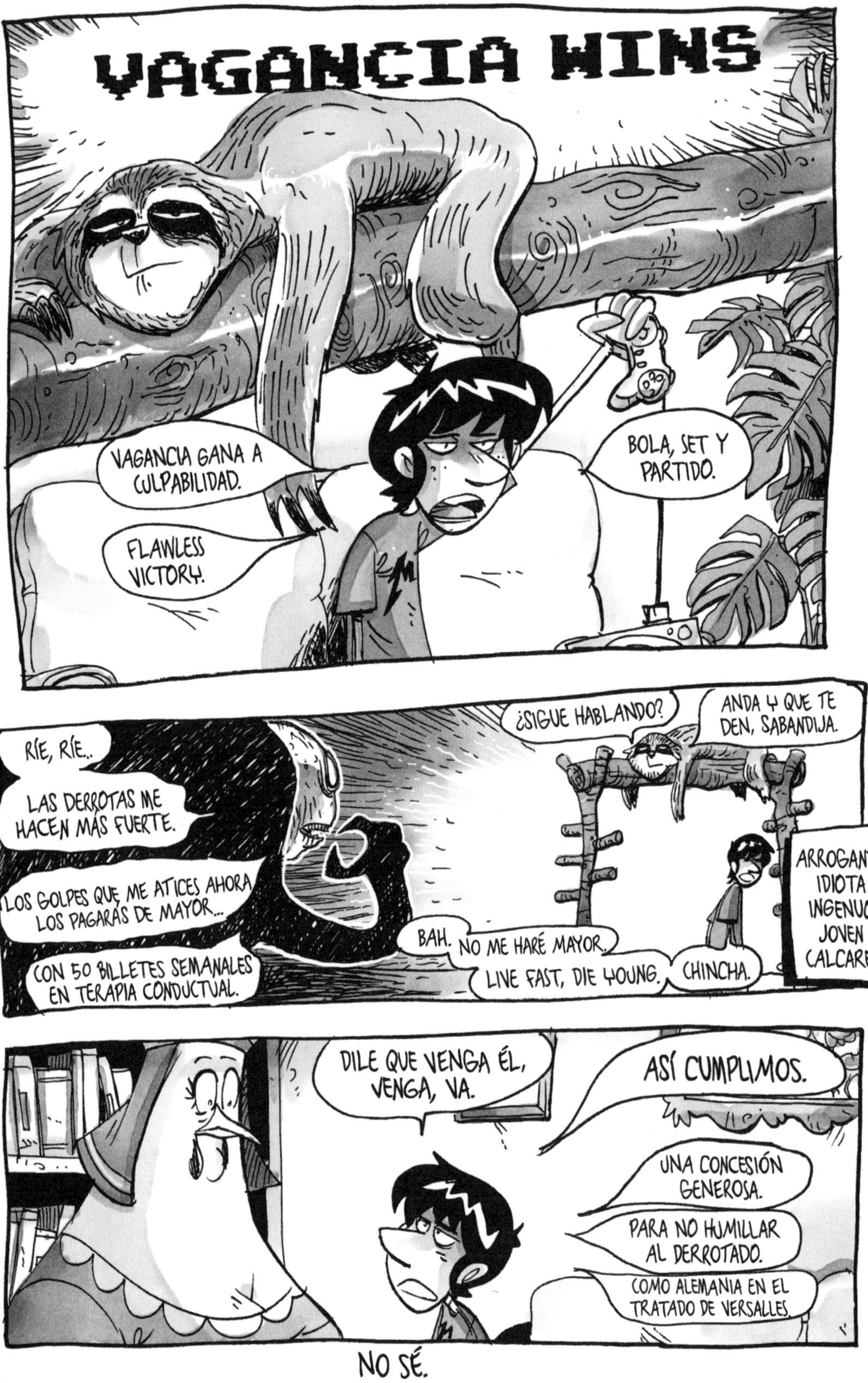

NO SÉ.

A LO MEJOR ES ASÍ COMO EMPIEZAN A LEVANTARSE LOS MUROS.

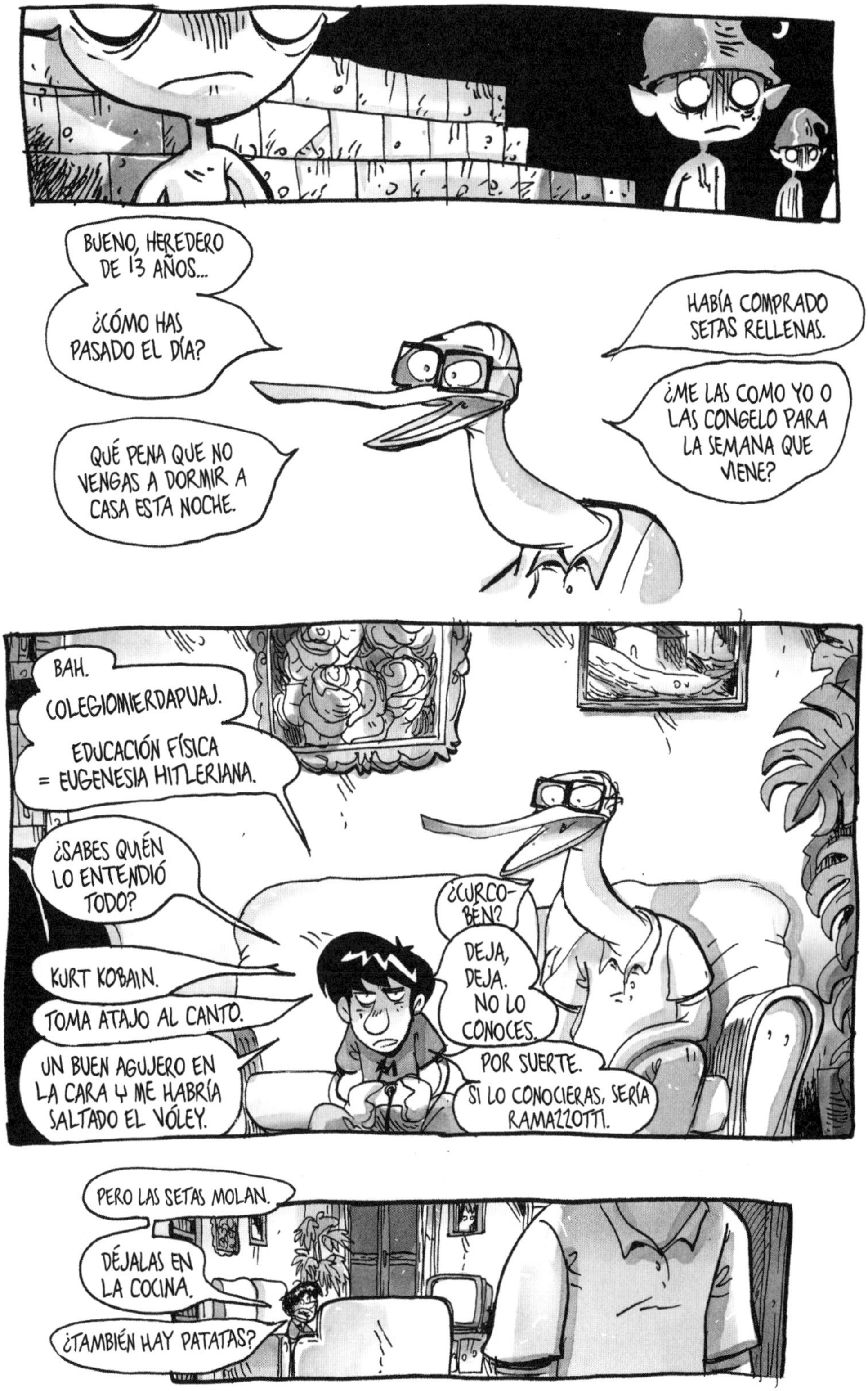

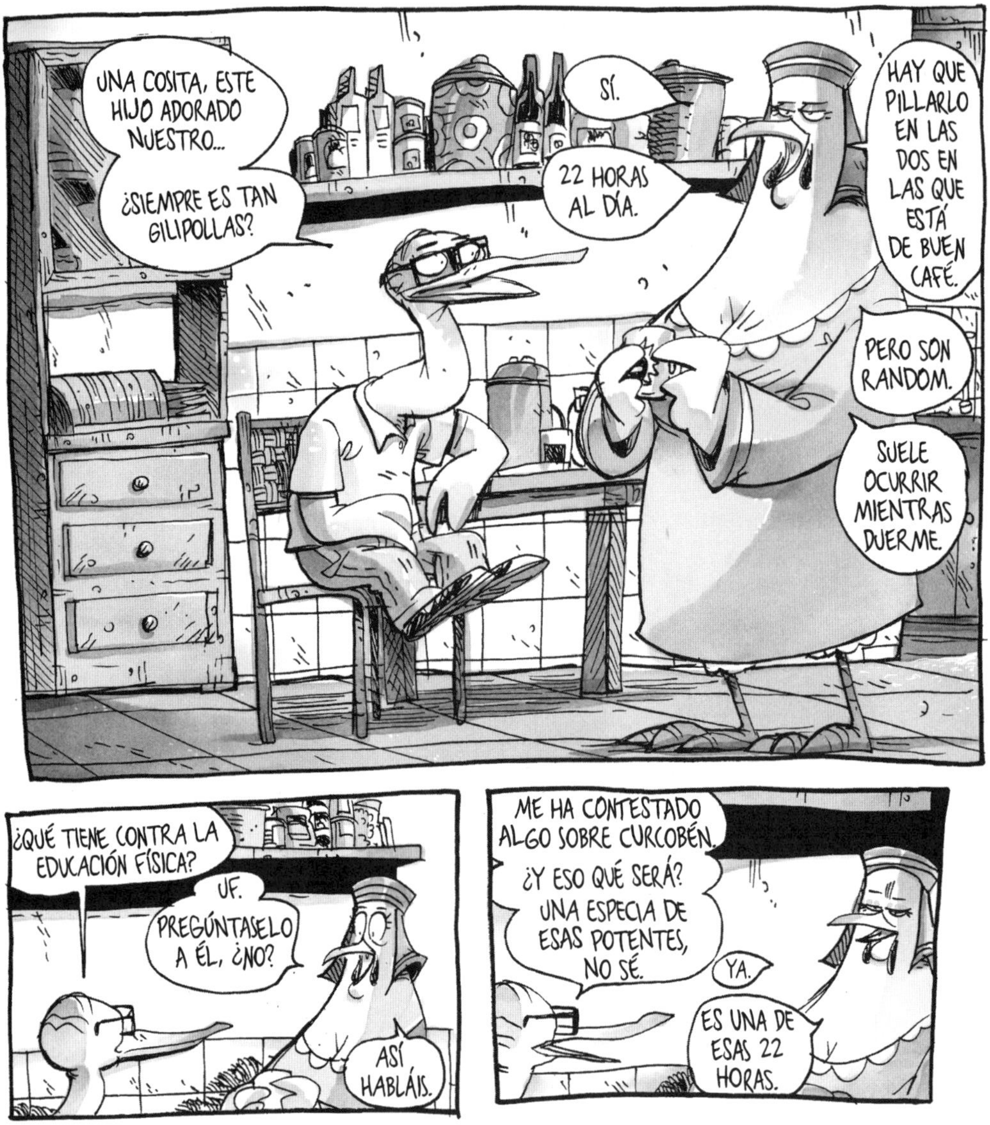

A VER, SERVIDOR ERA GILIPOLLAS, SÍ, PERO COMO CUALQUIER CHAVAL DE 13 AÑOS.

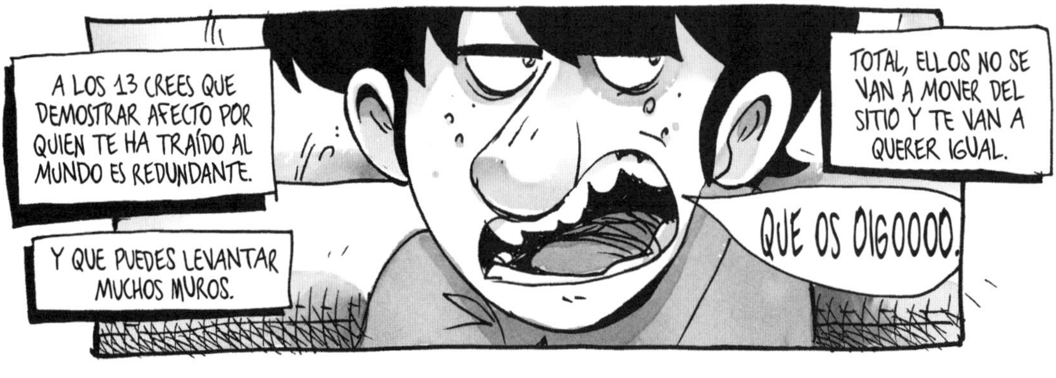

Y ENCIMA ES VERDAD. NO SE MUEVEN DEL SITIO Y TE QUIEREN IGUAL.

¡¡¡NOS IMPORTA UN PITO!!!

OS OIGO, ESTÁIS HABLANDO MAL DE MÍ.

NO TE DAS CUENTA, PERO AL FINAL CORRES PELIGRO DE PERDERTE EN ESA ARQUITECTURA DE LA DISTANCIA, QUE PRESCINDE DE LOS SENTIMIENTOS...

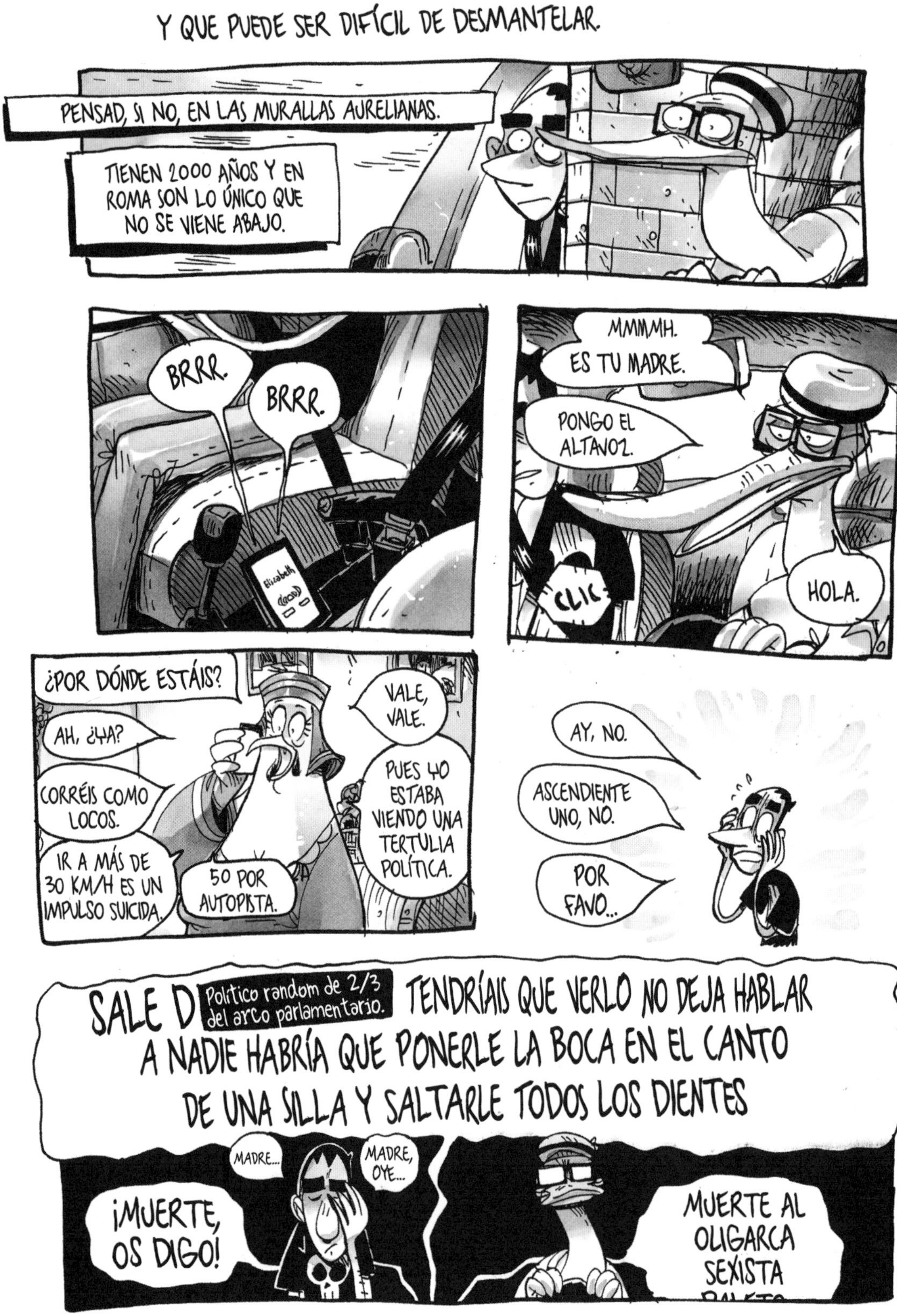
Y QUE PUEDE SER DIFÍCIL DE DESMANTELAR.
PENSAD, SI NO, EN LAS MURALLAS AURELIANAS.
TIENEN 2000 AÑOS Y EN ROMA SON LO ÚNICO QUE NO SE VIENE ABAJO.
BRRR.
BRRR.
Elizabeth
MMMMH.
ES TU MADRE.
PONGO EL ALTAVOZ.
CLIC
HOLA.
¿POR DÓNDE ESTÁIS?
AH, ¿YA?
CORRÉIS COMO LOCOS.
IR A MÁS DE 30 KM/H ES UN IMPULSO SUICIDA.
50 POR AUTOPISTA.
VALE, VALE.
PUES YO ESTABA VIENDO UNA TERTULIA POLÍTICA.
AY, NO.
ASCENDIENTE UNO, NO.
POR FAVO...
SALE D
Político random de 2/3 del arco parlamentario.
TENDRÍAIS QUE VERLO NO DEJA HABLAR A NADIE HABRÍA QUE PONERLE LA BOCA EN EL CANTO DE UNA SILLA Y SALTARLE TODOS LOS DIENTES
MADRE...
MADRE, OYE...
¡MUERTE, OS DIGO!
MUERTE AL OLIGARCA SEXISTA

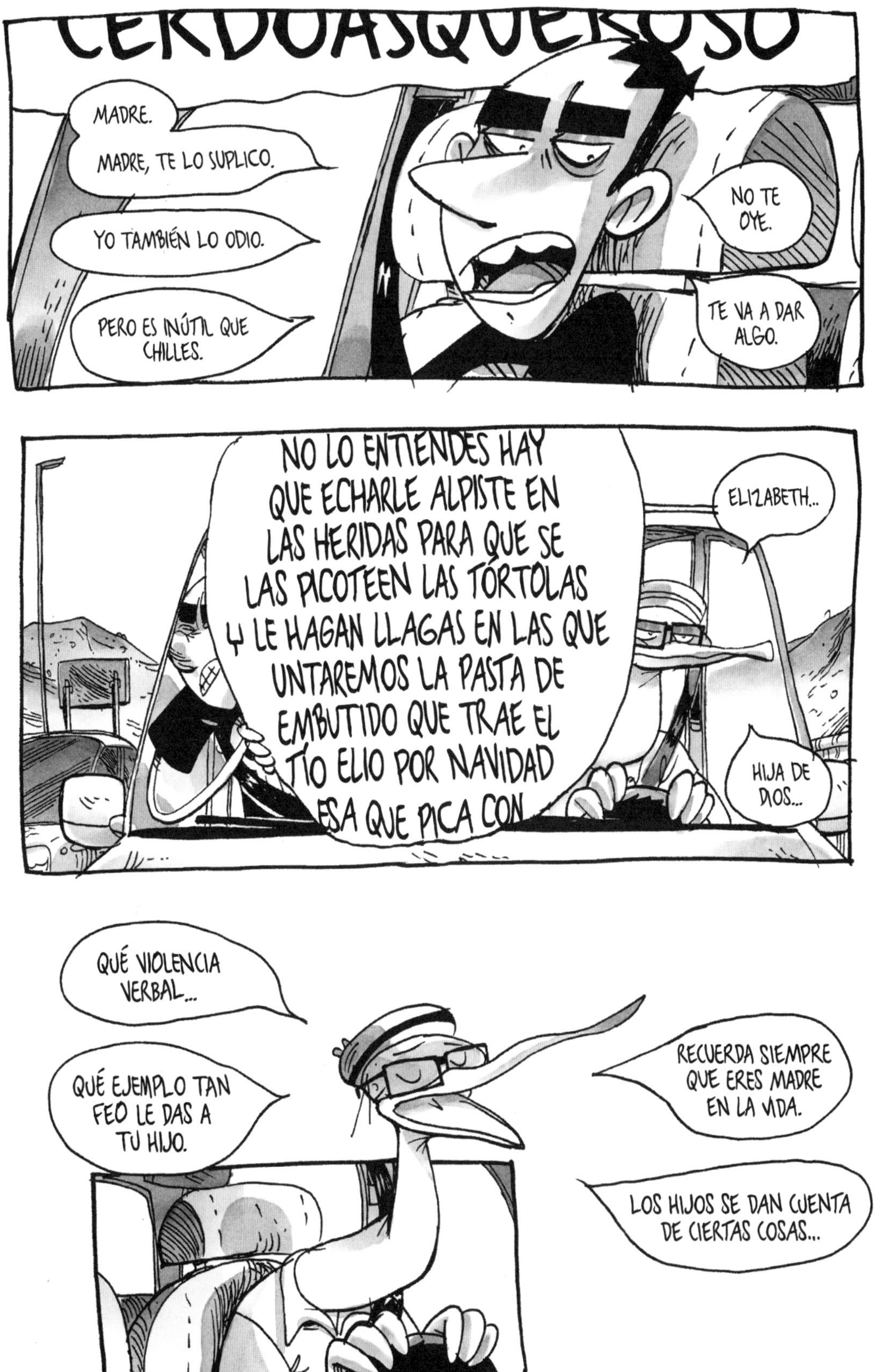
CERDOASQUEROSO
MADRE.
MADRE, TE LO SUPLICO.
YO TAMBIÉN LO ODIO.
PERO ES INÚTIL QUE CHILLES.
NO TE OYE.
TE VA A DAR ALGO.
NO LO ENTIENDES HAY QUE ECHARLE ALPISTE EN LAS HERIDAS PARA QUE SE LAS PICOTEEN LAS TÓRTOLAS Y LE HAGAN LLAGAS EN LAS QUE UNTAREMOS LA PASTA DE EMBUTIDO QUE TRAE EL TÍO ELIO POR NAVIDAD ESA QUE PICA CON
ELIZABETH...
HIJA DE DIOS...
QUÉ VIOLENCIA VERBAL...
QUÉ EJEMPLO TAN FEO LE DAS A TU HIJO.
RECUERDA SIEMPRE QUE ERES MADRE EN LA VIDA.
LOS HIJOS SE DAN CUENTA DE CIERTAS COSAS...

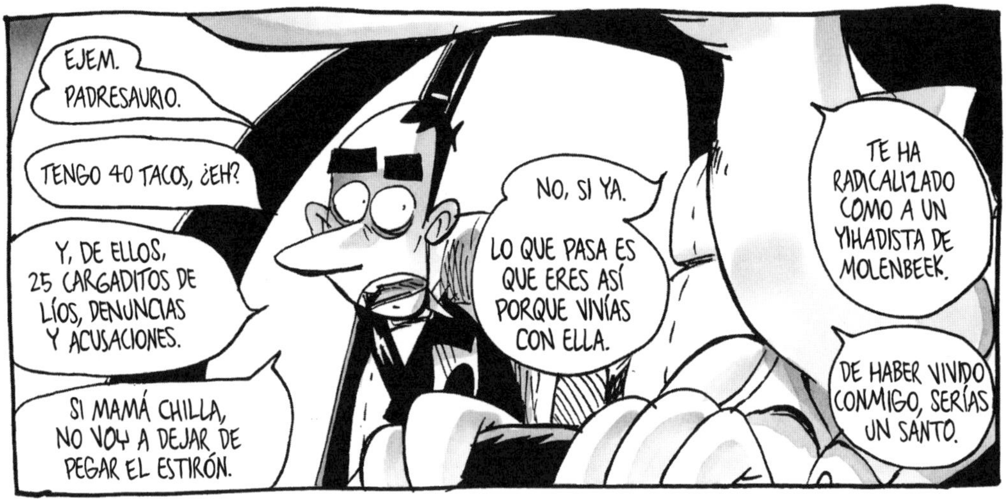

ESTA RIVALIDAD ENTRE MIS PADRES ES EL MOTIVO PRINCIPAL POR EL QUE PREFIERO QUE ME ACUCHILLEN EL HÍGADO ANTES QUE PASAR 10 MINUTOS CON ELLOS DOS EN LA MISMA HABITACIÓN.

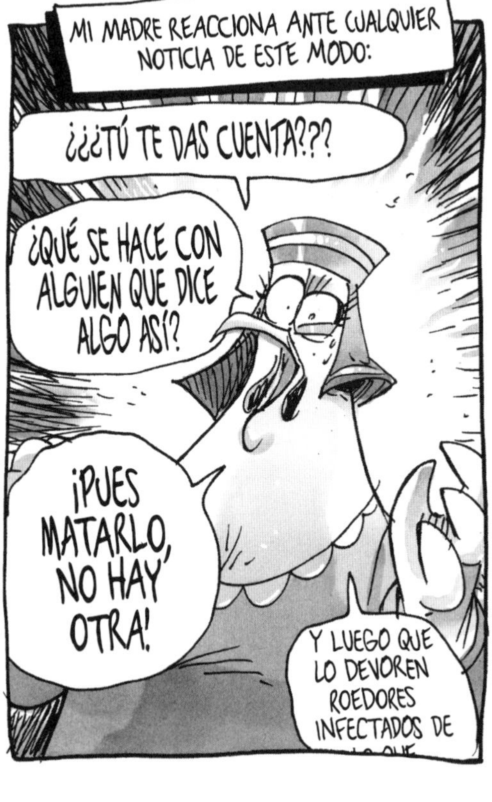

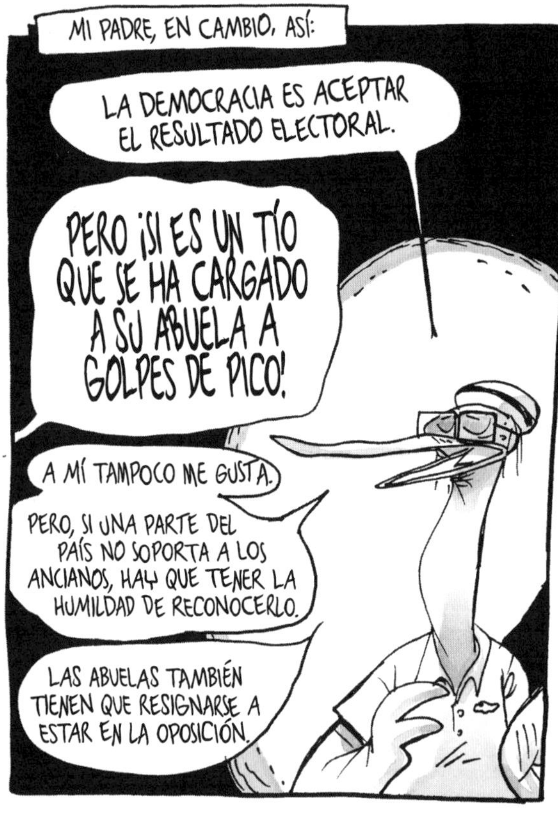

PERO QUÉ COÑO DICES ES INCREÍBLE QUE LO DEFIENDAS ERES CORTO DEL...

PUES VALE PUES TIENES RAZÓN EN TODO Y TODO EL MUNDO ES IMBÉCIL MENOS...

POR ESO ESTÁS SOLA ERES

MEJOR SOLA QUE OBLIGADA

No tengo ni idea de si mi padre es tan moderado de verdad o si lo dice solo para putear a mi madre.

REBIBBIA
MI CASADEMIMADRE
2000

ESTOY EN LA CAMA. ATURDIDO. CON LA CARA HECHA CISCO.
EN LA PENUMBRA DE MI CUARTO.

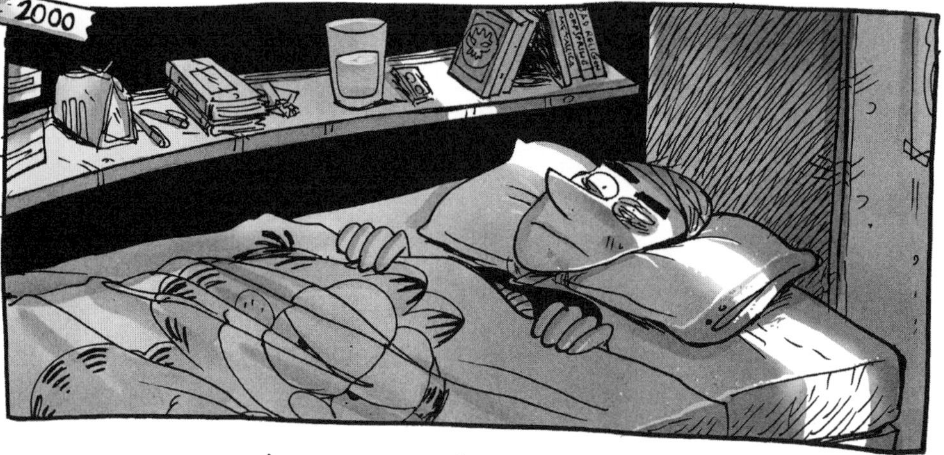

LA PUERTA ESTÁ ENTORNADA, ASÍ QUE LOS OIGO.

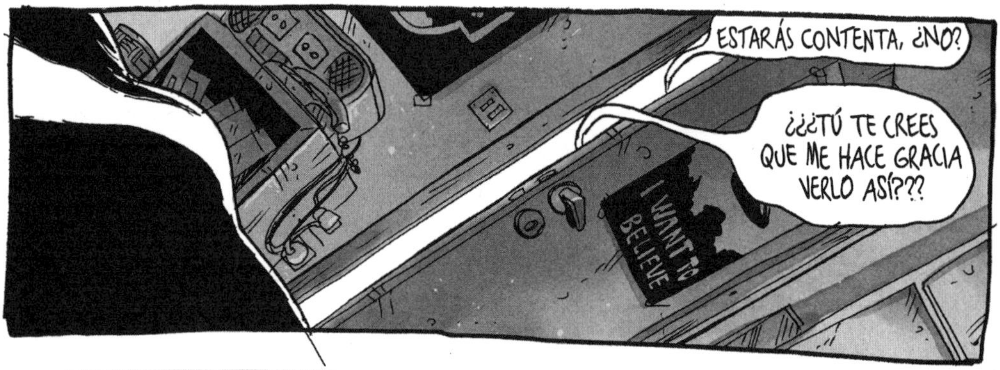

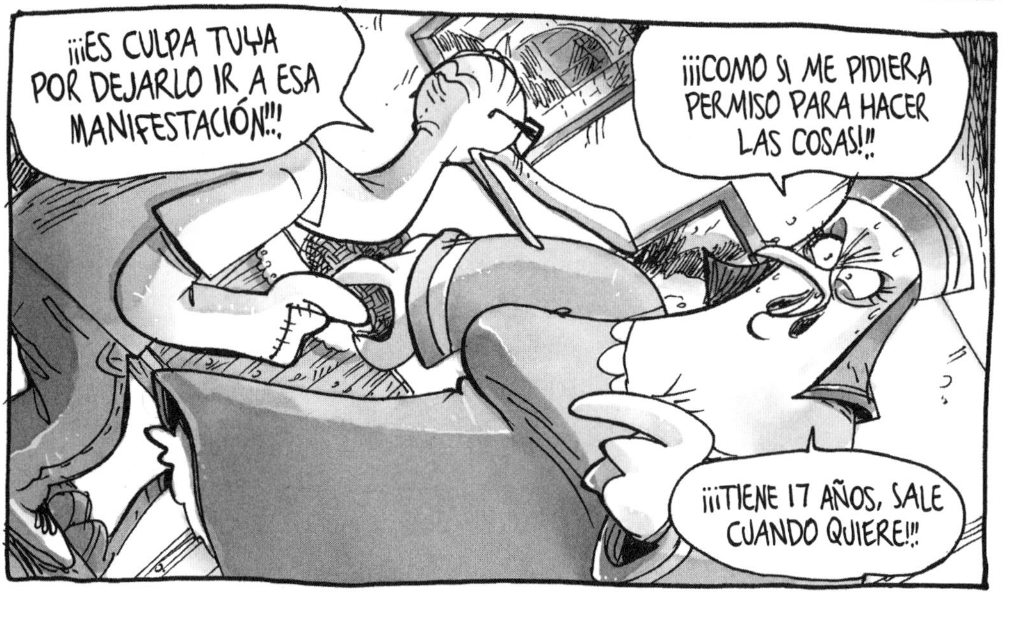

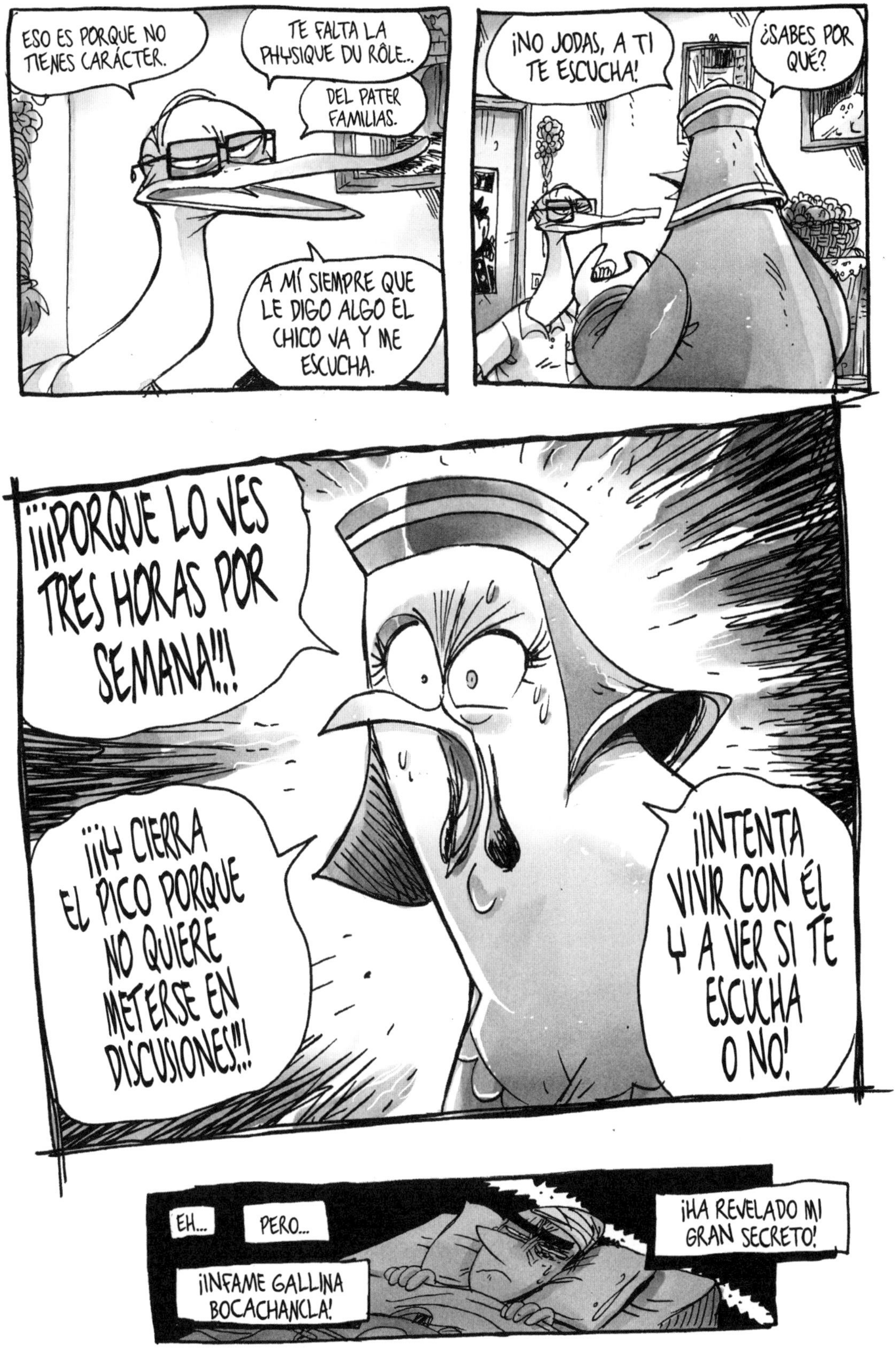
ESO ES PORQUE NO TIENES CARÁCTER.
TE FALTA LA PHYSIQUE DU RÔLE...
DEL PATER FAMILIAS.
A MÍ SIEMPRE QUE LE DIGO ALGO EL CHICO VA Y ME ESCUCHA.
¡NO JODAS, A TI TE ESCUCHA!
¿SABES POR QUÉ?
¡¡¡PORQUE LO VES TRES HORAS POR SEMANA!!!
¡¡¡Y CIERRA EL PICO PORQUE NO QUIERE METERSE EN DISCUSIONES!!!
¡INTENTA VIVIR CON ÉL Y A VER SI TE ESCUCHA O NO!
EH...
PERO...
¡INFAME GALLINA BOCACHANCLA!
¡HA REVELADO MI GRAN SECRETO!

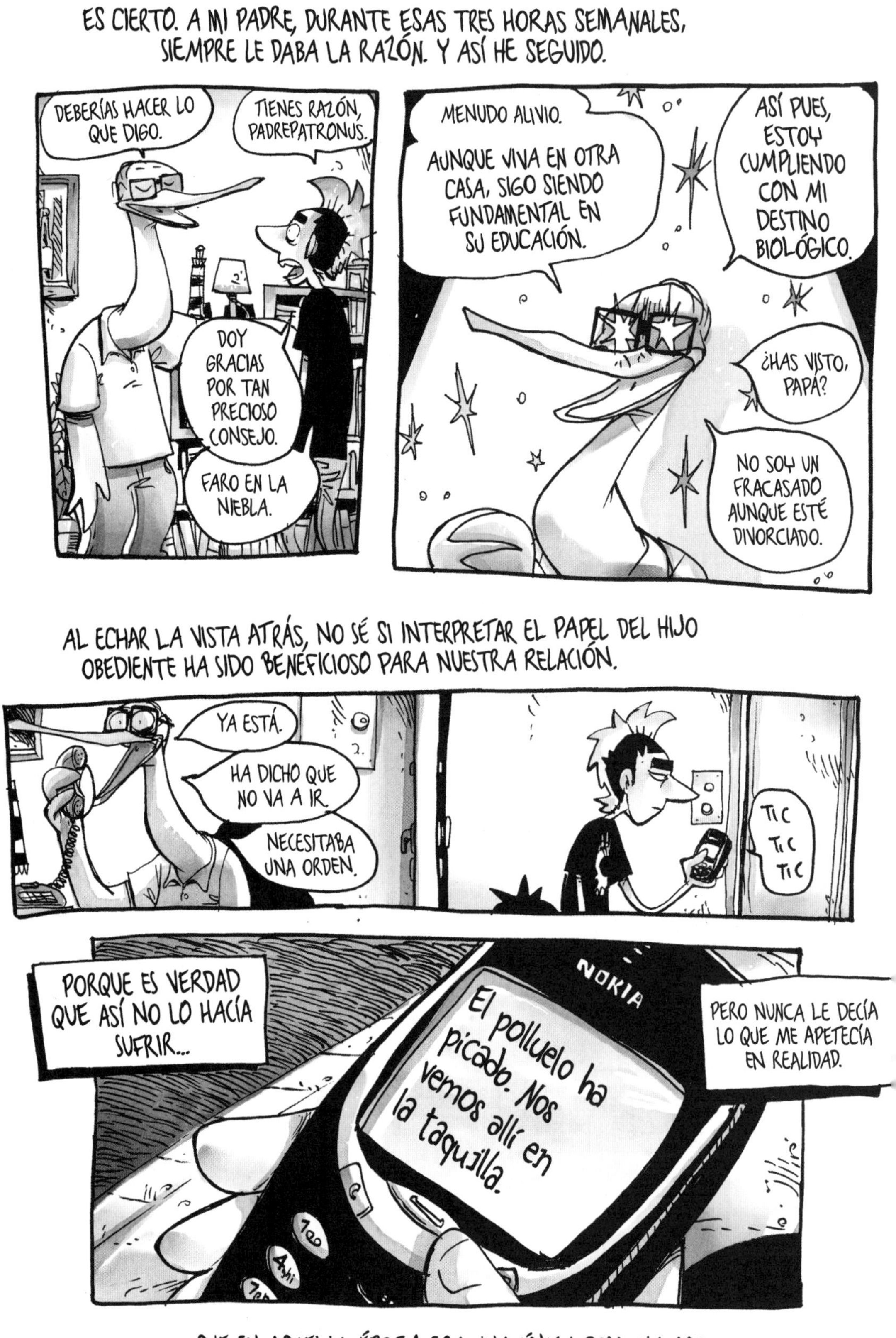
ES CIERTO. A MI PADRE, DURANTE ESAS TRES HORAS SEMANALES, SIEMPRE LE DABA LA RAZÓN. Y ASÍ HE SEGUIDO.
DEBERÍAS HACER LO QUE DIGO.
TIENES RAZÓN, PADREPATRONUS.
DOY GRACIAS POR TAN PRECIOSO CONSEJO.
FARO EN LA NIEBLA.
MENUDO ALIVIO.
AUNQUE VIVA EN OTRA CASA, SIGO SIENDO FUNDAMENTAL EN SU EDUCACIÓN.
ASÍ PUES, ESTOY CUMPLIENDO CON MI DESTINO BIOLÓGICO.
¿HAS VISTO, PAPÁ?
NO SOY UN FRACASADO AUNQUE ESTÉ DIVORCIADO.
AL ECHAR LA VISTA ATRÁS, NO SÉ SI INTERPRETAR EL PAPEL DEL HIJO OBEDIENTE HA SIDO BENEFICIOSO PARA NUESTRA RELACIÓN.
YA ESTÁ.
HA DICHO QUE NO VA A IR.
NECESITABA UNA ORDEN.
TIC TIC TIC
PORQUE ES VERDAD QUE ASÍ NO LO HACÍA SUFRIR...
NOKIA
El polluelo ha picado. Nos vemos allí en la taquilla.
PERO NUNCA LE DECÍA LO QUE ME APETECÍA EN REALIDAD.
QUE EN AQUELLA ÉPOCA ERA UNA ÚNICA COSA, VAMOS.

QUERÍA QUEMARLO TODO.

QUEMARLO TODO Y MOJAR MADALENAS EN LECHE CON NESQUIK.

LOS VIEJOS NO ENTENDÉIS NADA DE NADA.

NI NUESTRA RABIA NI NUESTRA ALIMENTACIÓN.

ME QUEDABA POCO PARA MADURAR.

NO TARDARÍA EN DESCUBRIR LAS CAMILLE DE MOLINO BLANCO, MADALENAS INDUSTRIALES CON SABORES PARA ADULTOS.

¡CARROT CAKE!

¡ES COMO SI COMIERA VERDURA!

Y EN ENTENDER CUÁNDO SE PUEDEN SOLTAR TROLAS.

GÉNOVA — JULIO DE 2001

EH... PADRE...

ESTO... NO...

NO ESTOY DE CAMPING EN ORBETELLO...

Y CUÁNDO NO.

Octubre de 1916

NO ESTAMOS LEJOS DE CASA, PERO ME PARECE OTRO PLANETA.

DONDE CADA UNO HABLA UN DIALECTO ITALIANO DISTINTO.

A VECES SE ENFADAN PORQUE NO SE ENTIENDEN.

STO ZOZZONE RIFARDITO PENZA CHE SÓ SCESO

HAY ROMANOS...

BOIA DE IL TUO FIOLO L'È

HAY TOSCANOS...

PERO SI HAY CARNE.

DICE SIEMPRE DORO.

XE BONA.

Y ESTAMOS LOS DEL VÉNETO.

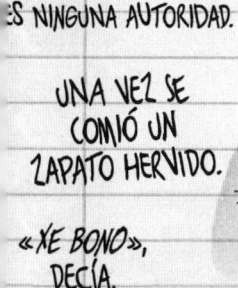

CLARO QUE DORO NO ES NINGUNA AUTORIDAD.

UNA VEZ SE COMIÓ UN ZAPATO HERVIDO.

«XE BONO», DECÍA.

A MÍ NO ME *PIAXE* LO QUE NOS DAN, PERO ES VERDAD QUE *MAGNEMO* MÁS QUE EN CASA.

Y HAY OTRA COSA BUENA.

GIGLIO SIEMPRE LO REPITE.

XE VERO QUE ESTO PARECE UN ZOO.

AQUÍ HAY BICHOS MUY RAROS...

... PERO ALMANCO NO HAY NADIE DE LARAI.

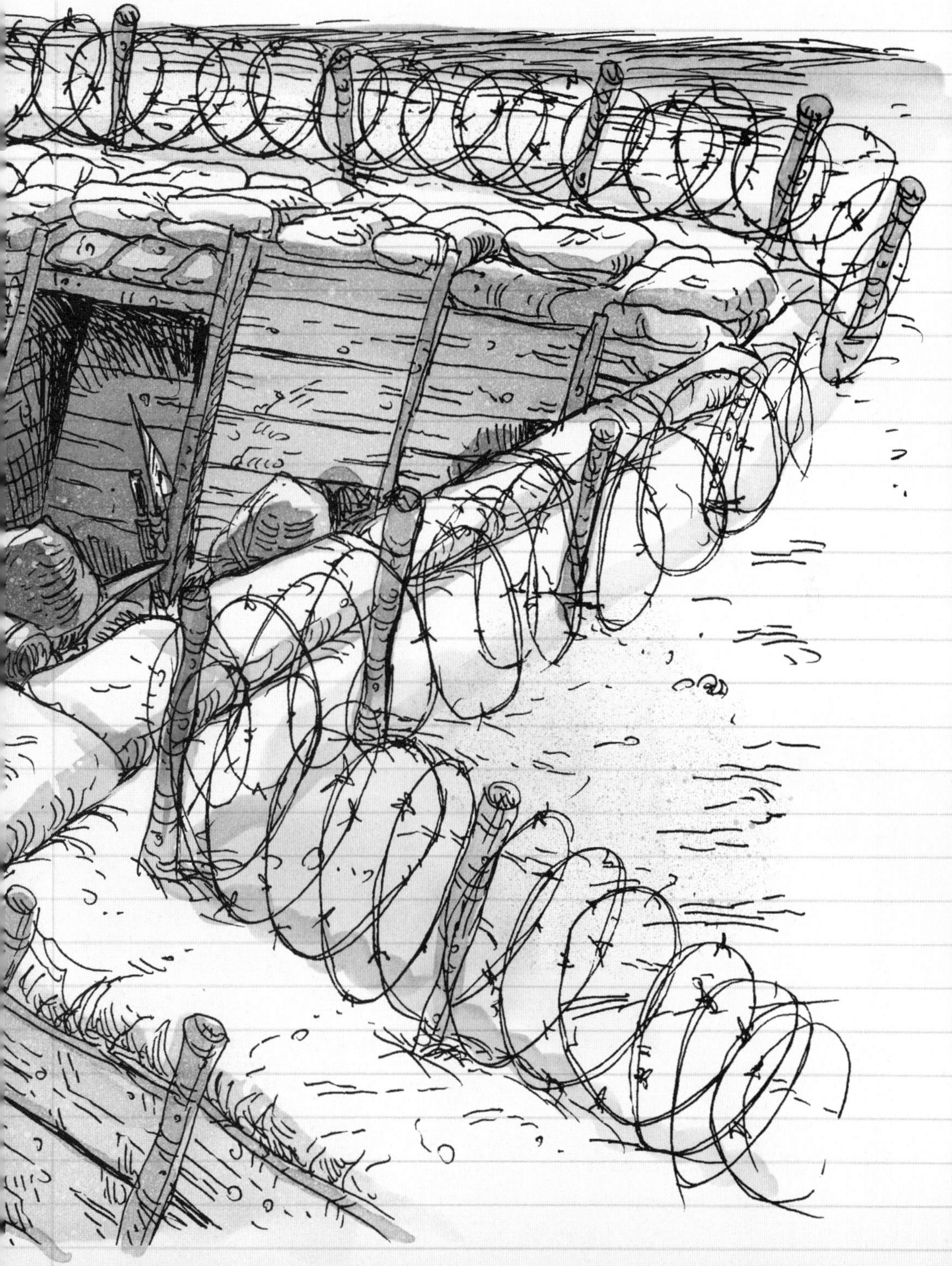

OTRANTO 1997

LAS ÚLTIMAS VACACIONES QUE PASÉ CON MI PADRE, OTRA VEZ EN APULIA, TUVIERON UN LEITMOTIV.

«NO».

—HIJO, ¿NO TE BAÑAS UN POQUITO?
—NO.
—¿HACEMOS UN CASTILLO DE ARENA?
—NO.
—¿Y SI JUGAMOS A LAS CANICAS?
—NO.

—LA PLAYA NO TE GUSTA DEMASIADO, ¿NO?
—QUITA. ¿TÚ CREES?
—SAGACIDAD LA TUYA.
—ERES UN HACHA, SHERLOCK.

—¿Y ESA?
—¿TE GUSTA?
—TCH. TCH.

MMM.

NO.

AY, AQUEL VERANO ESTUVO MUY CARGANTE CON PREGUNTAS DE ESE PALO.

¿Y ESA?
NO.
¿Y ESA?
NO.
¿Y ESA?
NO.
¿Y ESA?
NO.

TAMBIÉN ES VERDAD QUE YO NO LE DABA MUCHA CANCHA.

NO. NO. NO. VA A SER QUE NO.

DESCODIFICO SUS EMOCIONES.

INCOMODIDAD.

ESTUPEFACCIÓN.

SE ABRÍA CAMINO UNA IDEA RADICAL.

JUGÁRSELO TODO A UNA CARTA.

EL ARMA DEFINITIVA DE TODOS LOS TÍOS HETEROSEXUALES ITALIANOS DE LOS NOVENTA.

TRES. DOS. UNO.

PERO A TI ¿¿¿LAS GOGÓS DE LA TELE TE GUSTAN???

UF.

NO.

¡TOMA CASTAÑA! NI LAS GOGÓS.

HEMOS SOLTADO LA BOMBA MÁS POTENTE, JEFE.

¡Y NI SIQUIERA LO HEMOS ARAÑADO!

ROMPO UNA LANZA EN FAVOR DEL PLUMOSO.

EL PROBLEMA NO ERA TANTO A QUIÉN ME TIRARÍA DE MAYOR.

SINO MÁS BIEN: «VALE, PERO, ENTONCES, ¿DE QUÉ COÑO HABLO CON ÉL?».

TRAS LA DEBACLE GOGÓSTICA SE FUE TODO A PIQUE.

O SEA.

¿ESA TE GUSTA?

VOLVIMOS AL APARTOTEL.

SEÑALA EL SUELO.

¿QUÉ QUIERE QUE ME GUSTE DEL SUELO?

ME PREGUNTO.

¿QUÉ PUEDE HABER EN LA ACERA QUE ME EXCITE SEXUALMENTE?

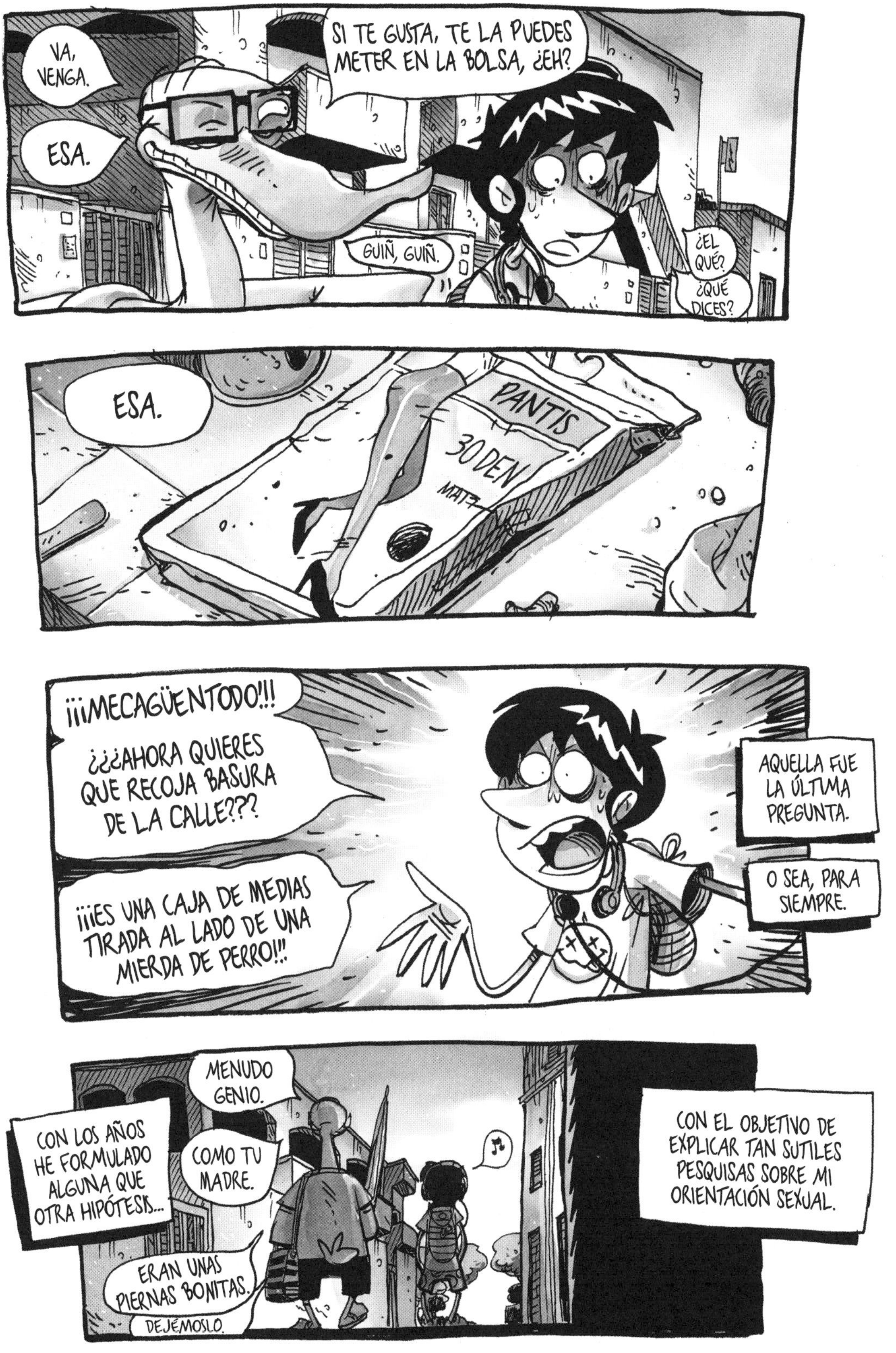
VA, VENGA.
ESA.
SI TE GUSTA, TE LA PUEDES METER EN LA BOLSA, ¿EH?
GUIÑ, GUIÑ.
¿EL QUÉ? ¿QUÉ DICES?
ESA.
PANTIS
30 DEN
¡¡¡MECAGÜENTODO!!!
¿¿¿AHORA QUIERES QUE RECOJA BASURA DE LA CALLE???
¡¡¡ES UNA CAJA DE MEDIAS TIRADA AL LADO DE UNA MIERDA DE PERRO!!!
AQUELLA FUE LA ÚLTIMA PREGUNTA.
O SEA, PARA SIEMPRE.
CON LOS AÑOS HE FORMULADO ALGUNA QUE OTRA HIPÓTESIS...
MENUDO GENIO.
COMO TU MADRE.
ERAN UNAS PIERNAS BONITAS.
DEJÉMOSLO.
CON EL OBJETIVO DE EXPLICAR TAN SUTILES PESQUISAS SOBRE MI ORIENTACIÓN SEXUAL.

COMO EN AQUELLA ÉPOCA NO ERA TAN HABITUAL, PUEDE QUE PENSARA:
«SI CRECE CON DOS MUJERES,* A LO MEJOR SE VUELVE GAY».

* ESO FORMA PARTE DE LA VIDA PRIVADA DE MI MADRE.

Y YO ME HACÍA EL TONTO PORQUE ERA UN CABRONCETE.
ME LAS DABA DE APÁTICO IMPASIBLE E IMPENETRABLE.

SI PUDIERA CONTAR... ♪

SI SUPIERA QUÉ HACER... ♪

SI SUPIERA QUÉ DECIR, TE ESCRIBIRÍA... ♪

Y EN REALIDAD ME PASABA EL DÍA ESCUCHANDO EL POP JUVENIL DE LOS 883.

MIENTRAS UN TSUNAMI ME APLASTABA EL PECHO.
SE LLAMABA CAMILLE. COMO LAS MADALENAS PARA ADULTOS.

AUNQUE, EVIDENTEMENTE, A MI PADRE NO LE DECÍA UNA PUTA MIERDA. PUAJ.

AL FINAL, COMO QUE EL HOMBRE DESCUBRIÓ QUE SOY HETERO POR MIS TEBEOS. YO NUNCA LE HE DADO NI UNA PIZCA DE SATISFACCIÓN. DEATH BEFORE DISHONOUR.

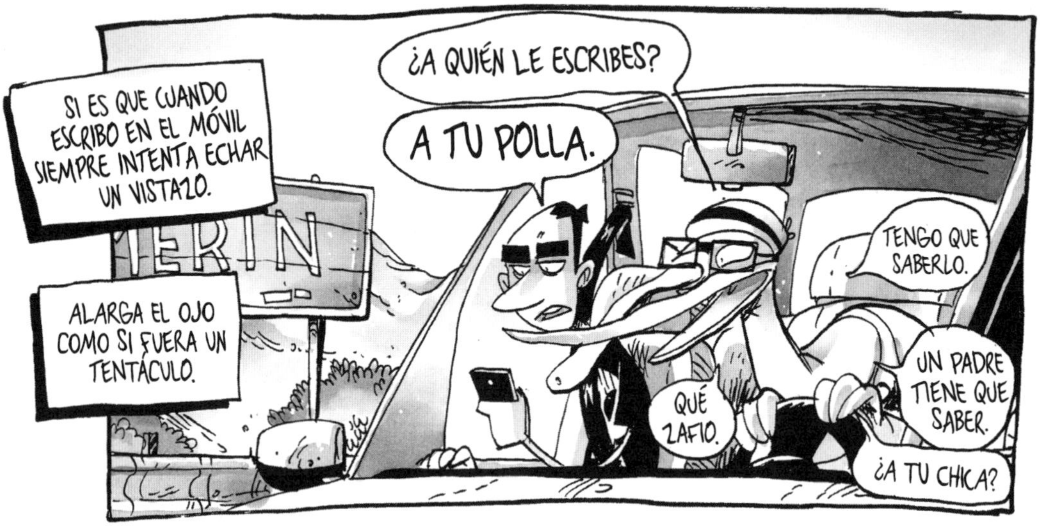

EN FIN, AHORA ESTÁ TRANQUILO PORQUE CREE QUE SALGO CON UNA BUENA CHICA.

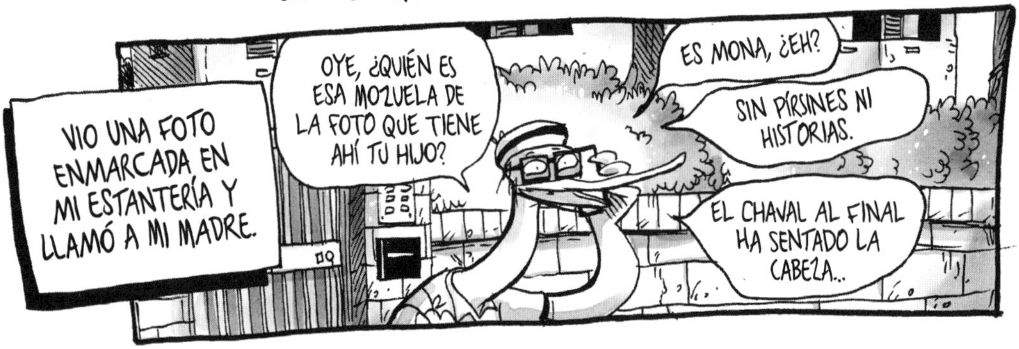

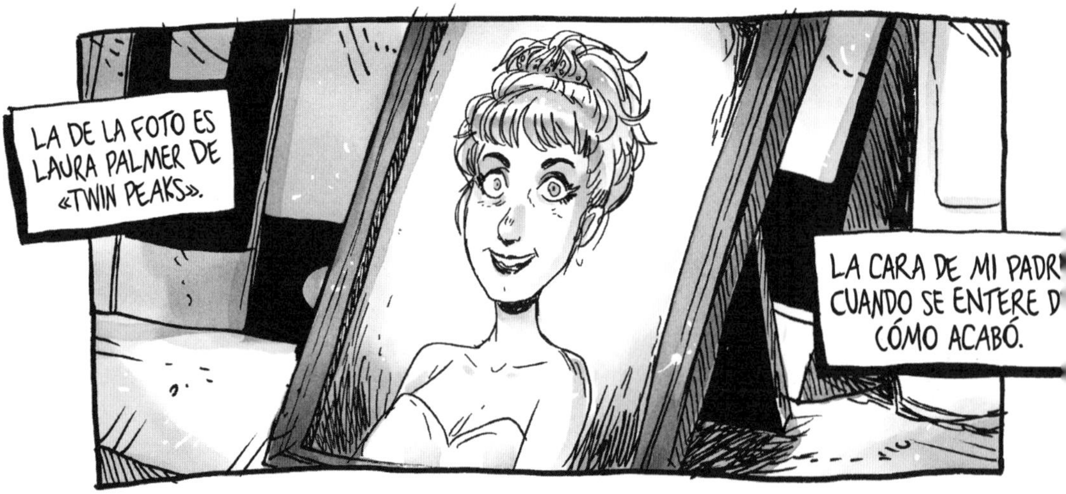

LO IMPORTANTE ES QUE DE MOMENTO ASÍ ES FELIZ.

A VER SI NO TARDÁIS EN TENER UN NENE...

LLEVARLO A ESQUIAR...

ASÍ PODRÉ HACER CON ÉL TODO LO QUE TÚ NUNCA ME HAS DEJADO HACER.

AL ESTADIO...

«... AHORA QUE AÚN NO ESTOY DEMASIADO VIEJO PARA ESAS COSAS».

UN POQUITO DE PENA SÍ QUE ME DA.

¿QUÉ? ¿BAJAS?

OIGO MÁS EL TICTAC DE SU RELOJ BIOLÓGICO QUE EL DEL MÍO.

PORSUSMUERTOS.

¡EH!

¿QUÉ PASA?

¿EH?

¿TE QUEDAS AHÍ EN EL COCHE?

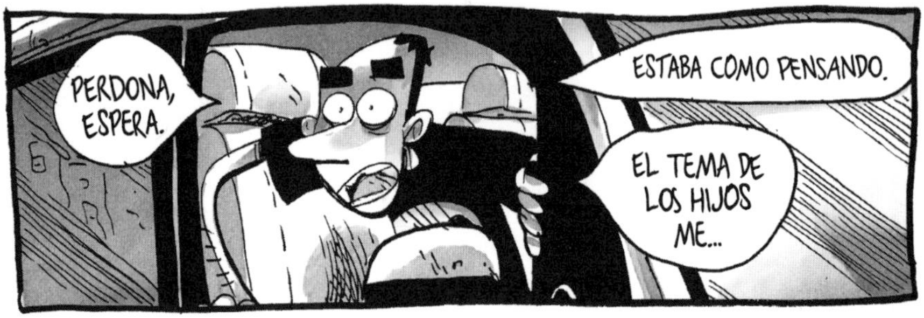
PERDONA, ESPERA.
ESTABA COMO PENSANDO.
EL TEMA DE LOS HIJOS ME...

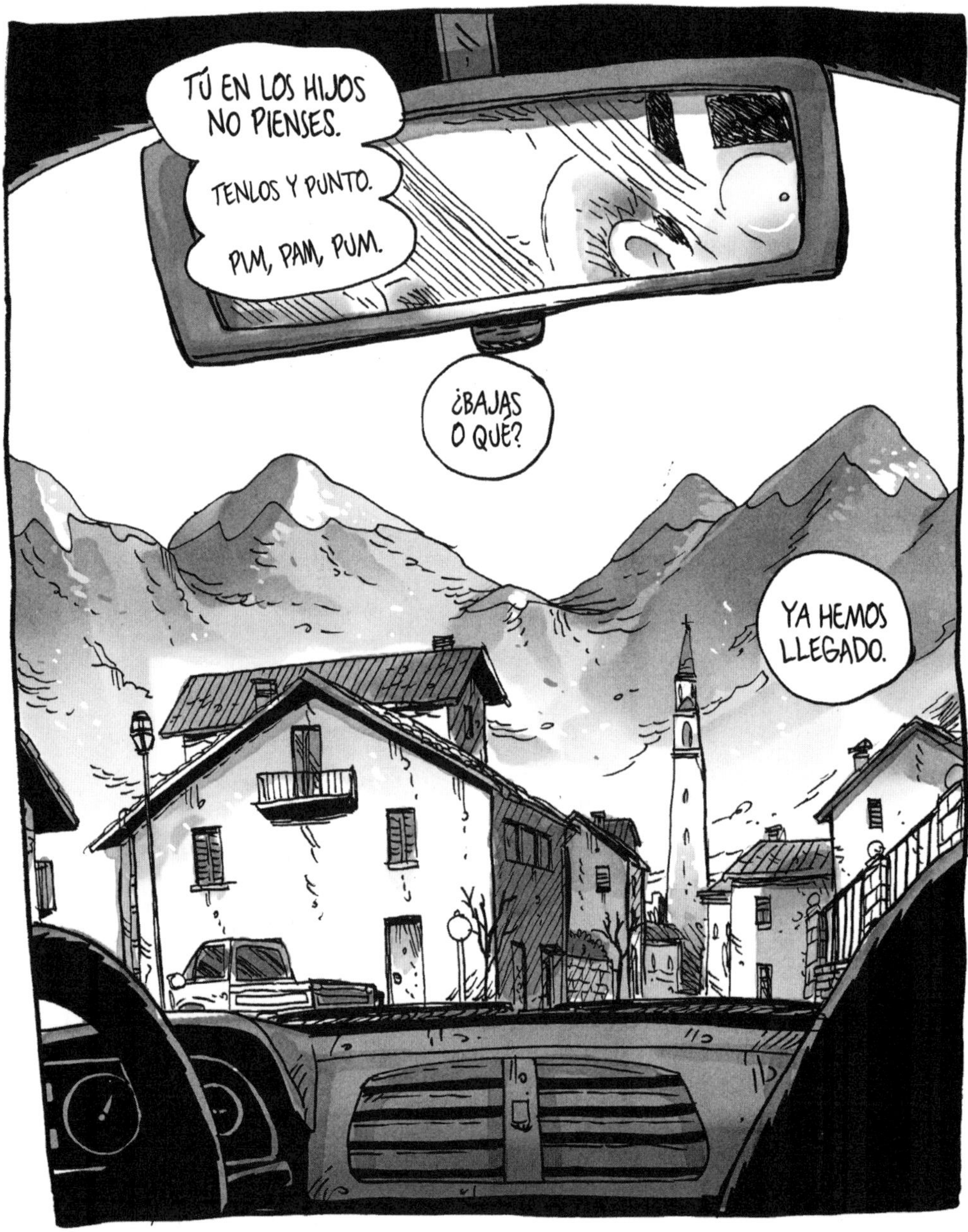
TÚ EN LOS HIJOS NO PIENSES.
TENLOS Y PUNTO.
PIM, PAM, PUM.
¿BAJAS O QUÉ?
YA HEMOS LLEGADO.

Noviembre de 1917

¡NO MIRES! ¡NO MIRES!

PERO ¡XÈ DORO! ¡XÈ DORO!

¡GRITAGIGLIONOMIRES!

YA NO XÈ DORO.

GRITAGIGLIO.

Y ME AGARRA.

NO MIRES.
NO MIRES.
NO MIRES.

YA NO XÈ DORO.

QUEO   NO   XÈ   DORO.

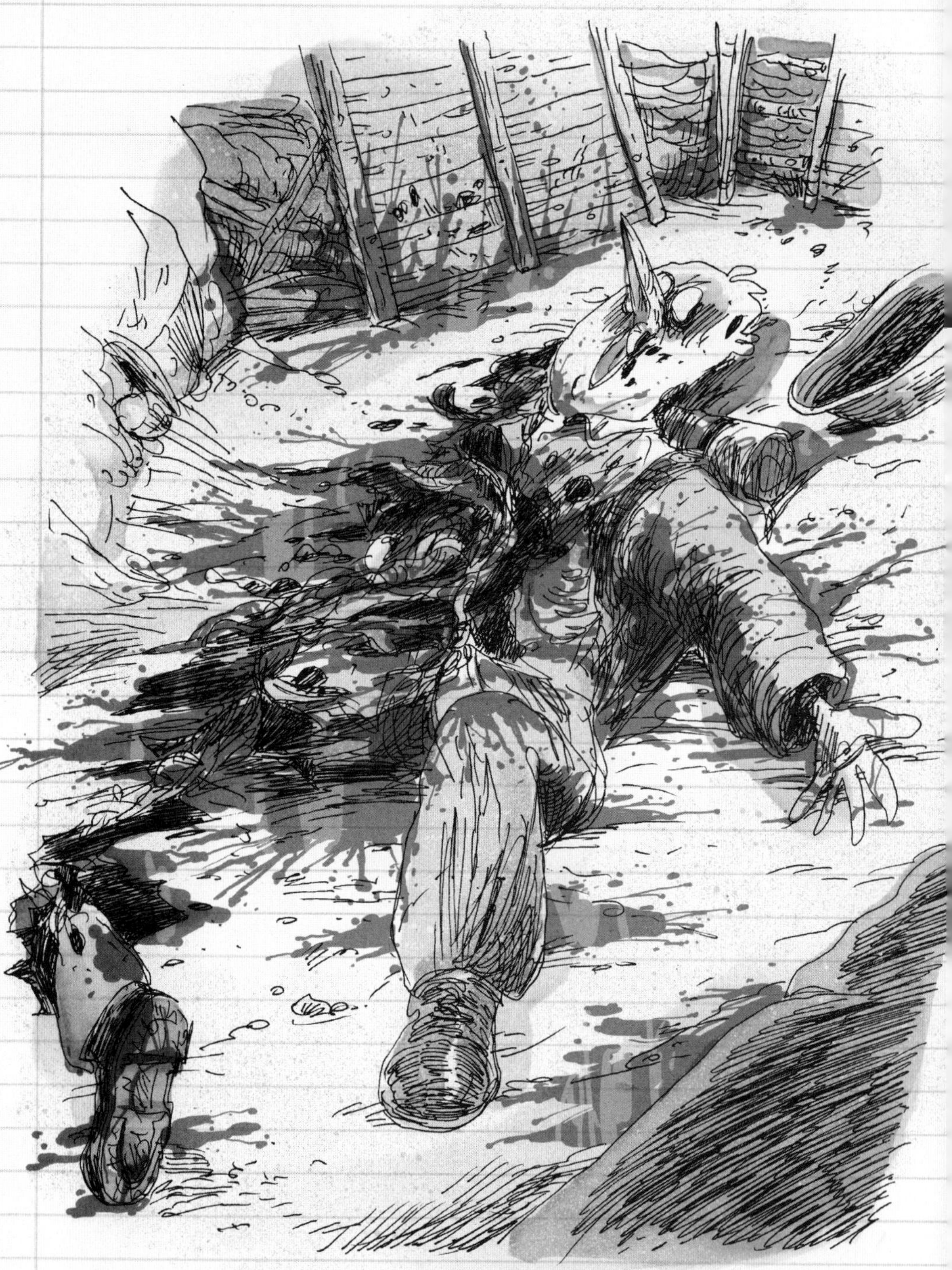

YA

NO

XÈ.

Segundo acto

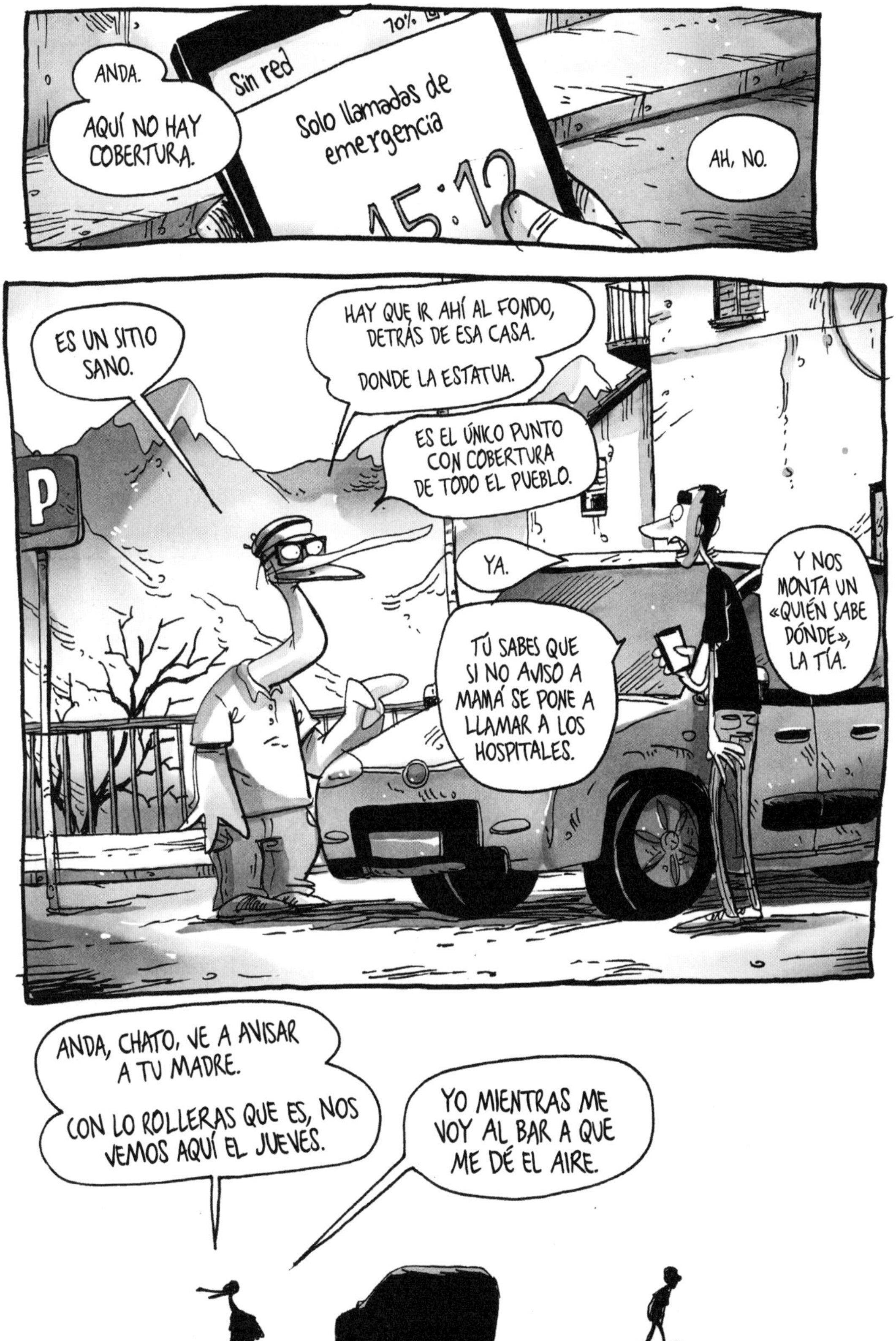
ANDA.
AQUÍ NO HAY COBERTURA.
Sin red
70%
Solo llamadas de emergencia
15:12
AH, NO.
ES UN SITIO SANO.
HAY QUE IR AHÍ AL FONDO, DETRÁS DE ESA CASA.
DONDE LA ESTATUA.
ES EL ÚNICO PUNTO CON COBERTURA DE TODO EL PUEBLO.
P
YA.
TÚ SABES QUE SI NO AVISO A MAMÁ SE PONE A LLAMAR A LOS HOSPITALES.
Y NOS MONTA UN «QUIÉN SABE DÓNDE», LA TÍA.
ANDA, CHATO, VE A AVISAR A TU MADRE.
CON LO ROLLERAS QUE ES, NOS VEMOS AQUÍ EL JUEVES.
YO MIENTRAS ME VOY AL BAR A QUE ME DÉ EL AIRE.

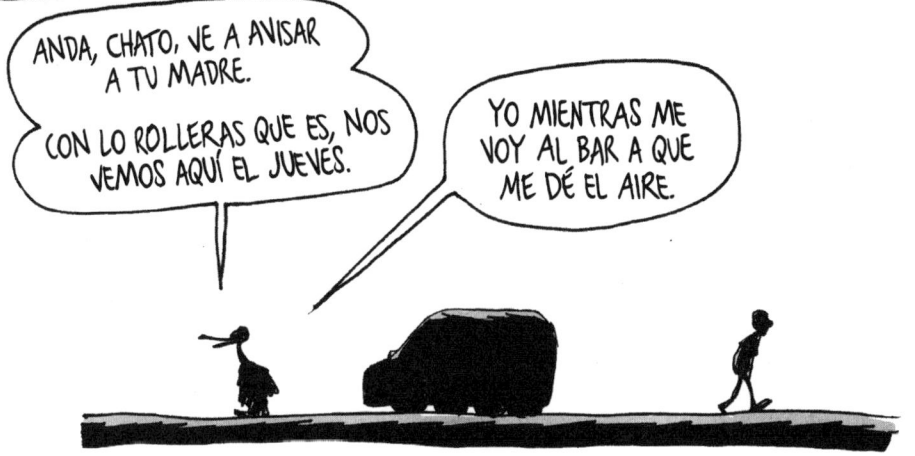

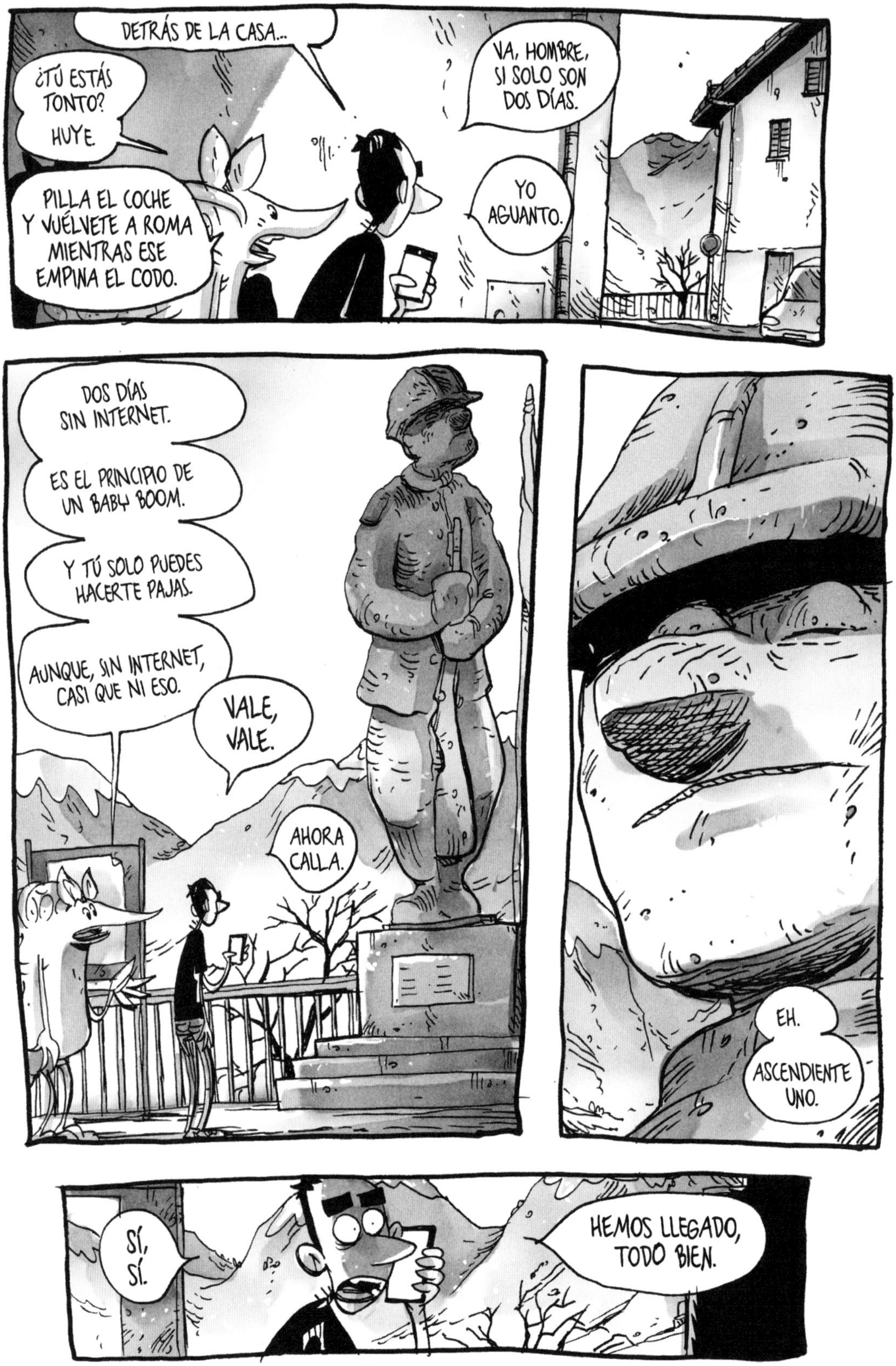
DETRÁS DE LA CASA...
¿TÚ ESTÁS TONTO?
HUYE.
PILLA EL COCHE Y VUÉLVETE A ROMA MIENTRAS ESE EMPINA EL CODO.
VA, HOMBRE, SI SOLO SON DOS DÍAS.
YO AGUANTO.
DOS DÍAS SIN INTERNET.
ES EL PRINCIPIO DE UN BABY BOOM.
Y TÚ SOLO PUEDES HACERTE PAJAS.
AUNQUE, SIN INTERNET, CASI QUE NI ESO.
VALE, VALE.
AHORA CALLA.
EH.
ASCENDIENTE UNO.
SÍ, SÍ.
HEMOS LLEGADO, TODO BIEN.

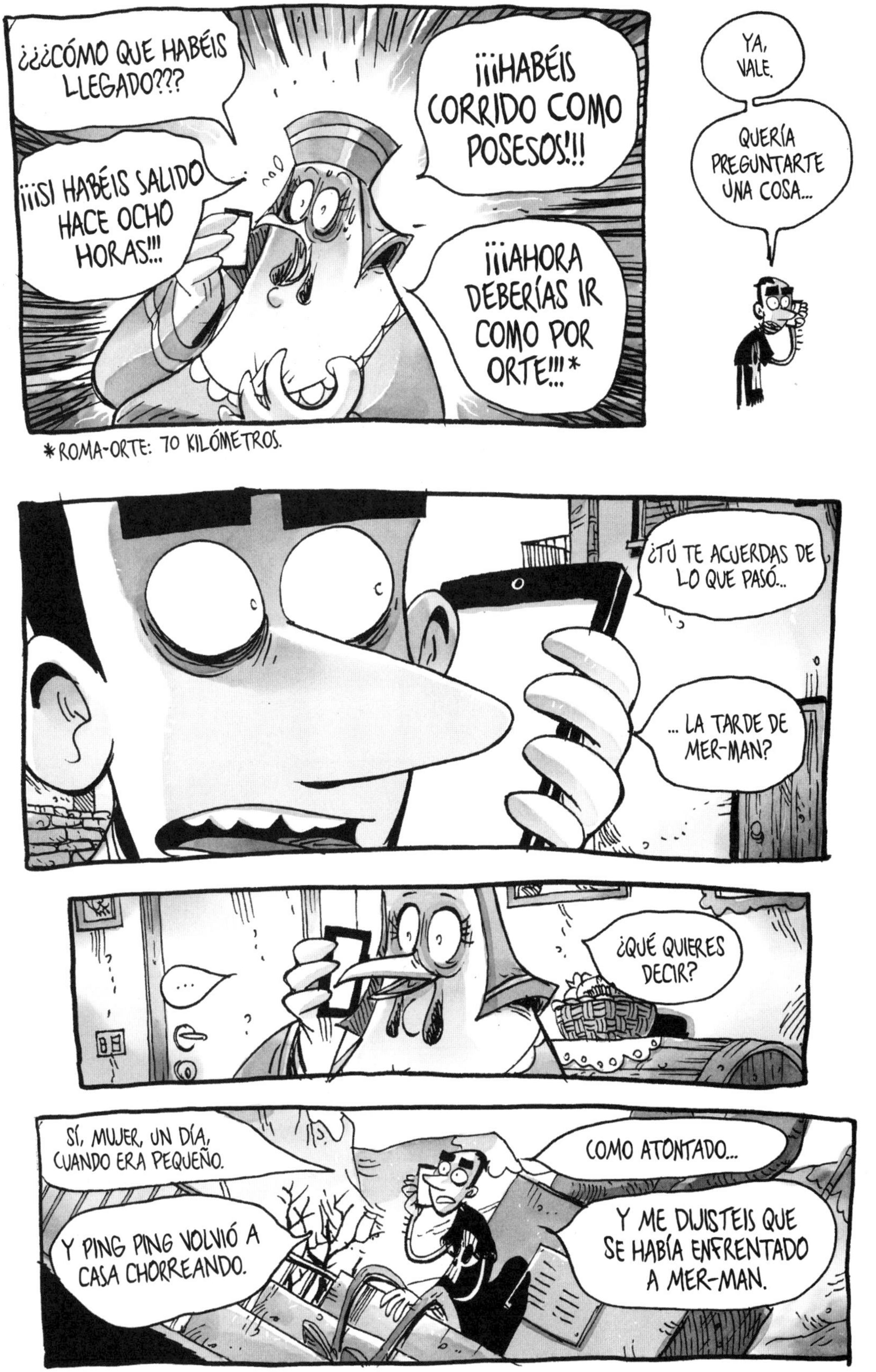
¿¿¿CÓMO QUE HABÉIS LLEGADO???
¡¡¡SI HABÉIS SALIDO HACE OCHO HORAS!!!
¡¡¡HABÉIS CORRIDO COMO POSESOS!!!
¡¡¡AHORA DEBERÍAS IR COMO POR ORTE!!!*
YA, VALE.
QUERÍA PREGUNTARTE UNA COSA...
*ROMA-ORTE: 70 KILÓMETROS.
¿TÚ TE ACUERDAS DE LO QUE PASÓ...
... LA TARDE DE MER-MAN?
...
¿QUÉ QUIERES DECIR?
SÍ, MUJER, UN DÍA, CUANDO ERA PEQUEÑO.
COMO ATONTADO...
Y PING PING VOLVIÓ A CASA CHORREANDO.
Y ME DIJISTEIS QUE SE HABÍA ENFRENTADO A MER-MAN.

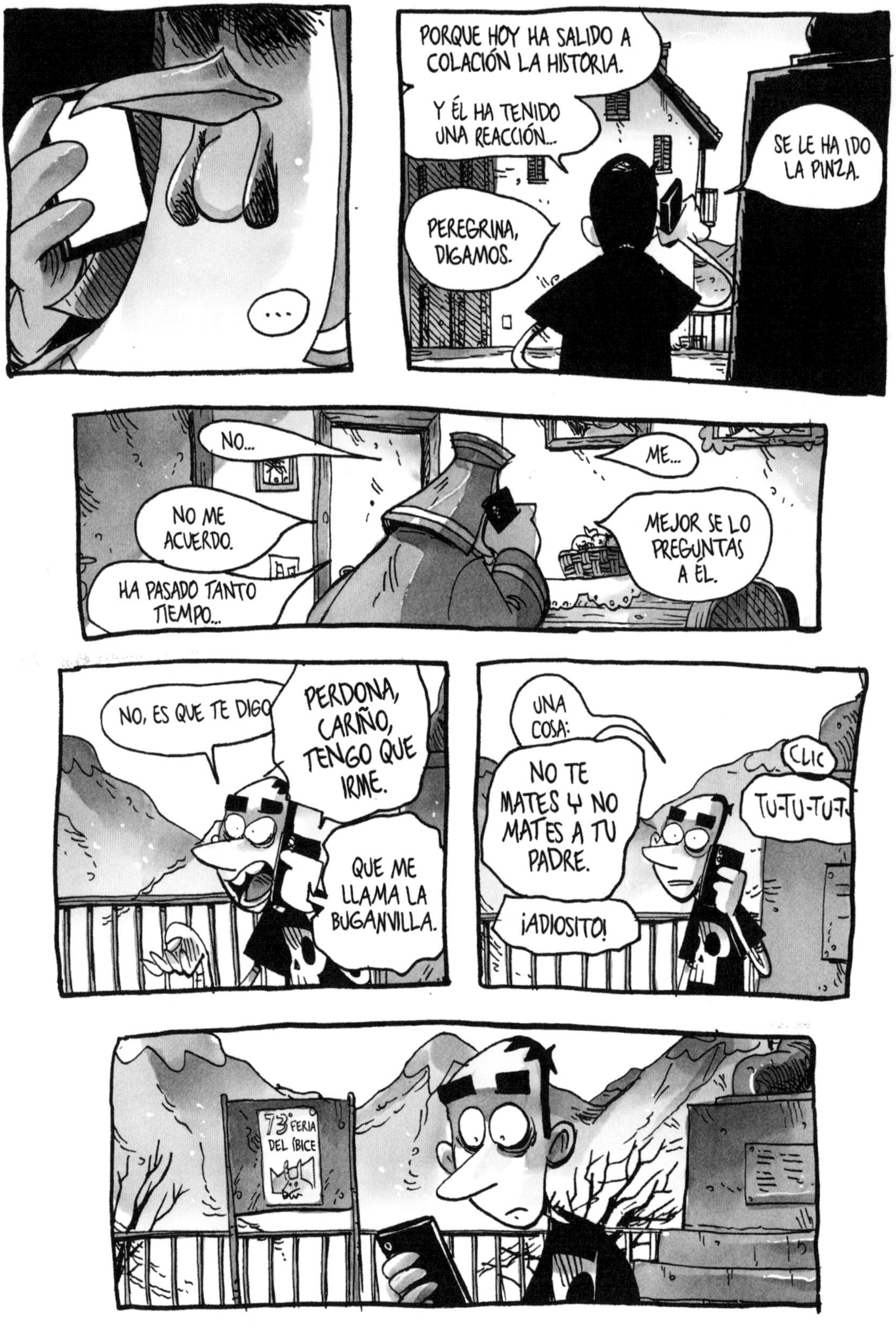
...
PORQUE HOY HA SALIDO A COLACIÓN LA HISTORIA.
Y ÉL HA TENIDO UNA REACCIÓN...
PEREGRINA, DIGAMOS.
SE LE HA IDO LA PINZA.
NO...
NO ME ACUERDO.
HA PASADO TANTO TIEMPO...
ME...
MEJOR SE LO PREGUNTAS A ÉL.
NO, ES QUE TE DIGO
PERDONA, CARIÑO, TENGO QUE IRME.
QUE ME LLAMA LA BUGANVILLA.
UNA COSA:
NO TE MATES Y NO MATES A TU PADRE.
¡ADIOSITO!
CLIC
TU-TU-TU-T
73° FERIA DEL ÍBICE

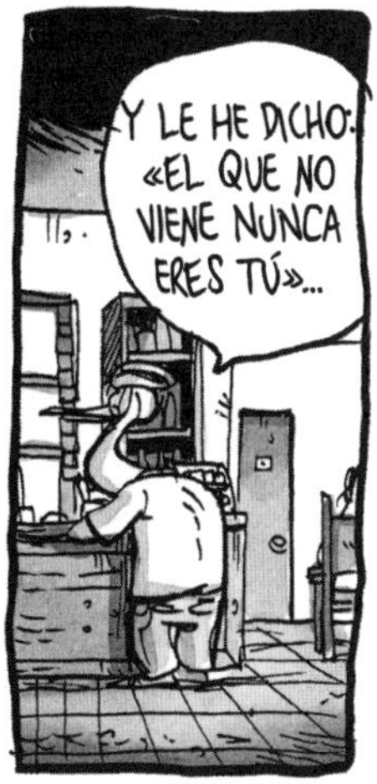
Y LE HE DICHO:
«EL QUE NO VIENE NUNCA ERES TÚ»...

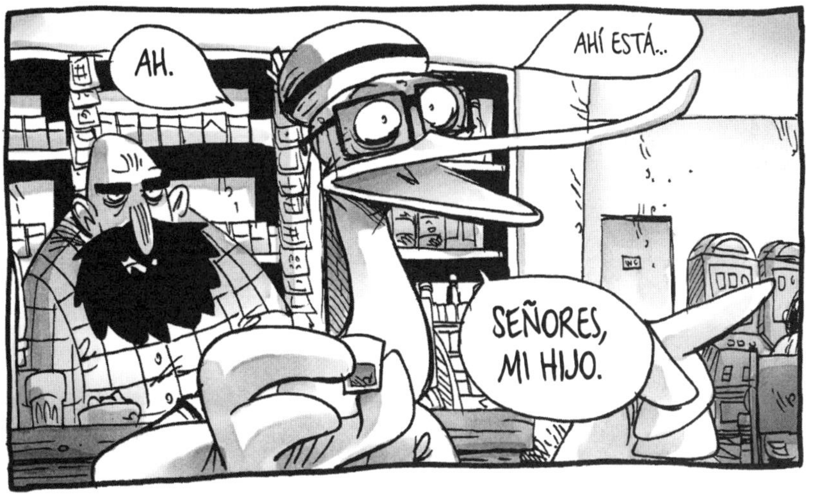
AH.
AHÍ ESTÁ...
SEÑORES, MI HIJO.

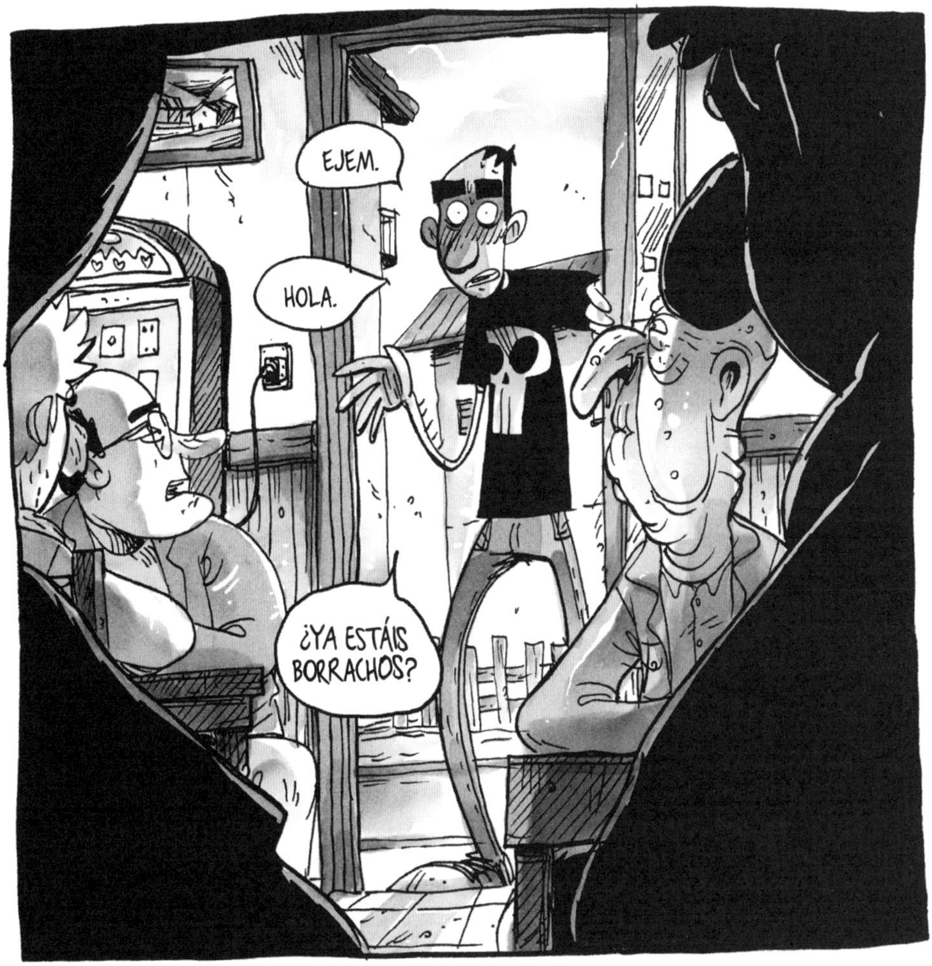
EJEM.
HOLA.
¿YA ESTÁIS BORRACHOS?

— MIRA TÚ, EL MOJIGATO.

— PERDONADLO. ESTE NO BEBE. NO FUMA. NO PROCREA.

— NO HACE UNA PUTA MIERDA.

— BUENO, SÍ: HACE TEBEOS.

— POR TRABAJO, ¿EH?

— ¡HA SALIDO EN EL PROGRAMA DE FAZIO EN LA RAI!*

⚠ * COSA QUE EN MUCHAS CULTURAS SE CONSIDERA LAMENTABLE E INDECOROSA.

— OYE, TE VI EN LA RAI.
— VENDIDO DE MIERDA, CHAPERO, TRAIDOR.
— EL PUNK SE AVERGÜENZA DE TI.

— ERA LA PROMOCIÓN DEL LIBRO...
— ¡SI FUI OBLIGADO!

PARA MIS PADRES, EN CAMBIO, ES LA ÚNICA FORMA DE RECONOCIMIENTO DE MI TRABAJO.

ANTES DE FAZIO.

— DIBUJADO CASITA.
— ¡MAMÁÁÁÁ! ¡TENGO CACAAAA!

DESPUÉS DEL PROGRAMA DE FAZIO.

— HE APARECIDO EN LA RAI.
— ME HAN VISTO TODOS LOS NO NATIVOS DIGITALES DE ITALIA.
— AHORA SABEN QUE TENGO UN OFICIO DE ADULTO HONRADO.
— CASI COMO UN ELECTRICISTA.

LOS YAYOS

LO MALO ES QUE FUI EN EL AÑO 2015.

EL EFECTO YA SE DESVANECE.

— ES DEGENERATIVO.
— ¡ME TRANSFORMO EN MI YO DE ANTES!

— NO SÉ CÓMOAA MAMÁÁÁÁÁ CAAAAAAA

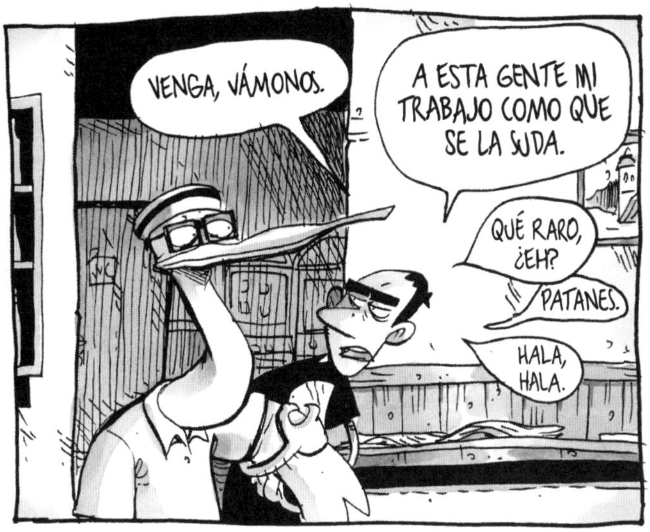

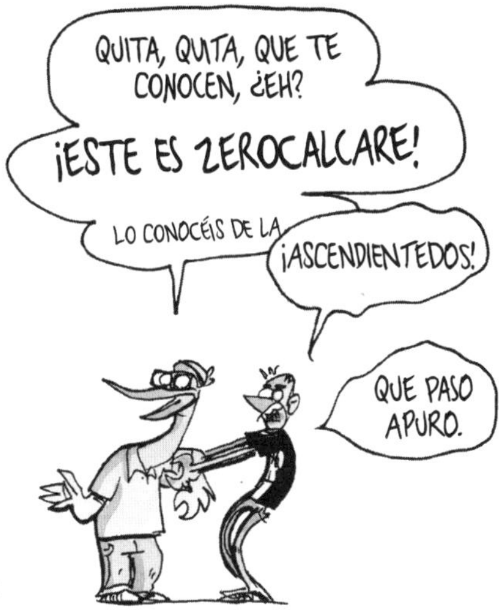

ANTES DE PONERME A REFERIR LAS REACCIONES DE LOS PARROQUIANOS, ME PERMITO UN APUNTE SOCIOLÓGICO.

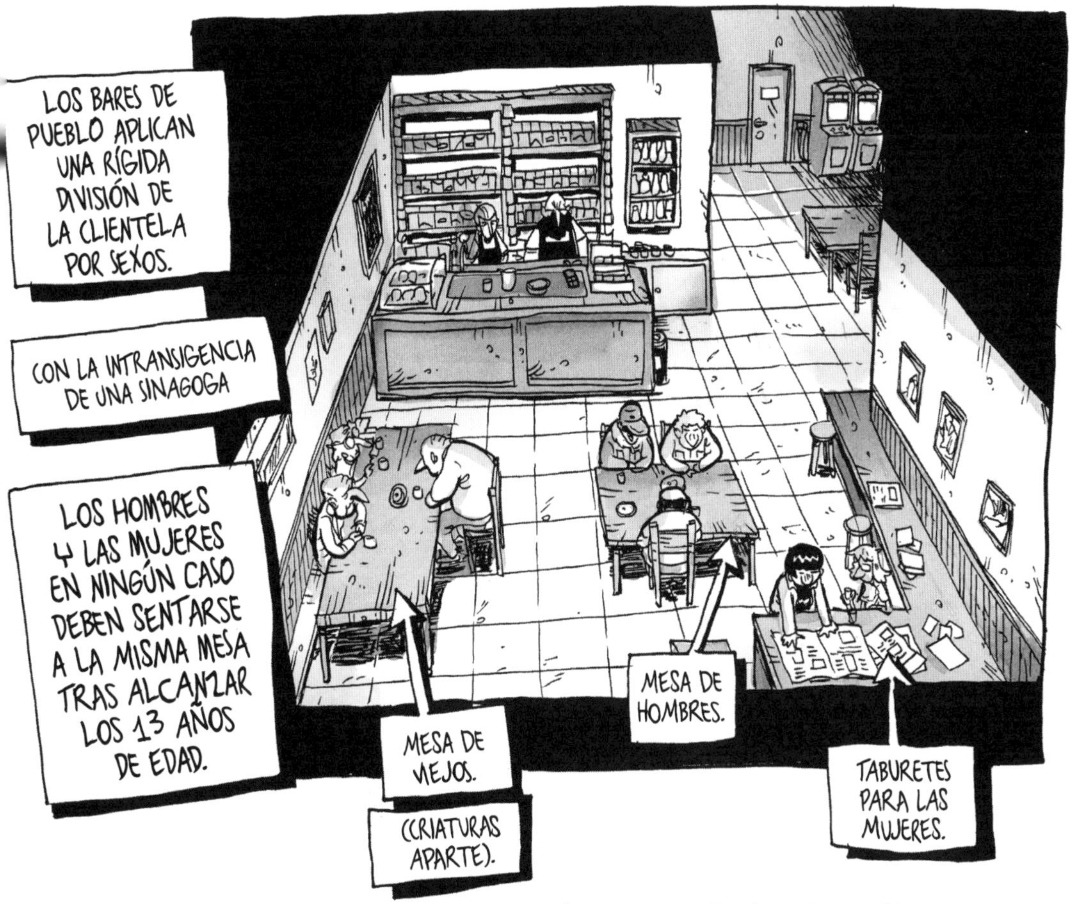

EN FIN, HE AQUÍ LOS RESULTADOS DEL SONDEO:

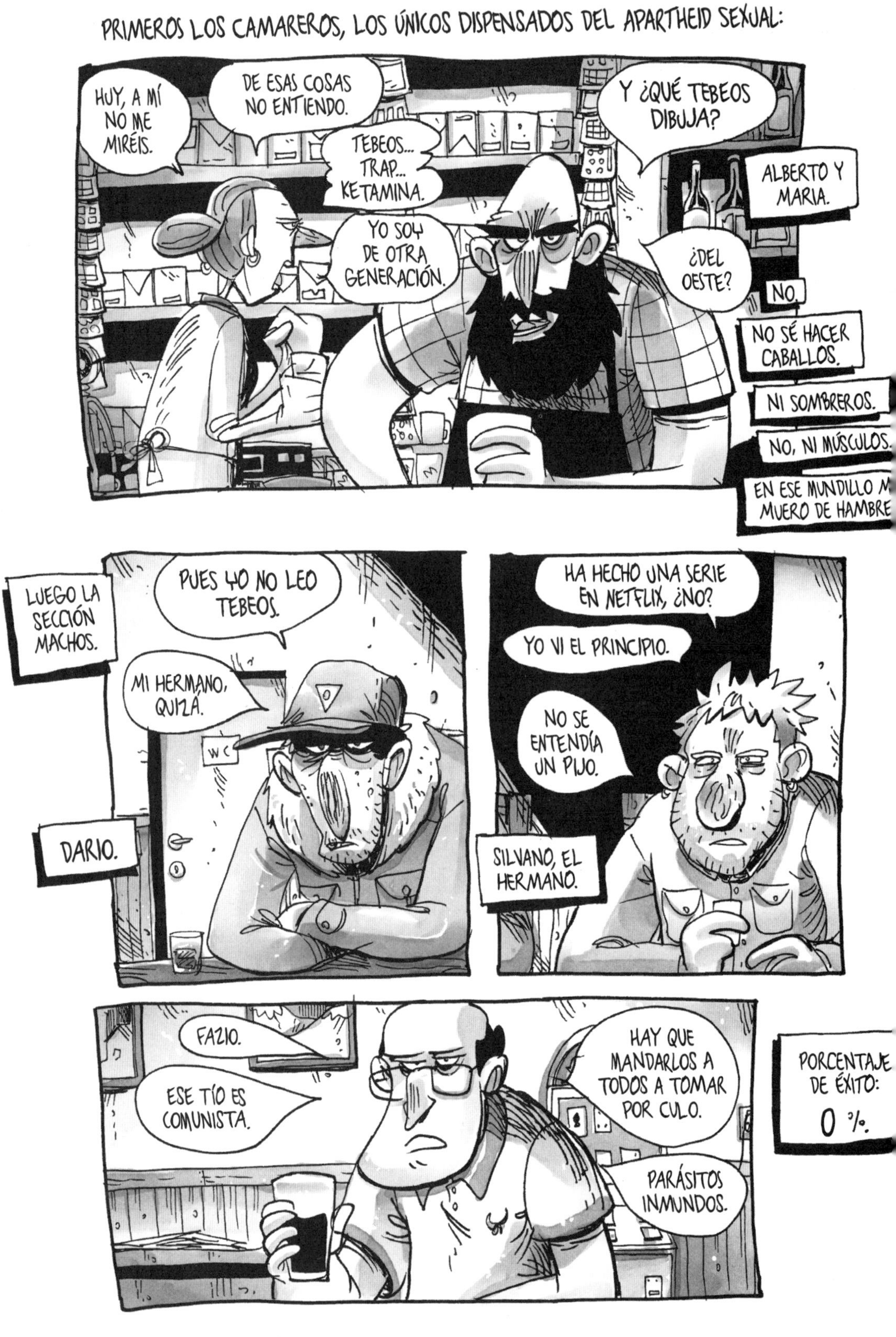
PRIMEROS LOS CAMAREROS, LOS ÚNICOS DISPENSADOS DEL APARTHEID SEXUAL:
HUY, A MÍ NO ME MIRÉIS.
DE ESAS COSAS NO ENTIENDO.
TEBEOS... TRAP... KETAMINA.
YO SOY DE OTRA GENERACIÓN.
Y ¿QUÉ TEBEOS DIBUJA?
ALBERTO Y MARIA.
¿DEL OESTE?
NO.
NO SÉ HACER CABALLOS.
NI SOMBREROS.
NO, NI MÚSCULOS.
LUEGO LA SECCIÓN MACHOS.
PUES YO NO LEO TEBEOS.
MI HERMANO, QUIZÁ.
DARIO.
HA HECHO UNA SERIE EN NETFLIX, ¿NO?
YO VI EL PRINCIPIO.
NO SE ENTENDÍA UN PIJO.
SILVANO, EL HERMANO.
FAZIO.
ESE TÍO ES COMUNISTA.
HAY QUE MANDARLOS A TODOS A TOMAR POR CULO.
PARÁSITOS INMUNDOS.

DESPUÉS LA SECCIÓN MUJERES.

AY, PERDONA.
YO PREFIERO LA HISTORIA.
DOCUMENTALES.
TE ECHAS UNA SIESTA DIVINA.
DE TEBEOS NO SÉ...
PERO NO JUZGO, ¿EH?
MI TÍO ERA NECRÓFILO.

GATA.

IMAGÍNATE.

LE PREGUNTARÉ A MI HIJO.
LO CONOCE SEGURO.
LEE MUCHO.
AHORA VIENE.

EMMA.

PORCENTAJE DE ÉXITO: 0%.

Y POR ÚLTIMO LOS VIEJOS, QUE SON COMO ORÁCULOS.

BERREAN COSAS INCONEXAS QUE SOLO PUEDEN INTERPRETAR UNOS POCOS.

O SEA, LOS QUE TIENEN UNA TASA DE ALCOHOL > 5,00.

QUE LE SALE HIERBA EN EL CULO SI ESTÁ SENTADO DIOS DEL SANTÍSIM

EL CURA A DECIR MISA Y NOSOTROS A COMER LA MIERDA DEL CARRO DEL

QUÉ CABRÓN DE TUS MUERTOS PERROS.

UF.

YA ESTÁ, PAPICHULO.
YA NOS HEMOS HUMILLADO BASTANTE, DIGO YO.

NO, NO, ESPERA.
VAMOS A ENSEÑARLES LAS FOTOS DE LA COSA ESA, DEL BICHEJO...
¿CÓMO SE LLAMA?
EL ARMADILLO.

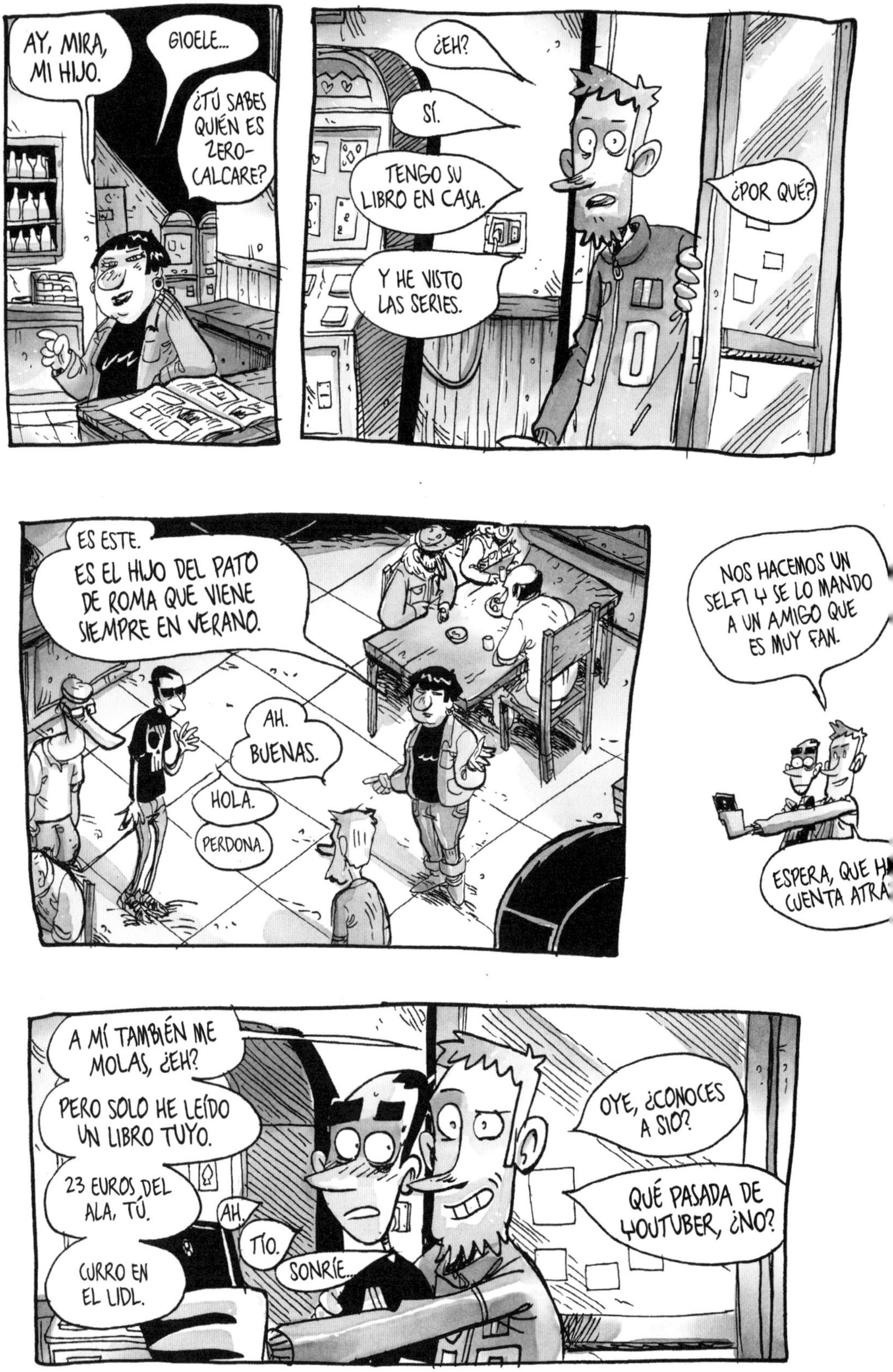
AY, MIRA, MI HIJO.
GIOELE...
¿TÚ SABES QUIÉN ES ZERO-CALCARE?
¿EH?
SÍ.
TENGO SU LIBRO EN CASA.
Y HE VISTO LAS SERIES.
¿POR QUÉ?
ES ESTE.
ES EL HIJO DEL PATO DE ROMA QUE VIENE SIEMPRE EN VERANO.
AH. BUENAS.
HOLA.
PERDONA.
NOS HACEMOS UN SELFI Y SE LO MANDO A UN AMIGO QUE ES MUY FAN.
A MÍ TAMBIÉN ME MOLAS, ¿EH?
PERO SOLO HE LEÍDO UN LIBRO TUYO.
23 EUROS DEL ALA, TÚ.
CURRO EN EL LIDL.
AH.
TÍO.
SONRÍE...
OYE, ¿CONOCES A SIO?
QUÉ PASADA DE YOUTUBER, ¿NO?

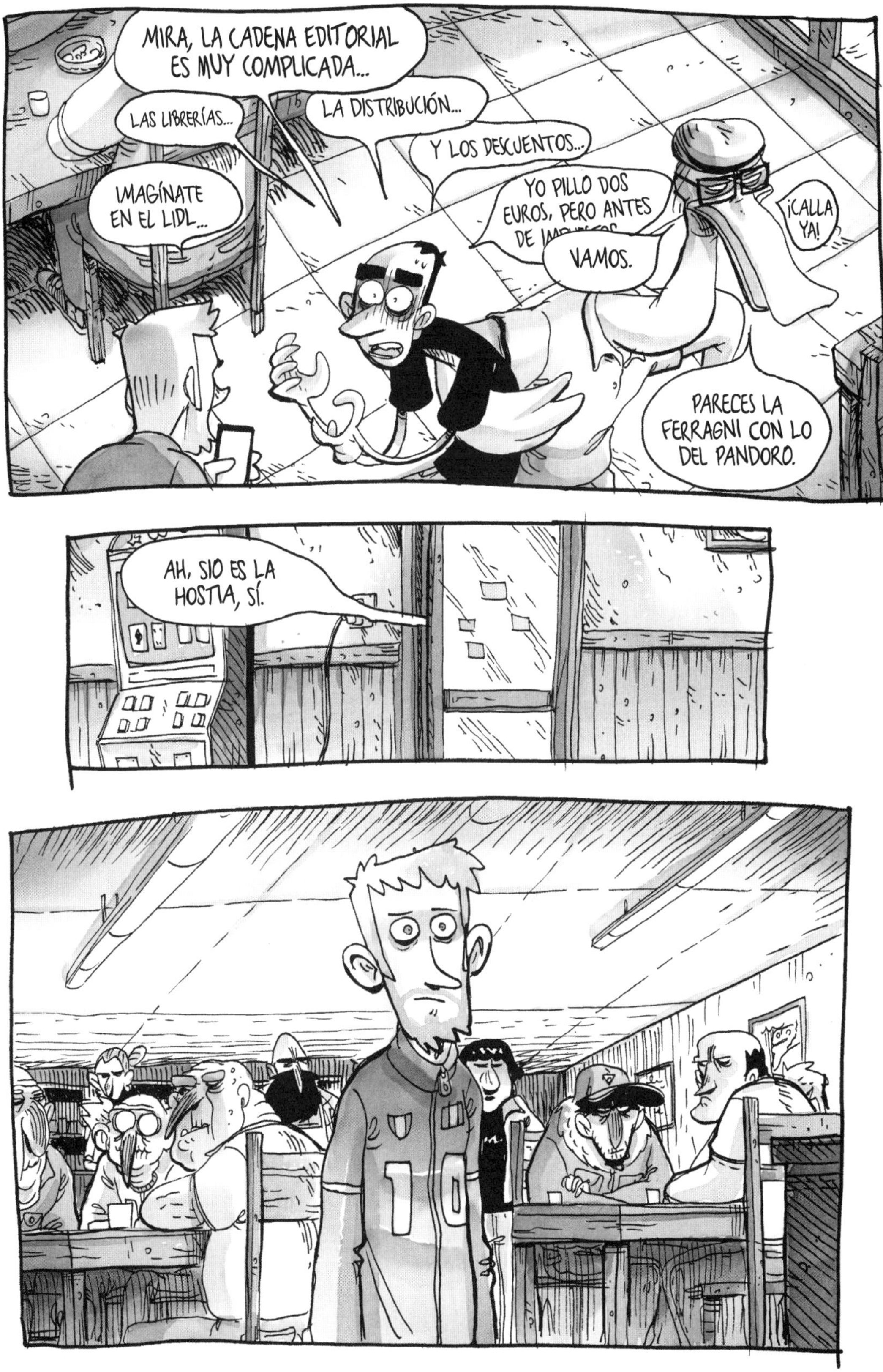
MIRA, LA CADENA EDITORIAL ES MUY COMPLICADA...
LAS LIBRERÍAS...
LA DISTRIBUCIÓN...
Y LOS DESCUENTOS...
IMAGÍNATE EN EL LIDL...
YO PILLO DOS EUROS, PERO ANTES DE
VAMOS.
¡CALLA YA!
PARECES LA FERRAGNI CON LO DEL PANDORO.
AH, SIO ES LA HOSTIA, SÍ.

Diciembre de 1917

TÚ TRANQUILO.

HA DICHO BOCA PODRIDA.

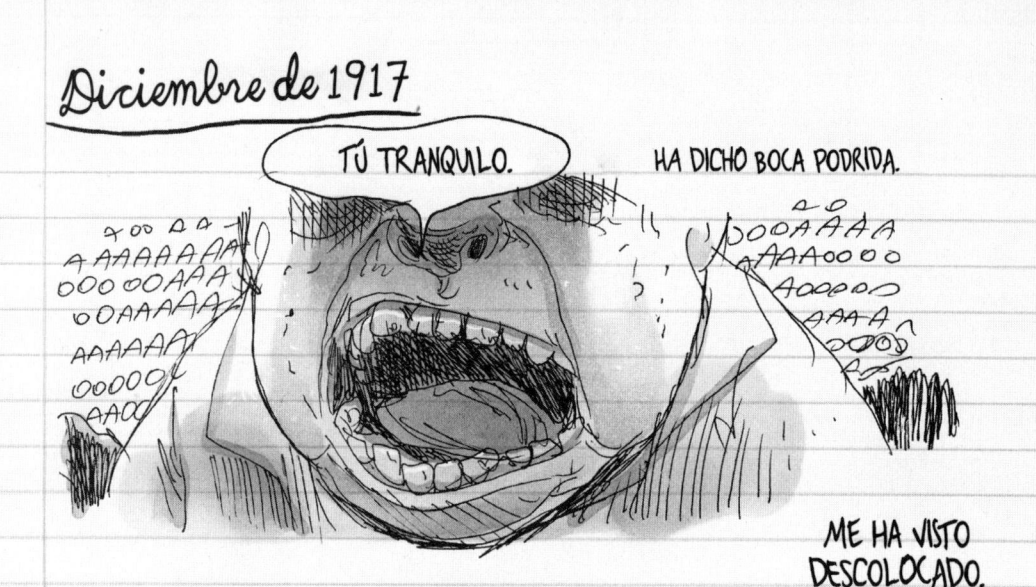

ME HA VISTO DESCOLOCADO.

ME ACUERDO DE TODO POQUITO A POCO.

PRIMERO EL CORAZÓN DISPARADO Y LUEGO EL MIEDO.

LUEGO CENCIO, QUE BERREABA CON TODA LA FUERZA QUE GA EN EL CUERPO.

Y NOSOTROS, A *CORAR*. CON EL SUSTO EN LAS PIERNAS.

PERO YO NO GAVEO MIEDO DE LAS BALAS NI DEL MORTERO.

INO DE LAS
BAYONETAS.

NO PUEDO NI
MIRAR ESAS
PUNTAS AFILADAS.

REZABA A DIOS PARA NO ACABAR CON ESA PONTA EN LA TRIPA.

TE LO
UPLICO,
SEÑOR.

TE LO
UPLICO.

SI ME TOCA MORIR, MUY BIEN.

PERO NO DEJES QUE ME REVIENTE ESA
PONTA DE HIERRO.

Y ENTONCES LO HE VISTO.

NO PARECÍA GIGLIO.

DE RODILLAS. PEQUEÑITO. HERIDO. SOLO.

CON LOS OJOS ENFERMOS DE MIEDO.

GIGLIO, QUE SIEMPRE ERA TAN BRAVUCÓN.

GIGLIO, QUE SIEMPRE NOS DABA ÁNIMO.

GIGLIO, QUE ERA EL MÁS GUAPO DE TODOS.

GIGLIO, QUE ESTABA A PUNTO DE HACERSE PEDACITOS.

CONFETI DE GIGLIO.

SI HUBIERA SIDO UNA BAYONETA, NO SÉ QUÉ HABRÍA HECHO.

PERO ERA UNA GRANADA.

GRACIAS, DIOS, POR ESCUCHARME.

UNA GRANADA SE AGUANTA.

POR GIGLIO.

LUEGO YA NO ME ACUERDO DE NADA.

ME HE DESPERTADO AQUÍ. CON ESTE RUIDO QUE NO SÉ ESCRIBIR.
COMO UN OOOAAAAOOOOOOAAAAAAOOOO, PERO HECHO CON LA GARGANTA, LARGUÍSIMO.

Y ENTONCES BOCA PODRIDA ME HA DICHO:

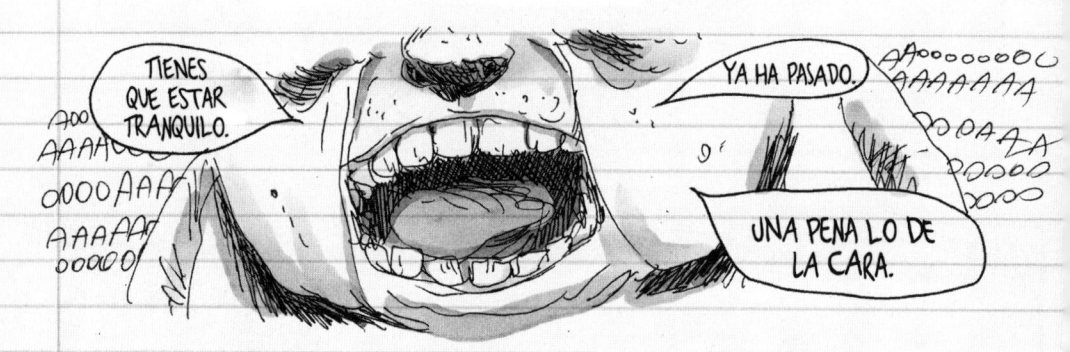

> TIENES QUE ESTAR TRANQUILO.

> YA HA PASADO.

> UNA PENA LO DE LA CARA.

«... PERO AL MENOS, CON ESA PATA, TÚ AL FRENTE YA NO VUELVES».

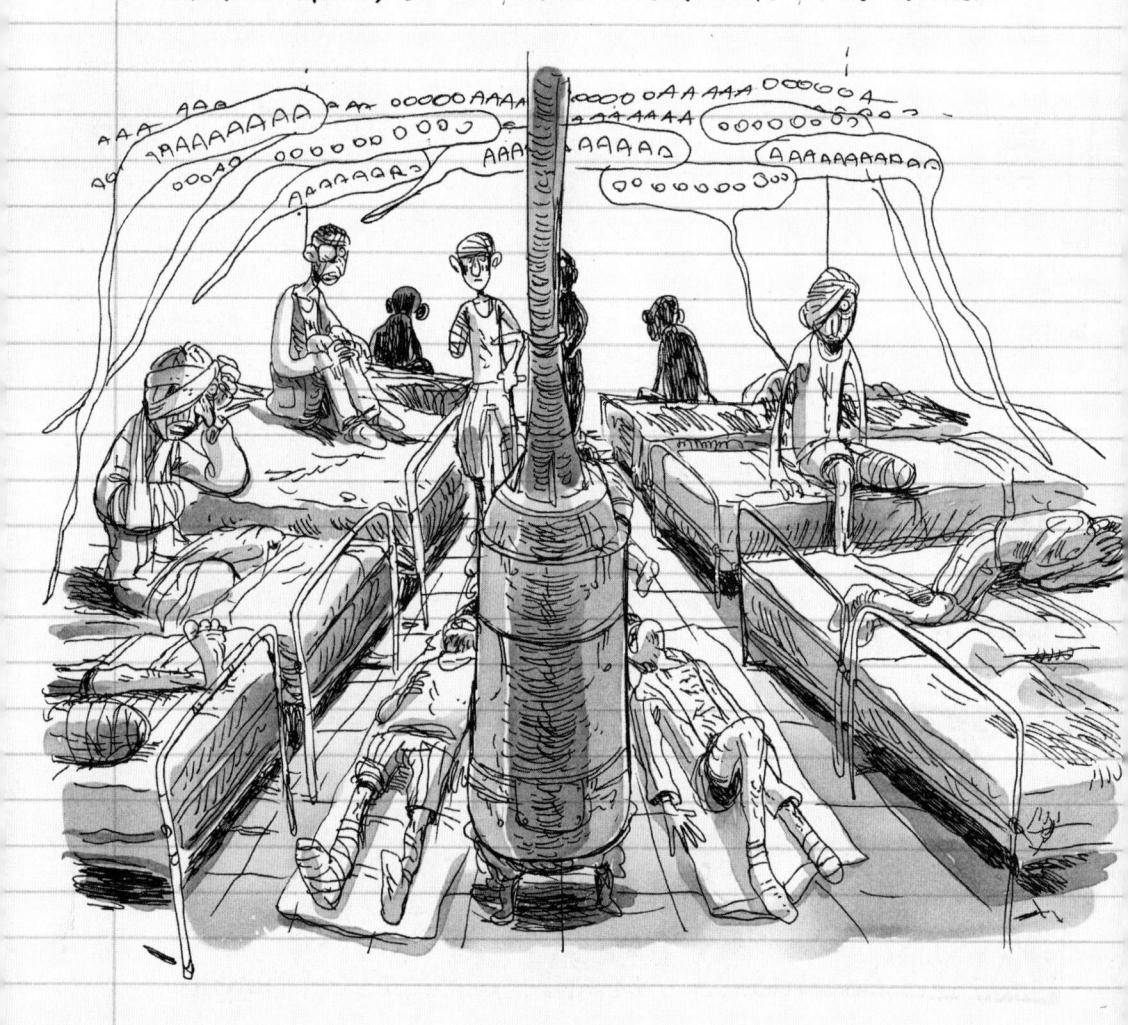

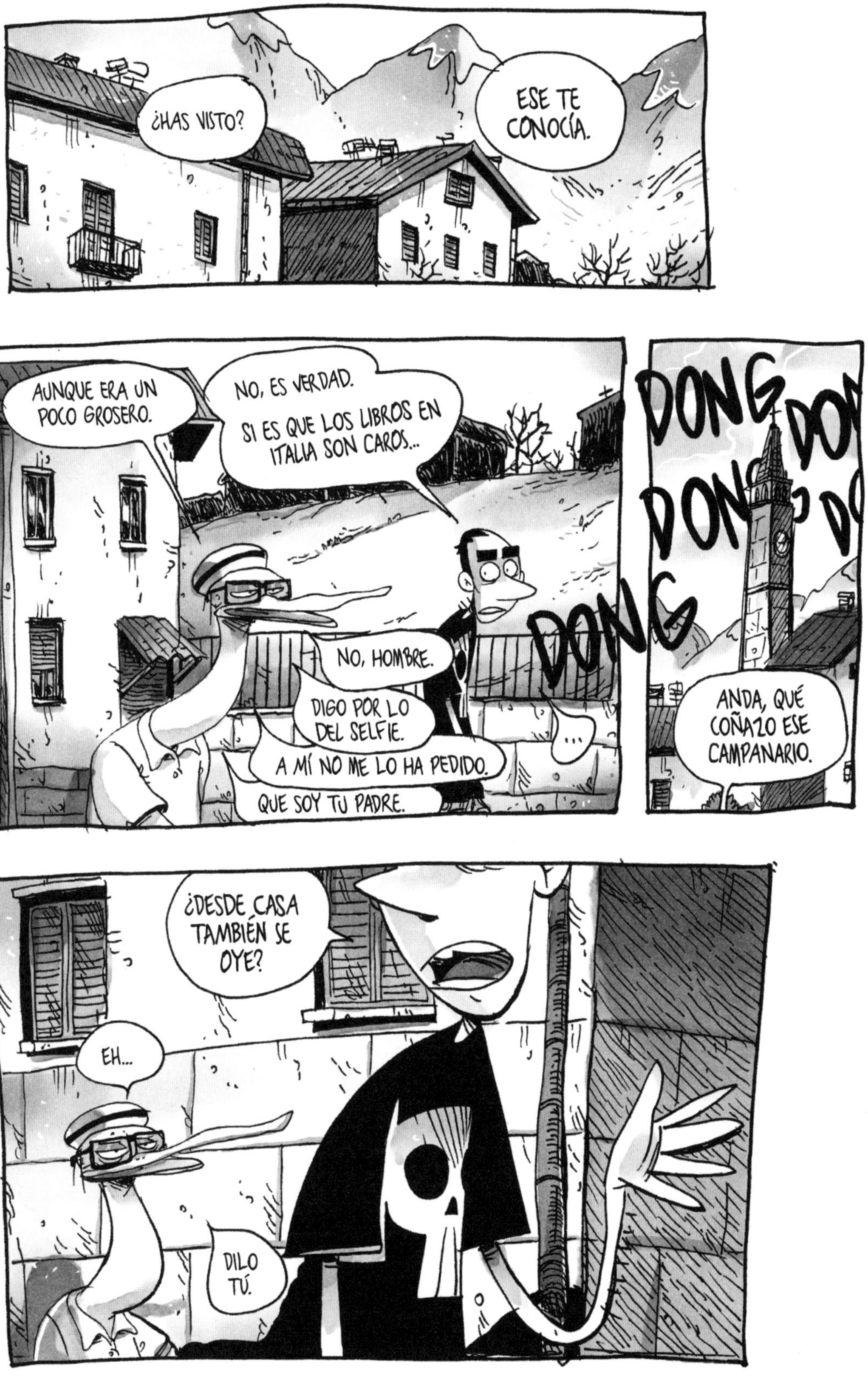
¿HAS VISTO?
ESE TE CONOCÍA.
AUNQUE ERA UN POCO GROSERO.
NO, ES VERDAD.
SI ES QUE LOS LIBROS EN ITALIA SON CAROS...
NO, HOMBRE.
DIGO POR LO DEL SELFIE.
A MÍ NO ME LO HA PEDIDO.
QUE SOY TU PADRE.
...
DONG
DONG
DONG
ANDA, QUÉ COÑAZO ESE CAMPANARIO.
¿DESDE CASA TAMBIÉN SE OYE?
EH...
DILO TÚ.

ESTÁS DELANTE.

LA MONTAÑA NO OLVIDA

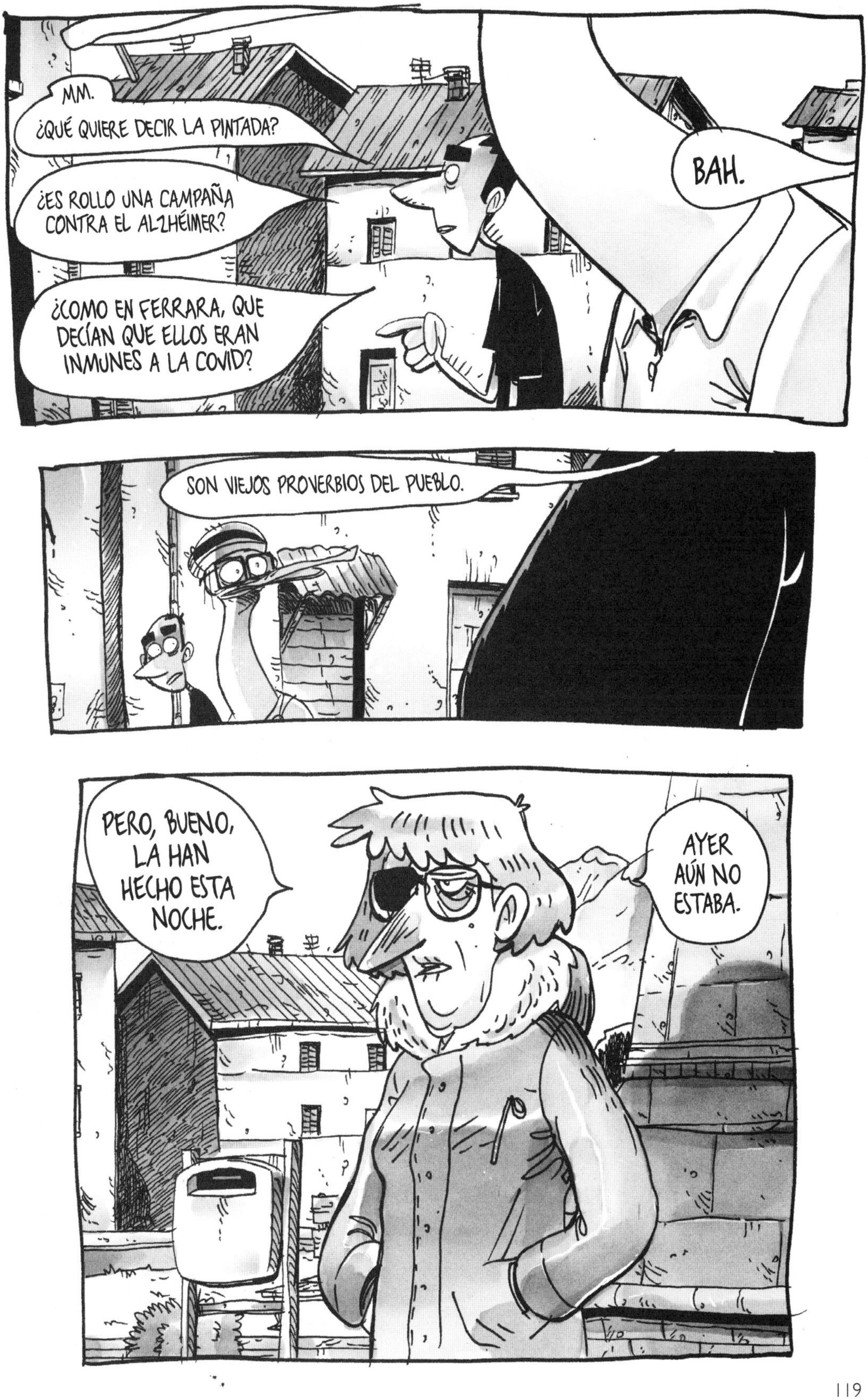
MM.
¿QUÉ QUIERE DECIR LA PINTADA?
BAH.
¿ES ROLLO UNA CAMPAÑA CONTRA EL ALZHÉIMER?
¿COMO EN FERRARA, QUE DECÍAN QUE ELLOS ERAN INMUNES A LA COVID?
SON VIEJOS PROVERBIOS DEL PUEBLO.
PERO, BUENO, LA HAN HECHO ESTA NOCHE.
AYER AÚN NO ESTABA.

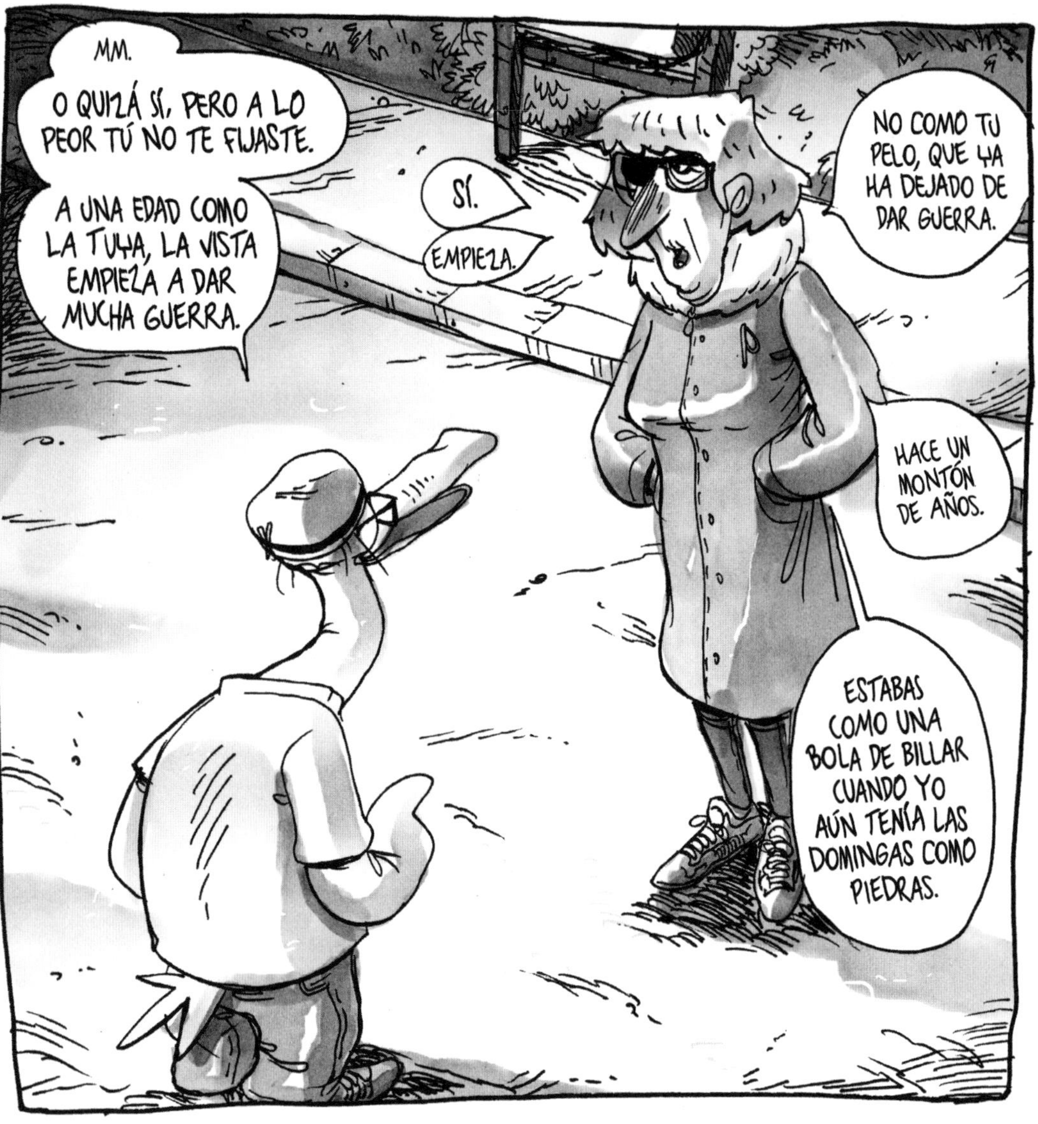
MM.
O QUIZÁ SÍ, PERO A LO PEOR TÚ NO TE FIJASTE.
A UNA EDAD COMO LA TUYA, LA VISTA EMPIEZA A DAR MUCHA GUERRA.
SÍ.
EMPIEZA.
NO COMO TU PELO, QUE YA HA DEJADO DE DAR GUERRA.
HACE UN MONTÓN DE AÑOS.
ESTABAS COMO UNA BOLA DE BILLAR CUANDO YO AÚN TENÍA LAS DOMINGAS COMO PIEDRAS.

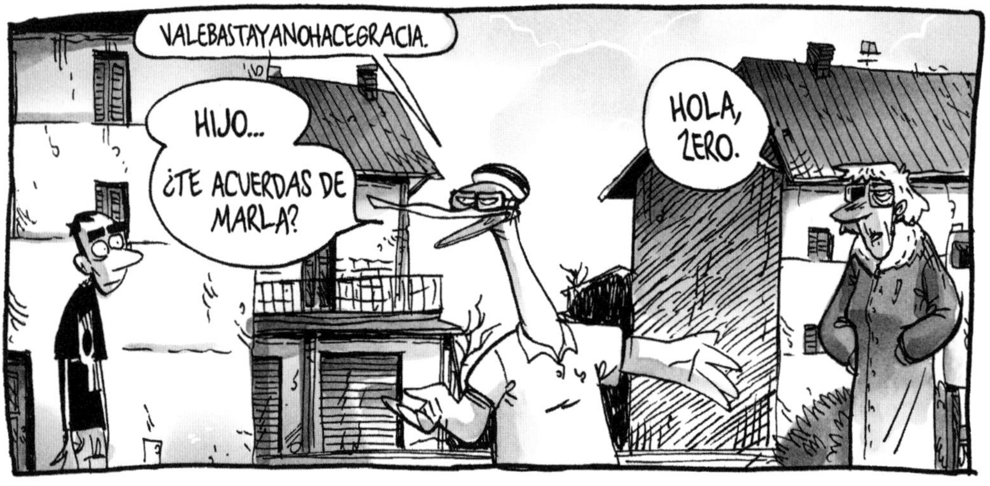
VALEBASTAYANOHACEGRACIA.
HIJO...
¿TE ACUERDAS DE MARLA?
HOLA, ZERO.

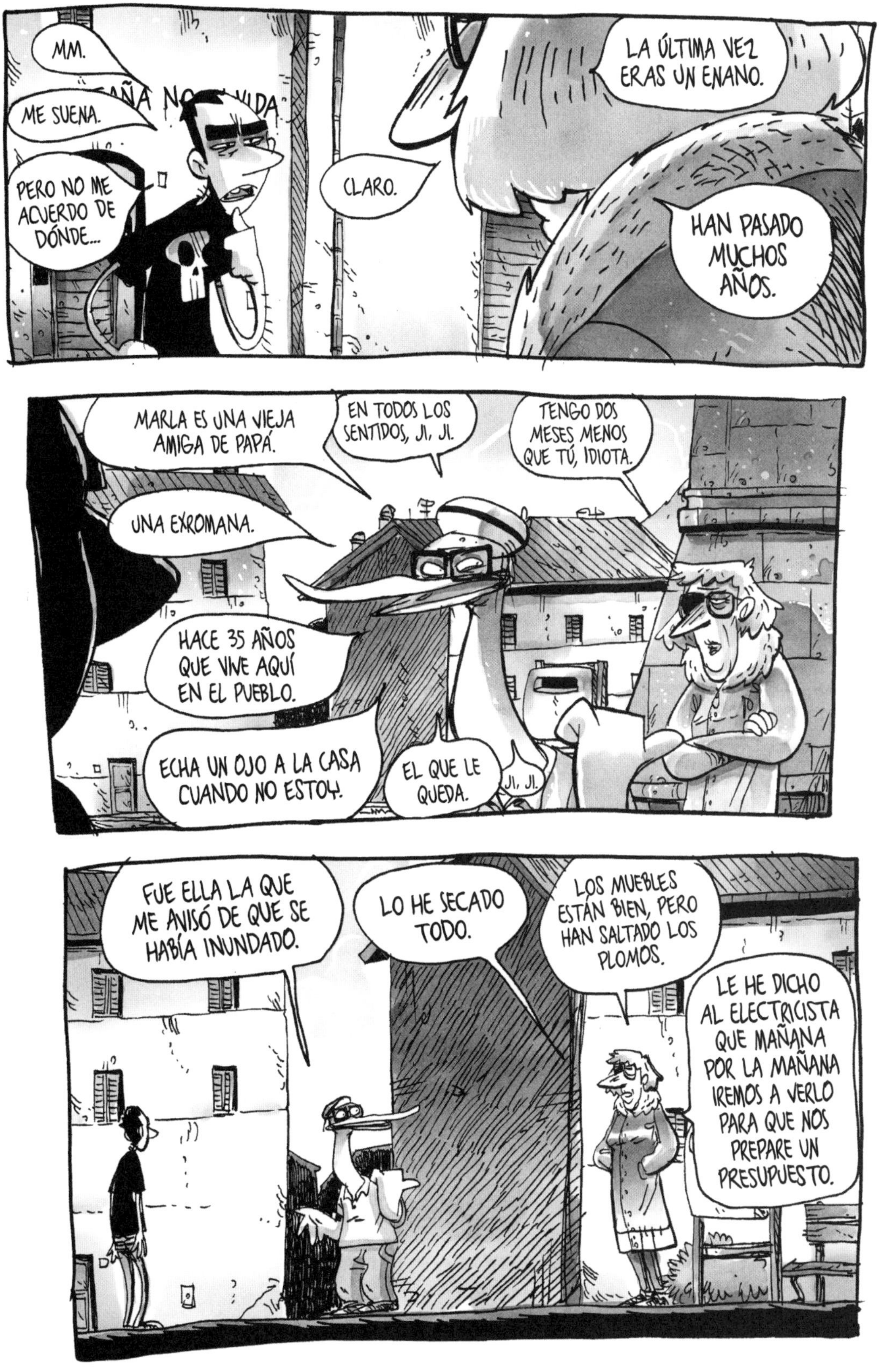
MM.
ME SUENA.
PERO NO ME ACUERDO DE DÓNDE...
CLARO.
LA ÚLTIMA VEZ ERAS UN ENANO.
HAN PASADO MUCHOS AÑOS.
MARLA ES UNA VIEJA AMIGA DE PAPÁ.
EN TODOS LOS SENTIDOS, JI, JI.
TENGO DOS MESES MENOS QUE TÚ, IDIOTA.
UNA EXROMANA.
HACE 35 AÑOS QUE VIVE AQUÍ EN EL PUEBLO.
ECHA UN OJO A LA CASA CUANDO NO ESTOY.
EL QUE LE QUEDA.
JI, JI.
FUE ELLA LA QUE ME AVISÓ DE QUE SE HABÍA INUNDADO.
LO HE SECADO TODO.
LOS MUEBLES ESTÁN BIEN, PERO HAN SALTADO LOS PLOMOS.
LE HE DICHO AL ELECTRICISTA QUE MAÑANA POR LA MAÑANA IREMOS A VERLO PARA QUE NOS PREPARE UN PRESUPUESTO.

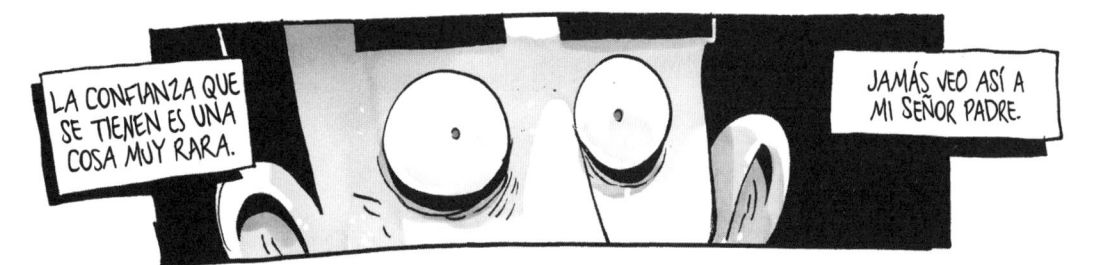

— QUÉ EFICIENTE. ¿TE VIENES A CENAR ALGO CON NOSOTROS ESTA NOCHE?

— HUYYY. YO YA ESTOY MUY INTEGRADA.

— CENO A LAS SEIS, A LAS NUEVE ME ACUESTO.

— Y ME LEVANTO A LAS CINCO.

— SI TRABAJAS EN LA MALGA, ES LO QUE HAY.

— AH, POR LA MAÑANA IRÉ A LA MALGA A POR QUESO.

— AÚN HACÉIS MORLACCO, ¿VERDAD?

— LA MAÑANA SE ACABA A LAS 10, ¿EH?

— LUEGO SE COME.

— CIELOS, ¿EN QUÉ TE HAS CONVERTIDO?

LA CONFIANZA QUE SE TIENEN ES UNA COSA MUY RARA.

JAMÁS VEO ASÍ A MI SEÑOR PADRE.

NO SE ROZAN. NO SE ABRAZAN. PRÁCTICAMENTE SOLO SE INSULTAN.

— HASTA MAÑANA, VIEJA PANTUFLA DE MONTAÑA.

— QUE TE DEN, PING PING.

PERO ES COMO SI NO LES HICIERA FALTA MÁS.

122

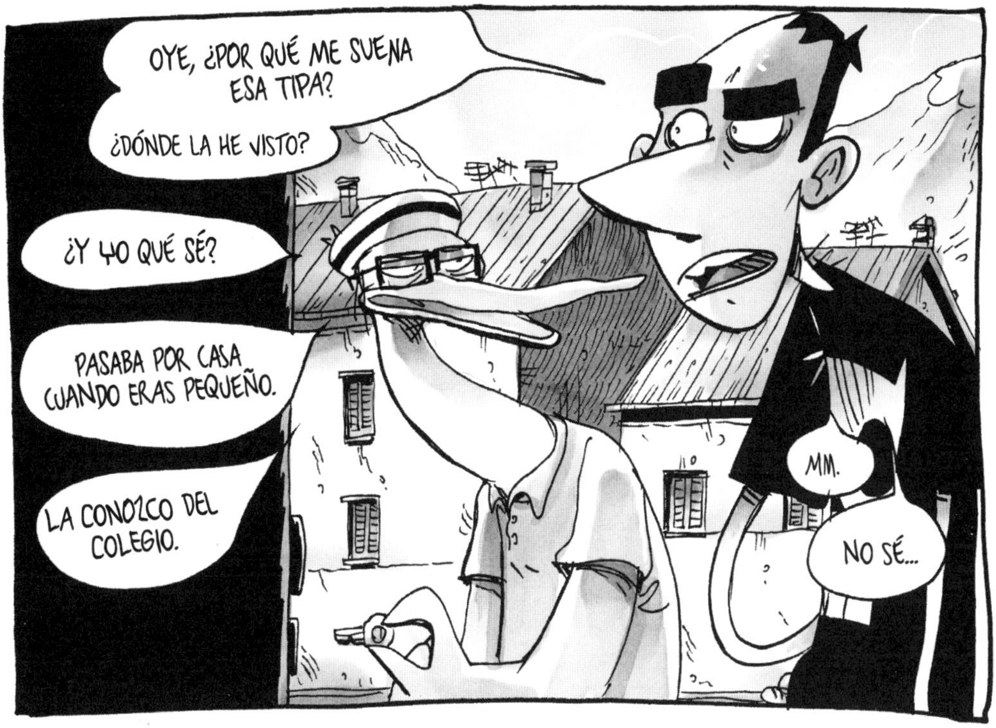
OYE, ¿POR QUÉ ME SUENA ESA TIPA?
¿DÓNDE LA HE VISTO?
¿Y YO QUÉ SÉ?
PASABA POR CASA CUANDO ERAS PEQUEÑO.
LA CONOZCO DEL COLEGIO.
MM.
NO SÉ...

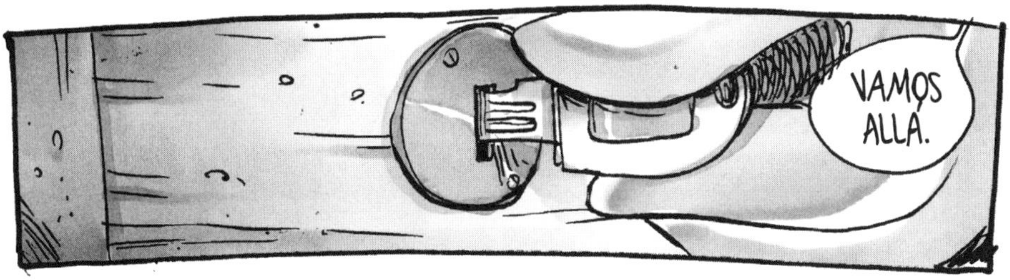
VAMOS ALLÁ.

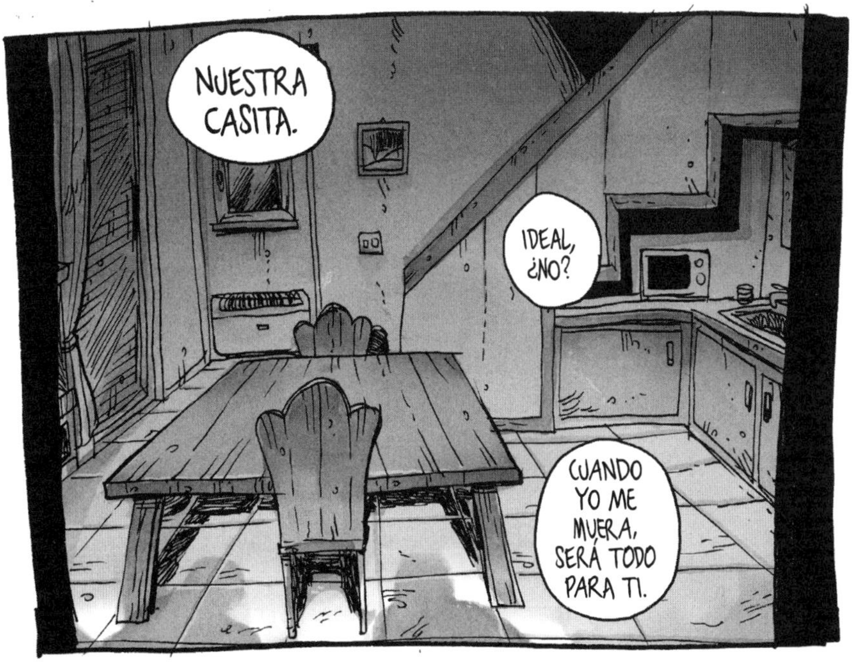
NUESTRA CASITA.
IDEAL, ¿NO?
CUANDO YO ME MUERA, SERÁ TODO PARA TI.

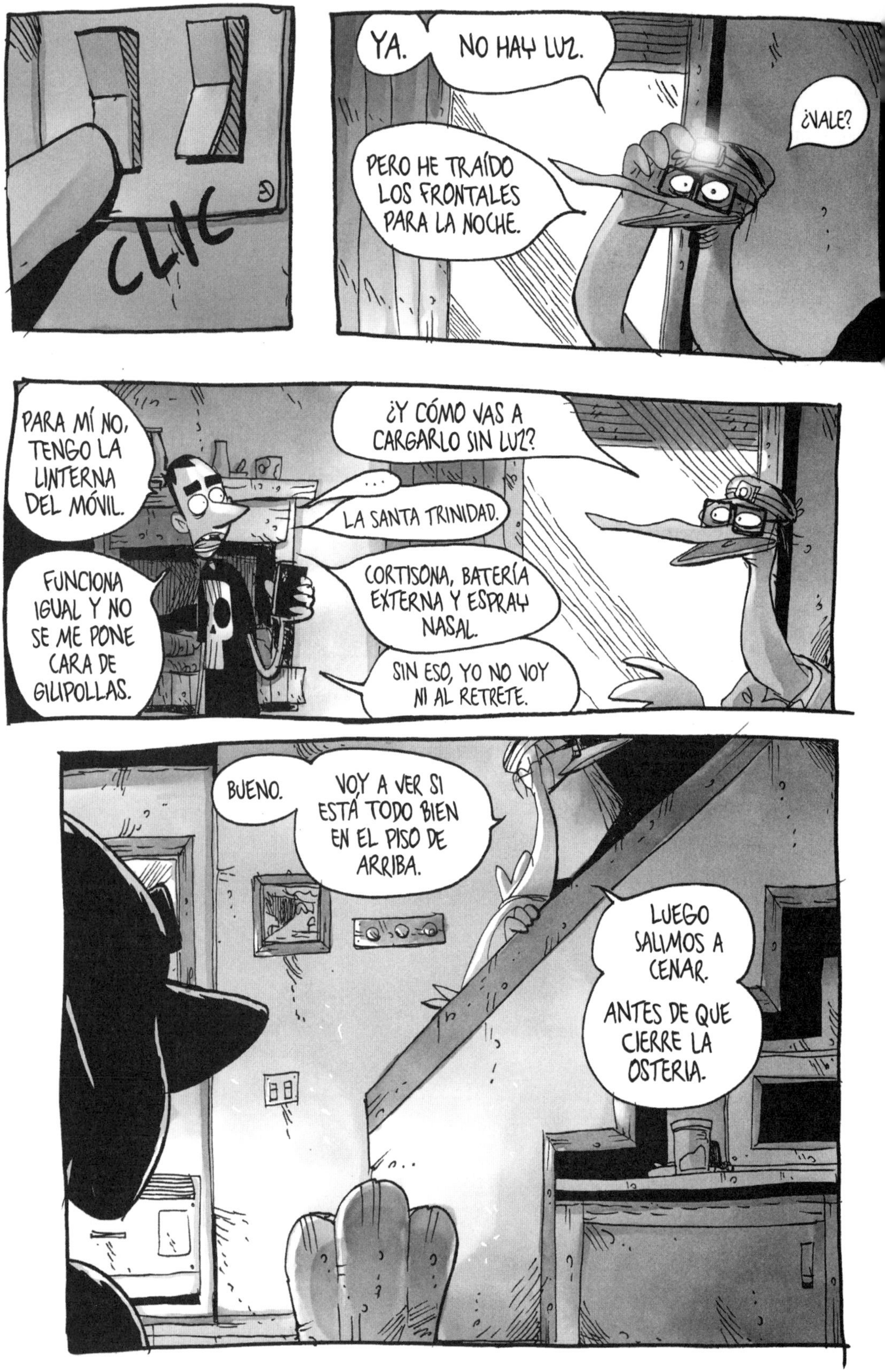
CLIC
YA.
NO HAY LUZ.
PERO HE TRAÍDO LOS FRONTALES PARA LA NOCHE.
¿VALE?
PARA MÍ NO, TENGO LA LINTERNA DEL MÓVIL.
FUNCIONA IGUAL Y NO SE ME PONE CARA DE GILIPOLLAS.
¿Y CÓMO VAS A CARGARLO SIN LUZ?
...
LA SANTA TRINIDAD.
CORTISONA, BATERÍA EXTERNA Y ESPRAY NASAL.
SIN ESO, YO NO VOY NI AL RETRETE.
BUENO.
VOY A VER SI ESTÁ TODO BIEN EN EL PISO DE ARRIBA.
LUEGO SALIMOS A CENAR.
ANTES DE QUE CIERRE LA OSTERIA.

«ME PARECE A MÍ, CALCARE, QUE PARA BIEN DE TODO QUISQUI...»

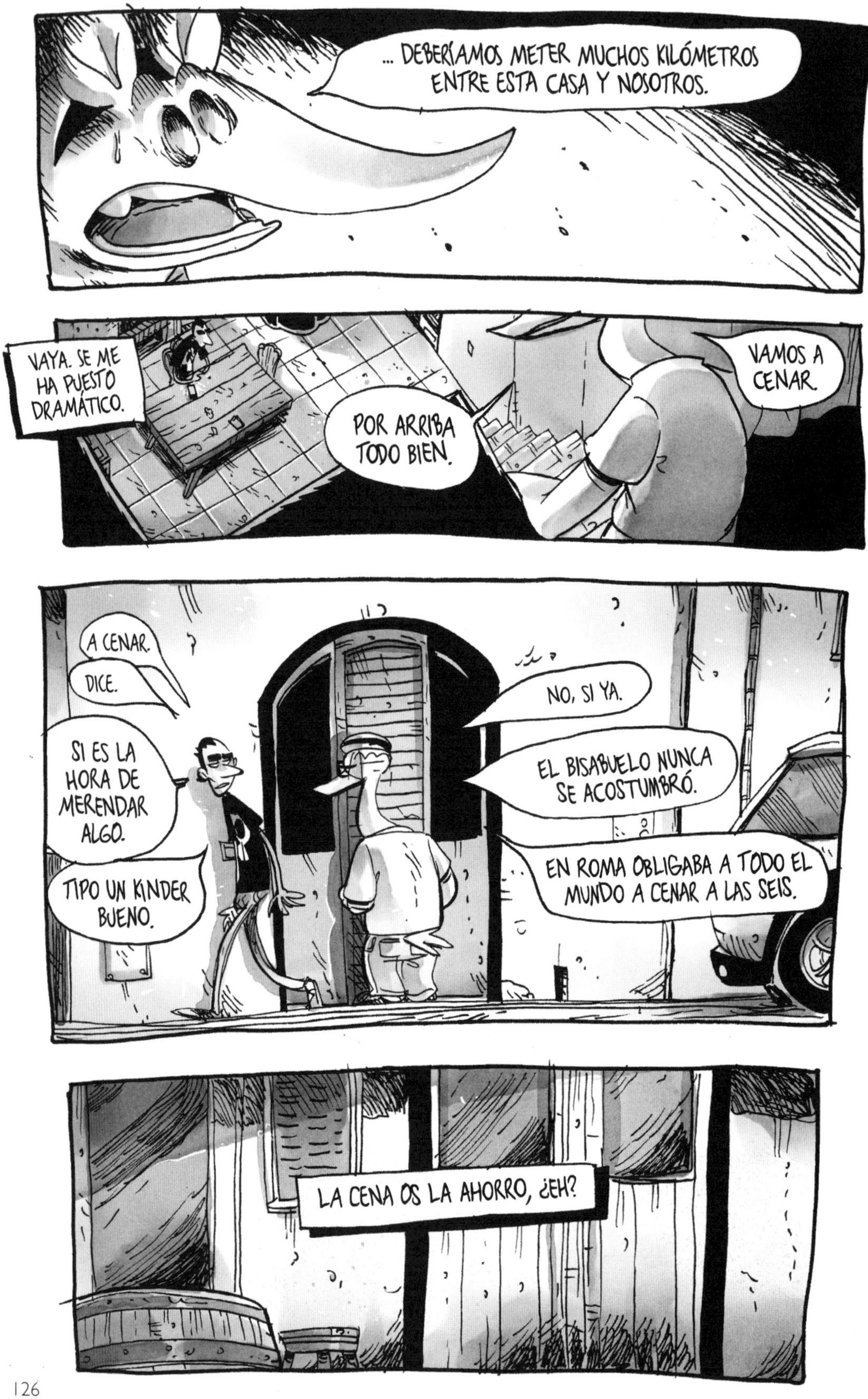
... DEBERÍAMOS METER MUCHOS KILÓMETROS ENTRE ESTA CASA Y NOSOTROS.
VAYA. SE ME HA PUESTO DRAMÁTICO.
POR ARRIBA TODO BIEN.
VAMOS A CENAR.
A CENAR.
DICE.
SI ES LA HORA DE MERENDAR ALGO.
TIPO UN KINDER BUENO.
NO, SI YA.
EL BISABUELO NUNCA SE ACOSTUMBRÓ.
EN ROMA OBLIGABA A TODO EL MUNDO A CENAR A LAS SEIS.
LA CENA OS LA AHORRO, ¿EH?

TOTAL, SIEMPRE SE REPITE LA MISMA ESCENITA CUANDO SALGO DE ROMA.

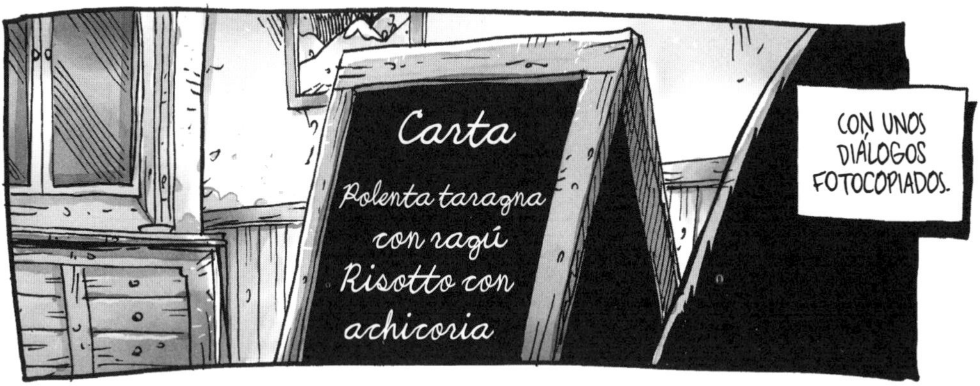
Carta
Polenta taragna con ragú
Risotto con achicoria
CON UNOS DIÁLOGOS FOTOCOPIADOS.

«NO PIDAS ALGO TAN TÍPICO ROMANO COMO LA CARBONARA, HOMBRE».

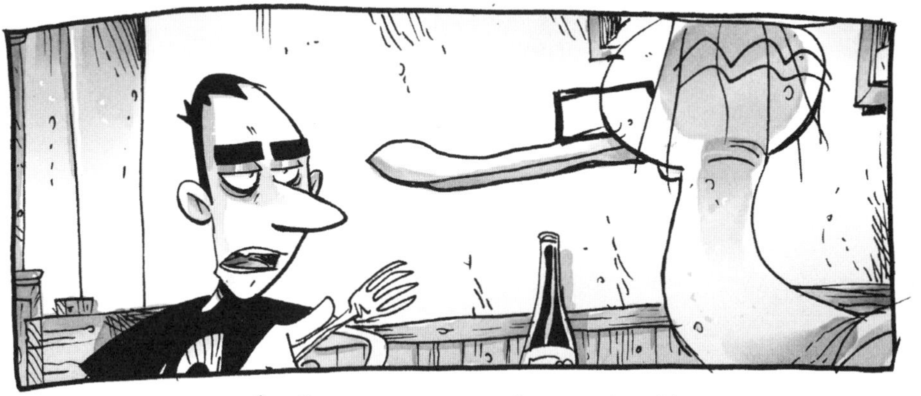

«¿A TI QUÉ COÑO TE IMPORTA LO QUE ME PIDA YO?».

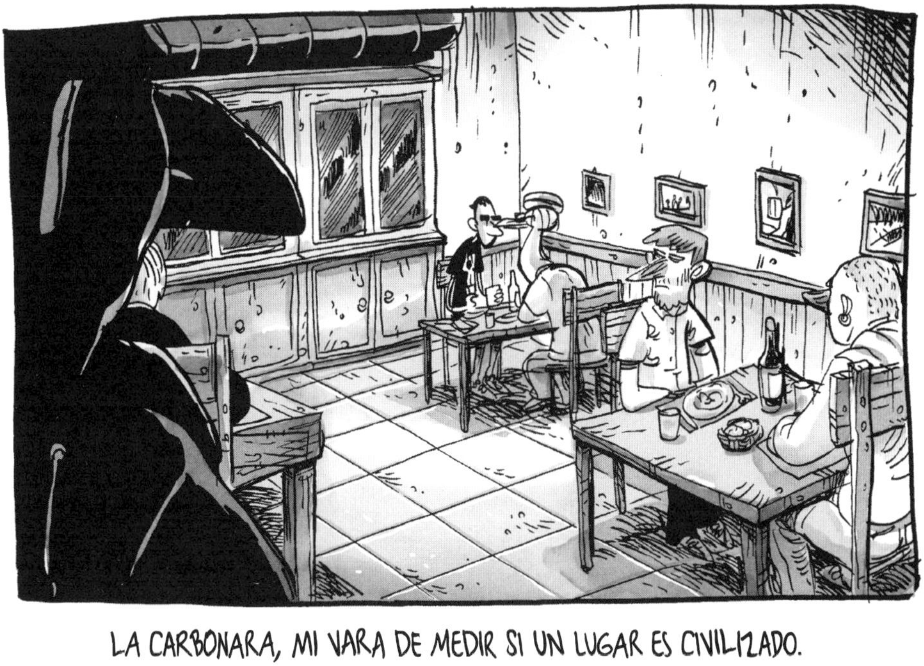

LA CARBONARA, MI VARA DE MEDIR SI UN LUGAR ES CIVILIZADO.

Y LUEGO NOS FUIMOS A DORMIR.

MÁS O MENOS.

UNOS MÁS Y OTROS MENOS.

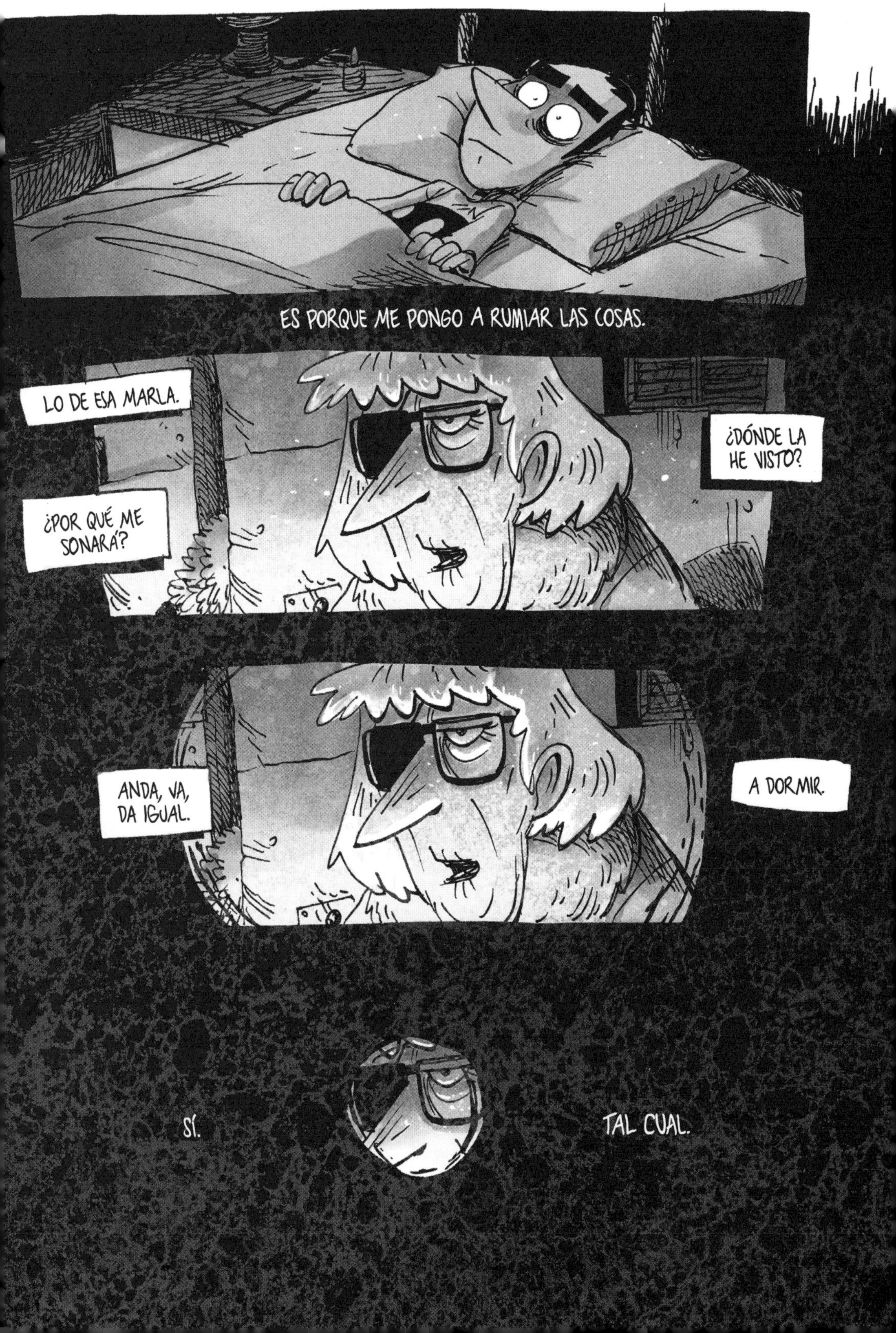

ESTUPENDO.

NO PIENSES EN MARLA.

MARLA

MARLA

MARLA

MARLA

MARLA

VENGA, NO PIENSES EN MARLA.

¿Y EN QUÉ PIENSO?
EN NADA.

NO PIENSES EN NADA.

DUERME.

VALE, EN NADA.

EN NADA. NO PIENSES EN NADA.

NO PIENSES EN NADA.
NOPIENSESENNADA NOPIENSESENNADA
NOPIENSESENNADANOPIENSESENNADA

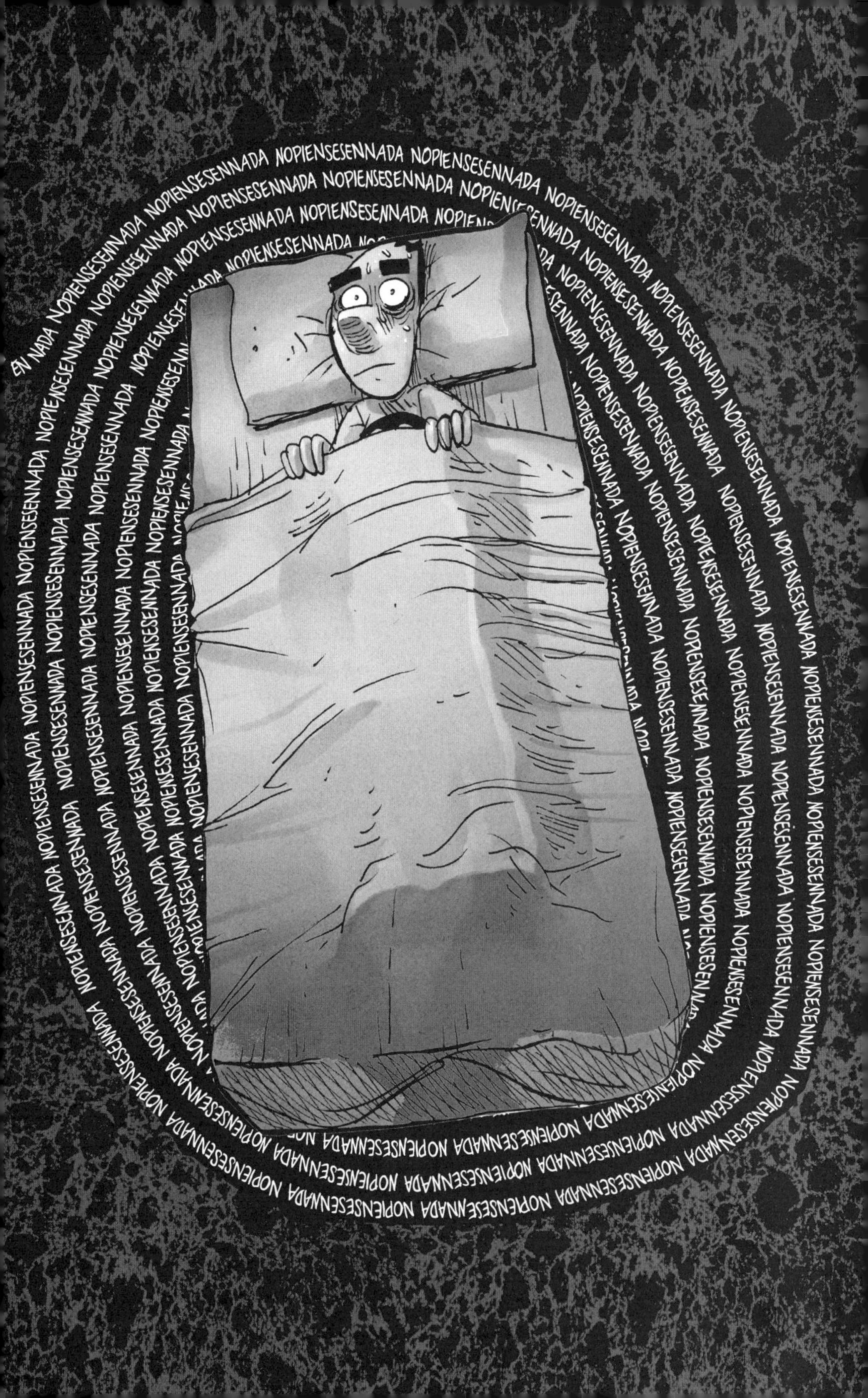

EN NADA NOPIENSESENNADA NOPIENSESENNADA NOPIENSESENNADA NOPIENSESENNADA NOPIENSESENNADA NOPIENSESENNADA

ME CAGO EN EL BUCLE DE LOS COJONES.

YA ESTÁ. NO VOLVERÉ A DORMIR NUNCA.

PERO NUNCA.

MORIRÉ CHALADO.

ME VOY A MEAR.

CHALADO, PERO CON LA VEJIGA BIEN VACÍA.

¿EH?

¿CHOF?

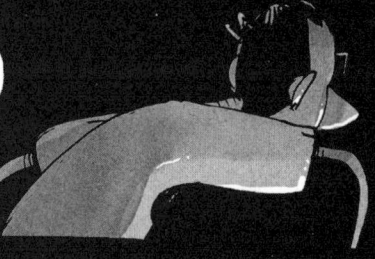

¿CÓMO QUE CHOF?

¿AGUA?

¿LAS CAÑERÍAS?

AY, NO...

HHHH

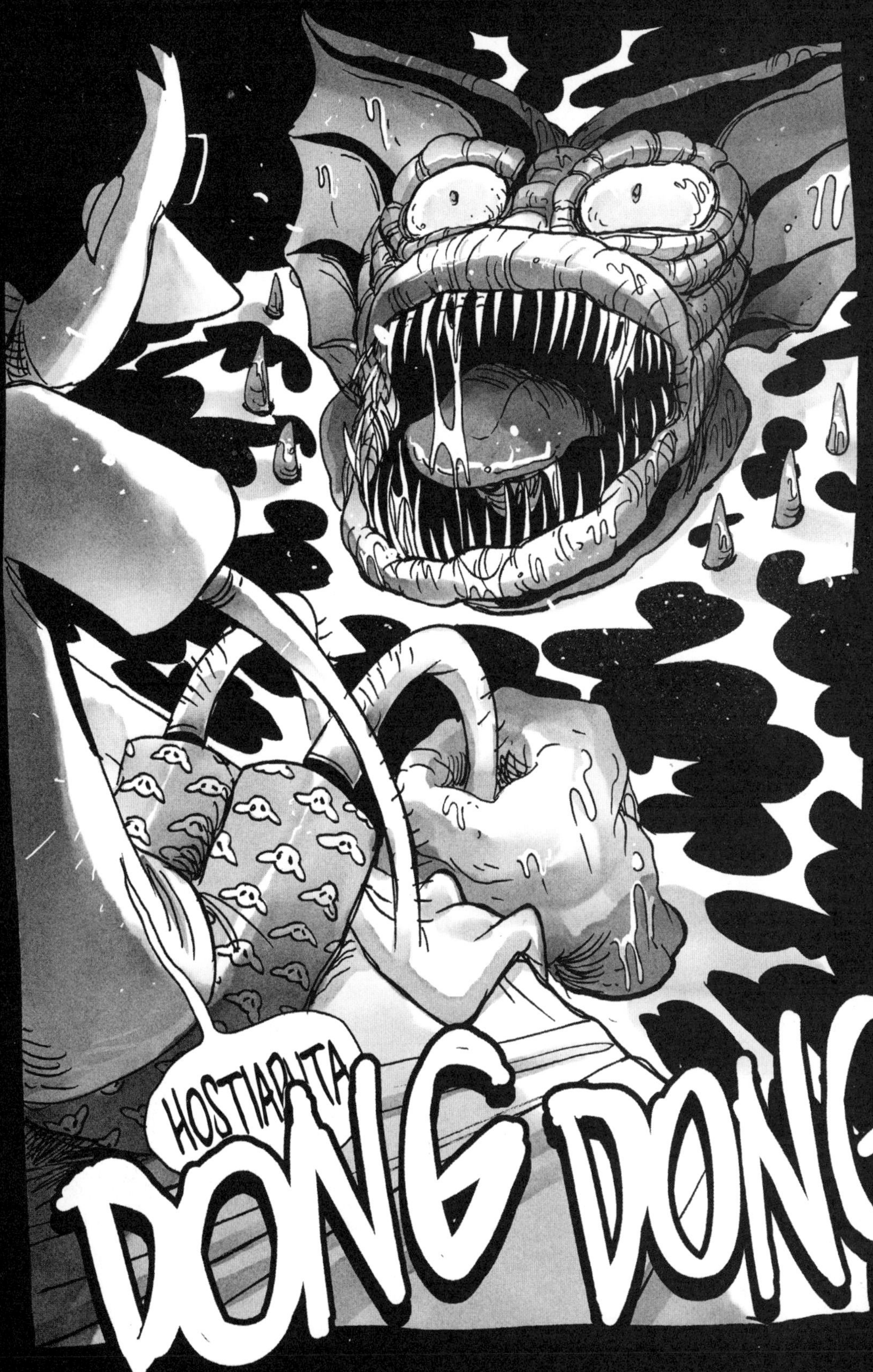
HOSTIAPUTA
DONG DONG

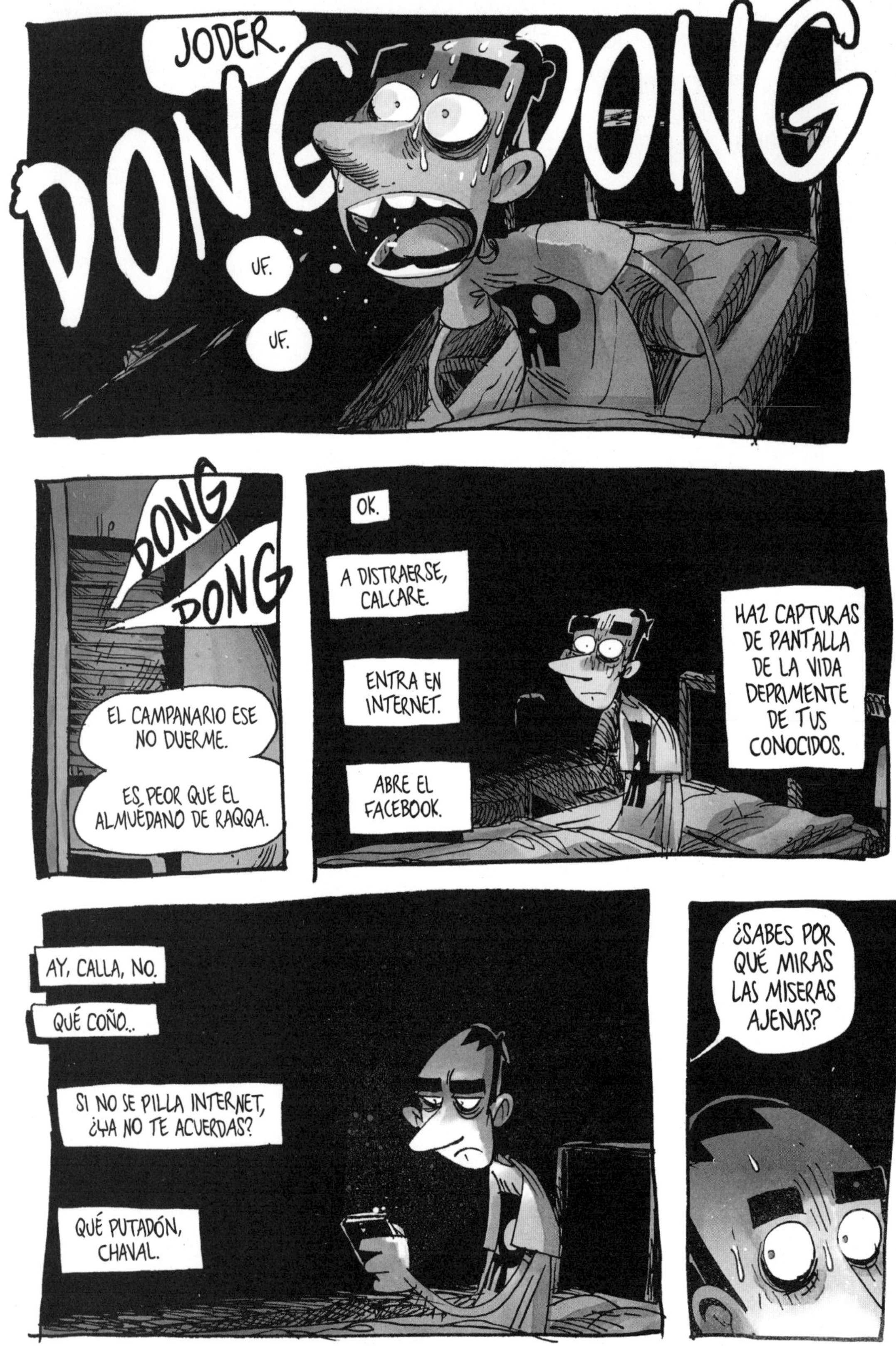
JODER.
DONG DONG
UF.
UF.
DONG
DONG
EL CAMPANARIO ESE NO DUERME.
ES PEOR QUE EL ALMUÉDANO DE RAQQA.
OK.
A DISTRAERSE, CALCARE.
ENTRA EN INTERNET.
ABRE EL FACEBOOK.
HAZ CAPTURAS DE PANTALLA DE LA VIDA DEPRIMENTE DE TUS CONOCIDOS.
AY, CALLA, NO.
QUÉ COÑO...
SI NO SE PILLA INTERNET, ¿YA NO TE ACUERDAS?
QUÉ PUTADÓN, CHAVAL.
¿SABES POR QUÉ MIRAS LAS MISERAS AJENAS?

—PORQUE ASÍ TE CONSUELAS PENSANDO QUE ESTÁS MEJOR.

—MEJOR NO LO SÉ, MI BUEN ARMADILLO.

—PERO AL MENOS CONSERVO UN ÁPICE DE DIGNIDAD.

—AH, SÍ, CLARO. SI SIEMPRE ERES TAN HERMÉTICO, NADIE VE TUS DEBILIDADES.

—AY, MIRA QUE ERES PLASTA.

—MIENTRAS TÚ JUZGAS LAS DE LOS DEMÁS.

—SI YO NO JUZGO SUS DEBILIDADES.

—YO SOY UN SILO REPLETO DE DEBILIDADES.

—PUEDO DAR DE COMER A MEDIO VÉNETO TODO UN INVIERNO.

—PERO TAMBIÉN TENGO SENTIDO DEL RIDÍCULO, JODER.

—AJÁ.

—LOS DEMÁS A VECES SON RIDÍCULOS.

—Y TÚ NO.

—OYE, ¿TODO BIEN?

—¿Y SABES POR QUÉ?

—TIENES LA VOZ RARA...

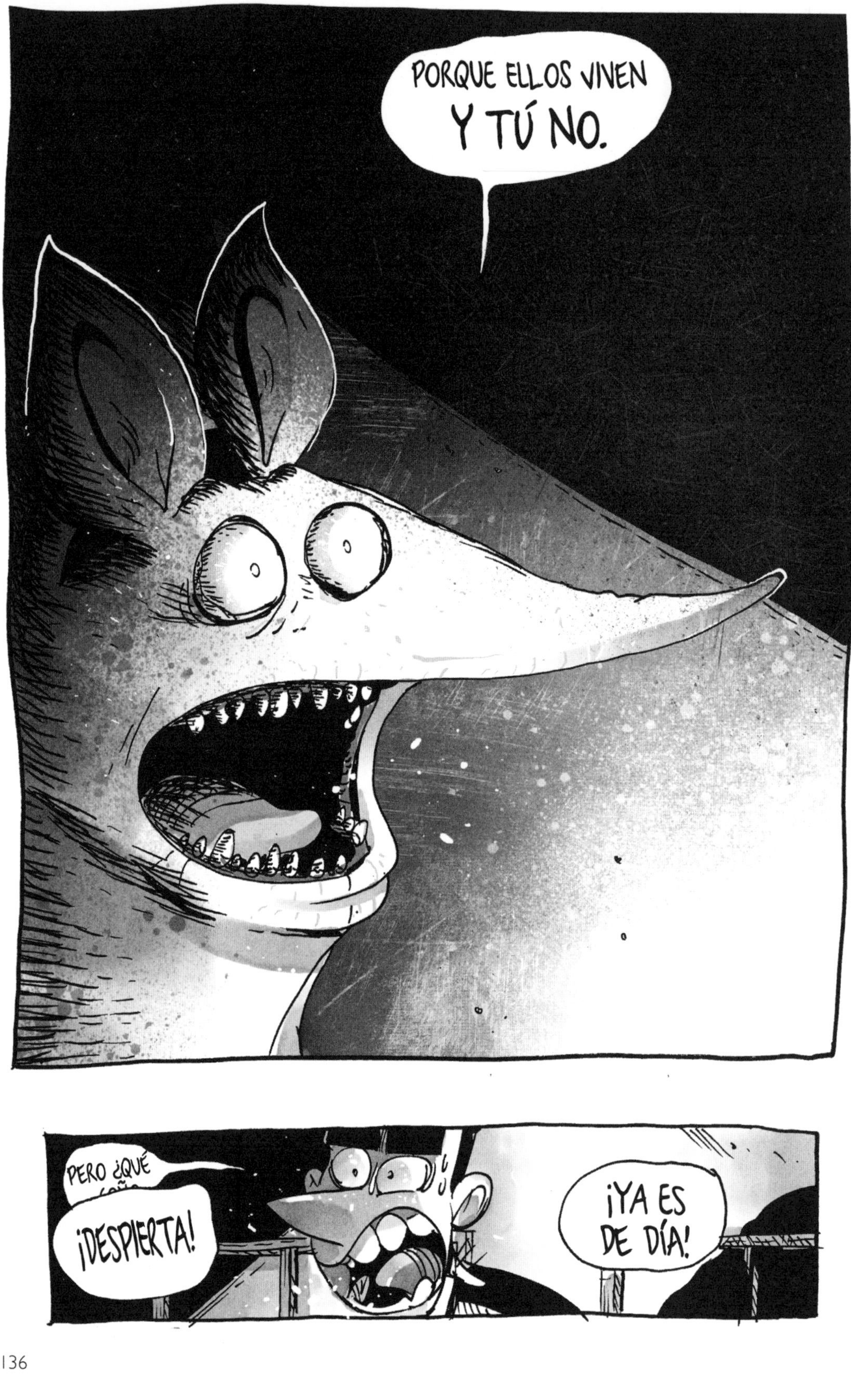
PORQUE ELLOS VIVEN Y TÚ NO.
PERO ¿QUÉ
¡DESPIERTA!
¡YA ES DE DÍA!

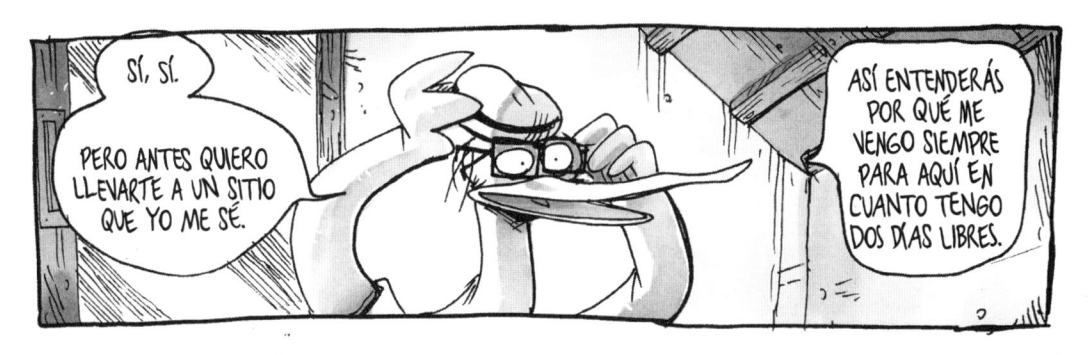

— SIENTE ESTE AIRE FRESCO.

— ¿CÓMO HAS DORMIDO, HIJO?

— COMO UN PACHÁ. PENSAMIENTOS INTRUSIVOS, PESADILLAS RECURRENTES Y SUDORES DIGNOS DE UN BUEN KEBAB.

— LO QUE VENDRÍA A SER COMO SIEMPRE.

— OYE, ¿NO TENÍAS QUE IR A LA MALGA POR LA MAÑANA?

— SÍ, SÍ. PERO ANTES QUIERO LLEVARTE A UN SITIO QUE YO ME SÉ.

— ASÍ ENTENDERÁS POR QUÉ ME VENGO SIEMPRE PARA AQUÍ EN CUANTO TENGO DOS DÍAS LIBRES.

LA MONTAÑA NO OLVIDA

QUIERO QUE LO CONOZCAS.

MI REFUGIO FELIZ.

MERIN

«EL LUGAR DONDE SIENTO QUE ENCAJO».

«DONDE TODAS LAS PIEDRAS, TODAS LAS BRIZNAS DE HIERBA...»

«... HABLAN A MI CORAZÓN».

ESTO ES.

MI REFUGIO FELIZ.

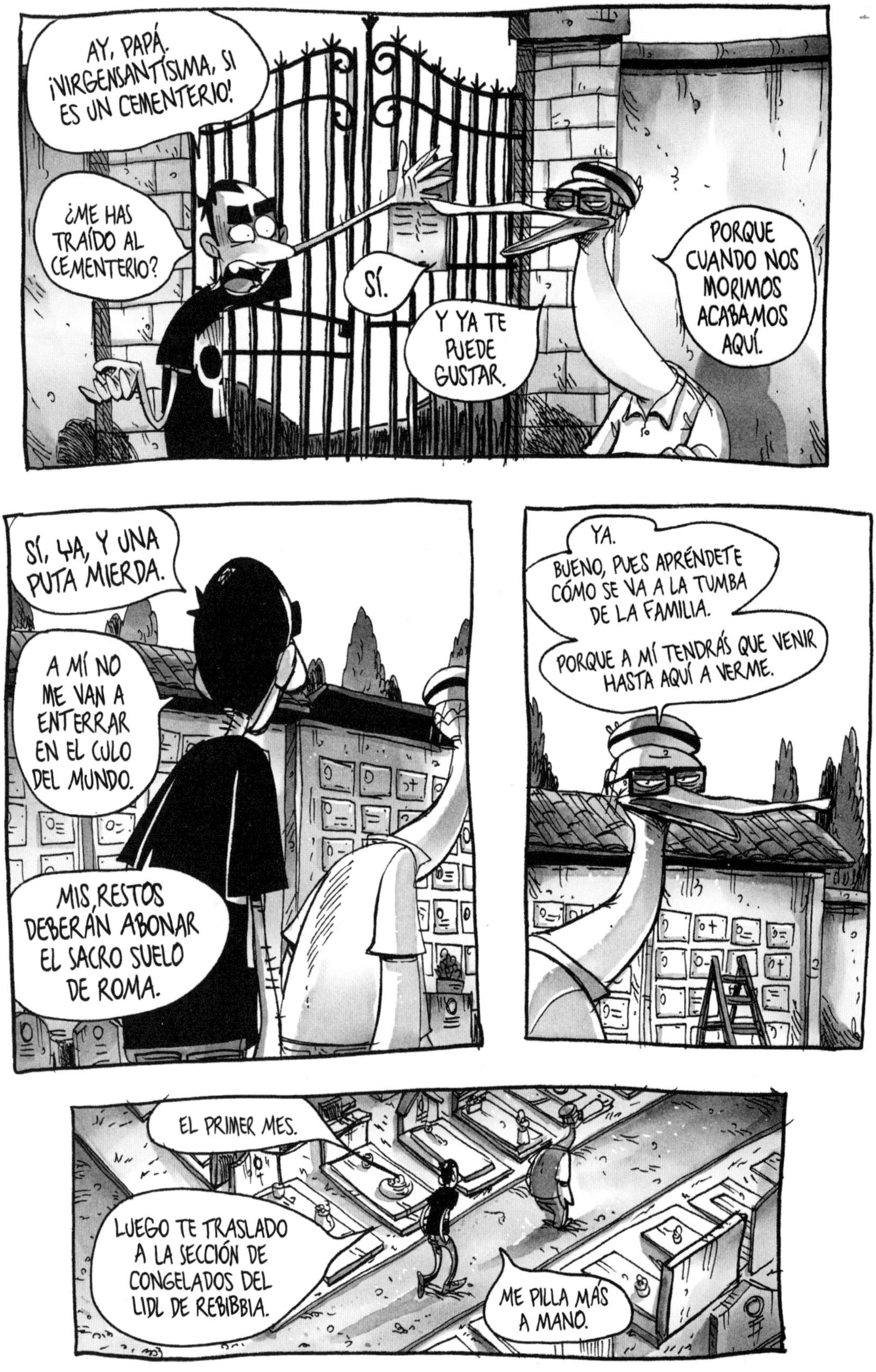
AY, PAPÁ. ¡VIRGENSANTÍSIMA, SI ES UN CEMENTERIO!
¿ME HAS TRAÍDO AL CEMENTERIO?
SÍ.
Y YA TE PUEDE GUSTAR.
PORQUE CUANDO NOS MORIMOS ACABAMOS AQUÍ.
SÍ, YA, Y UNA PUTA MIERDA.
A MÍ NO ME VAN A ENTERRAR EN EL CULO DEL MUNDO.
MIS RESTOS DEBERÁN ABONAR EL SACRO SUELO DE ROMA.
YA.
BUENO, PUES APRÉNDETE CÓMO SE VA A LA TUMBA DE LA FAMILIA.
PORQUE A MÍ TENDRÁS QUE VENIR HASTA AQUÍ A VERME.
EL PRIMER MES.
LUEGO TE TRASLADO A LA SECCIÓN DE CONGELADOS DEL LIDL DE REBIBBIA.
ME PILLA MÁS A MANO.

Marzo de 1920

ESTA MAÑANA ANNA ESTABA CONTENTA.

"DESPIERTA."

HA DICHO.

"TENEMOS VISITA."

NO ME HA DICHO QUIÉN ERA.

PERO TAMPOCO HACÍA FALTA.

SOLO ESPERO A UNA PERSONA. COMO SIEMPRE.

"PERDONA QUE NO VENGA MUCHO A VERTE."

"PERO ANSELMINO HA ESTADO MALO."

SE HA JUSTIFICADO GIGLIO.

PERO NO HACÍA NINGUNA FALTA.

CONMIGO NO HACÍA FALTA.

"PAPÁ."

"¿QUÉ LE HA PASADO AL SEÑOR?"

GHE GA PREGUNTADO ANSELMINO.

ASÍ SON LOS CRÍOS.

INOCENTES Y DESCARADOS.

"CALLA, IMBÉCIL."

POBRECITO, NO LO TRATES ASÍ. LE HE DICHO.

OYE UNA COSA, ME HA DICHO.

NO HE VENIDO SOLO PARA SALUDARTE.

HA DICHO CON LA VOZ GRAVE.

LA VOZ DE GIGLIO.

TENGO QUE CONTARTE ALGO.

TIENE QUE APRENDER A COMPORTARSE.

HA DICHO ÉL.

ME VOY A ROMA.

EL PRIMO DE MI MADRE DICE QUE HAY UN BUEN TRABAJO.

LUEGO HA AÑADIDO:

TÚ DAME EL TIEMPO NECESARIO PARA INSTALARME Y OS HAGO IR A TODOS.

OS LLEVO A TODOS CONMIGO.

HA DICHO GIGLIO.

PERO ¿ADÓNDE QUIERES QUE VAYA CON ESTA PATA? HE PREGUNTADO.

NO DIGAS ESAS COSAS, HA CONTESTADO GIGLIO.

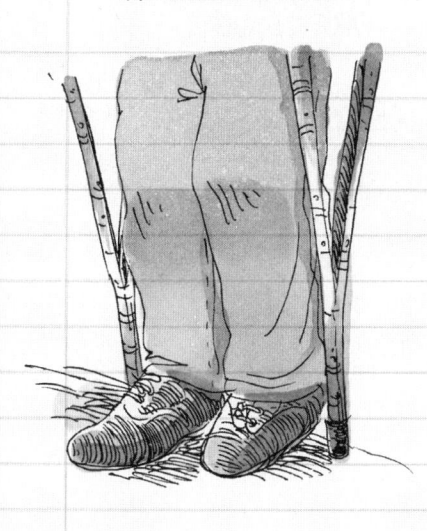

EN ROMA NO SOLO ESTÁ LA OBRA.

HAY MUCHOS TRABAJOS, TAMBIÉN CON UNA PATA ASÍ.

PERO PRIMER TENGO QUE INSTALARME.

TÚ ME SALVASTE LA VIDA.

YO NO OLVIDO.

LA MONTAÑA NO OLVIDA.

HOY HA SIDO UN BUEN DÍA.
BUENO COMO LOS DE ANTES.

ANTES DE LA GUERRA.

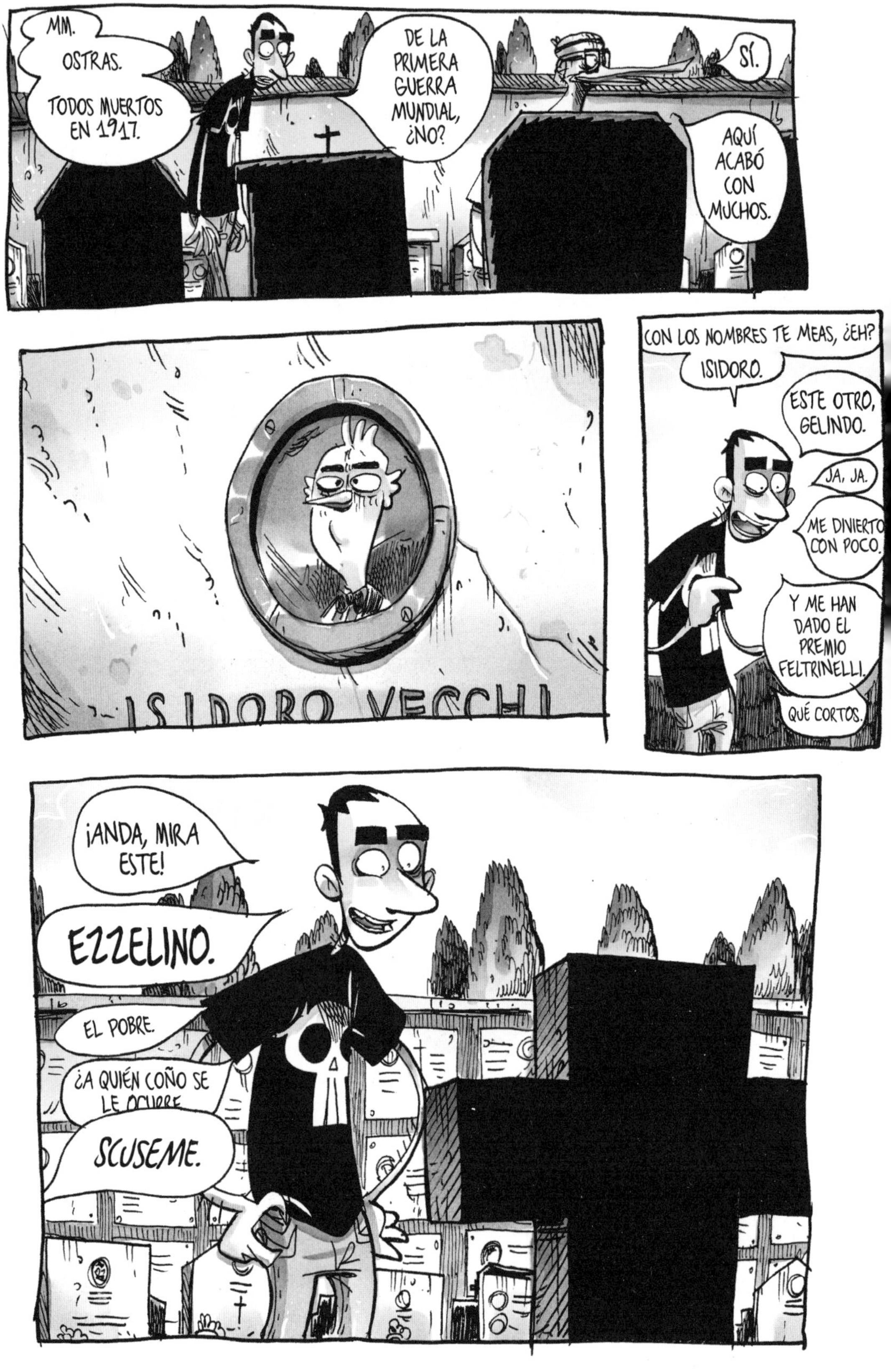
MM.
OSTRAS.
TODOS MUERTOS EN 1917.
DE LA PRIMERA GUERRA MUNDIAL, ¿NO?
SÍ.
AQUÍ ACABÓ CON MUCHOS.
ISIDORO VECCHI
CON LOS NOMBRES TE MEAS, ¿EH?
ISIDORO.
ESTE OTRO, GELINDO.
JA, JA.
ME DIVIERTO CON POCO.
Y ME HAN DADO EL PREMIO FELTRINELLI.
QUÉ CORTOS.
¡ANDA, MIRA ESTE!
EZZELINO.
EL POBRE.
¿A QUIÉN COÑO SE
SCUSEME.

Panel 1:
— TE CAVITU, PAR PIASER?
— ¿EH?

Panel 2:
— AH. PERDONAD. ADELANTE.
— TRÁEME UN POCO DE AGUA. SI NO, ESTAS FLORES I XE INDRIO MORIR.
— VOY.
— NO ERA MI INTENCIÓN
— ASSA STAR.
— NOMBRE DE GRAN SEÑOR.

Panel 3:
— HAS QUEDADO FATAL.
— CHAPEAU.
— PUES NO SÉ.
— PONE QUE EL TÍO MURIÓ EN EL 51.
— NO ES QUE LO CONOCIERAN.
— NO HACÍA FALTA CONTESTAR ASÍ.

Panel 4:
— ADEMÁS, ¿EN REALIDAD QUÉ HE DICHO? QUE SU ANTEPASADO TENÍA UN NOMBRE RARO. NO QUE SE TIRABA A LOS ÍBICES Y QUE VIENEN DE UNA LÍNEA GENÉTICA DE MEDIO CABRAS.
— COSA QUE TAMPOCO DESCAR...
— OTRA VEZ.

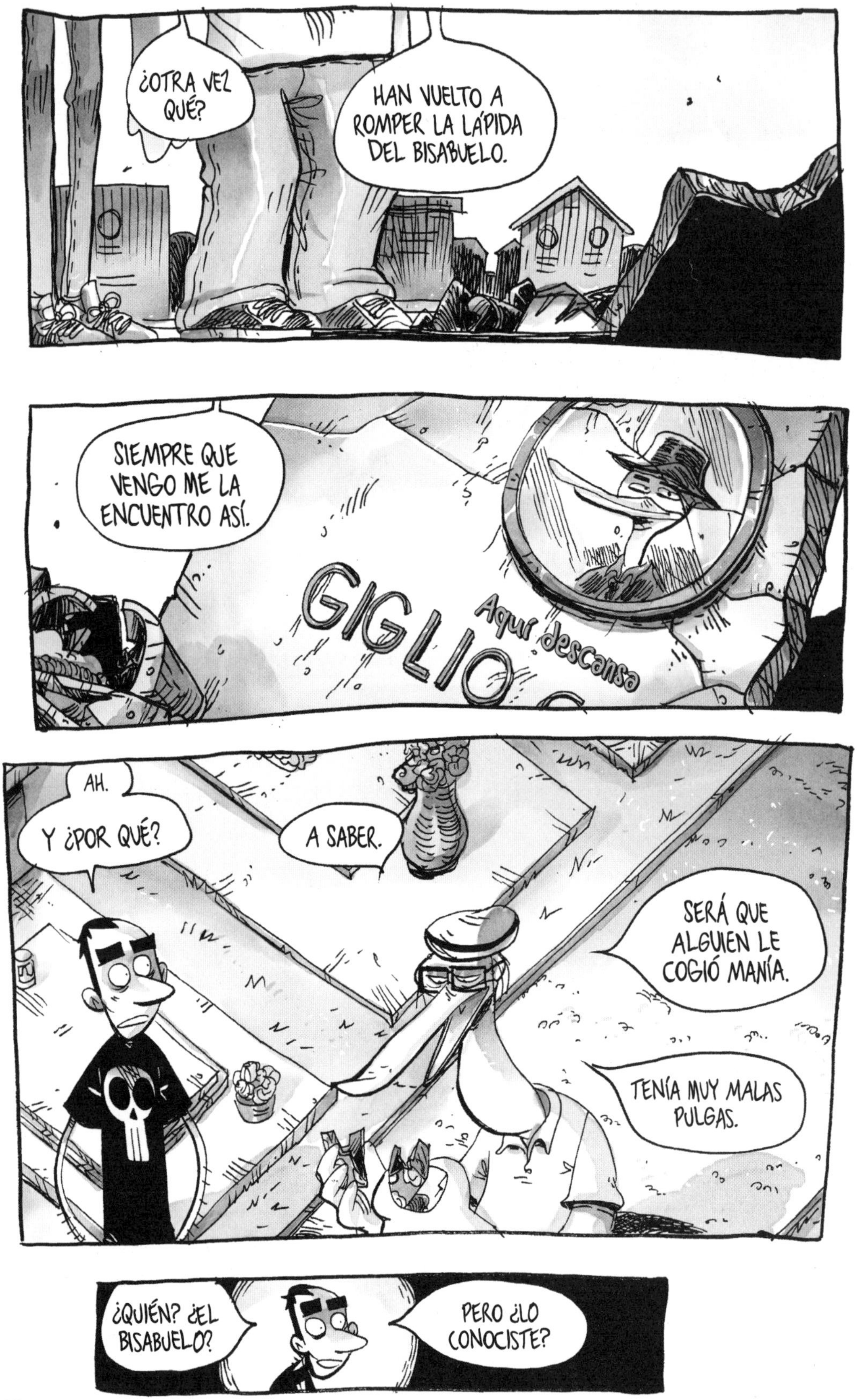
¿OTRA VEZ QUÉ?
HAN VUELTO A ROMPER LA LÁPIDA DEL BISABUELO.
SIEMPRE QUE VENGO ME LA ENCUENTRO ASÍ.
GIGLIO
Aquí descansa
AH.
Y ¿POR QUÉ?
A SABER.
SERÁ QUE ALGUIEN LE COGIÓ MANÍA.
TENÍA MUY MALAS PULGAS.
¿QUIÉN? ¿EL BISABUELO?
PERO ¿LO CONOCISTE?

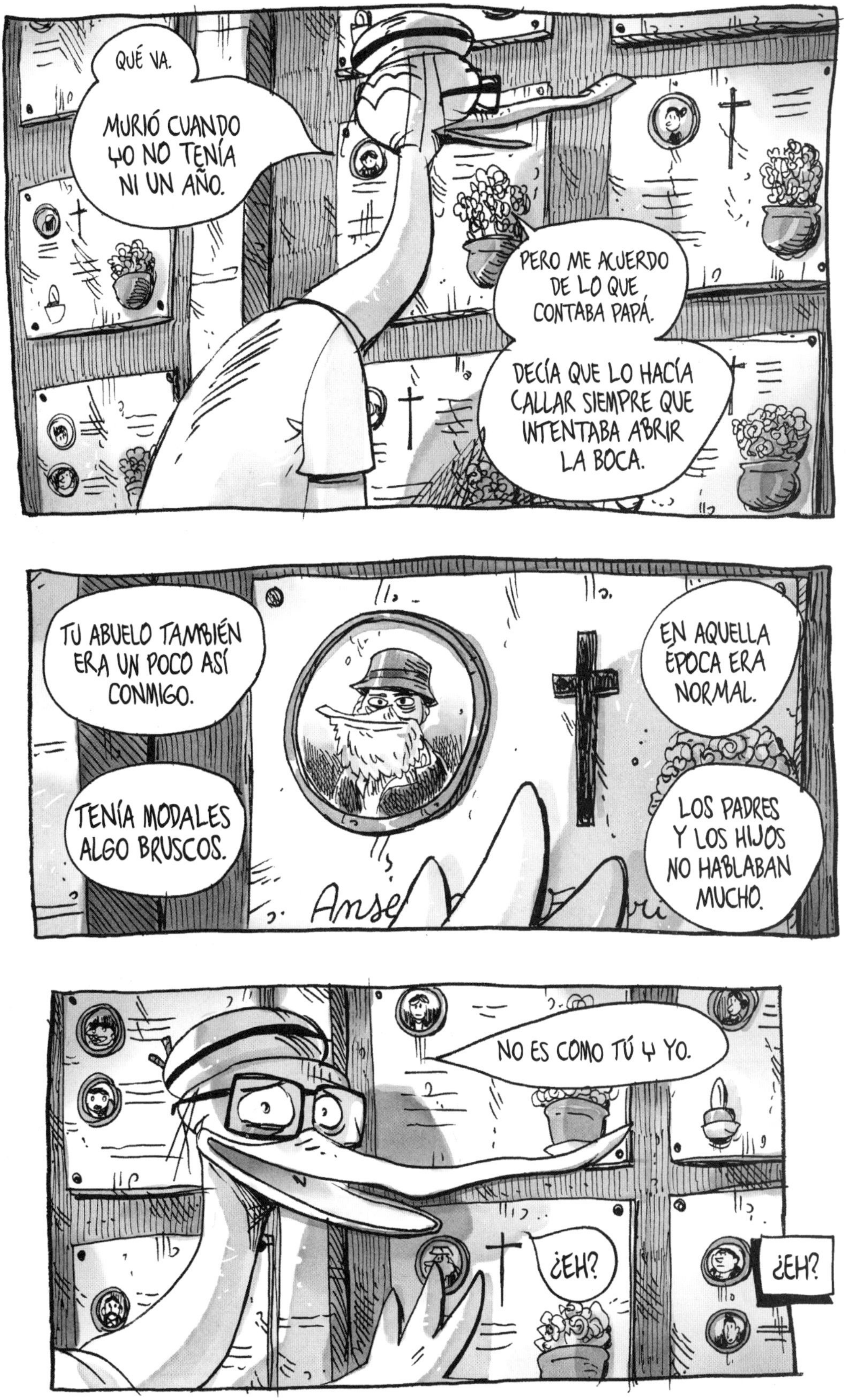
QUÉ VA.
MURIÓ CUANDO YO NO TENÍA NI UN AÑO.
PERO ME ACUERDO DE LO QUE CONTABA PAPÁ.
DECÍA QUE LO HACÍA CALLAR SIEMPRE QUE INTENTABA ABRIR LA BOCA.
TU ABUELO TAMBIÉN ERA UN POCO ASÍ CONMIGO.
TENÍA MODALES ALGO BRUSCOS.
EN AQUELLA ÉPOCA ERA NORMAL.
LOS PADRES Y LOS HIJOS NO HABLABAN MUCHO.
NO ES COMO TÚ Y YO.
¿EH?
¿EH?

BUENO, EN REALIDAD A MI ABUELO LO RECUERDO SUPERESPABILADO.

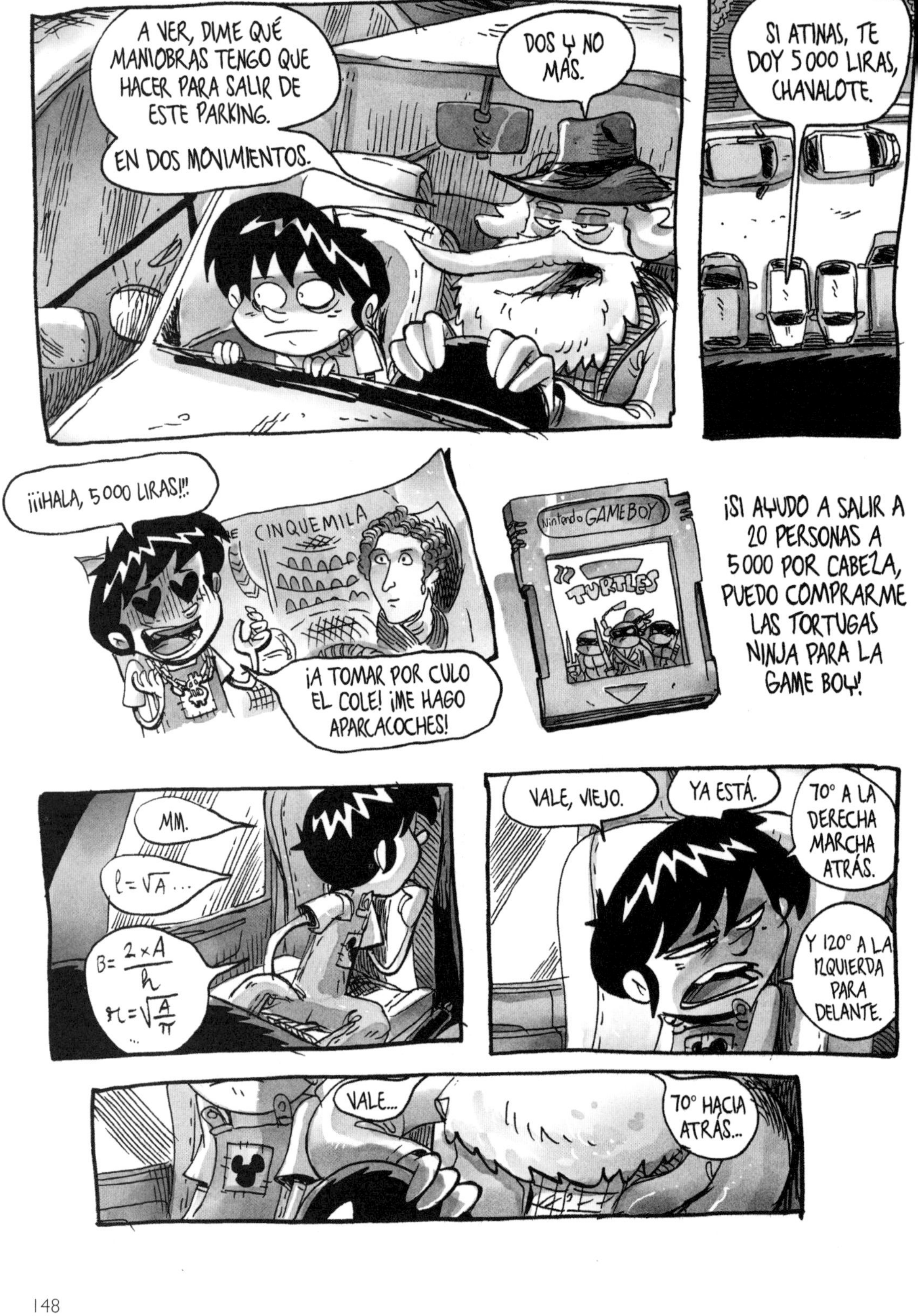

NO, FATAL.

TE QUEDAS SIN LAS 5000.

VAS A SEGUIR ESTUDIANDO.

MIS TORTUGUITAS

¿¿¿ESTÁS LLORANDO??? ¡DE NINGUNA MANERA!

NO, QUE VA, ES SALIVA OCULAR.

ME BABEAN LOS OJOS.

¡ERES SANGRE DE MI SANGRE!

NOSOTROS NO LLORAMOS.

¡A NOSOTROS NOS HAN TALLADO CON LA PIEDRA DE LOS DOLOMITAS!

UF. ME ACUERDO DE QUE SOLO PENSABA EN UNA COSA.

SI LOS DOLOMITAS ERAN COMO YO, HABÍA UN GRAVÍSIMO PROBLEMA DE INESTABILIDAD HIDROGEOLÓGICA.

¡NUNZIA! ¡DESPIERTA!

¡SACA A LOS NIÑOS!

¡UN DESPRENDIMIENTO ARRASA EL PUEBLO!

¡OTRA VEZ!

¡NO PUEDO CON ESTA MIERDA DE MONTAÑA!

BROOOAR

TOC TOC

¡PAPÁ!

¿TODO BIEN?

LLEVÁIS DOS HORAS AQUÍ ABAJO.

¿QUIERES QUE TE AYUDE A DESAPARCAR?

YO TE DIGO SI LE DAS.

CIERRA EL PICO, IMBÉCIL.

Panel 1
— PUES ANDA Y HAZ LO QUE TE PAREZCA.
— NO SON MANERAS...

Panel 2
— ABUELO, ¿POR QUÉ LO HAS LLAMADO IMBÉCIL?
— ¿PAPÁ ES IMBÉCIL?

Panel 3
— MMM, NO. PERO QUERÍA DARME UN CONSEJO.
— SE CONTESTA ASÍ CUANDO ALGUIEN QUIERE DECIRTE ALGO...
— QUE NO HAS PEDIDO.
— SÍ, ES BUEN HOMBRE. PERO ESO DA IGUAL.

Panel 4
— PIEDRA DE LOS DOLOMITAS, RECUERDA.
— LA PIEDRA NO HABLA.
— LA PIEDRA NO PIDE.

Panel 5
SIEMPRE HE PENSADO QUE MI PADRE Y YO NO HABLÁBAMOS...

POR LAS COSAS DE NUESTRA VIDA.

PERO, EN REALIDAD, QUIZÁ...

HABÍA QUE VERLO TODO CON UNA PERSPECTIVA MÁS AMPLIA.

LA DE UNA CADENA QUE UNE A TODOS LOS HOMBRES DE LA FAMILIA.

ES LO QUE SOMOS.

PADRES QUE NO HABLAN CON SUS HIJOS,

QUE NO HABLAN CON SUS HIJOS,

QUE NO HABLAN CON SUS HIJOS,

QUE NO HABLAN CON SUS

CONEXIÓN INTERRUMPIDA

COMPROBAR QUE LOS CA

CON

CON

YA ESTÁ.

—YO ME QUEDARÍA AQUÍ TODO EL DÍA. PARA MÍ ES COMO IR A IKEA.

—PERO, SI LLEGO TARDE A LA MALGA, MARLA SE CABREA.

—¿QUÉ? ¿TE VIENES?

MALGA.
Estructura de los pastizales alpinos que en los meses de verano sirve de refugio al ganado vacuno y los pastores.

UNA OPORTUNIDAD ÚNICA Y MARAVILLOSA.

VISITAR POR FIN UNA MALGA.

NADA MENOS.

SUMERGIRME EN ESE MUNDO RUDO ALEJADO DE LOS OROPELES DE LA MODERNIDAD...

JUNTO A ESOS HOMBRES SILENCIOSOS CUYA MUDA EXISTENCIA TRANSCURRE AL LADO DE LAS BESTIAS.

Y QUE APARENTAN 64 AÑOS CUANDO TIENEN 17.

SOLO HAY UN PROBLEMA EN ESA CRUDA Y FEROZ BELLEZA...

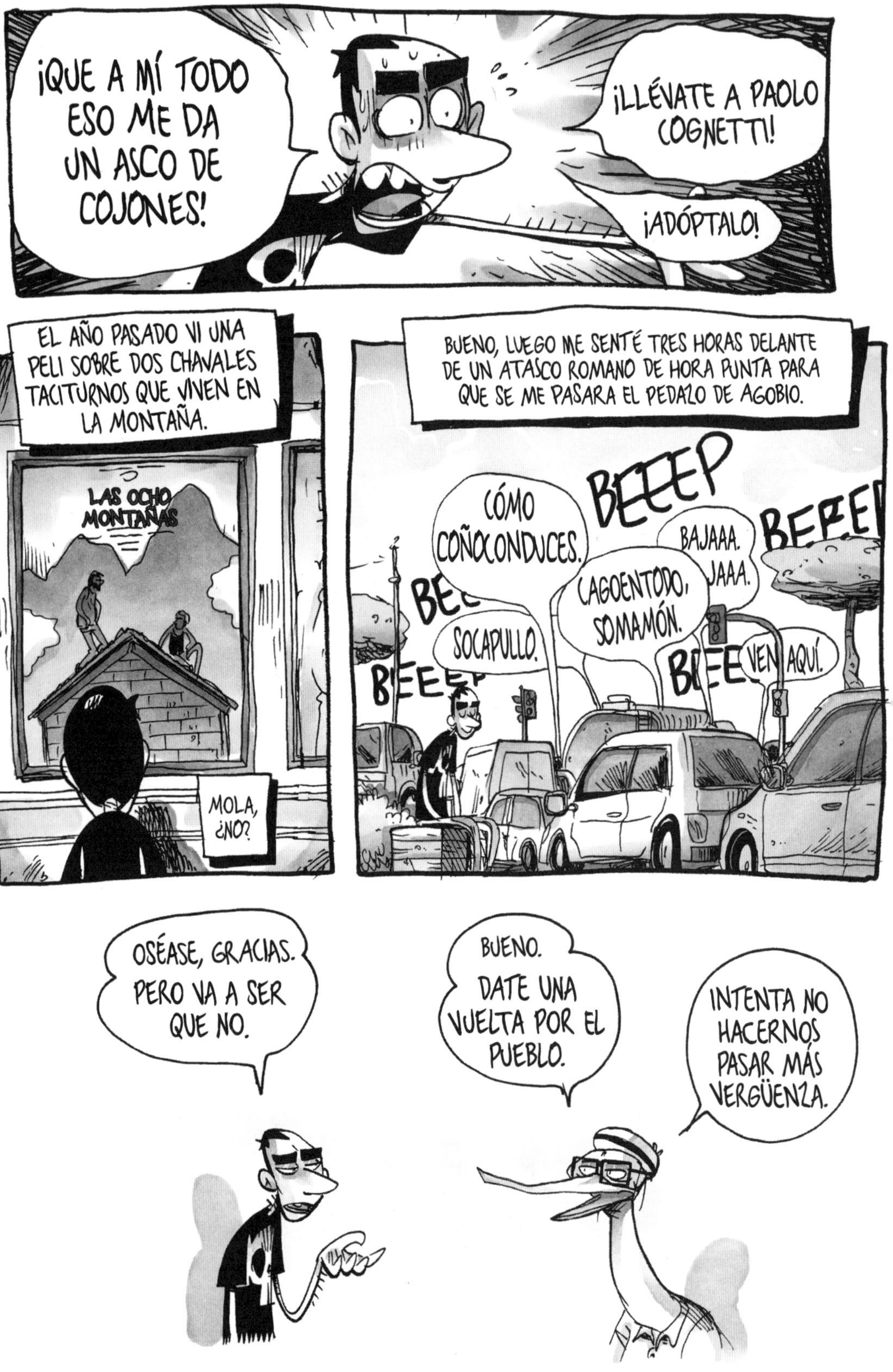
¡QUE A MÍ TODO ESO ME DA UN ASCO DE COJONES!
¡LLÉVATE A PAOLO COGNETTI!
¡ADÓPTALO!
EL AÑO PASADO VI UNA PELI SOBRE DOS CHAVALES TACITURNOS QUE VIVEN EN LA MONTAÑA.
LAS OCHO MONTAÑAS
MOLA, ¿NO?
BUENO, LUEGO ME SENTÉ TRES HORAS DELANTE DE UN ATASCO ROMANO DE HORA PUNTA PARA QUE SE ME PASARA EL PEDAZO DE AGOBIO.
BEEEP
CÓMO COÑOCONDUCES.
BAJAAA.
JAAA.
CAGOENTODO, SOMAMÓN.
SOCAPULLO.
VEN AQUÍ.
OSÉASE, GRACIAS.
PERO VA A SER QUE NO.
BUENO.
DATE UNA VUELTA POR EL PUEBLO.
INTENTA NO HACERNOS PASAR MÁS VERGÜENZA.

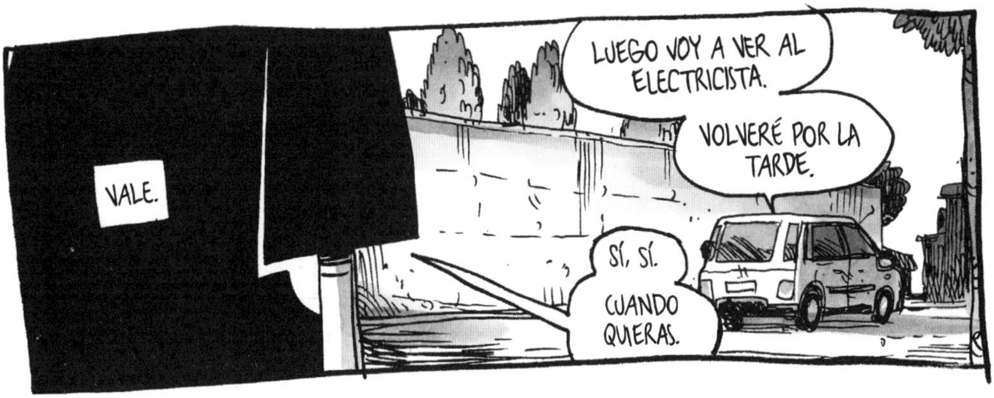
VALE.
LUEGO VOY A VER AL ELECTRICISTA.
VOLVERÉ POR LA TARDE.
SÍ, SÍ.
CUANDO QUIERAS.

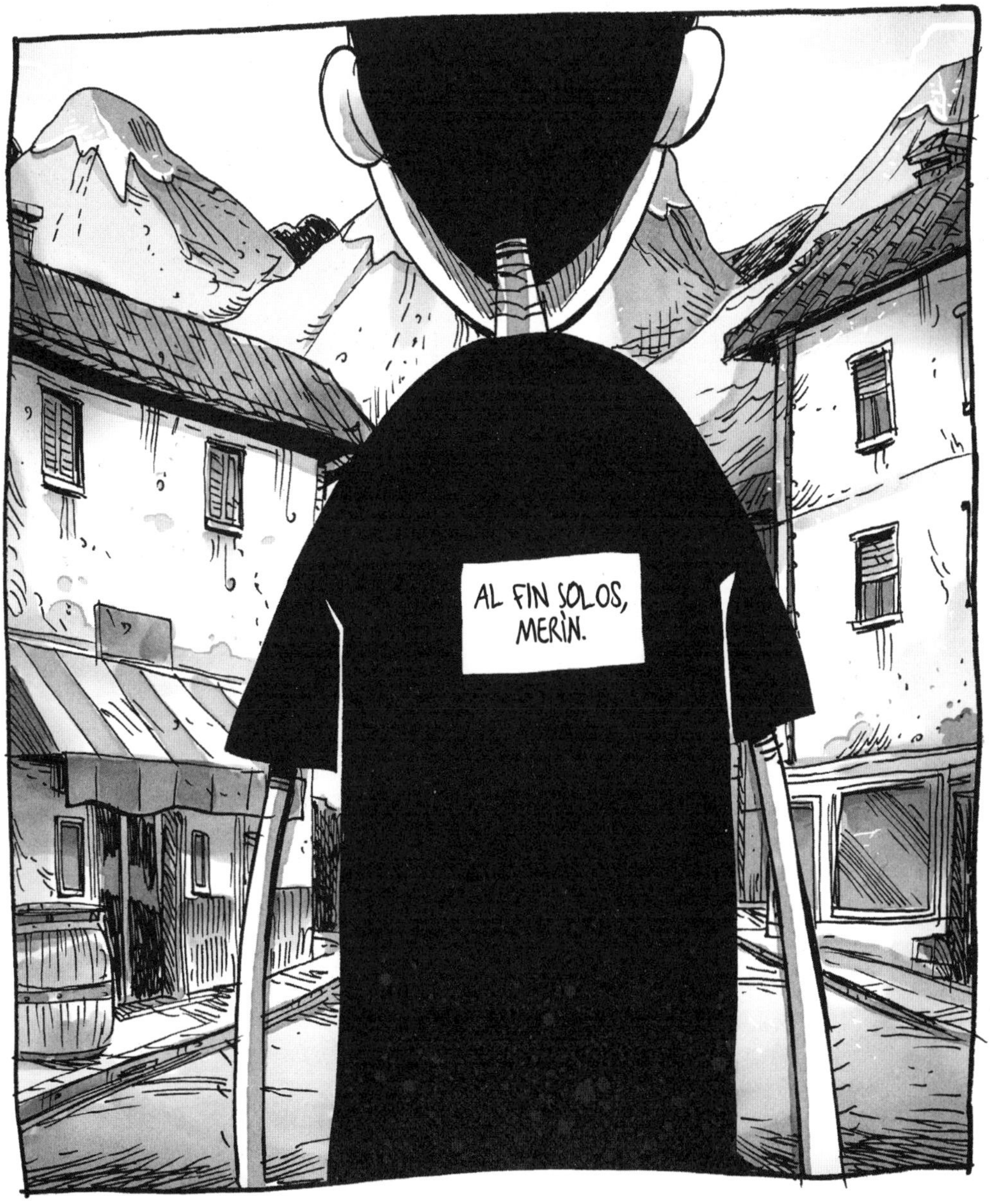
AL FIN SOLOS, MERÍN.

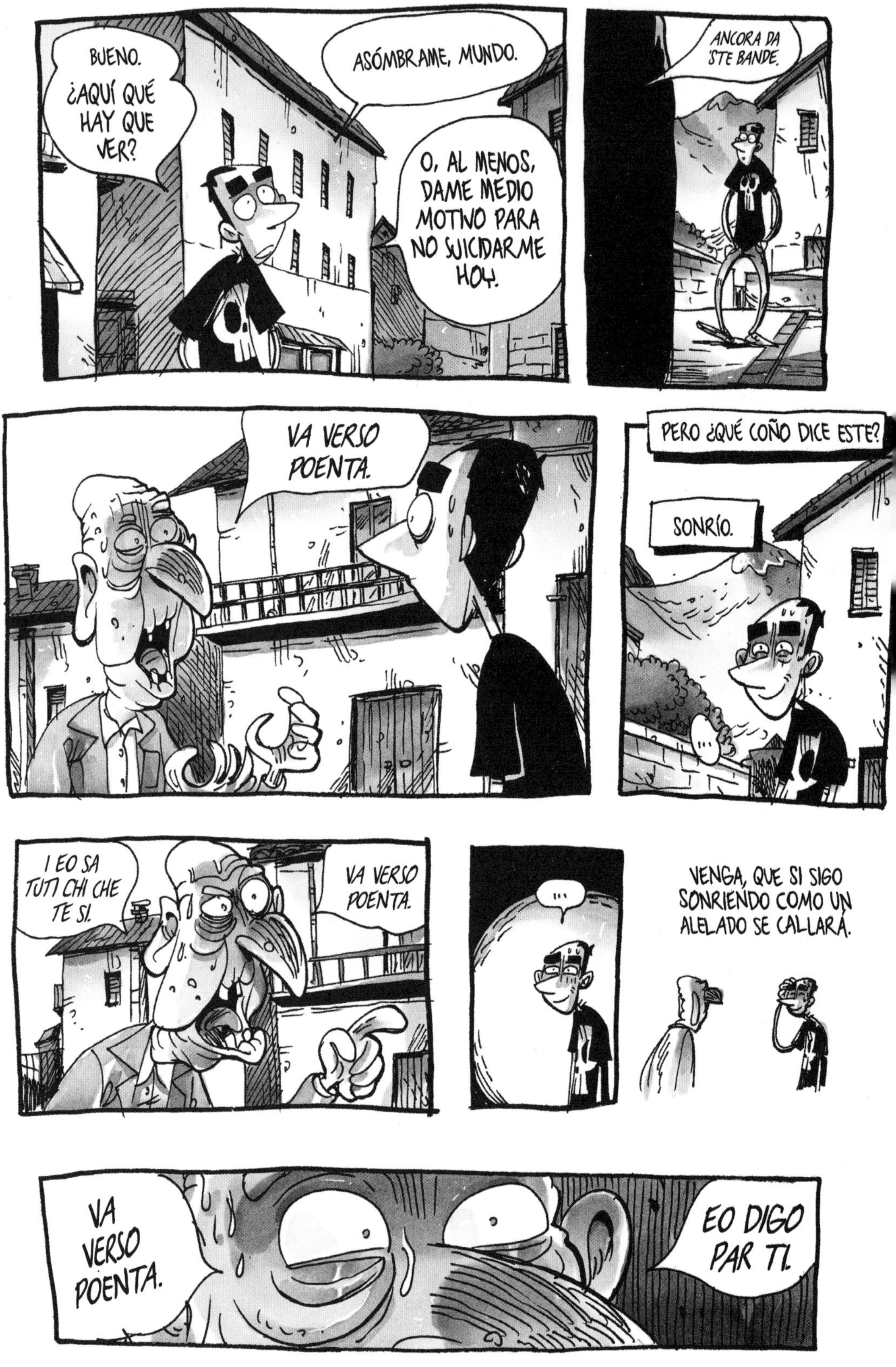
BUENO.
¿AQUÍ QUÉ HAY QUE VER?
ASÓMBRAME, MUNDO.
O, AL MENOS, DAME MEDIO MOTIVO PARA NO SUICIDARME HOY.
ANCORA DA 'STE BANDE.
VA VERSO POENTA.
PERO ¿QUÉ COÑO DICE ESTE?
SONRÍO.
I EO SA TUTI CHI CHE TE SI.
VA VERSO POENTA.
...
VENGA, QUE SI SIGO SONRIENDO COMO UN ALELADO SE CALLARÁ.
VA VERSO POENTA.
EO DIGO PAR TI.

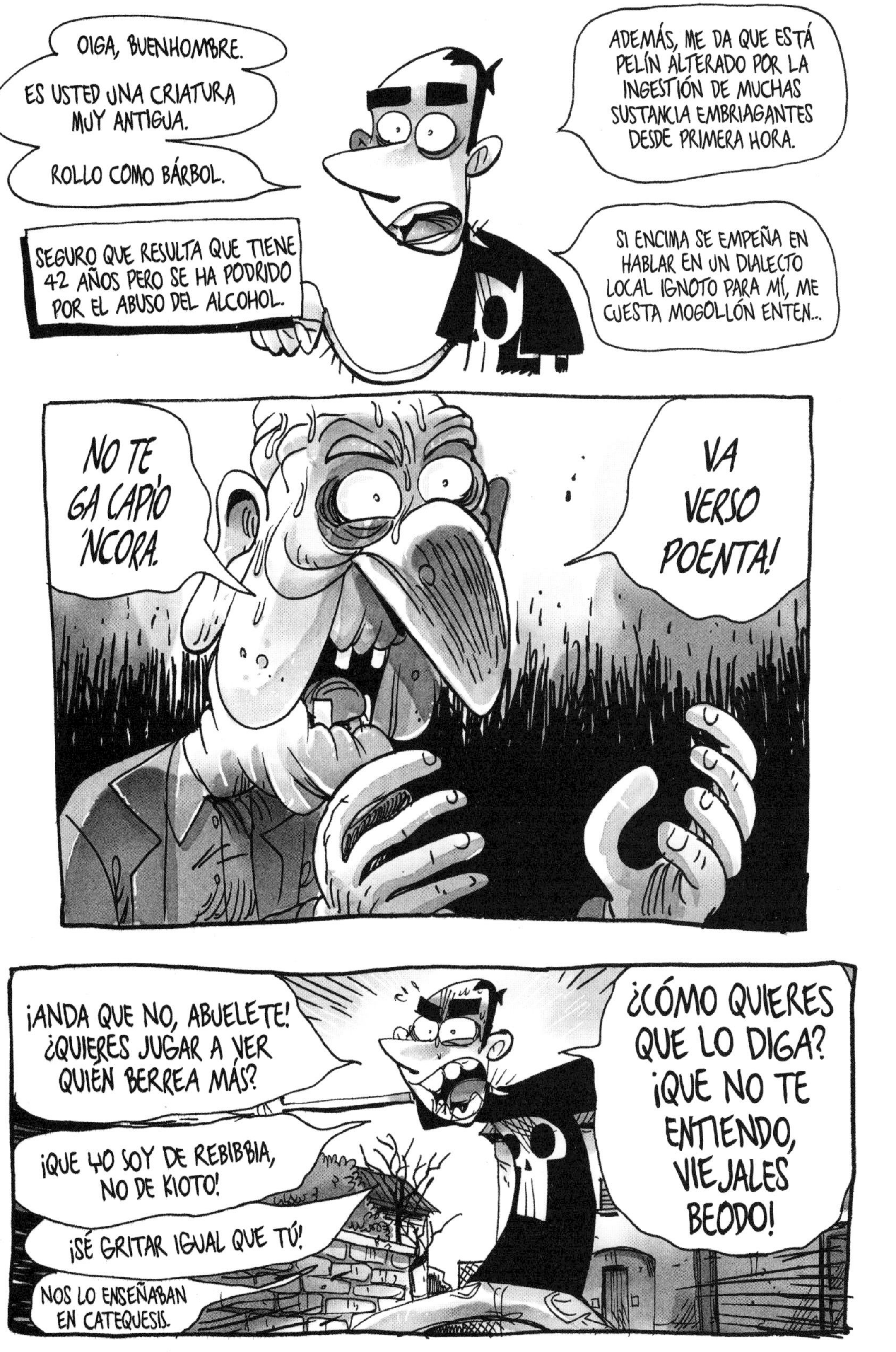
OIGA, BUENHOMBRE.
ES USTED UNA CRIATURA MUY ANTIGUA.
ROLLO COMO BÁRBOL.
SEGURO QUE RESULTA QUE TIENE 42 AÑOS PERO SE HA PODRIDO POR EL ABUSO DEL ALCOHOL.
ADEMÁS, ME DA QUE ESTÁ PELÍN ALTERADO POR LA INGESTIÓN DE MUCHAS SUSTANCIA EMBRIAGANTES DESDE PRIMERA HORA.
SI ENCIMA SE EMPEÑA EN HABLAR EN UN DIALECTO LOCAL IGNOTO PARA MÍ, ME CUESTA MOGOLLÓN ENTEN...
NO TE GA CAPÍO 'NCORA.
VA VERSO POENTA!
¡ANDA QUE NO, ABUELETE! ¿QUIERES JUGAR A VER QUIÉN BERREA MÁS?
¡QUE YO SOY DE REBIBBIA, NO DE KIOTO!
¡SÉ GRITAR IGUAL QUE TÚ!
NOS LO ENSEÑABAN EN CATEQUESIS.
¿CÓMO QUIERES QUE LO DIGA? ¡QUE NO TE ENTIENDO, VIEJALES BEODO!

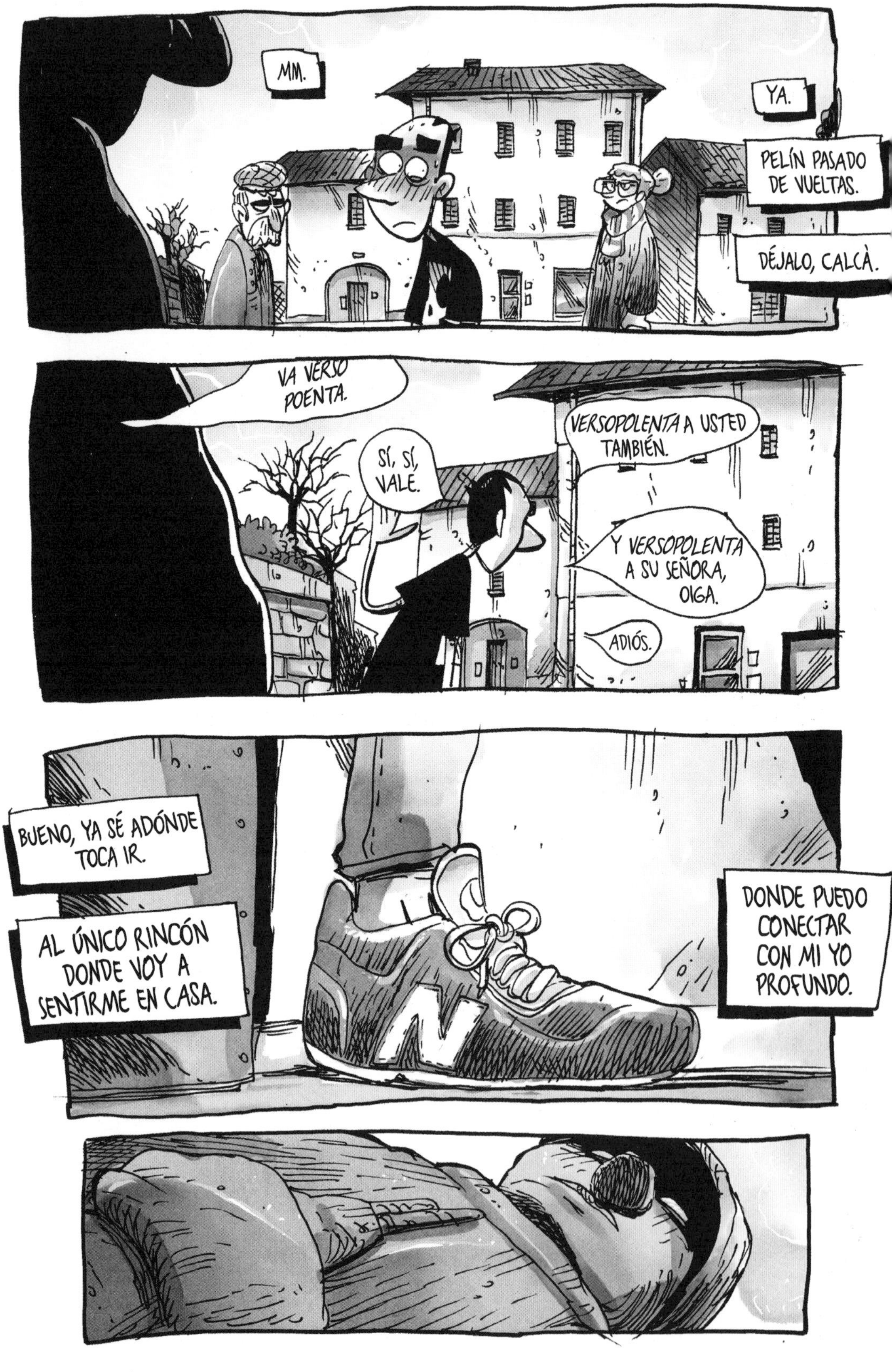
MM.
YA.
PELÍN PASADO DE VUELTAS.
DÉJALO, CALCÀ.
VA VERSO POENTA.
SÍ, SÍ, VALE.
VERSOPOLENTA A USTED TAMBIÉN.
Y VERSOPOLENTA A SU SEÑORA, OIGA.
ADIÓS.
BUENO, YA SÉ ADÓNDE TOCA IR.
AL ÚNICO RINCÓN DONDE VOY A SENTIRME EN CASA.
DONDE PUEDO CONECTAR CON MI YO PROFUNDO.

DONDE SE PILLA INTERNET, NO JODAMOS.

Y DONDE ME LLEGAN TODOS LOS MENSAJES BLOQUEADOS DE LAS ÚLTIMAS 15 HORAS.

BIP BIP BIP BIP BIP BIP BIP

AINS, EL SONIDO DE LAS NOTIFICACIONES.

LA DULCE MELODÍA DE LOS ENCARGOS PENDIENTES.

NUNCA ME HABÍA PARECIDO TAN HERMOSA.

TIPO EL CANTO DE LAS SIRENAS.

BIIIP BIIIP BIII-BIIIP

¡TIENES 98 MENSAJES SIN LEER!

LO CIERTO ES QUE NO ESTOY SOLO.

SOMOS MUCHOS.

HOLA, CARIÑO.

¡HOLA, GUAPA!

HAN VENIDO, COMO YO, EN BUSCA DE CONSUELO.

BUENO, ADEMÁS DE CONSUELO TAMBIÉN BUSCO ESPERANZA.

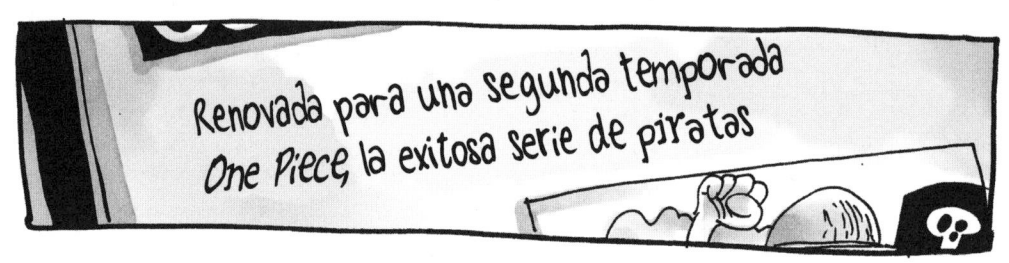

UN POCO DE LUZ PARA EL FUTURO.

VAMOS A VER.

«NOVEDADES SERIES 2024».

TE LO RUEGO, DIOS DEL ENTRETENIMIENTO, SÉ MISERICORDIOSO.

Renovada para una segunda temporada One Piece, la exitosa serie de piratas

¡QUÉ PASOTE!

LA PRIMERA ME GUSTÓ.

AYCOÑOPUESCLARO.

SI VA DE PIRATAS.

ME MOLA TODO LO QUE SEA DE PIRATAS.

ME OBSESIONAN DESDE QUE ERA UN CRÍ...

¡!

REBOBINA A HACE 35 AÑOS.

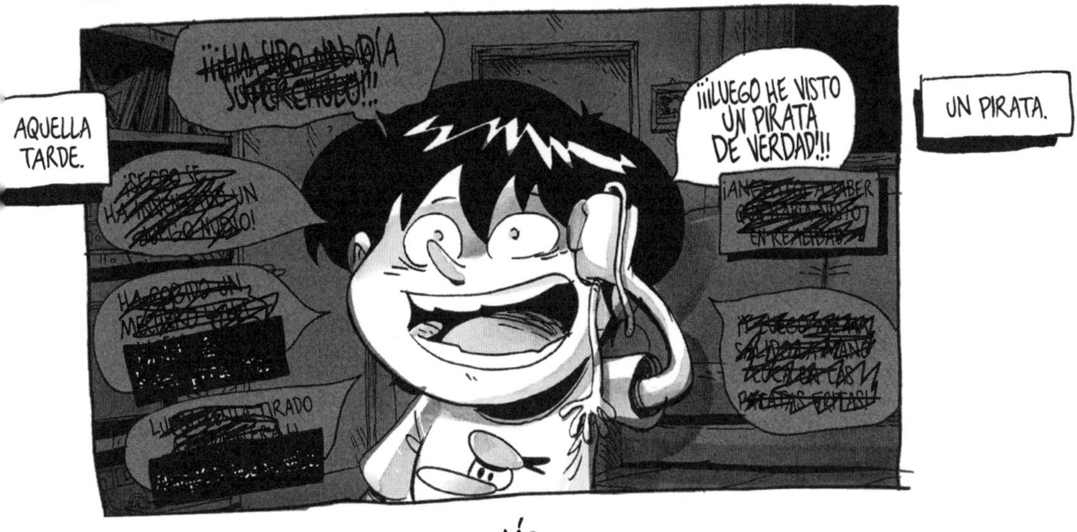

MÁS. REBOBINA UNAS HORAS MÁS.

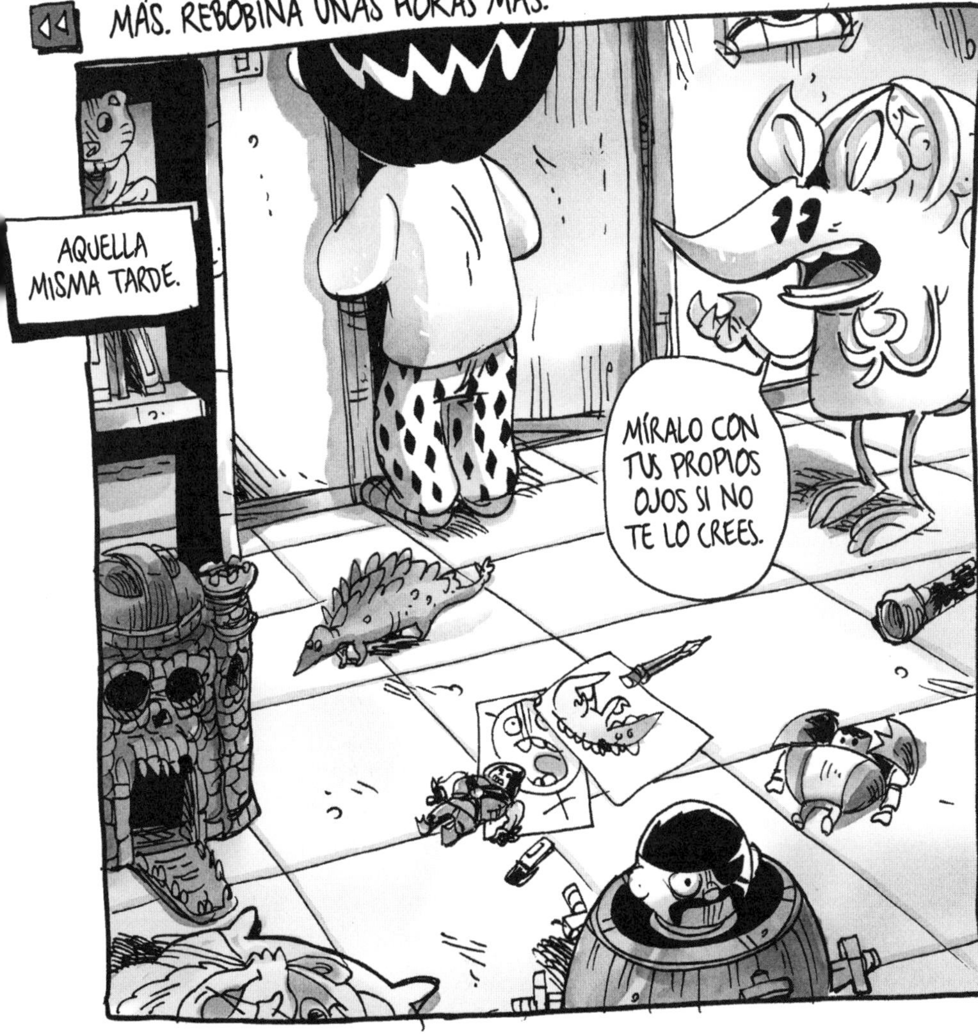

MI MADRE ESTÁ HABLANDO CON ALGUIEN.

¿ESTÁS SEGURA?

¿LO VES?

¡YA TE LO DECÍA!

SÍ. Y ES AÚN MEJOR.

AQUELLA VOZ.

«¡MIRA ESE PARCHE!».

«¡ES UN PIRATA DE VERDAD!».

NO PUEDO ESPERAR A QUE VUELVA.

VALE.

PUES YA SE LO DIGO YO.

UNA PENA.

¡¡¡MARLA, JODER!!!

LE HABRÍA VENIDO BIEN TENER CERCA UNA CARA AMIGA.

PERO LO ENTIENDO.

SÍ, LO SIENTO.

QUIZÁ DENTRO DE UN TIEMPO.

VENGA, VETE.

ADIÓS, MARLA.

ADIÓS, ELIZABETH.

CUÍDATE MUCHO. TÚ TAMBIÉN.

¡¡¡COÑO, DE AHÍ LA TENÍA VISTA!!!

¡¡¡EL DÍA DE MER-MAN!!!

¡DE MI CASA!

¡¡¡QUIZÁ POR ESO ESTABA TAN ALTERADO MI PADRE!!!

¿¿¿ADÓNDE TENÍA QUE IR MARLA???

¿¿¿POR QUÉ FUE A VER A MI MADRE???

¡¡¡ARMADILLO?!!

¡REUNIÓN URGENTE!

ARMADILLO, TÍO, ¿DÓNDE ESTÁS?

Y NADA.

HOSTIA, EL BICHO ASQUEROSO, NO SIRVE PARA NADA CUANDO HACE FALTA.

ME TOCA HACER HIPÓTESIS A MÍ SOLITO.

OPCIÓN (A): ERA LA AMANTE DE MI PADRE Y MI MADRE LA DESCUBRIÓ.

GRACIAS POR NO HABERME MATADO, QUERIDA.

ERES COMPRENSIVA.

ME MARCHO POR RESPETO.

DÍSELO TÚ.

TRANQUILA.

NO ME ALTERO.

MUJER DE MUNDO.

SI ACASO, LO ABRONCO A ÉL.

CUÍDATE MUCHO.

OPCIÓN (B): ¿¿¿Y SI EN REALIDAD ERA LA AMANTE DE MI MADRE???

LO SIENTO, QUERIDA.

PERO PING PING ES AMIGO MÍO.

NO PUEDO SEGUIR CEPILLÁNDOME A SU MUJER.

ES MEJOR QUE ME VAYA.

DÍSELO TÚ.

LO ENTIENDO.

QUÉ PENA.

YO PIERDO UNA AMANTE, PERO ÉL PIERDE UNA AMIGA.

CUÍDATE MUCHO.

NO, ME PARECE TODO FORZADO.

¡MALDITA GENERACIÓN PROMISCUA DEL 68!

¡NO ENTIENDO UNA PUTA MIERDA DE VUESTRAS RELACIONES!

¡HOLA, ASCENDIENTE UNO!

¡CÓLMESE EL CIELO DE FLEMAS CELESTES!

¡EXPLÍCAME QUIÉN ES MARLA Y LA NATURALEZA DE SU RELACIÓN CON MI PADRE!

SÉ QUE LA CONOCES, ME ACUERDO.

¡A VER SI ASÍ CONSIGO RECONSTRUIR LO QUE PASÓ **LA TARDE DE MER-MAN!**

HIJO ADORADO.

EL PLACER DE OÍR TU VOZ NO IMPIDE QUE SURJA EN MÍ UNA PREGUNTA:

¿POR QUÉ TE DEDICAS A TOCARME LOS OVARIOS A MÍ?

ESTÁS DE VIAJE CON TU PADRE.

PREGÚNTASELO A ÉL, ¿NO?

¡AY, SEÑORA MADRE!

¡QUÉ OCURRENCIA!

¡QUE LE PREGUNTE A MI PADRE SI TIENE UN VÍNCULO SENTIMENTAL CON ALGUIEN!

¡TOMA GROSERÍA!

¿CUÁL SERÍA EL SIGUIENTE PASO?

¿PASEARME CON EL RABO FUERA EN LA MISA DEL GALLO?

¡QUE SE AIREE!

¡EL PUDOR BURGUÉS ES MUY ANTIGUO RÉGIMEN!

ESCUCHA.
YA SÉ QUE SOIS CORTOS LOS DOS.
POR DESGRACIA, MI PATRIMONIO GENÉTICO NO HA SIDO SUFICIENTE PARA SALVAR TREMENDO ESCOLLO, HIJO MÍO.

YO ME RINDO.
MI 50% NO BASTA PARA COMPENSAR LO DE TU PADRE.
SI HUBIERA SIDO UN 75 Y UN 25, COMO MÍNIMO...

PERO MIRA...
UNO DE LOS DOS TIENE QUE ROMPER ESE CÍRCULO VICIOSO.
Y HABLAR.

Y YA QUE ERES TÚ EL QUE QUIERE SABER ALGO...
HAZLO, VA.

HUY, TÚ DELIRAS.
QUE SOY EL HIJO.
A MÍ NO ME TOCA.

¿SABES QUÉ PASA CUANDO SE INVIERTEN LOS ROLES ASIGNADOS POR LA NATURALEZA?
QUE PETA TODO.

EN UN PLIS ACABARÍAMOS ASÍ.

HIJOOOO.
TENGO CACAAA.
¿ME LIMPIAS?

O SEA, QUE PUEDE QUE PASE, VALE.

PERO VAMOS A INTENTAR RETRASARLO AL MÁXIMO.

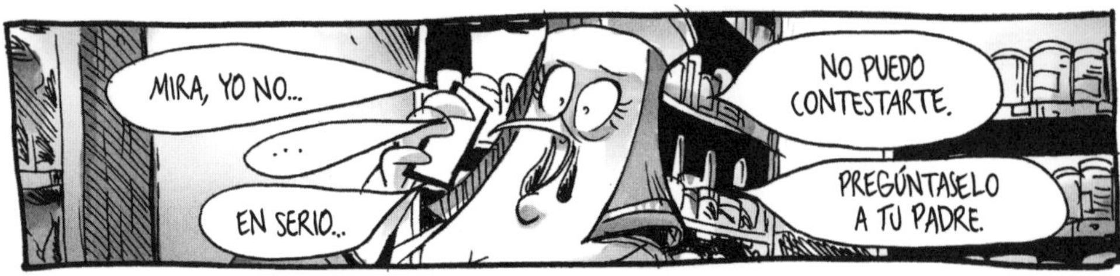

NADA. NADIE ME DICE NADA, JODER.

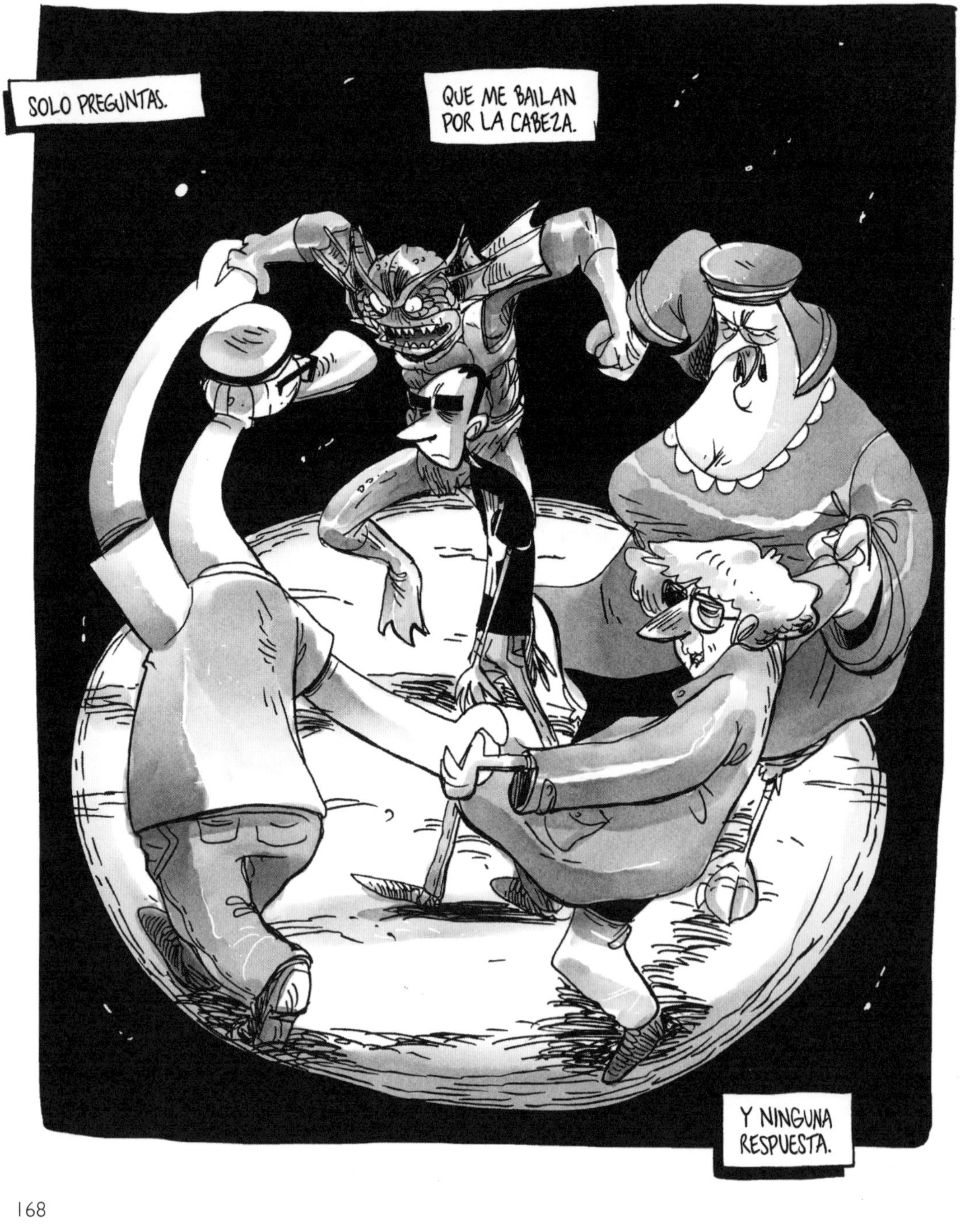

Enero de 1922

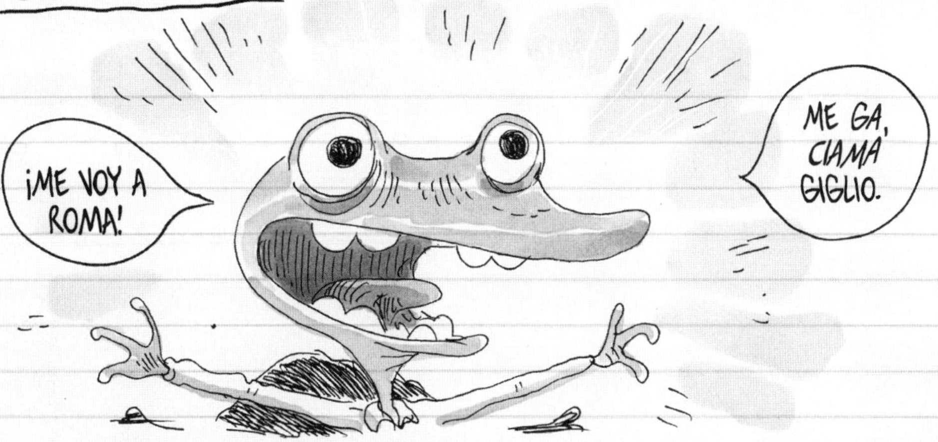

HA LLAMADO A CENCIO ANTES QUE A MÍ.

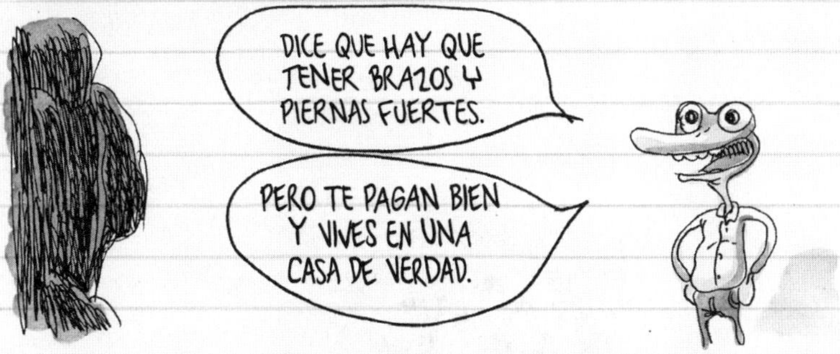

ME ALEGRO POR CENCIO.

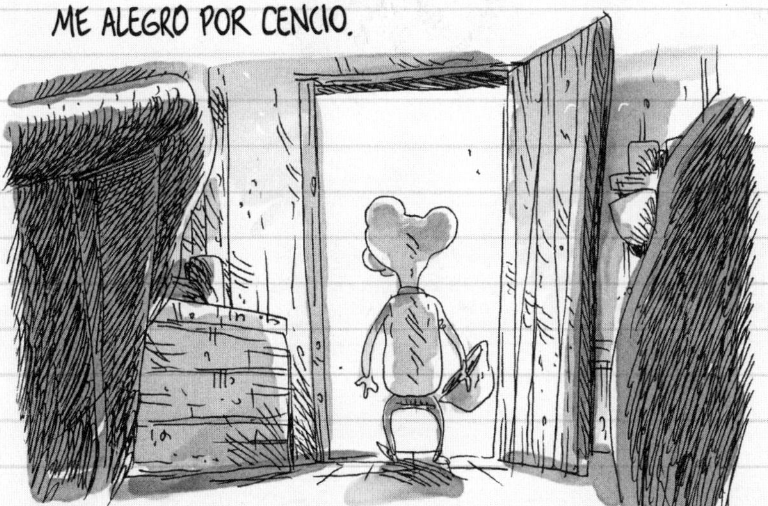

GIGLIO *GA DITO* QUE PARA LOS DEMÁS TRABAJOS *GHE VOL TEMPO.*
YO ME FÍO DE ÉL.

PERO ANNA NO.

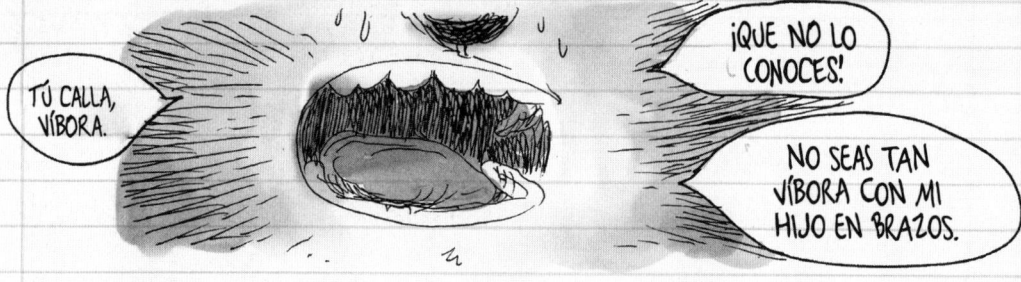

GIGLIO POR AQUÍ, GIGLIO POR ALLÁ.

SI HAN PASADO DOS AÑOS.

¿TODAVÍA NO LO HAS ENTENDIDO?

TU GIGLIO TE HA TOMADO EL PELO.

NO TE LLAMARÁ NUNCA.

HA GRITADO.

YO TAMBIÉN ME HE ENFADADO.

TÚ CALLA, VÍBORA.

¡QUE NO LO CONOCES!

NO SEAS TAN VÍBORA CON MI HIJO EN BRAZOS.

YO SÉ CÓMO *CHE XE* GIGLIO.

NO ES NINGÚN INGRATO.

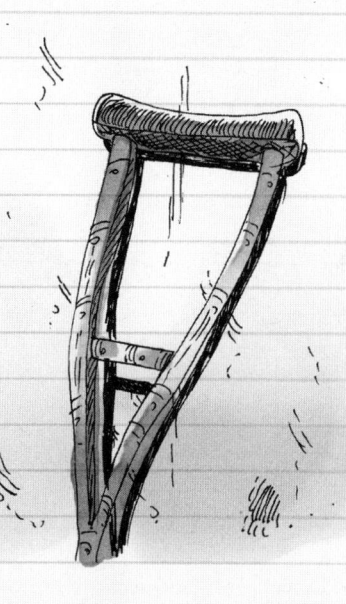

ES EL MEJOR DE TODOS NOSOTROS.

ÉL NO OLVIDA.

LA MONTAÑA NO OLVIDA

CLAC

MIS ESTUPIDAS IDEAS

¿QUÉ TAL HA IDO?

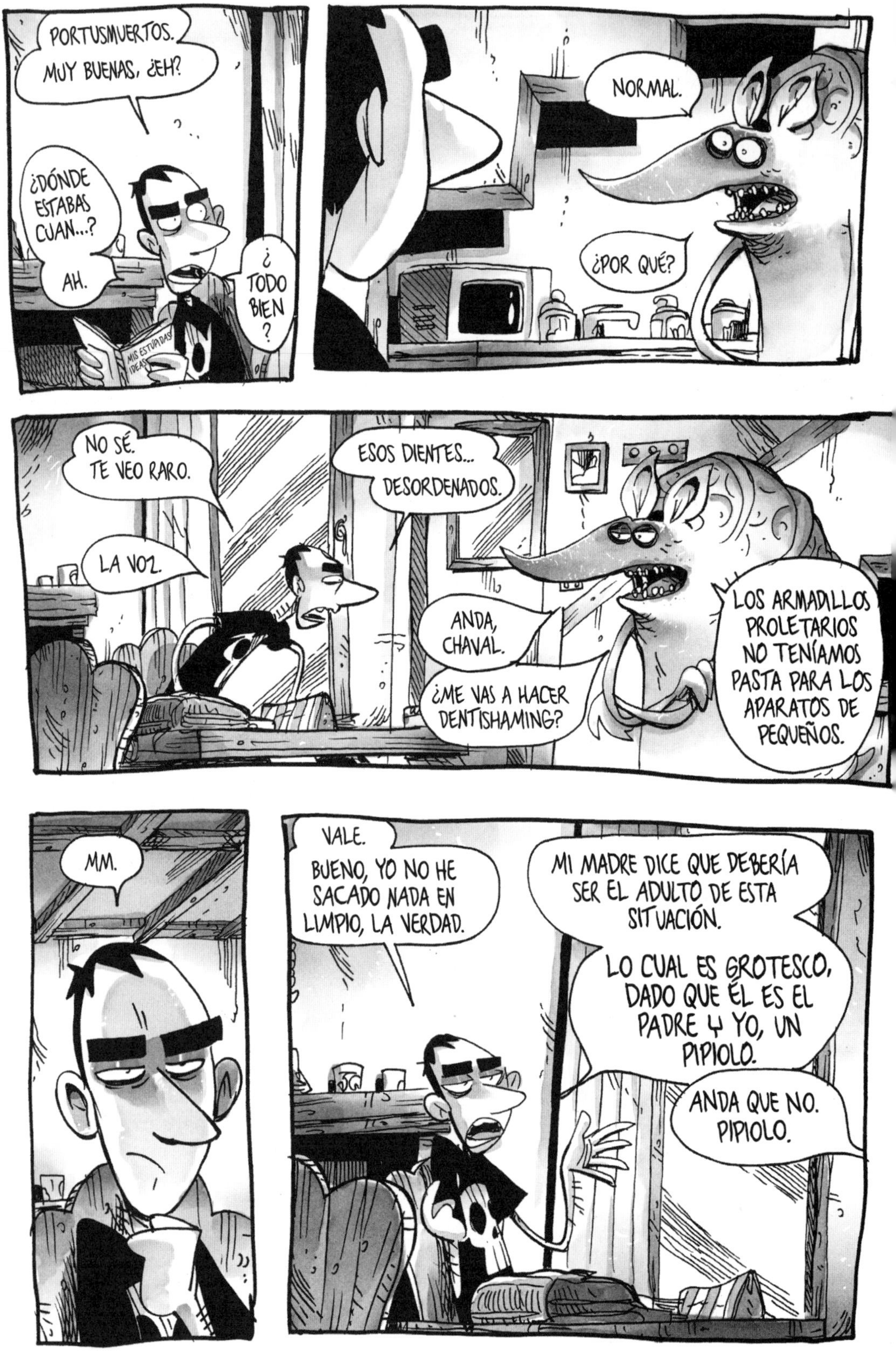
PORTUSMUERTOS.
MUY BUENAS, ¿EH?
¿DÓNDE ESTABAS CUAN...?
AH.
¿TODO BIEN?
MIS ESTUPIDAS IDEAS
NORMAL.
¿POR QUÉ?
NO SÉ. TE VEO RARO.
LA VOZ.
ESOS DIENTES...
DESORDENADOS.
ANDA, CHAVAL.
¿ME VAS A HACER DENTISHAMING?
LOS ARMADILLOS PROLETARIOS NO TENÍAMOS PASTA PARA LOS APARATOS DE PEQUEÑOS.
MM.
VALE.
BUENO, YO NO HE SACADO NADA EN LIMPIO, LA VERDAD.
MI MADRE DICE QUE DEBERÍA SER EL ADULTO DE ESTA SITUACIÓN.
LO CUAL ES GROTESCO, DADO QUE ÉL ES EL PADRE Y YO, UN PIPIOLO.
ANDA QUE NO. PIPIOLO.

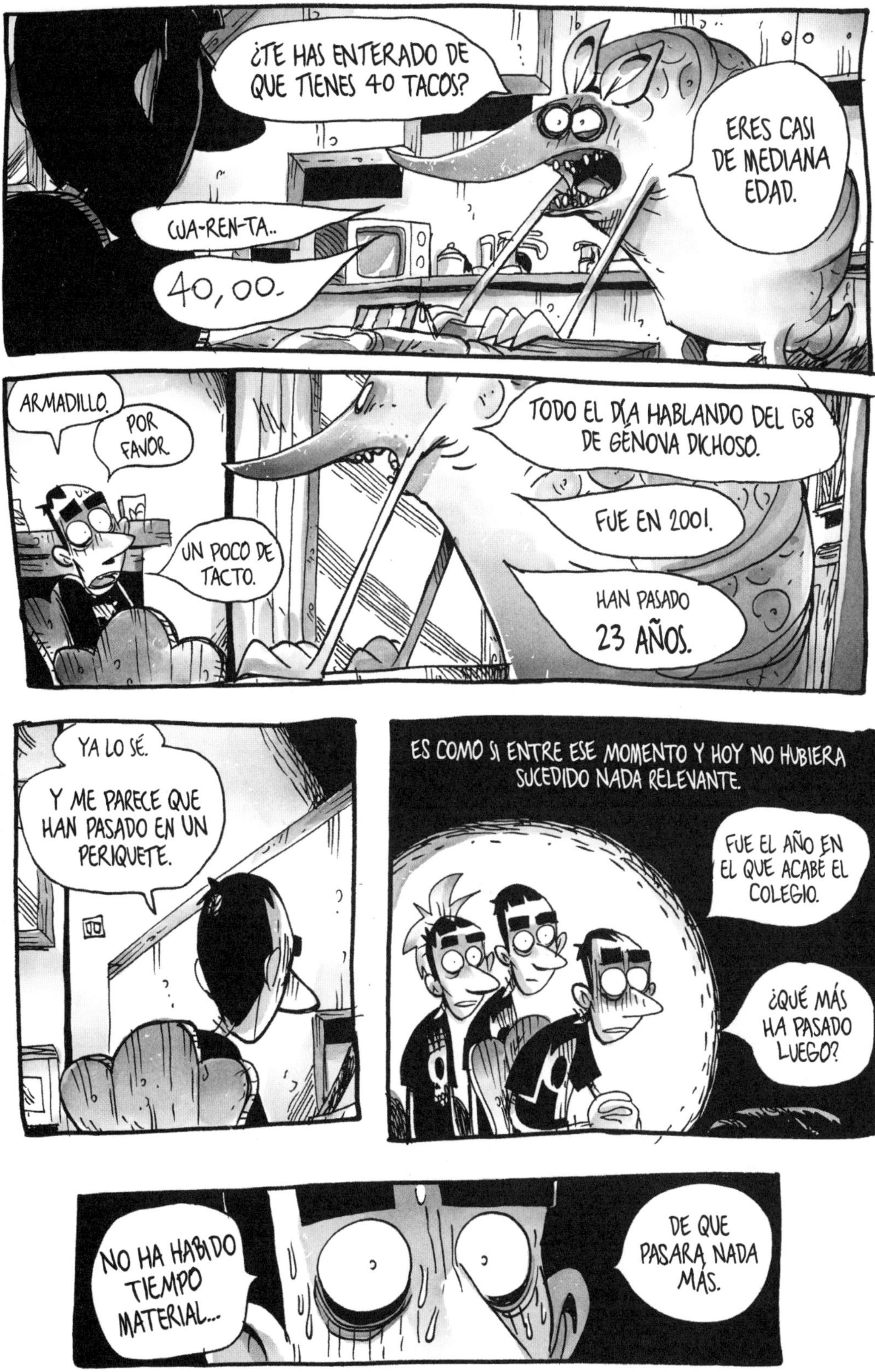
¿TE HAS ENTERADO DE QUE TIENES 40 TACOS?
CUA-REN-TA..
40,00.
ERES CASI DE MEDIANA EDAD.
ARMADILLO.
POR FAVOR.
UN POCO DE TACTO.
TODO EL DÍA HABLANDO DEL G8 DE GÉNOVA DICHOSO.
FUE EN 2001.
HAN PASADO 23 AÑOS.
YA LO SÉ.
Y ME PARECE QUE HAN PASADO EN UN PERIQUETE.
ES COMO SI ENTRE ESE MOMENTO Y HOY NO HUBIERA SUCEDIDO NADA RELEVANTE.
FUE EL AÑO EN EL QUE ACABÉ EL COLEGIO.
¿QUÉ MÁS HA PASADO LUEGO?
NO HA HABIDO TIEMPO MATERIAL...
DE QUE PASARA NADA MÁS.

INTENTA IMAGINARTE QUE MIRAS EL TIEMPO DESDE LEJOS.

COMO SIN ESTAR DENTRO.

ESTE ES EL TIEMPO TRANSCURRIDO DESDE EL G8 DE GÉNOVA HASTA HOY:

Ⓐ ———————— Ⓑ
G8 DE GÉNOVA   HOY
2001   2024

Y PARA TI HA SIDO UN PERIQUETE.

TRATA DE PROYECTAR EL MISMO LAPSO DE TIEMPO HACIA EL FUTURO.

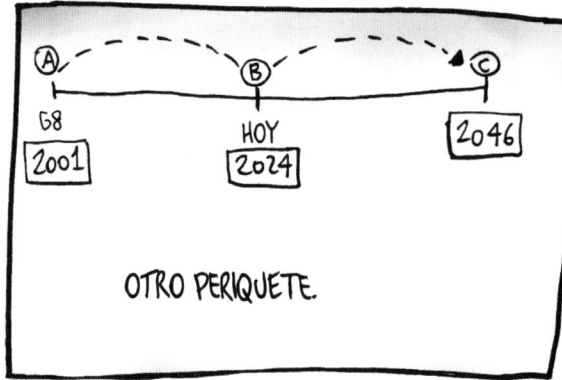

Ⓐ ———— Ⓑ ———— Ⓒ
G8   HOY   2046
2001   2024

OTRO PERIQUETE.

LO QUE PASA ES QUE DESPUÉS DE ESE PERIQUETE...

¡¡¡TENDRÁS 63 AÑOS!!!

SERÁS UN VIEJO.

O... OYE...

PERO ¿POR QUÉ...?

¿... ME ESTÁS HACIENDO ESTO...?

PORQUE TIENES QUE SABER QUE DENTRO DE UN PERIQUETE SERÁS UN VIEJO QUE NO PODRÁ LLAMAR A SU MADRE PARA PREGUNTARLE COSAS TIPO:

ASCENDIENTE UNO.

¿CÓMO SE ENCIENDE ESE ANTIGUO ARTEFACTO DEL SIGLO XX PARA LLEVAR LOS ALIMENTOS A ALTÍSIMAS TEMPERATURAS?

«HORNO», CREO QUE SE LLAMA.

NI PODRÁ PREGUNTARLE A SU PADRE POR SU VIDA SENTIMENTAL.

EH, PAPIZONTE.

¿TÚ HAS ESTADO CON ALGUNA OTRA?

DESPUÉS DE MAMÁ.

¿Y SABES POR QUÉ?

PORQUE EN EL MISMO LAPSO DE TIEMPO QUE VA DEL 68 A HOY...

ESTARÁN EN LA TUMBA.

LA ÚNICA RESPUESTA SERÁ EL ECO DE TUS LAMENTOS.

175

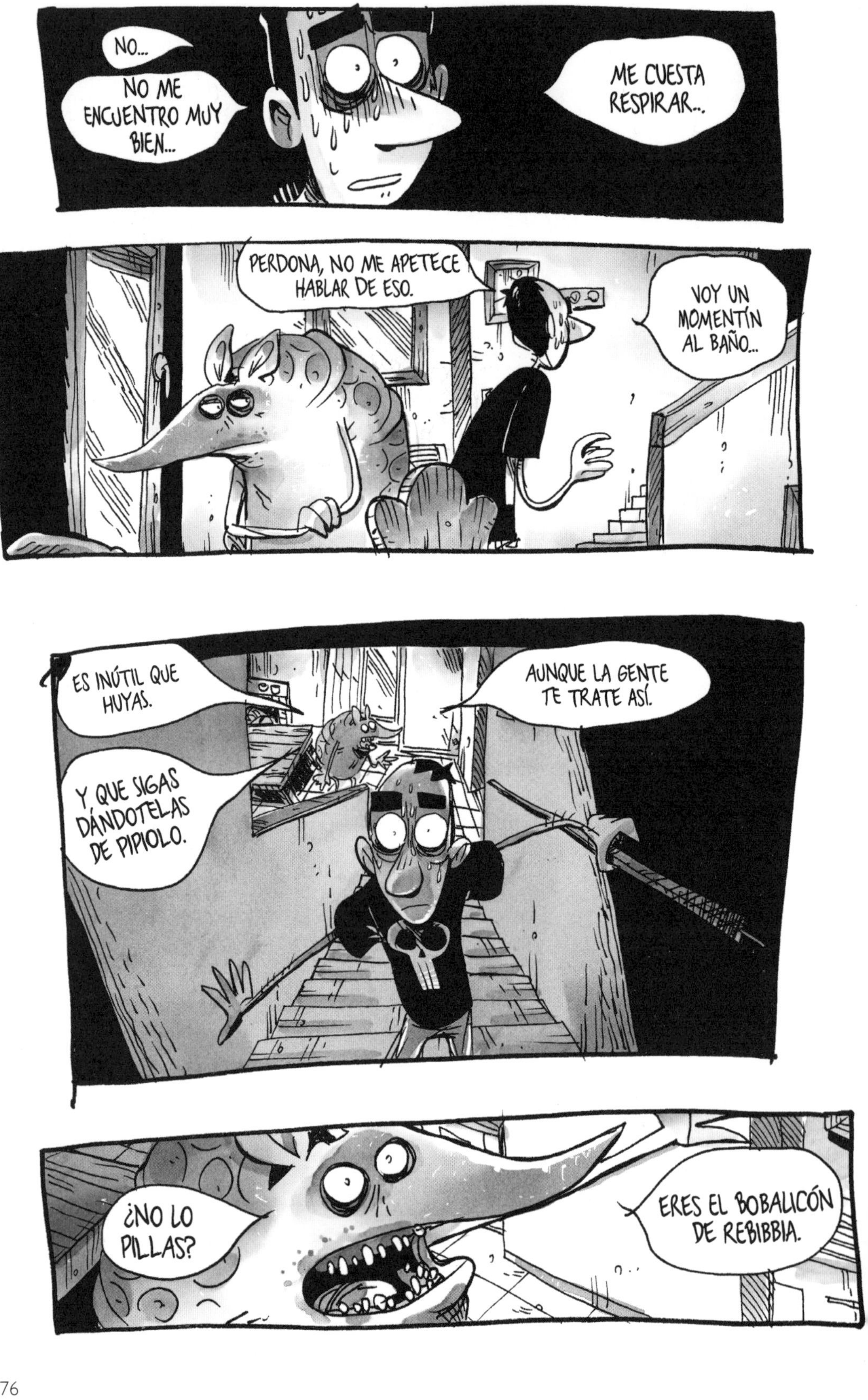
NO...
NO ME ENCUENTRO MUY BIEN...
ME CUESTA RESPIRAR...
PERDONA, NO ME APETECE HABLAR DE ESO.
VOY UN MOMENTÍN AL BAÑO...
ES INÚTIL QUE HUYAS.
AUNQUE LA GENTE TE TRATE ASÍ.
Y QUE SIGAS DÁNDOTELAS DE PIPIOLO.
¿NO LO PILLAS?
ERES EL BOBALICÓN DE REBIBBIA.

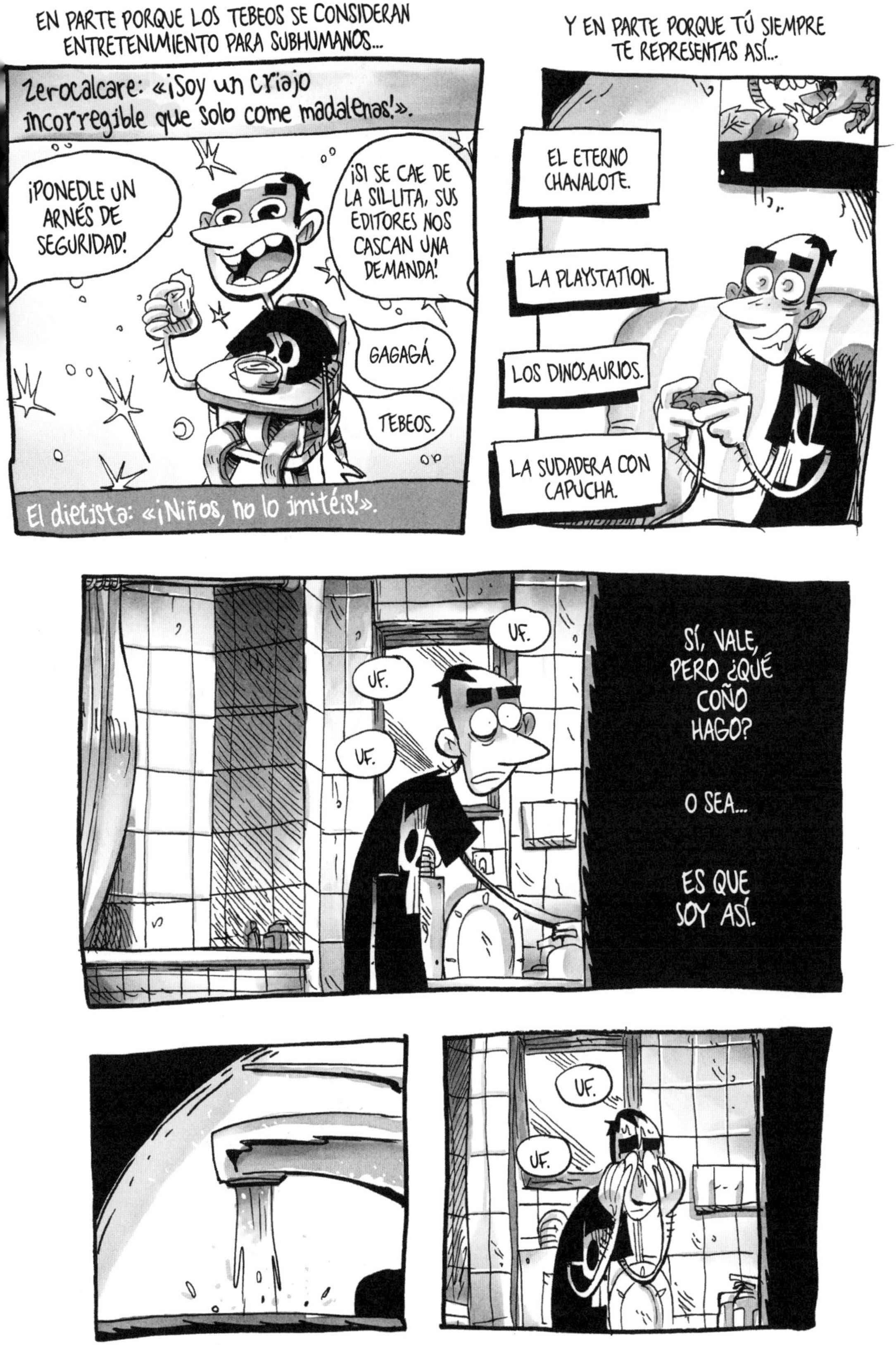
EN PARTE PORQUE LOS TEBEOS SE CONSIDERAN ENTRETENIMIENTO PARA SUBHUMANOS...
Zerocalcare: «¡Soy un criajo incorregible que solo come madalenas!».
¡PONEDLE UN ARNÉS DE SEGURIDAD!
¡SI SE CAE DE LA SILLITA, SUS EDITORES NOS CASCAN UNA DEMANDA!
GAGAGÁ.
TEBEOS.
El dietista: «¡Niños, no lo imitéis!».
Y EN PARTE PORQUE TÚ SIEMPRE TE REPRESENTAS ASÍ...
EL ETERNO CHAVALOTE.
LA PLAYSTATION.
LOS DINOSAURIOS.
LA SUDADERA CON CAPUCHA.
UF.
UF.
UF.
SÍ, VALE, PERO ¿QUÉ COÑO HAGO?
O SEA...
ES QUE SOY ASÍ.
UF.
UF.

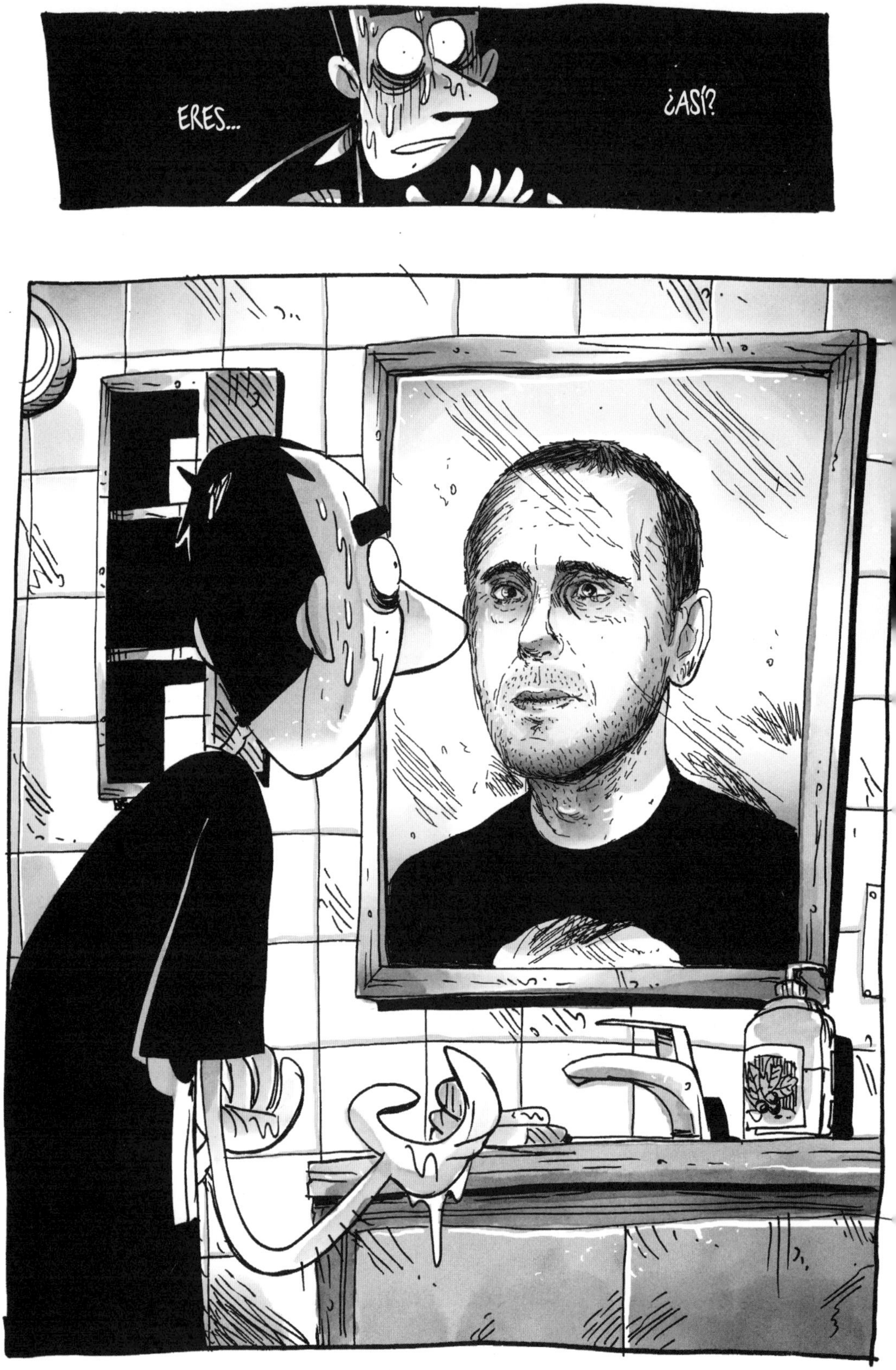
ERES...
¿ASÍ?

Septiembre de 1923

CUANDO HA ENTRADO ANNA CON ESA SONRISA YA HE VISTO QUE QUERÍA HABLAR DE GIGLIO. SE BURLA DE MÍ CON MALA UVA.

¿SABES A QUIÉN HA LLAMADO TU GIGLIO?

¿A QUIÉN HA LLAMADO? HE PREGUNTADO.

¿QUIÉN QUEDABA POR LLAMAR? SI YA ESTÁN TODOS EN ROMA.

EN MERIN YA NO HAY NADIE.

A CARA DE ANGUILA.

Y A TODOS LOS DE LARAI.

NO HE SABIDO CONTESTAR.

¿POR QUÉ, GIGLIO? NO LO ENTIENDO.

NOS HAS DEJADO UN CAMPANARIO CON UNA FACHADA MUDA.

PORQUE ESOS CABRONES TENÍAN QUE SABER QUE LA MONTAÑA NO OLVIDA.

Y AHORA LOS AYUDAS A ELLOS Y NO A MÍ.

¿POR QUÉ, GIGLIO?

NO SÉ CUÁNTO TIEMPO ME QUEDÉ ASÍ. PENSANDO EN EL EXAMEN DE FINAL DEL BACHILLERATO. EN PIRANDELLO.

PIRANDELLO DICE: VES A UNA VIEJA ACICALADA Y TE RÍES, ¿NO?

JA, JA, PERO ¿CÓMO VAS ASÍ POR AHÍ?

QUE NO TIENES 20 AÑOS, MUJER.

¿QUÉ MÁS TE DA?

QUÉ COLGADA.

PERO LUEGO APARECE OTRO SENTIMIENTO.

CACHIS, POBRECITA. SE NOTA QUE SUFRE POR EL PASO DEL TIEMPO.

ME HACE REÍR, PERO DE PENA.

A TI NI TE VA NI TE VIENE.

LA AMARGURA.

Y SÍ.

SÍ, SOY.

ME HE VUELTO LA VIEJA DE PIRANDELLO.

NO TE ENROLLES, CHARLES BOYER.

¿Y SABÉIS POR QUÉ ME OBSESIONO CON ESOS PENSAMIENTOS?

PORQUE ESTOY AQUÍ.

SIN COBERTURA.

SIN MIS SERIES.

SIN AMIGOS.

SIN UNA MIERDA.

SOLO CONMIGO MISMO.

LO QUE VENDRÍA A SER TODO LO QUE TRATO DE EVITAR DE TODAS TODAS DESDE SIEMPRE.

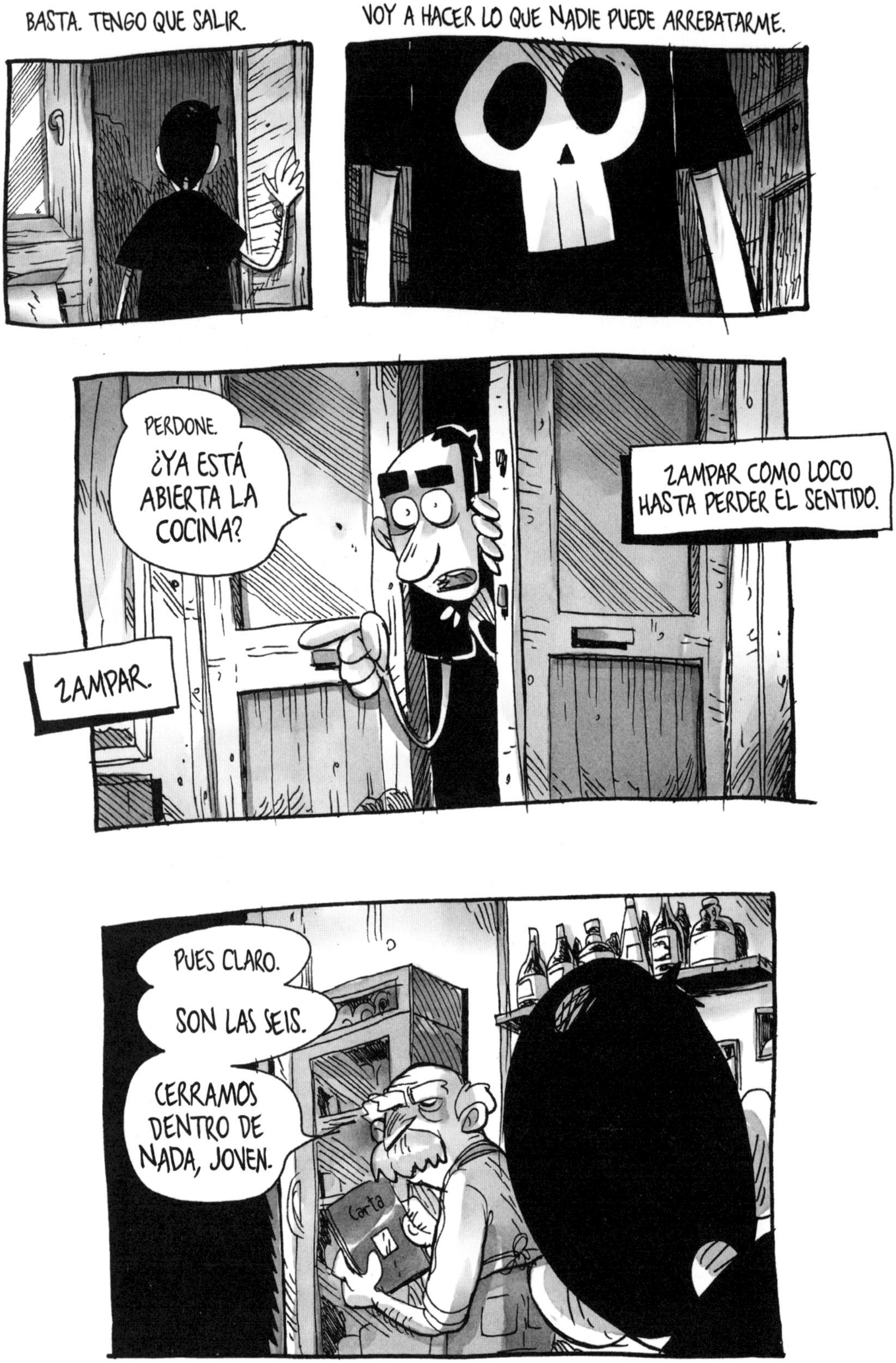
BASTA. TENGO QUE SALIR.
VOY A HACER LO QUE NADIE PUEDE ARREBATARME.
ZAMPAR.
PERDONE.
¿YA ESTÁ ABIERTA LA COCINA?
ZAMPAR COMO LOCO HASTA PERDER EL SENTIDO.
PUES CLARO.
SON LAS SEIS.
CERRAMOS DENTRO DE NADA, JOVEN.
Carta

PUES VOY A PEDIR...

A VER: TODO.

UNOS ENTRANTES.

LOS DOS PRIMEROS QUE MÁS TE GUSTEN.

LOS DOS SEGUNDOS MÁS RICOS.

Y LA GUARNICIÓN QUE QUIERAS.

LUEGO TIRAMISÙ Y PANNACOTTA.

¿RAVIOLIS Y POLENTA, POR EJEMPLO?

MM. NO SÉ YO.

POLENTA: ALIMENTO TRAIDOR.

LA VEO AMARILLA Y PIENSO EN LA SOPA DE SÉMOLA.

COMIDA DE DIOSES.

LUEGO ME LA METO EN LA BOCA Y EL SABOR NO ME ENCAJA.

UNA ESTÉTICA ENGAÑOSA.

¿TODAVÍA CHE TE PARLI, PAIASSO?

¿EH?

OH, NO.

LOS DEL CEMENTERIO.

CON EL YAYO CON NOMBRE DE PEQUEÑO PONI CUTRE.

— DISCULPE, BUEN MOZO. ¿HABLA CONMIGO?

— BEG YOUR PARDON?

— TE GA DA MOEARLA CO QUEL SPETACOEO.

— HUM.

VALE. PIDO PERDÓN A QUIENES HE RIDICULIZADO...

— PORQUE NO ME ENTENDÍAN CUANDO HABLABA EN DIALECTO ROMANO EN MI SERIE.

— VENGA, CALLA YA. LÁVATE LAS OREJAS Y DEJA DE JODER.

— NO, SI A LOS ROMANOS NOS TENÉIS TIRRIA.

— TENÍAIS RAZÓN. SOMOS CEPAS LINGÜÍSTICAS DISTANTES Y ENEMIGAS.

— LO HE VISTO CIEN VECES.

— ¡Y NO ENTIENDO NADA! ¡¡¡NADA!!!

— ¿¿¿POR QUÉ NOS HUMILLAS ASÍ???

— LA ENÉSIMA ARROGANCIA DEL OPRESOR CENTRALISTA.

— OYE, MIRA, DE BUEN ROLLO...

— PERO SI ES OTRA VEZ POR HABERME BURLADO DE TU ABUELO...

— NO-ENTIENDO-UN-PIJO.

— O SEA, EL...

— EZZELINO...

— HA SIDO SIN QUER

— TE CREES QUE ES UN ZOGO, ¿VERDAD?

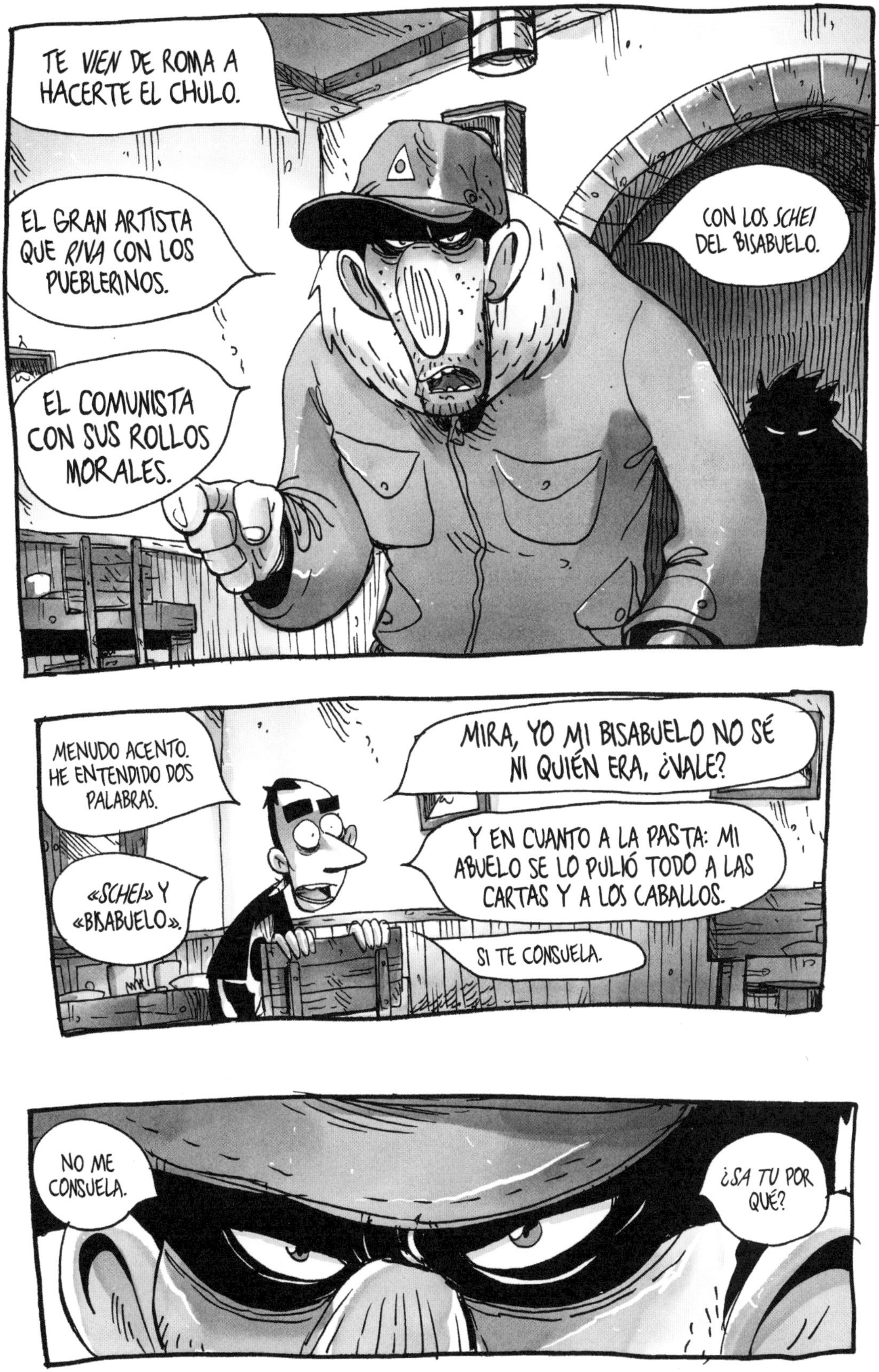
TE *VIEN* DE ROMA A HACERTE EL CHULO.
EL GRAN ARTISTA QUE *RIVA* CON LOS PUEBLERINOS.
CON LOS *SCHEI* DEL BISABUELO.
EL COMUNISTA CON SUS ROLLOS MORALES.
MENUDO ACENTO. HE ENTENDIDO DOS PALABRAS.
«*SCHEI*» Y «BISABUELO».
MIRA, YO MI BISABUELO NO SÉ NI QUIÉN ERA, ¿VALE?
Y EN CUANTO A LA PASTA: MI ABUELO SE LO PULIÓ TODO A LAS CARTAS Y A LOS CABALLOS.
SI TE CONSUELA.
NO ME CONSUELA.
¿*SA TU* POR QUÉ?

Abril de 1925

ME CUESTA ESCRIBIR. NO RESPIRO BIEN.

DIFTERIA.

HA SOLTADO EL MÉDICO.

QUIERE DECIR QUE ME QUEDAN POCOS DÍAS.

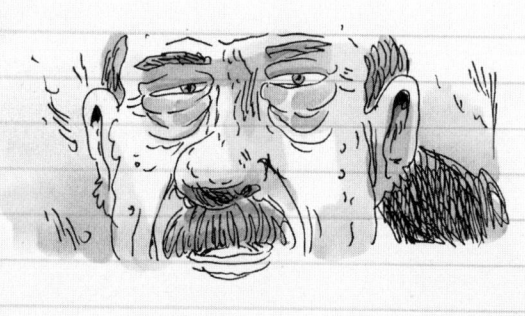

PERO NO ME DA MIEDO MORIR.

EL SEÑOR SABE QUE SIEMPRE HE SIDO JUSTO.

AUNQUE ME DUELE EN EL ALMA PENSAR EN ANNA Y ANGELINO.

NO LES DEJO NADA.

SOLO EL ODIO.

EL ODIO POR ESA VÍBORA INGRATA A LA QUE SE LO DI TODO.
UNA PIERNA. UN OJO. UNA VIDA.

NO ME HE DIBUJADO NUNCA PORQUE NO ME GUSTABA MI NARIZ.

AHORA ES LA PARTE MÁS BONITA DE MI CARA.

MÍRALA, ÁNGEL MÍO.

RECUÉRDALA.

RECUERDA LA CARA DE TU PADRE, EZZELINO CAMPEL.
Y TÚ, GIGLIO, NUNCA CONOCERÁS LA PAZ, PORQUE TE ODIO
PARA SIEMPRE   TE ODIO   TE ODIO   TE ODIO   TE ODIO   TE ODIO   TE ODIO   TE ODIO
TE ODIO   TE ODIO   TE ODIO   TE ODIO   TE ODIO

TE ODIO   TE ODIO   TE ODIO   TE ODIO   TE ODIO   TE ODIO
TE ODIO   TE ODIO   TE ODIO
TE ODIO

PARCHÉ MI TE ODIO.

A TI Y A QUEI CHE TE SOMEIA.

PARCHÉ XÈ CIEN AÑOS QUE CIAPÉ PAL CUEO A LA GENTE COMO NOSOTROS.

CROC CROC

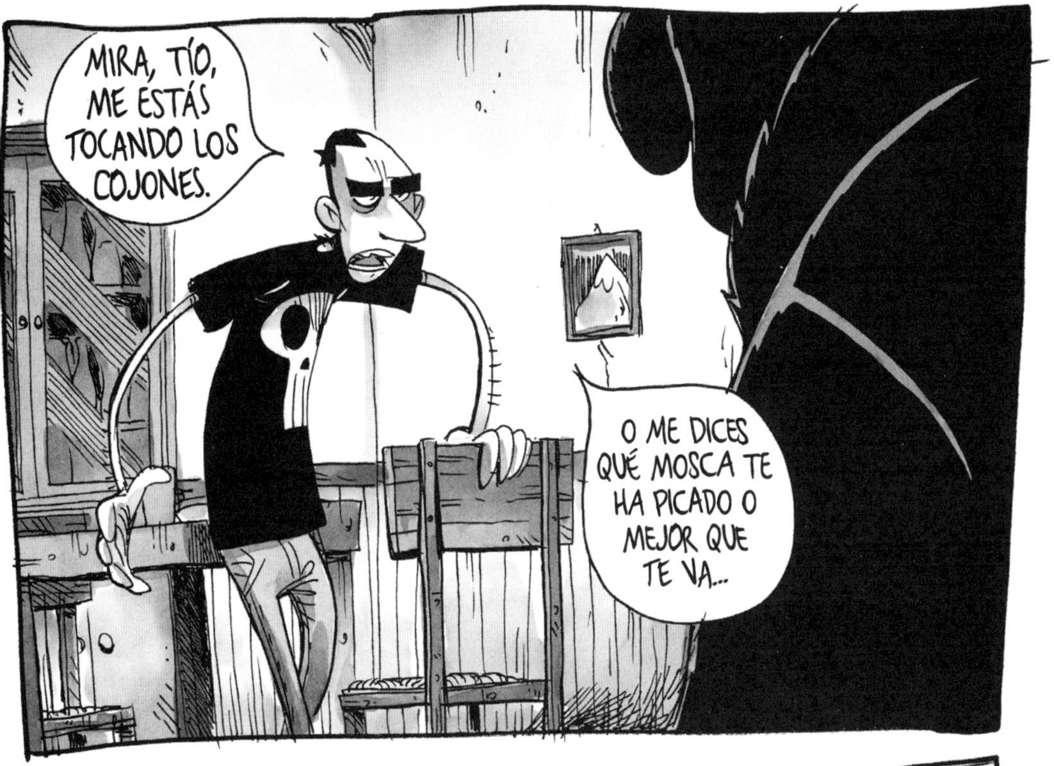
MIRA, TÍO, ME ESTÁS TOCANDO LOS COJONES.
O ME DICES QUÉ MOSCA TE HA PICADO O MEJOR QUE TE VA...

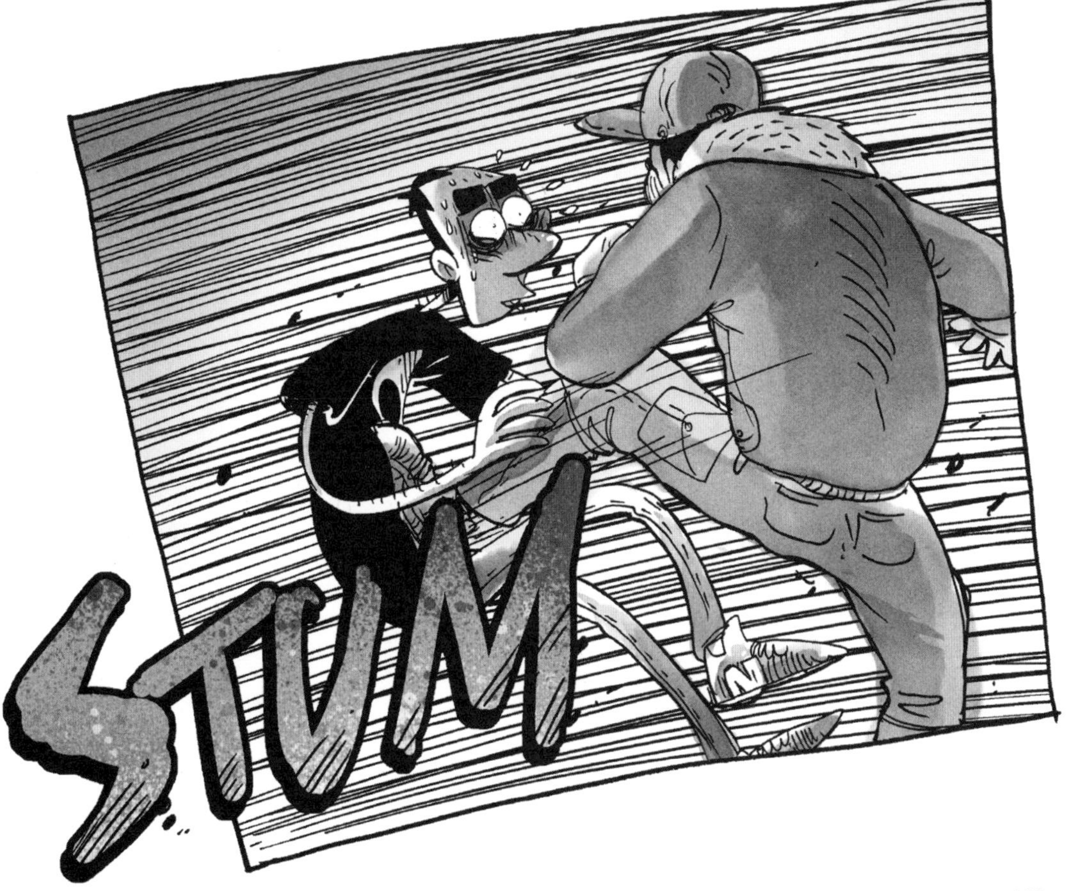
STUM

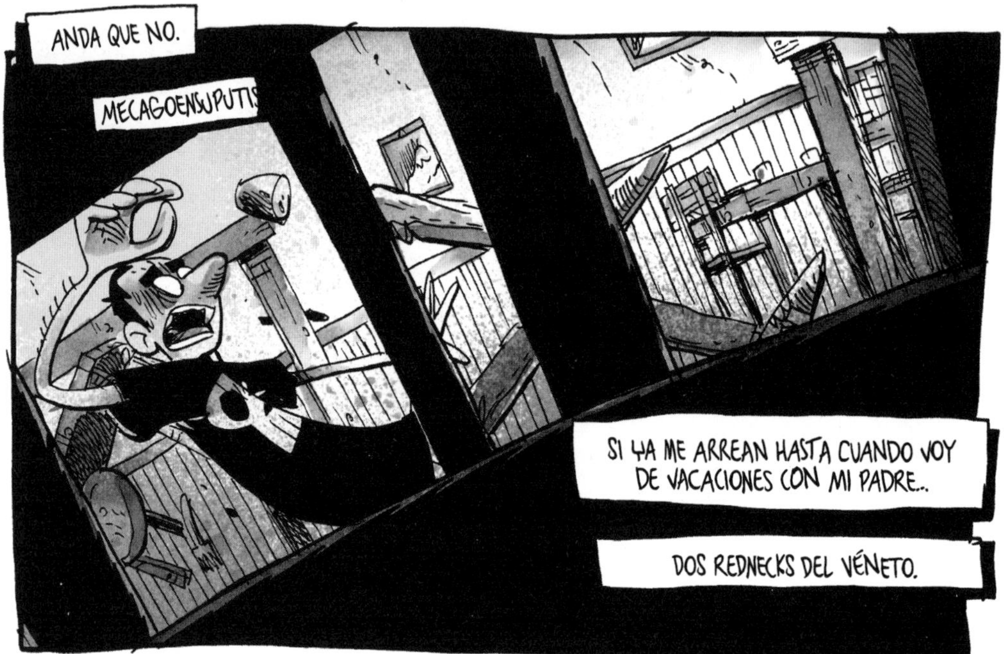
ANDA QUE NO.
MECAGOENSUPUTIS
SI YA ME ARREAN HASTA CUANDO VOY DE VACACIONES CON MI PADRE..
DOS REDNECKS DEL VÉNETO.

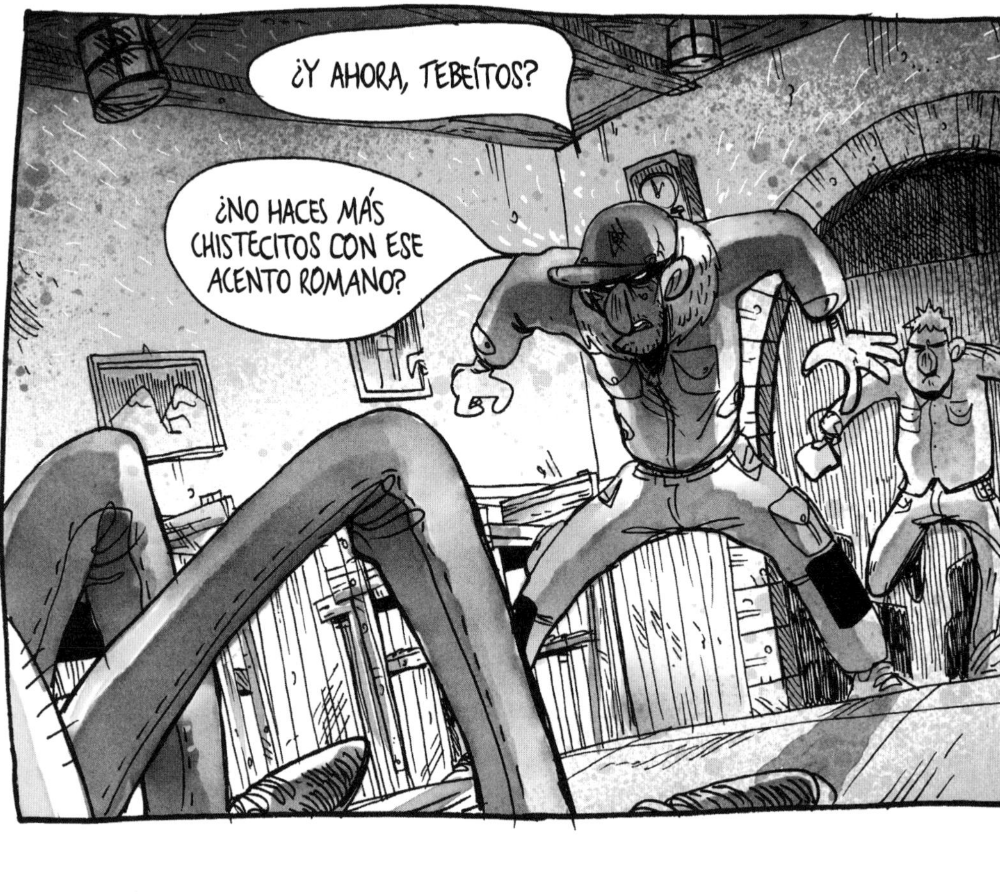
¿Y AHORA, TEBEÍTOS?
¿NO HACES MÁS CHISTECITOS CON ESE ACENTO ROMANO?

¿¿¿CHISTECITOS???

¿TE PAREZCO UN CÓMICO ROMANO?

AH, A LO MEJOR SE REFIERE A LAS FRASECITAS GRACIOSAS DE MI SERIE.

EN ESE CASO, TENDRÍA RAZÓN, EL CHAVAL.

YO TAMBIÉN ESTOY HASTA EL GORRO DE ELLAS.

ESTE NO XÈ UN SITIO PARA QUE GENTE COMO TÚ VENGA A *CIAPÀR* APLAUSOS.

ESTO NO XÈ EL NORESTE DE LA TELE.

EL, DE LAS FÁBRICAS Y LOS *SCHEI*.

ESTO XÈ LA MONTAÑA.

EL CUENTO DE HADAS ES EN EL VALLE.

CLAC

OYE, DARIO.

¿?

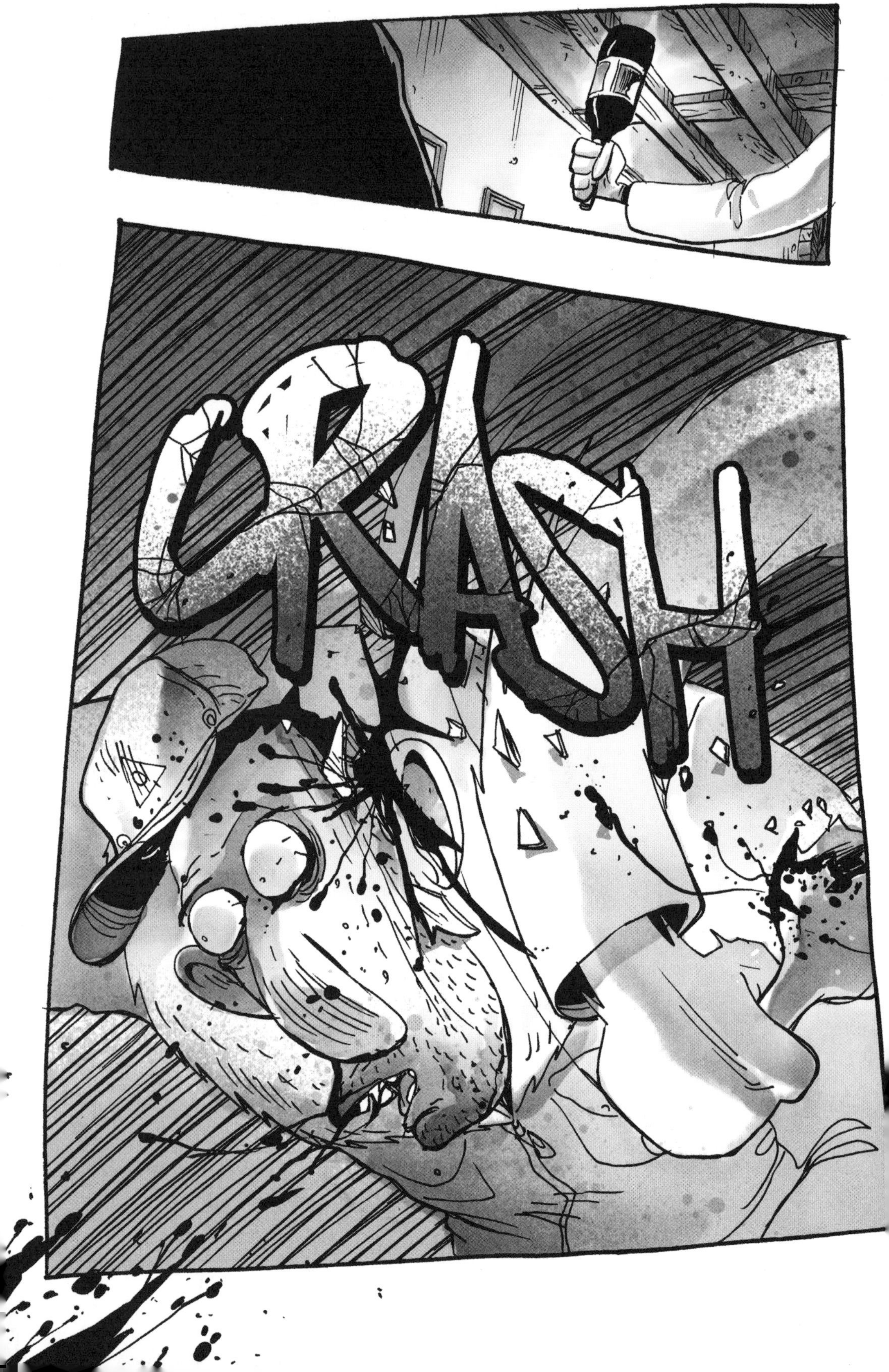
CRASH

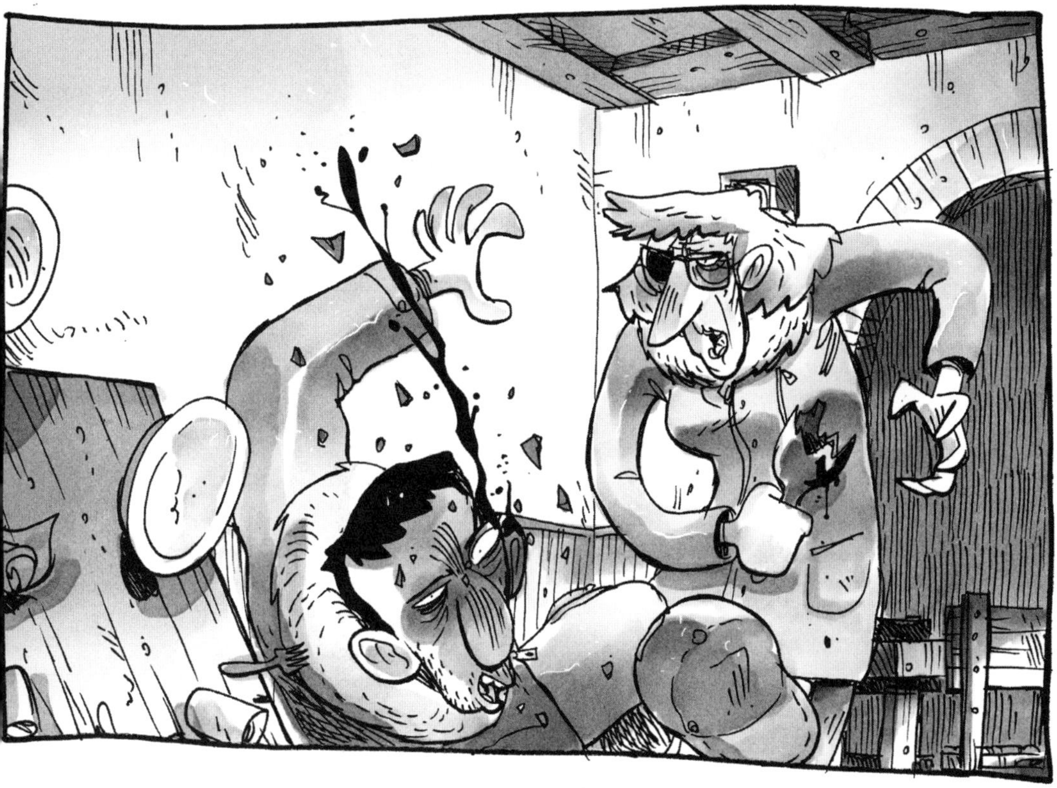

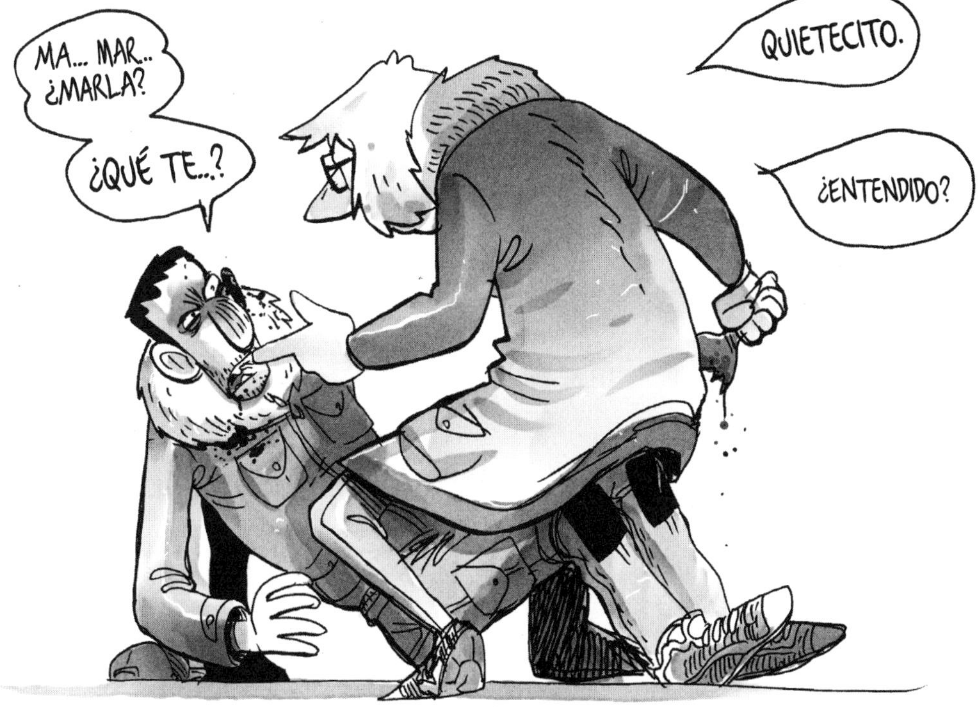
MA... MAR... ¿MARLA?
¿QUÉ TE..?
QUIETECITO.
¿ENTENDIDO?

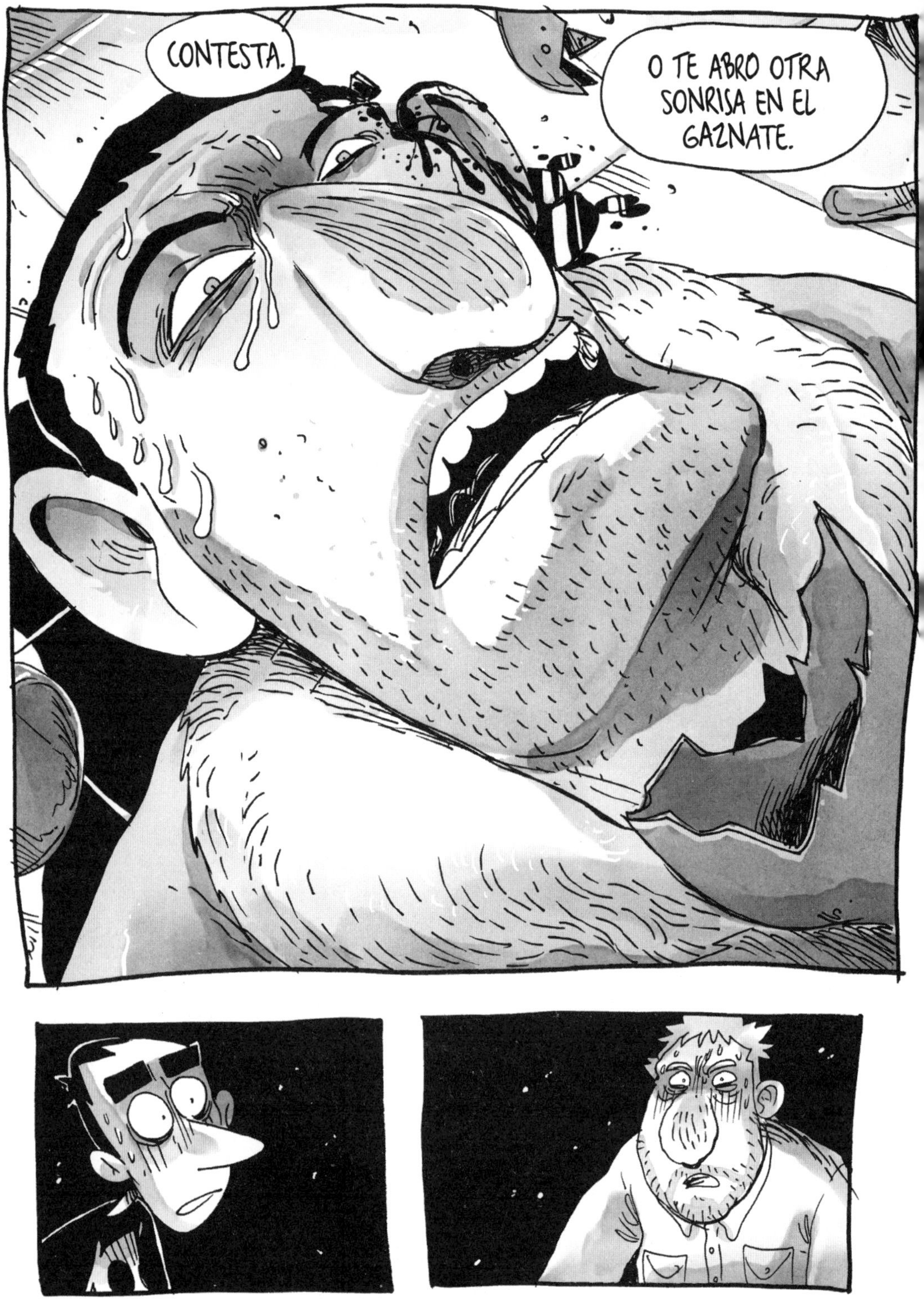
CONTESTA.
O TE ABRO OTRA SONRISA EN EL GAZNATE.

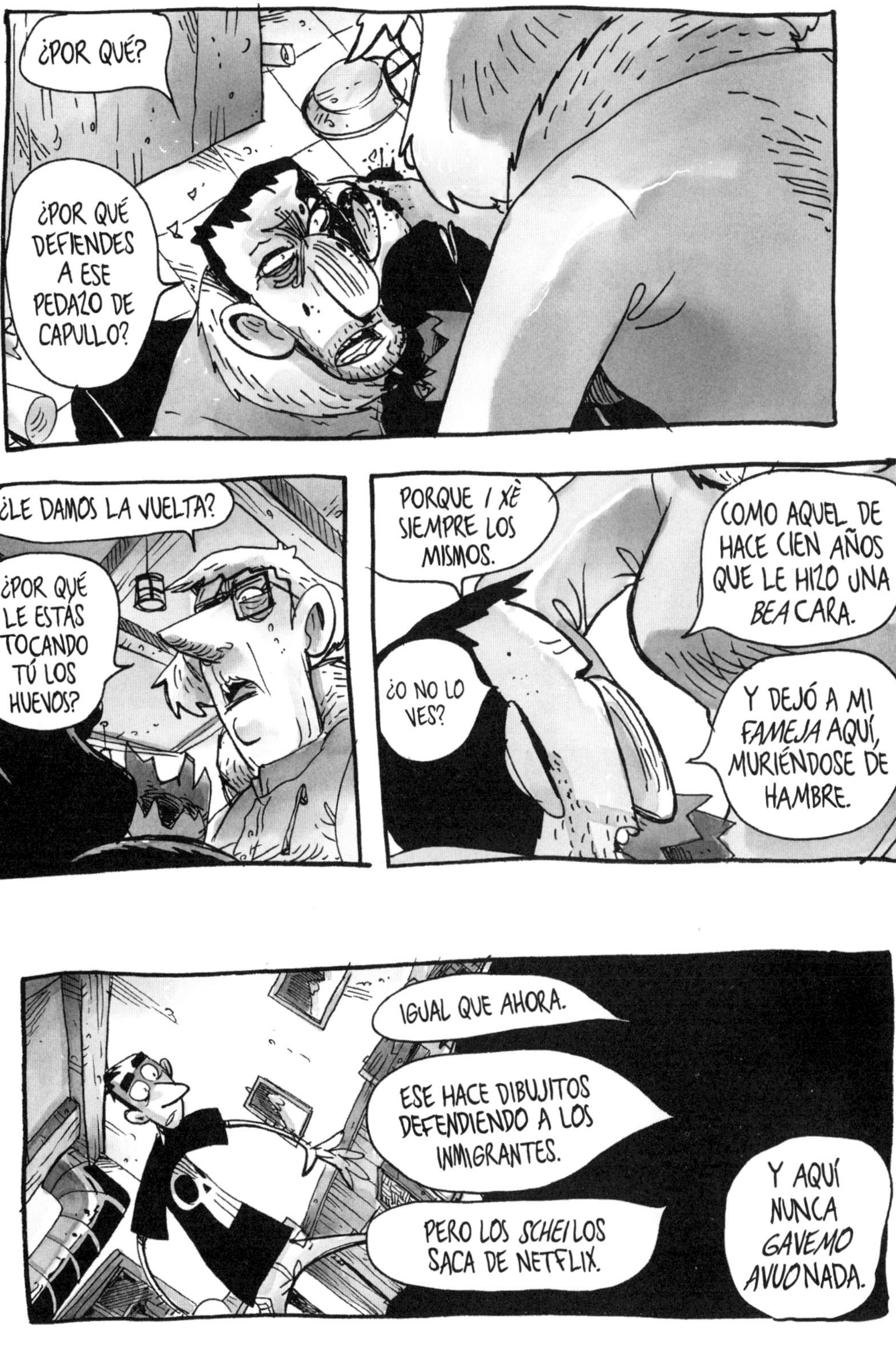
¿POR QUÉ?
¿POR QUÉ DEFIENDES A ESE PEDAZO DE CAPULLO?
¿LE DAMOS LA VUELTA?
¿POR QUÉ LE ESTÁS TOCANDO TÚ LOS HUEVOS?
PORQUE I *XÈ* SIEMPRE LOS MISMOS.
¿O NO LO VES?
COMO AQUEL DE HACE CIEN AÑOS QUE LE HIZO UNA *BEA* CARA.
Y DEJÓ A MI *FAMEJA* AQUÍ, MURIÉNDOSE DE HAMBRE.
IGUAL QUE AHORA.
ESE HACE DIBUJITOS DEFENDIENDO A LOS INMIGRANTES.
PERO LOS *SCHEI* LOS SACA DE NETFLIX.
Y AQUÍ NUNCA *GAVEMO AVUO* NADA.

TODO EL MUNDO NOS HA PASADO POR DELANTE.

MASTICADOS, ESCUPIDOS Y DEJADOS EN LA CUNETA DE LA HISTORIA.

SOLO HA QUEDADO UNA COSA.

ESA ESTATUA DE LOS COJONES QUE DICE: «GRACIAS POR HABER MUERTO».

PERO LAS ESTATUAS NO SE *POL* COMER.

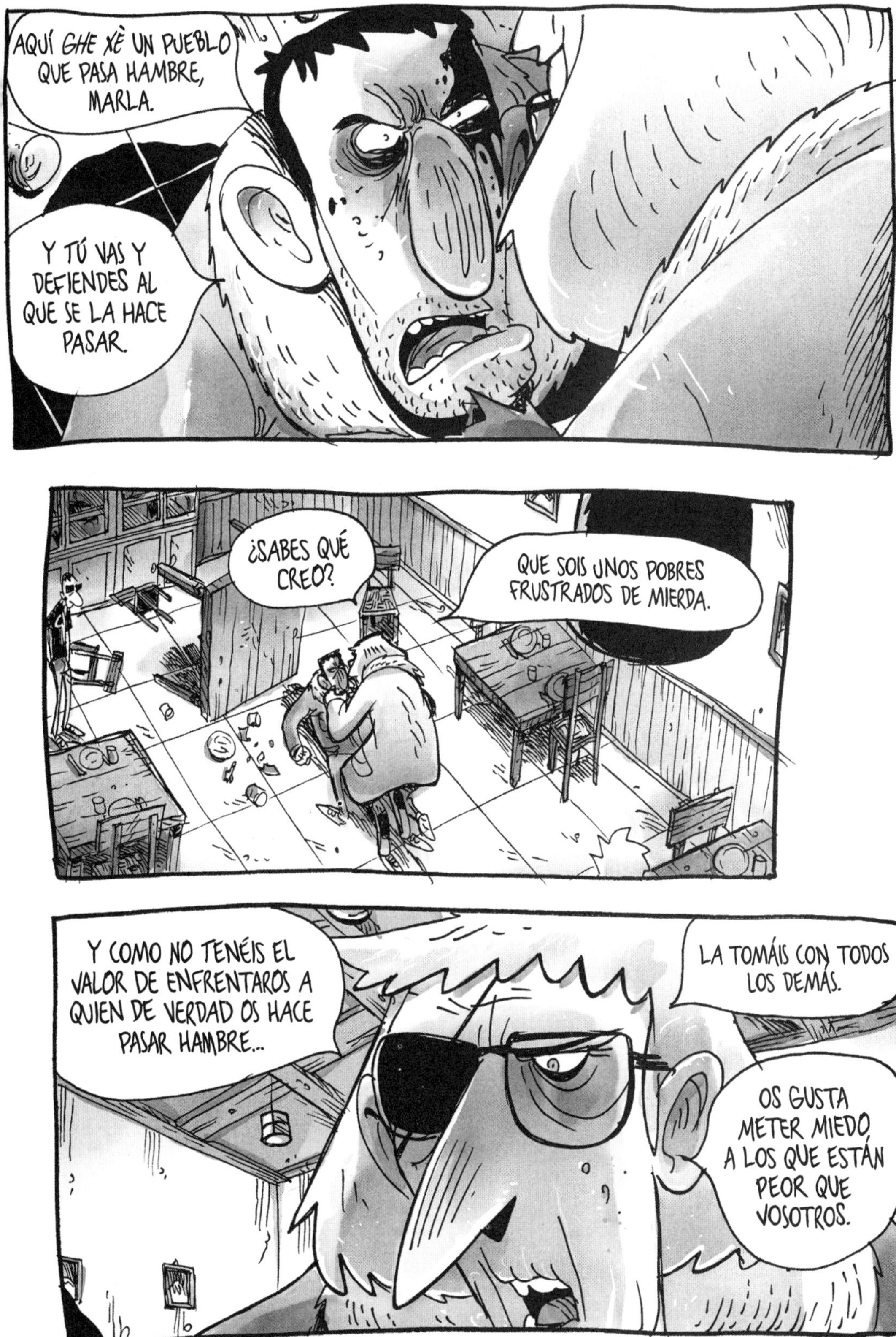
AQUÍ GHE XÈ UN PUEBLO QUE PASA HAMBRE, MARLA.
Y TÚ VAS Y DEFIENDES AL QUE SE LA HACE PASAR.
¿SABES QUÉ CREO?
QUE SOIS UNOS POBRES FRUSTRADOS DE MIERDA.
Y COMO NO TENÉIS EL VALOR DE ENFRENTAROS A QUIEN DE VERDAD OS HACE PASAR HAMBRE...
LA TOMÁIS CON TODOS LOS DEMÁS.
OS GUSTA METER MIEDO A LOS QUE ESTÁN PEOR QUE VOSOTROS.

— NO XÈ QUE SOLO LES METAMOS MIEDO, VECIA.

— LLEVAS AQUÍ 30 AÑOS, PERO AÚN NO LO HAS CAPIO.

— ¿ES UNA AMENAZA, SILVANO?

— NO AFINAS NADA, PORQUE YO YA CONOCÍ EL MIEDO...

— CUANDO NO TENÍA DELANTE A UN PAR DE BORRACHUZOS PALURDOS...

SINO A LA TODA LA POLICÍA, AL EJÉRCITO Y DEMÁS FUERZAS QUE DEFENDÍAN ESTE ESTADO.

QUE DEFENDÍAN UN ORDEN QUE RESPALDABA A ESA GENTE QUE OS HACE PASAR ESA HAMBRE DE LA QUE TANTO HABLÁIS.

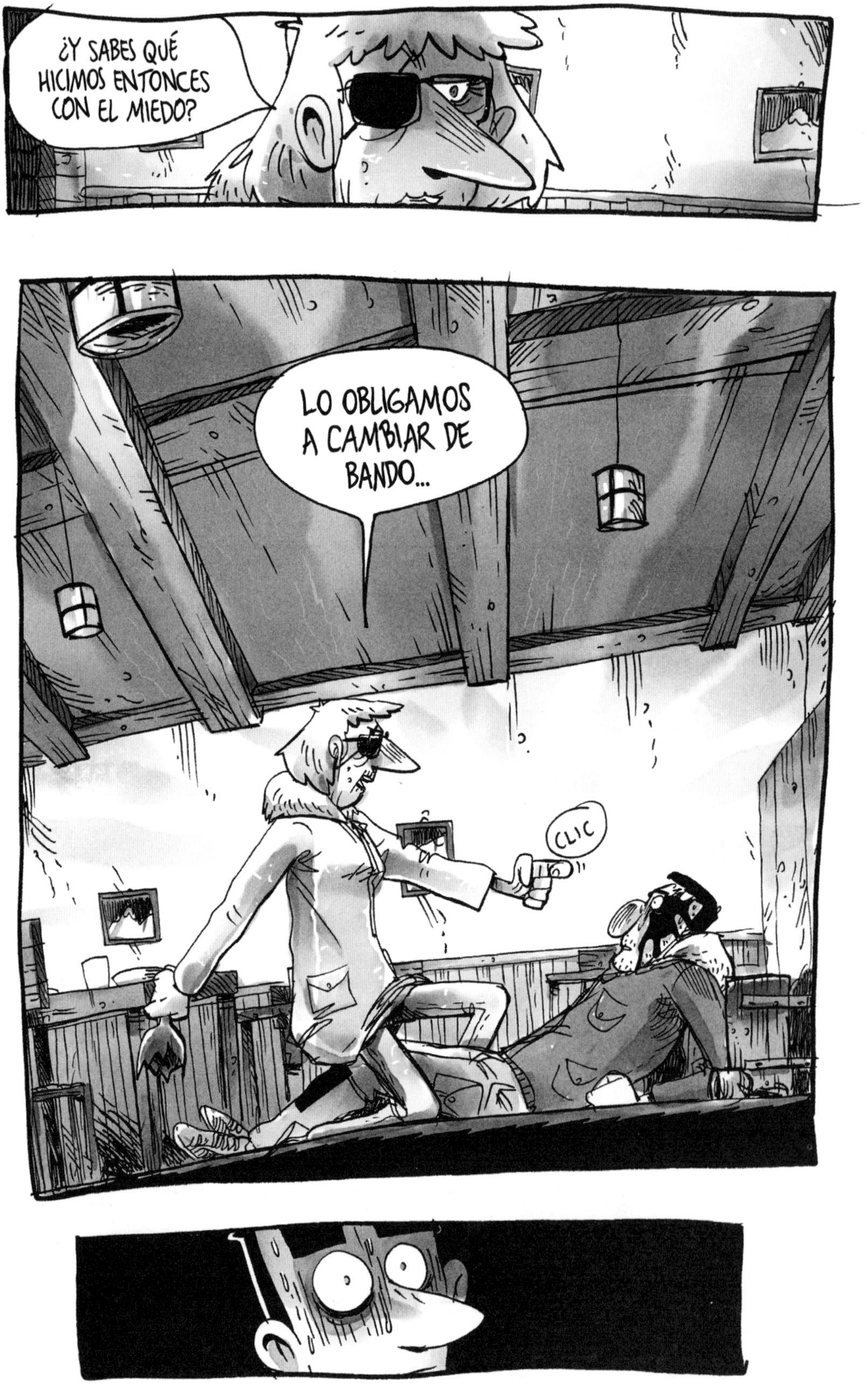
¿Y SABES QUÉ HICIMOS ENTONCES CON EL MIEDO?
LO OBLIGAMOS A CAMBIAR DE BANDO...
CLIC

— AHORA LEVANTA, SO MEMO.

— Y VE A QUE TE PONGAN UN PAR DE PUNTOS EN LA AZOTEA.

— DARIO, SE TE VOL, LE EXPLICO YO CÓMO ESTÁN LAS COSAS...

— Y DALE....

— SIGUES SIN ENTENDER.

— QUÍTATE DE MI VISTA ANTES DE QUE CAMBIE DE IDEA, JODER.

— POR FAVOR, MUCHACHOS.

— TENGO QUE PEDIROS QUE OS VAYÁIS.

— SI QUERÉIS QUE LLAME A ALGUIEN...

— NO, NO...

— NO IMPORTA.

— FASEMO SOLOS.

— AY.

— MARLA.

— TE...

— GRACIAS.

— NO IMPORTA.

— NO ME DES LAS GRACIAS.

— VENGA, VÁMONOS.

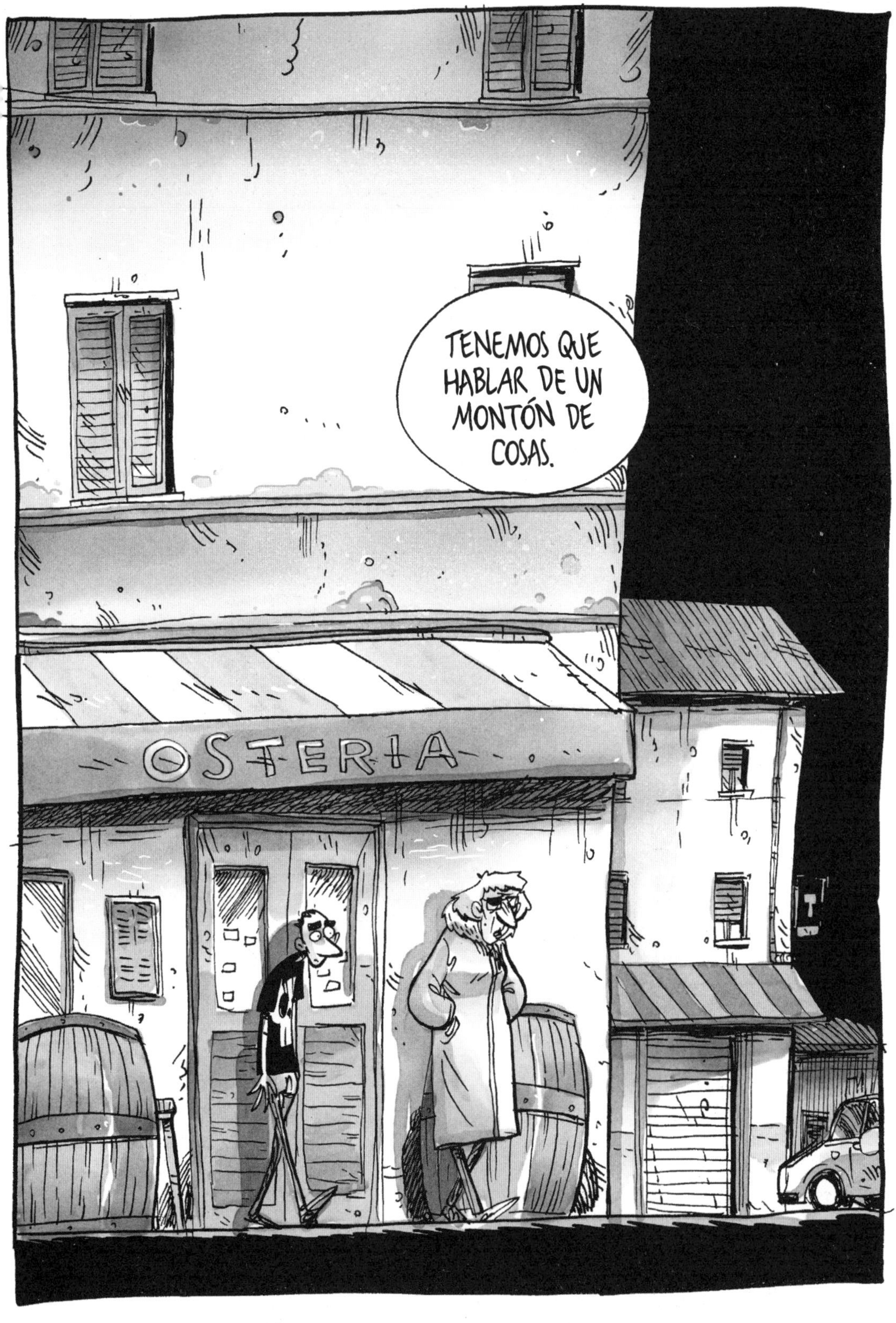
TENEMOS QUE HABLAR DE UN MONTÓN DE COSAS.
OSTERIA

Tercer acto

QUE SE TRANSMITEN CON EL PASO DE LOS AÑOS.

COMO LOS CARACTERES RECESIVOS Y DOMINANTES. SABES LO QUE DIGO, ¿NO?

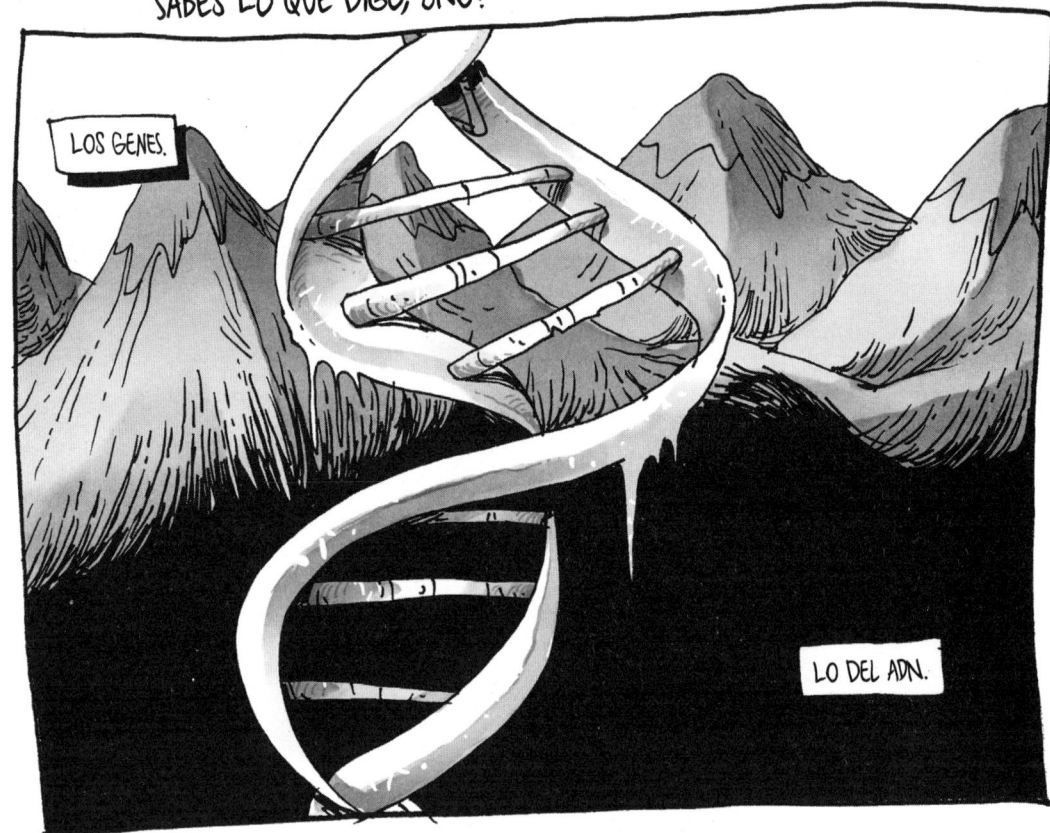

LOS GENES.

LO DEL ADN.

BUENO, PUES EL RENCOR SIEMPRE ES DOMINANTE.

CORRE POR LA SANGRE DE LOS PADRES Y DE LOS HIJOS.

EL ODIO INFECTA A UNA GENERACIÓN TRAS OTRA.

YA.

PERO ¿RENCOR POR QUÉ?

¡¿QUIÉN COÑO LOS CONOCE?!

AQUÍ A TU BISABUELO LO CONSIDERAN CASI UN BENEFACTOR.

ALGUNOS.

O UN CACHO CABRÓN. LOS OTROS.

ESOS SON LOS OTROS.

SEGÚN SE CUENTA, SE...

SÍ, VALE, PASANDO.

PASANDO DE LA HISTORIA DE ESOS TRES VIEJOS. NO, EN SERIO.

LA HISTORIA QUE ME INTERESA ES LA TUYA.

¿QUIÉN-ERES-TÚ?

¿¿¿LA AMANTE DE MI PADRE???

¿¿¿LA AMANTE DE MI MADRE???

¿¿¿QUÉ TE UNE A MIS PADRES???

¡LA AMANTE! ¡CRISTOSANTÍSIMO, CALCARE! ¡SON AVES DE CORRAL!

QUÉ HORROR.

YO QUÉ COÑO SÉ. LA GENTE SE TIRA A LOS DELFINES.

CONOZCO A TU PADRE DESDE HACE MÁS DE 50 AÑOS.

FUIMOS JUNTOS AL COLEGIO.

EN OTRA ERA GEOLÓGICA.

GRUPO DE ALUMNOS EN LUCHA

ASAMBL

LA ERA EN LA QUE UN TERREMOTO SACUDIÓ EL MUNDO ENTERO.

UN TERREMOTO QUE NOS MANTUVO UNIDOS DURANTE AÑOS.

ENTRELAZADOS COMO LOS ESLABONES DE UNA CADENA.

COMO AMIGOS Y COMO COMPAÑEROS.

HUELGA GENERAL

TRATANDO DE ESTAR LO MÁS CERCA POSIBLE DEL EPICENTRO.

DONDE EL TORBELLINO TENÍA MÁS FUERZA.

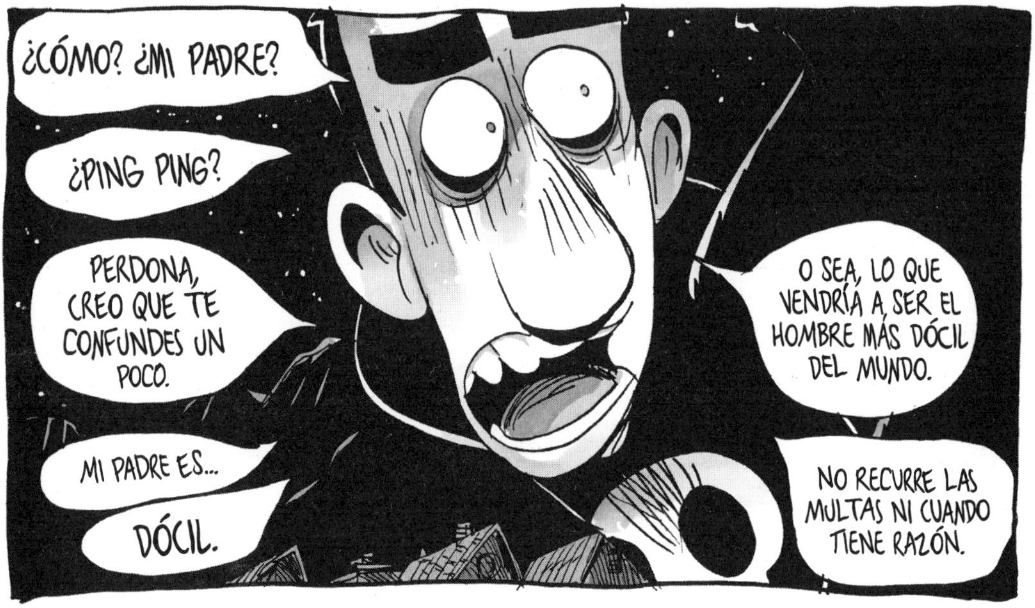
¿CÓMO? ¿MI PADRE?
¿PING PING?
PERDONA, CREO QUE TE CONFUNDES UN POCO.
MI PADRE ES...
DÓCIL.
O SEA, LO QUE VENDRÍA A SER EL HOMBRE MÁS DÓCIL DEL MUNDO.
NO RECURRE LAS MULTAS NI CUANDO TIENE RAZÓN.

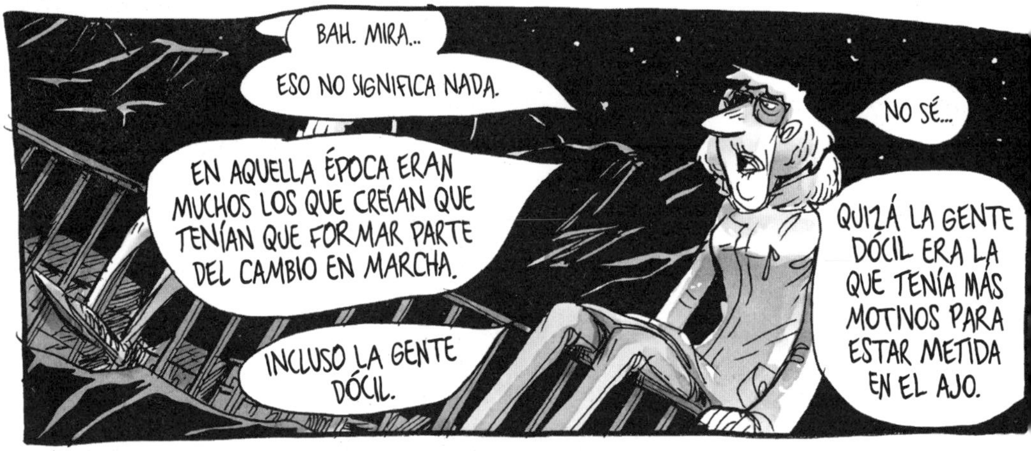
BAH. MIRA...
ESO NO SIGNIFICA NADA.
EN AQUELLA ÉPOCA ERAN MUCHOS LOS QUE CREÍAN QUE TENÍAN QUE FORMAR PARTE DEL CAMBIO EN MARCHA.
INCLUSO LA GENTE DÓCIL.
NO SÉ...
QUIZÁ LA GENTE DÓCIL ERA LA QUE TENÍA MÁS MOTIVOS PARA ESTAR METIDA EN EL AJO.

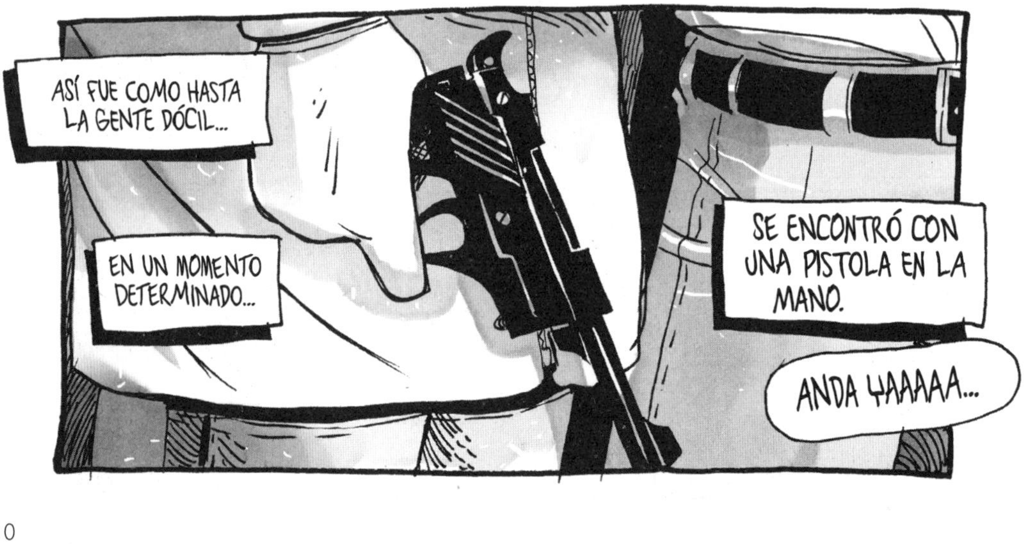
ASÍ FUE COMO HASTA LA GENTE DÓCIL...
EN UN MOMENTO DETERMINADO...
SE ENCONTRÓ CON UNA PISTOLA EN LA MANO.
ANDA YAAAAA...

— ¿¿¿No me dirás que mi padre formaba parte de las Brigadas Rojas???

— Te juro que antes me creo que formaba parte del cuerpo de baile de los osos del Circo Togni.

— Echa el freno, Madaleno.

— Por primera vez con nosotros... ¡un pato!

CUAC, CUAC.

— Es más verosímil.

— ¡Anda ya, las Brigadas Rojas! Estáis todos con el mismo cuento.

— Que no solo tenían armas las Brigadas...

— Entre policías, fascistas, bandidos y camellos...

— Había pistolas para dar y tomar. Y se utilizaban.

— Para quien quería hacer política en la calle, ese era el nivel que había.

— Y había que enfrentarse a las armas.

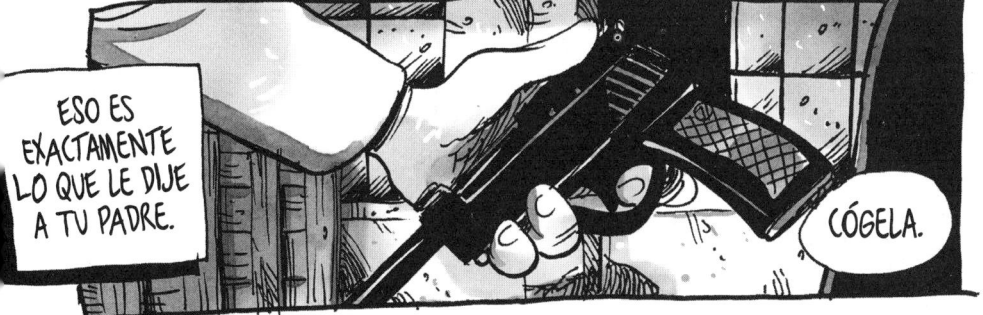

— Eso es exactamente lo que le dije a tu padre.

— Cógela.

PERO EN ESE MOMENTO SE SEPARARON NUESTROS CAMINOS...

ES SOLO PARA PREVENIR, PING PING.

ES MÁS SEGURO.

ÉL NO QUERÍA TENER NADA QUE VER CON ESO.

HABÍA CONOCIDO A UNA MUJER, DECÍA.

ESTABAN PENSANDO EN TENER UN HIJO.

«NO QUIERO QUE CREZCA CON UN PADRE ENTRE REJAS».

ESO CONTESTÓ.

«Y TAMPOCO CON ESTA RABIA EN EL CUERPO».

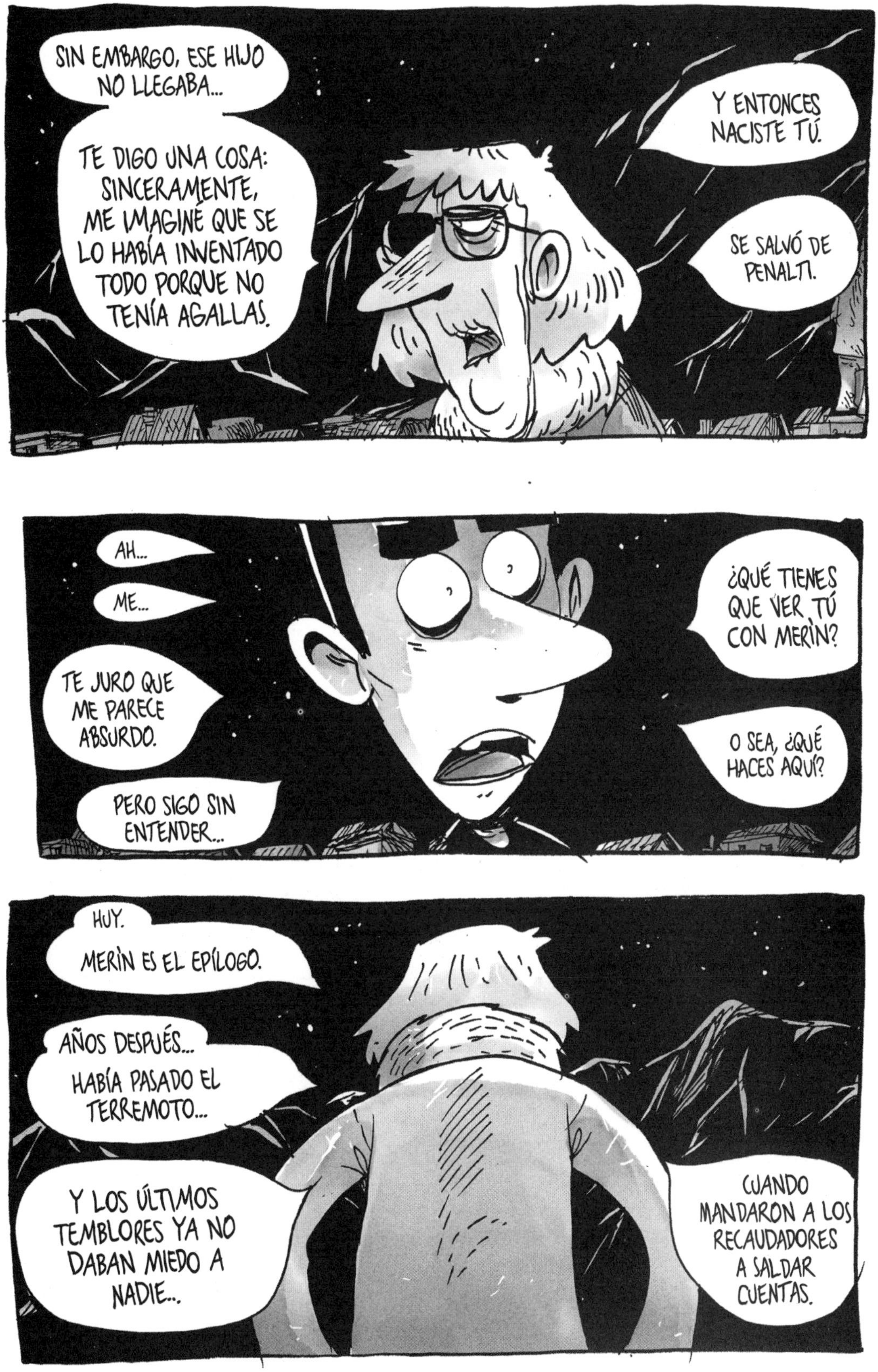
SIN EMBARGO, ESE HIJO NO LLEGABA...
TE DIGO UNA COSA: SINCERAMENTE, ME IMAGINÉ QUE SE LO HABÍA INVENTADO TODO PORQUE NO TENÍA AGALLAS.
Y ENTONCES NACISTE TÚ.
SE SALVÓ DE PENALTI.
AH...
ME...
TE JURO QUE ME PARECE ABSURDO.
PERO SIGO SIN ENTENDER...
¿QUÉ TIENES QUE VER TÚ CON MERÍN?
O SEA, ¿QUÉ HACES AQUÍ?
HUY.
MERÍN ES EL EPÍLOGO.
AÑOS DESPUÉS...
HABÍA PASADO EL TERREMOTO...
Y LOS ÚLTIMOS TEMBLORES YA NO DABAN MIEDO A NADIE...
CUANDO MANDARON A LOS RECAUDADORES A SALDAR CUENTAS.

REABRÍAN LOS CASOS DE AÑOS ATRÁS...

ENCONTRABAN CULPABLES...

Y RECORDABAN A TODO EL MUNDO ALGO DE LO MÁS SENCILLO.

Y DE LO MÁS ANTIGUO:

NO EXISTE PEOR PECADO QUE DESAFIAR AL ORDEN.

PARA ESO NO HAY TREGUA, PERDÓN NI OLVIDO.

NO.

UN DÍA ME AVISARON DE QUE ESTABA ACERCÁNDOSE MI TURNO.

ME DIJE QUE, AL MENOS, NO SE LO PONDRÍA EN BANDEJA.

QUE SE ESFORZARAN POR BUSCARME POR AHÍ.

ENTONCES, AQUEL DÍA EN NUESTRA CASA...

HACE YA 35 AÑOS...

CUANDO HABLABAS CON MI MADRE...

SÍ.

FUE CUANDO DECIDÍ IRME DE ROMA.

REBOBINA OTRA VEZ, UNAS HORAS MÁS

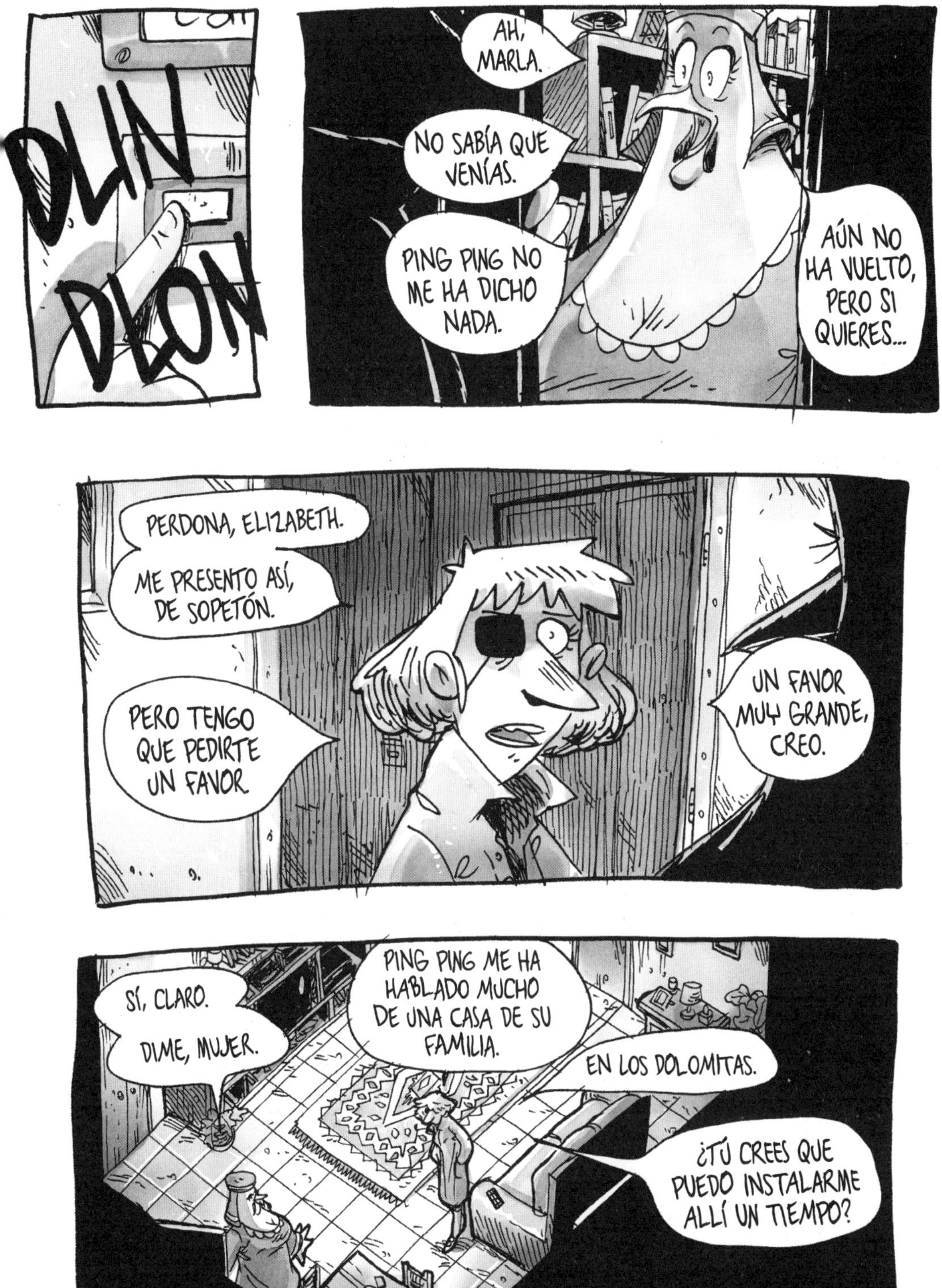

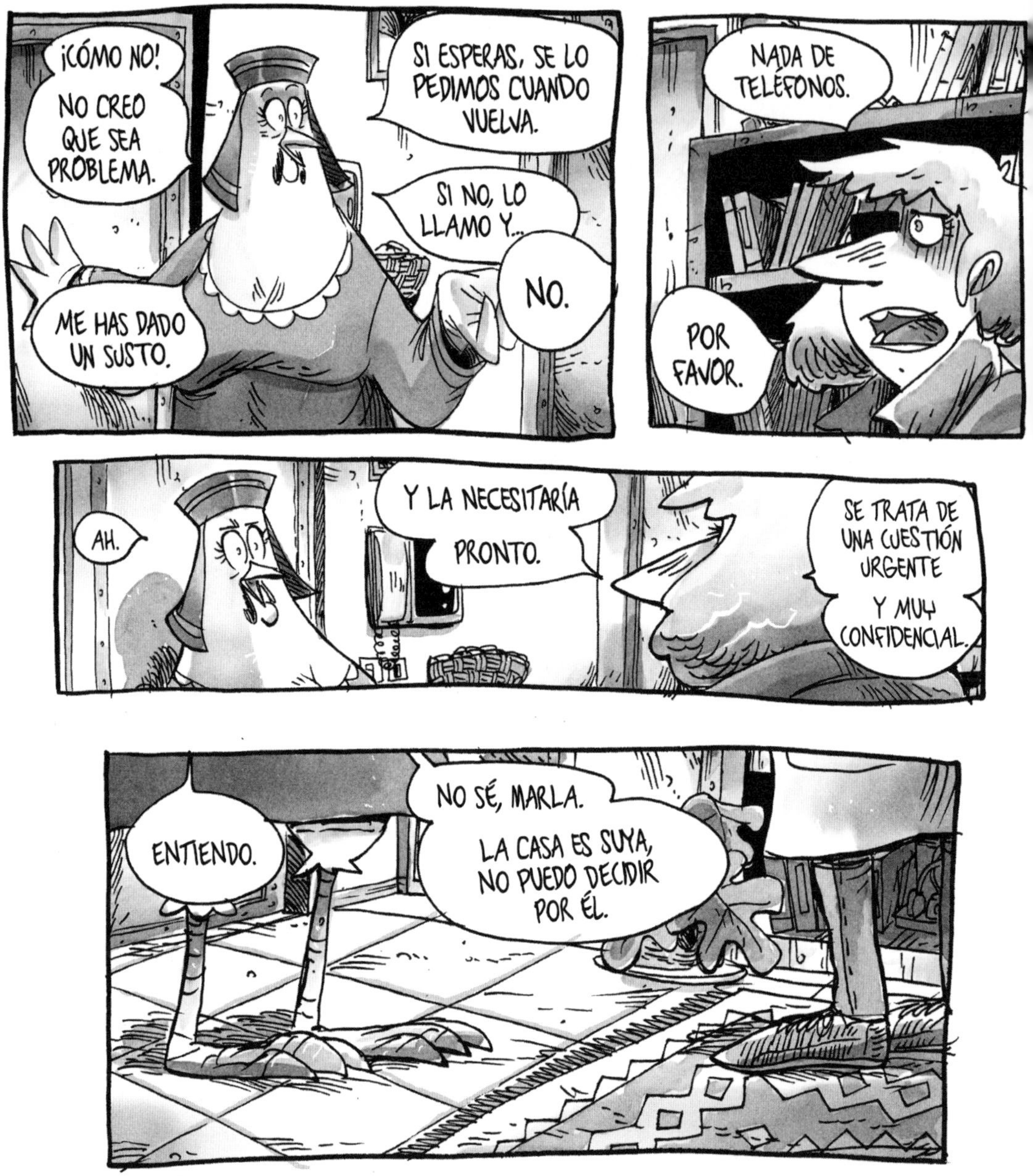
¡CÓMO NO!
NO CREO QUE SEA PROBLEMA.
ME HAS DADO UN SUSTO.
SI ESPERAS, SE LO PEDIMOS CUANDO VUELVA.
SI NO, LO LLAMO Y...
NO.
NADA DE TELÉFONOS.
POR FAVOR.
AH.
Y LA NECESITARÍA
PRONTO.
SE TRATA DE UNA CUESTIÓN URGENTE
Y MUY CONFIDENCIAL.
ENTIENDO.
NO SÉ, MARLA.
LA CASA ES SUYA, NO PUEDO DECIDIR POR ÉL.
PERO LAS DOS CONOCEMOS A PING PING LO SUFICIENTE
...

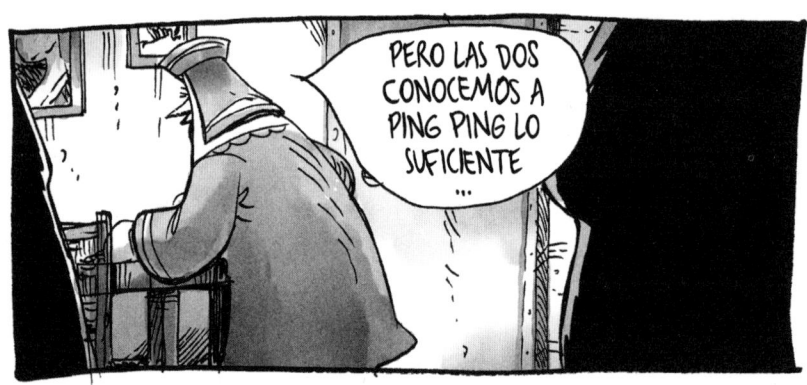

... PARA SABER QUÉ HARÍA SI ESTUVIERA AQUÍ.

ESPERA, QUE TE ESCRIBO LA DIRECCIÓN.

Y LAS INDICACIONES QUE RECUERDO.

¿ESTÁS SEGURA DE QUE NO QUIERES ESPERAR?

HA TENIDO UN DÍA COMPLICADO.

ME PARECE QUE LE GUSTARÍA VER UNA CARA AMIGA.

LO SIENTO, NO PUEDO.

«CUÍDATE». «TÚ TAMBIÉN».

— DEBÍA HABER SIDO COSA DE POCAS SEMANAS.

— Y HAN PASADO MÁS DE 35 AÑOS.

— ALTO.

— ¿HACE 35 AÑOS QUE...

— ...VIVES EN ESA CASA?

— NO.

— EN VUESTRA CASA SOLO ESTUVE NADA MÁS LLEGAR AL PUEBLO.

— Y LA COSA NO SALIÓ MUY BIEN.

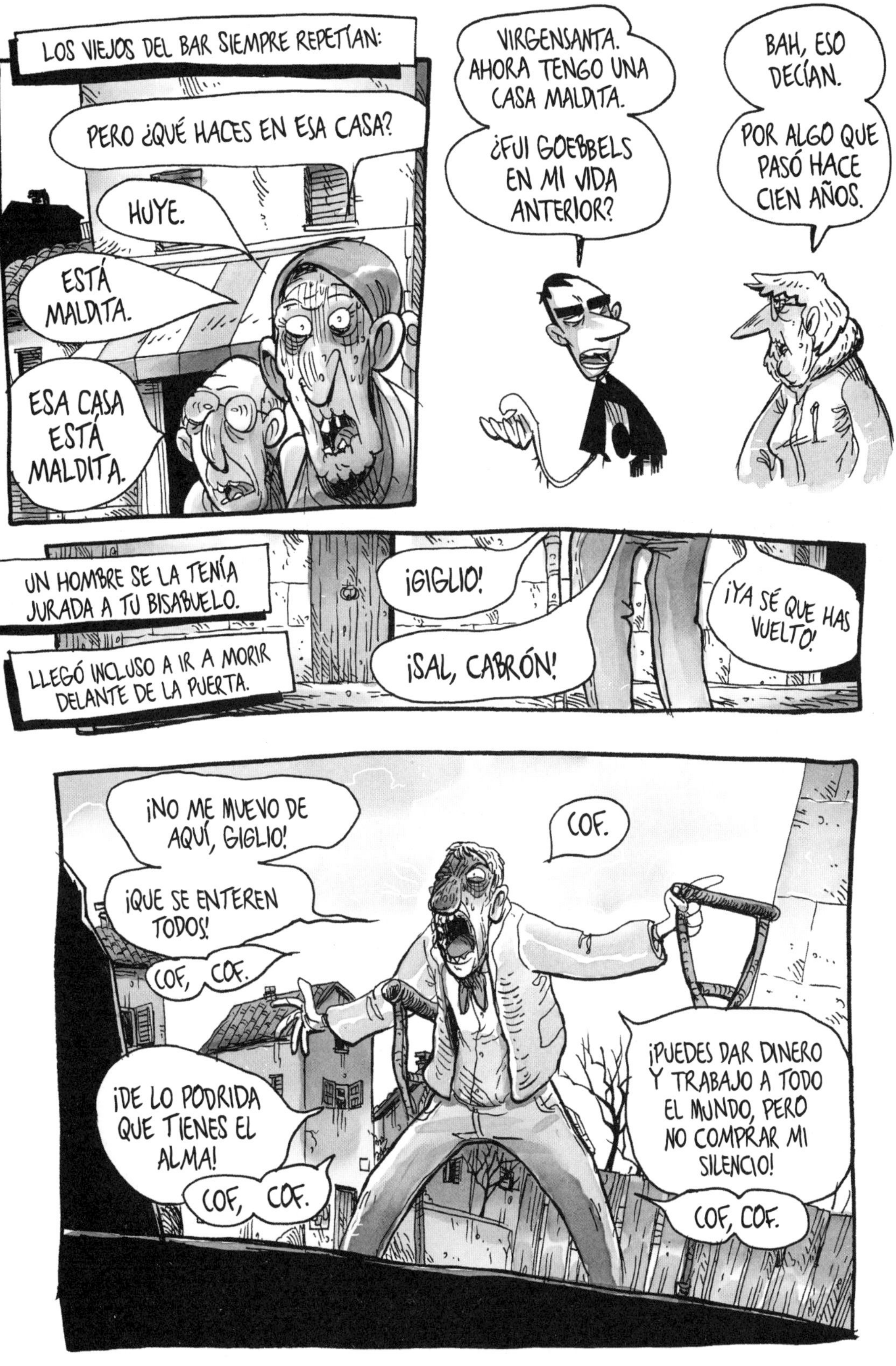
LOS VIEJOS DEL BAR SIEMPRE REPETÍAN:
PERO ¿QUÉ HACES EN ESA CASA?
HUYE.
ESTÁ MALDITA.
ESA CASA ESTÁ MALDITA.
VIRGENSANTA. AHORA TENGO UNA CASA MALDITA.
¿FUI GOEBBELS EN MI VIDA ANTERIOR?
BAH, ESO DECÍAN.
POR ALGO QUE PASÓ HACE CIEN AÑOS.
UN HOMBRE SE LA TENÍA JURADA A TU BISABUELO.
LLEGÓ INCLUSO A IR A MORIR DELANTE DE LA PUERTA.
¡GIGLIO!
¡SAL, CABRÓN!
¡YA SÉ QUE HAS VUELTO!
¡NO ME MUEVO DE AQUÍ, GIGLIO!
¡QUE SE ENTEREN TODOS!
COF, COF.
COF.
¡DE LO PODRIDA QUE TIENES EL ALMA!
COF, COF.
¡PUEDES DAR DINERO Y TRABAJO A TODO EL MUNDO, PERO NO COMPRAR MI SILENCIO!
COF, COF.

SIGUIÓ CHILLANDO DURANTE HORAS.

HASTA QUE NO LE QUEDÓ NADA DE AIRE EN LOS PULMONES.

YO TE...

COF, COF.

MALDIGO. COF.

Y ASÍ FUE COMO MURIÓ DELANTE DE VUESTRA PUERTA.

GIGLIO, MALDITO.

COF.

ALLÍ PERMANECIÓ DURANTE DOS DÍAS.

POR MIEDO AL CONTAGIO.

SIN QUE NADIE, PERO NADIE, LO TOCARA SIQUIERA.

AY. DICHO ASÍ, QUÉ CREEPY.

¿Y TÚ TE CREÍSTE LO DE LA MALDICIÓN?

MIRA. SI HE TOMADO TODAS ESTAS DECISIONES EN LA VIDA...

... ES PORQUE CREO EN EL MATERIALISMO HISTÓRICO.

PERO ALLÍ ALGO PASABA.

PENSAMIENTOS INTRUSIVOS Y ANGUSTIOSOS A DIARIO...

IMÁGENES RARAS EN LOS REFLEJOS...

ERA COMO SI AQUELLA CASA ME PUSIERA SIEMPRE FRENTE A LAS COSAS QUE NO QUERÍA VER.

LA DISTANCIA ENTRE LAS EXPECTATIVAS Y LA REALIDAD.

ENTRE LA RETÓRICA Y LA RUTINA.

ENTRE LA DIMENSIÓN COLECTIVA Y LA MISERIA INDIVIDUAL.

ENTRE CÓMO ME REPRESENTABA...

Y LO QUE HABÍA ACABADO SIENDO.

Y...

BUENO.

LA COSA NO ME GUSTÓ NI UN PELO, ¿SABES?

HABÍA HUIDO DE LOS MONSTRUOS AJENOS PARA ACABAR EN LAS FAUCES DE LOS MÍOS.

PERO NO TENÍA OTRO LUGAR AÚN MÁS REMOTO EN EL QUE ESCONDERME.

—Sssst...

—Creo que sé lo que quieres decir.

—No me arrepentí de nada, ¿eh? Sigo creyendo que el adversario era peor.

—Lo que pasa es que llega un punto en el que eso no basta. El demérito ajeno como afirmación de uno mismo.

Total, que decidí mudarme, pero quedarme aquí arriba.

Era ya otra mirada.

Era ya otra vida.

Buscaba algo que me ocupara el cerebro mientras esperaba la cuenta.

— PERO AL FINAL NO ME LLEGÓ.

— A SABER LO QUE ATASCÓ LA MÁQUINA DE LA VENGANZA.

— PERO, VAMOS, QUE YO ME QUEDÉ AQUÍ.

— YA, MUY BIEN. PERO ¿TE PARECE NORMAL QUE EL MUY NEGADO DE MI PADRE NUNCA ME HAYA DICHO NADA?

— ES BÁSICAMENTE EL CÍRCULO VICIOSO DE MI FAMILIA.

— EL CÍRCULO DE NO-NOS-DECIMOS-UNA-PUTA-MIERDA.

— SÍ. PERO NO SEAS DEMASIADO SEVERO.

— PING PING SÍ QUE HA ROTO UN CÍRCULO.

— EL CÍRCULO DEL CALLAIMBÉCIL.

— CALLA, IMBÉCIL.

— CALLA, IMBÉCIL.

— CALLA, IMBÉCIL.

— ÉL NUNCA TE HA TRATADO DE ESE MODO.

El afecto es cosa de nenazas

AHORA, DE AHÍ A IMAGINARSE QUE PUEDA PONERSE A VERBALIZAR SUS EMOCIONES YA VA UN BUEN TRECHO.

QUE ES UN TÍO, ¿EH?

NOSOTRAS ESTAS COSAS EMPEZAMOS A TRABAJARLAS HACE 50 AÑOS.

ELLOS COMO MUCHO JUGABAN A LOS VAQUEROS.

VENGA, YA ESTÁ BIEN. ES TARDE.

TU PADRE TE ESTÁ ESPERANDO EN CASA.

LO HE DEJADO ALLÍ ANTES DE IR A LA OSTERIA.

EH, ESPERA.

DIME UNA COSA.

Y YA.

AQUELLA TARDE HACE TANTOS AÑOS.

EN NUESTRA CASA.

OÍ QUE HABLABAS CON MI MADRE.

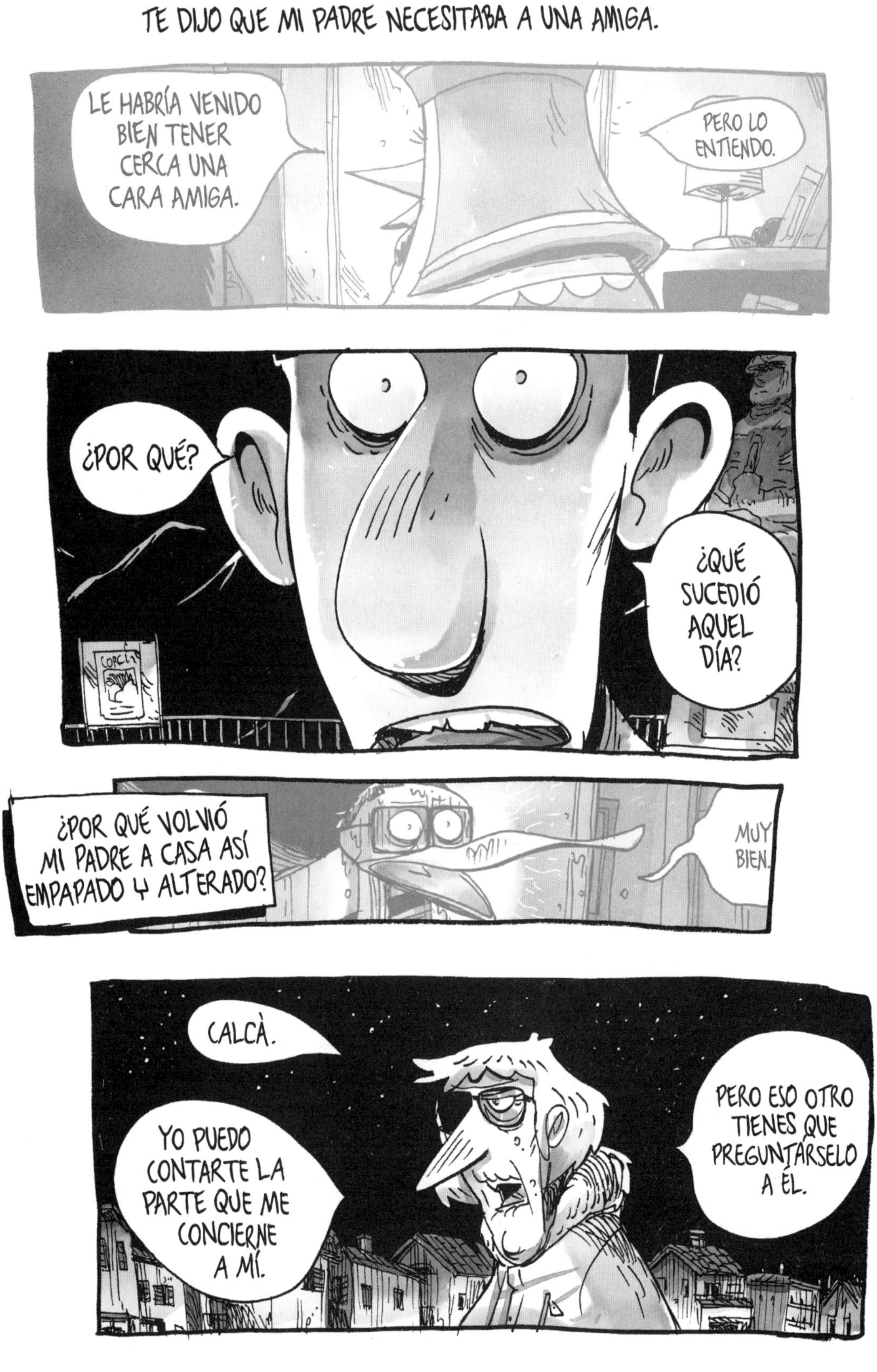
TE DIJO QUE MI PADRE NECESITABA A UNA AMIGA.
LE HABRÍA VENIDO BIEN TENER CERCA UNA CARA AMIGA.
PERO LO ENTIENDO.
¿POR QUÉ?
¿QUÉ SUCEDIÓ AQUEL DÍA?
¿POR QUÉ VOLVIÓ MI PADRE A CASA ASÍ EMPAPADO Y ALTERADO?
MUY BIEN.
CALCÀ.
YO PUEDO CONTARTE LA PARTE QUE ME CONCIERNE A MÍ.
PERO ESO OTRO TIENES QUE PREGUNTÁRSELO A ÉL.

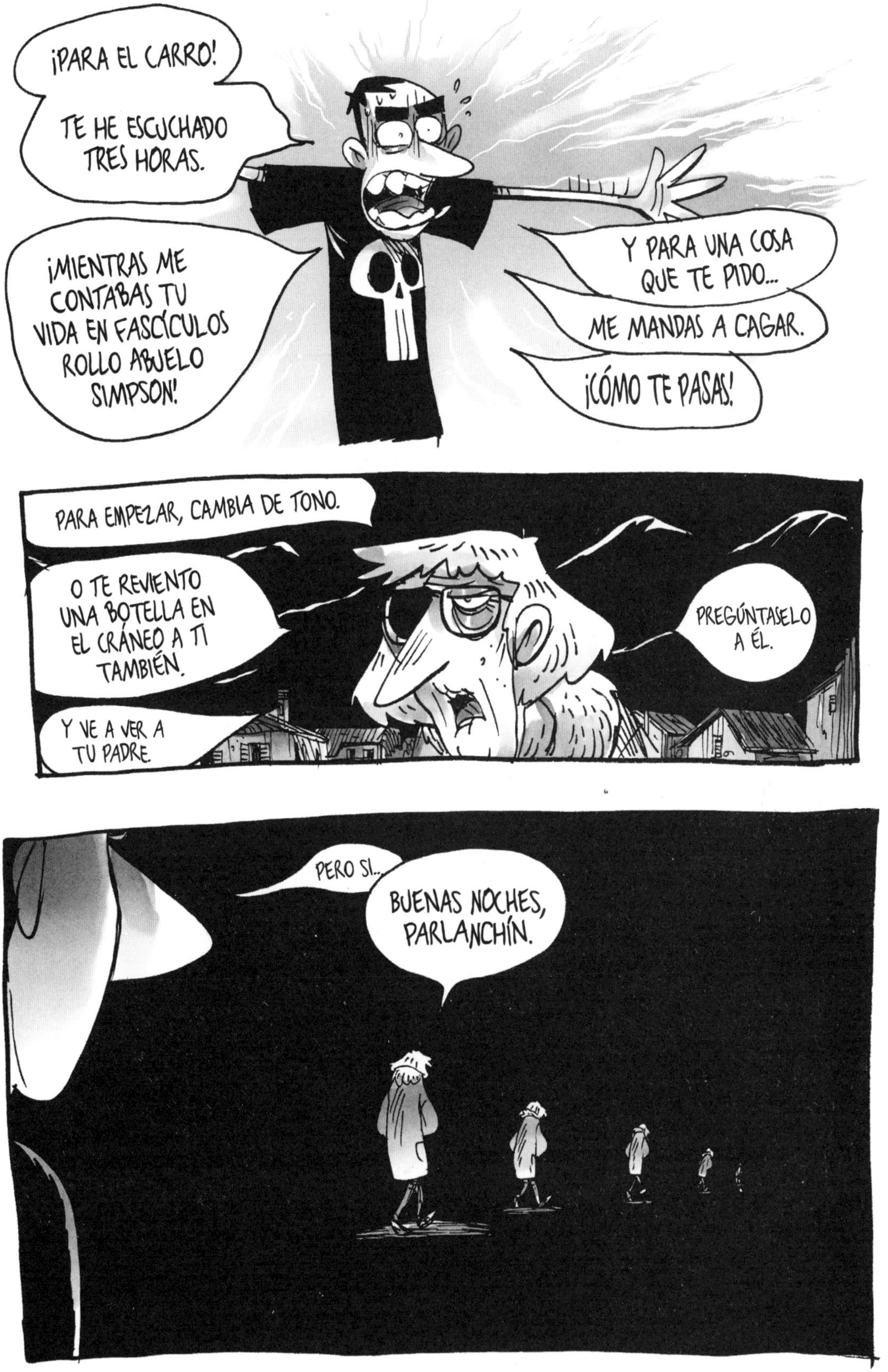
¡PARA EL CARRO!
TE HE ESCUCHADO TRES HORAS.
¡MIENTRAS ME CONTABAS TU VIDA EN FASCÍCULOS ROLLO ABUELO SIMPSON!
Y PARA UNA COSA QUE TE PIDO...
ME MANDAS A CAGAR.
¡CÓMO TE PASAS!
PARA EMPEZAR, CAMBIA DE TONO.
O TE REVIENTO UNA BOTELLA EN EL CRÁNEO A TI TAMBIÉN.
Y VE A VER A TU PADRE.
PREGÚNTASELO A ÉL.
PERO SI...
BUENAS NOCHES, PARLANCHÍN.

ANDA QUE NO.

MI PADRE.

CONOCIDO POR SU CÉLEBRE INTERROGACIÓN SOCRÁTICA:

¿Y NO ES MEJOR TIRARSE A UNA TÍA?

HAMLETIANO.

METAFÍSICO.

DESCARTES, HAZTE UNA PAJA.

QUE LE HA GRANJEADO LA INMORTALIDAD.

(NO ME DES LAS GRACIAS, PAPI).

¿QUIÉN IBA A DECIR QUE SU HISTORIA, LA SUYA, PEQUEÑA Y PERSONAL, PODÍA HABERSE CRUZADO CON LA HISTORIA CON MAYÚSCULA QUE HACE TEMBLAR AL MUNDO?

YO NO.

Y MIRA POR DÓNDE.

QUÉ ÉPOCA TAN INCOMPRENSIBLE LOS AÑOS SETENTA, ¿NO?

Y AHÍ ESTÁ, DURMIENDO A PIERNA SUELTA, EL TÍO.

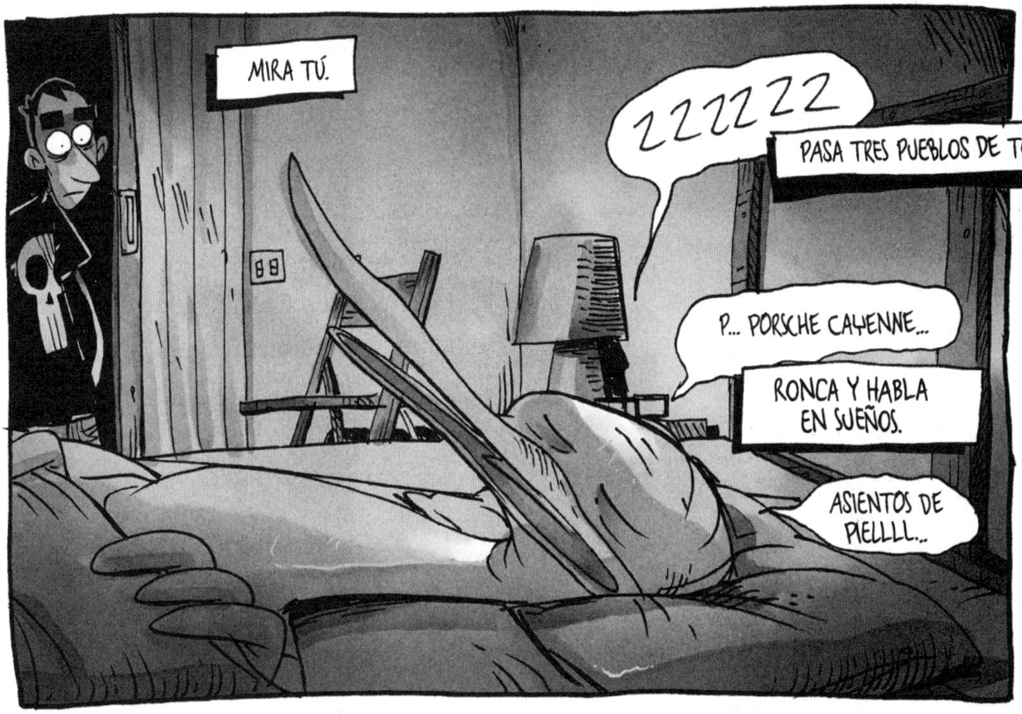

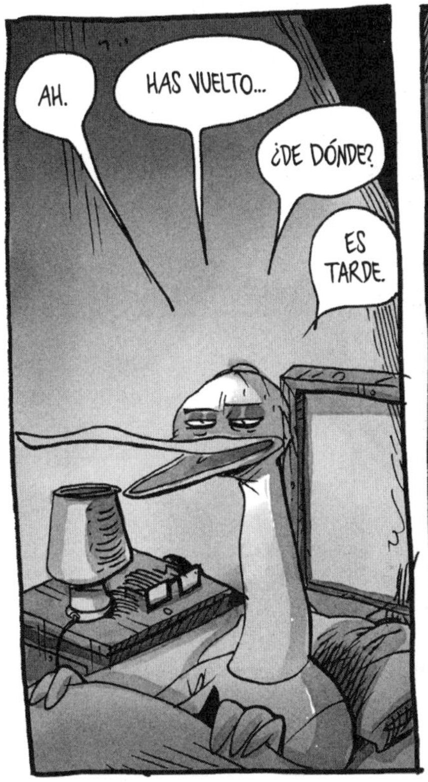

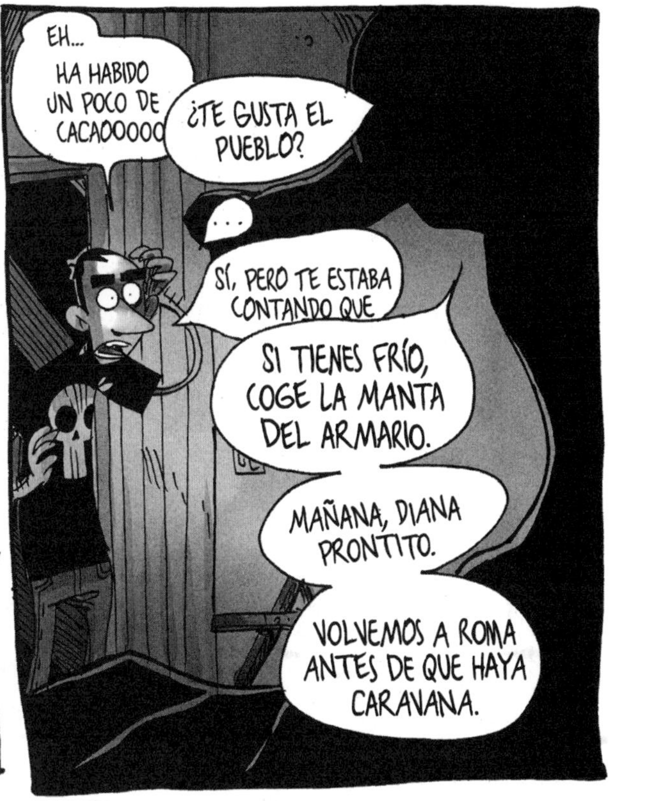

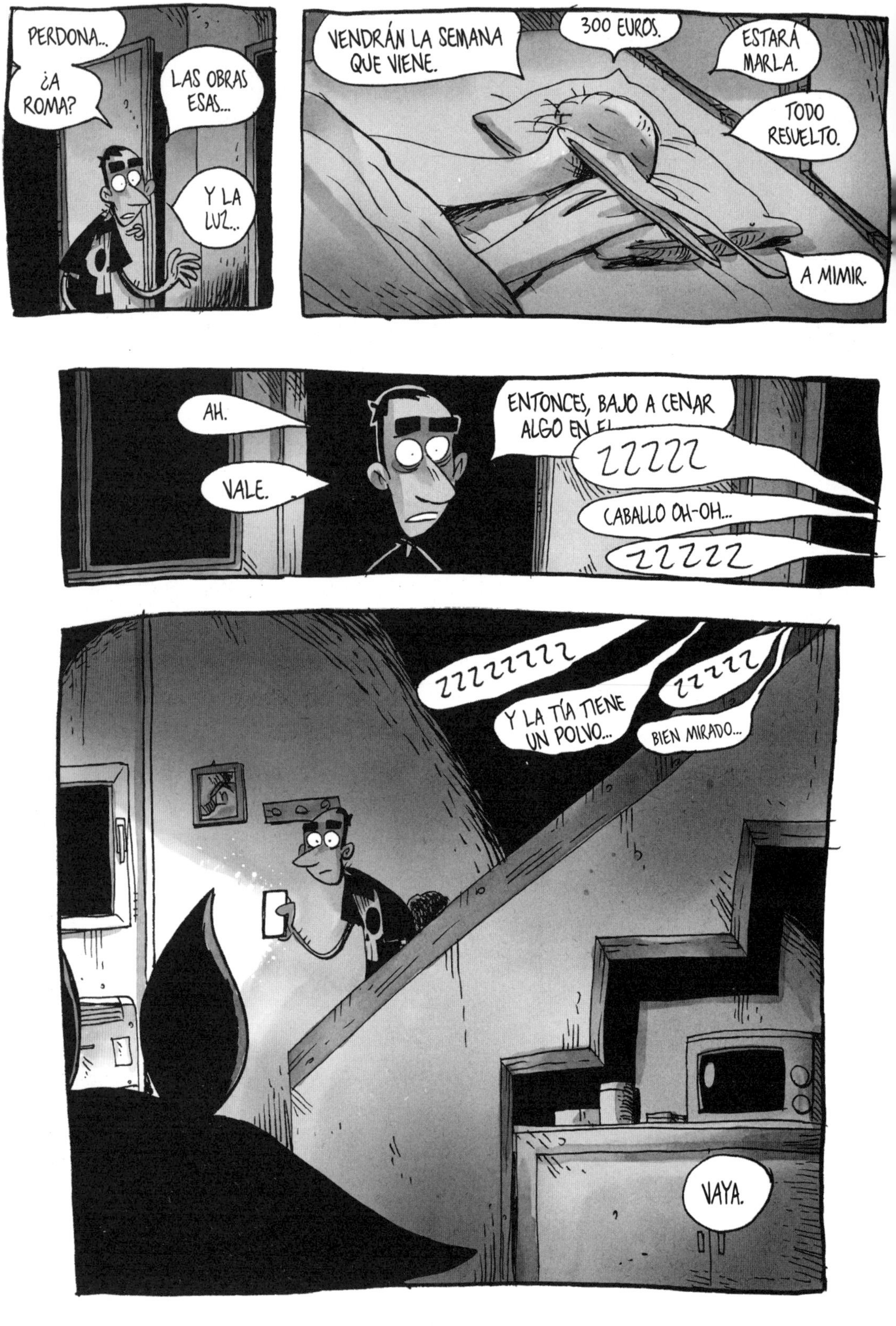
PERDONA...
¿A ROMA?
LAS OBRAS ESAS...
Y LA LUZ...
VENDRÁN LA SEMANA QUE VIENE.
300 EUROS.
ESTARÁ MARLA.
TODO RESUELTO.
A MIMIR.
AH.
VALE.
ENTONCES, BAJO A CENAR ALGO EN EL...
ZZZZZ
CABALLO OH-OH...
ZZZZZ
ZZZZZZZZ
Y LA TÍA TIENE UN POLVO...
ZZZZZ
BIEN MIRADO...
VAYA.

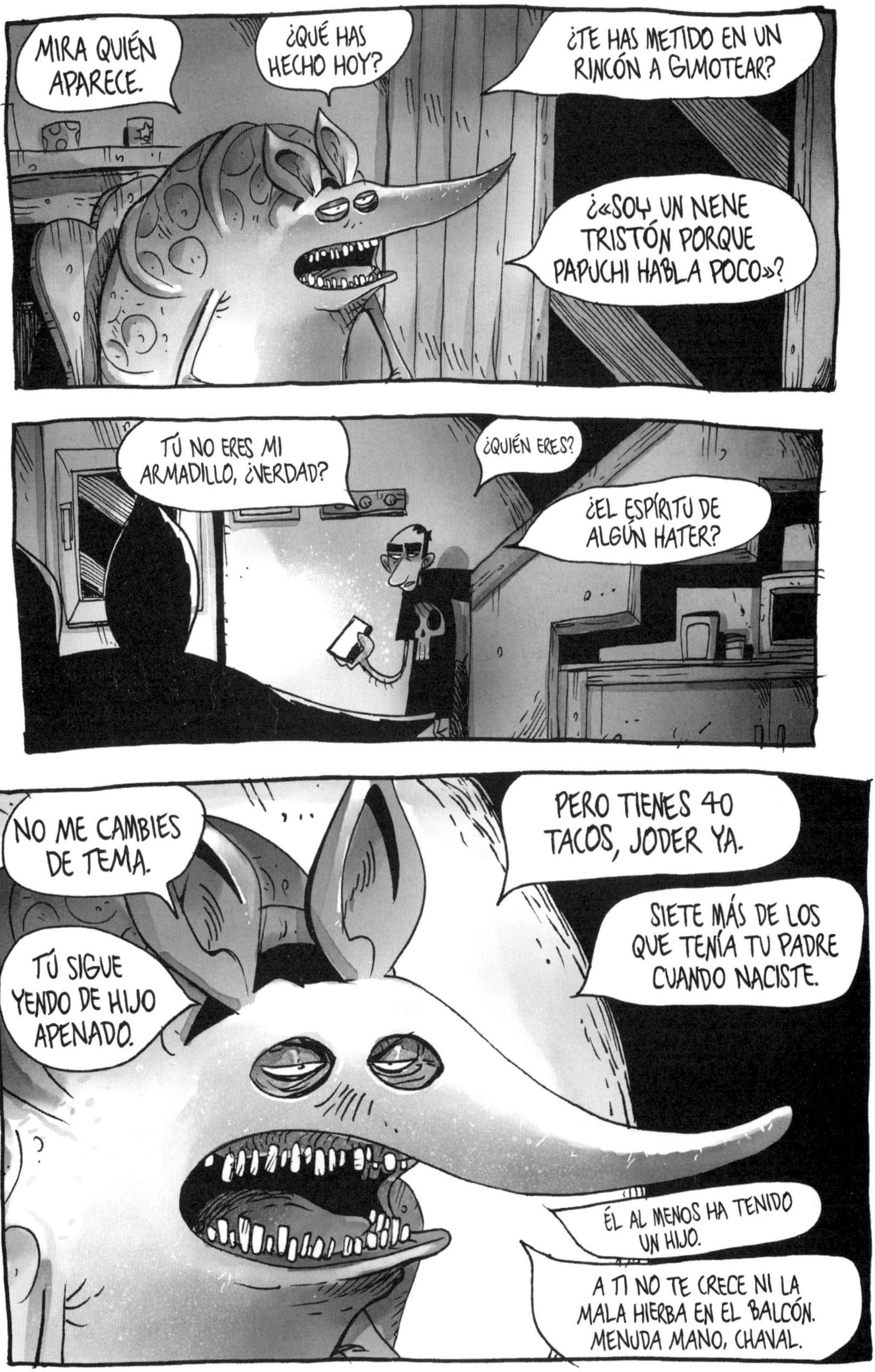
MIRA QUIÉN APARECE.
¿QUÉ HAS HECHO HOY?
¿TE HAS METIDO EN UN RINCÓN A GIMOTEAR?
¿«SOY UN NENE TRISTÓN PORQUE PAPUCHI HABLA POCO»?
TÚ NO ERES MI ARMADILLO, ¿VERDAD?
¿QUIÉN ERES?
¿EL ESPÍRITU DE ALGÚN HATER?
NO ME CAMBIES DE TEMA.
TÚ SIGUE YENDO DE HIJO APENADO.
PERO TIENES 40 TACOS, JODER YA.
SIETE MÁS DE LOS QUE TENÍA TU PADRE CUANDO NACISTE.
ÉL AL MENOS HA TENIDO UN HIJO.
A TI NO TE CRECE NI LA MALA HIERBA EN EL BALCÓN. MENUDA MANO, CHAVAL.

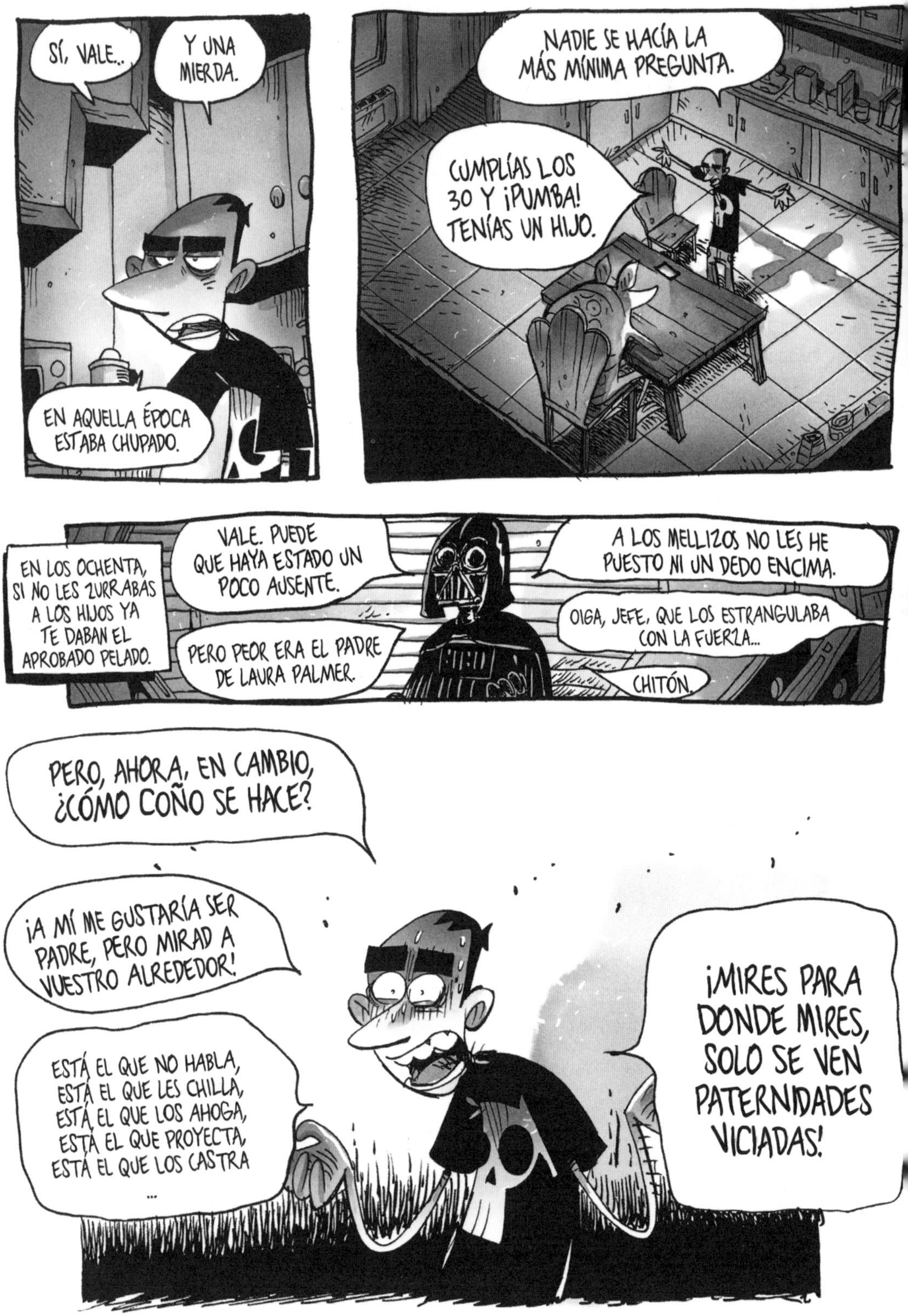

SÍ, VALE...
Y UNA MIERDA.
EN AQUELLA ÉPOCA ESTABA CHUPADO.
NADIE SE HACÍA LA MÁS MÍNIMA PREGUNTA.
CUMPLÍAS LOS 30 Y ¡PUMBA! TENÍAS UN HIJO.
EN LOS OCHENTA, SI NO LES ZURRABAS A LOS HIJOS YA TE DABAN EL APROBADO PELADO.
VALE. PUEDE QUE HAYA ESTADO UN POCO AUSENTE.
PERO PEOR ERA EL PADRE DE LAURA PALMER.
A LOS MELLIZOS NO LES HE PUESTO NI UN DEDO ENCIMA.
OIGA, JEFE, QUE LOS ESTRANGULABA CON LA FUERZA...
CHITÓN.
PERO, AHORA, EN CAMBIO, ¿CÓMO COÑO SE HACE?
¡A MÍ ME GUSTARÍA SER PADRE, PERO MIRAD A VUESTRO ALREDEDOR!
ESTÁ EL QUE NO HABLA, ESTÁ EL QUE LES CHILLA, ESTÁ EL QUE LOS AHOGA, ESTÁ EL QUE PROYECTA, ESTÁ EL QUE LOS CASTRA ...
¡MIRES PARA DONDE MIRES, SOLO SE VEN PATERNIDADES VICIADAS!

AHORA HAY MOGOLLÓN DE GENTE QUE REFLEXIONA SOBRE MODELOS FEMENINOS QUE DESMONTEN SIGLOS DE ESTEREOTIPOS DE LA MUJER DÓCIL/VÍCTIMA/OBJETO.

PERSONAJES TAN ESTUPENDÍSIMOS QUE ME DAN GANAS DE HABER NACIDO MUJER (COSA QUE NO HABÍA SUCEDIDO JAMÁS ENTRE 1983 Y 2015).

PERO COMO MODELOS DE PADRE ¿¿¿QUÉ TENEMOS???

ME PARECEN TODOS UNOS MAMONES.

MENOS EL BORRACHUZO DE «SHAMELESS» Y HOMER SIMPSON.

SEGUIMOS ESTANCADOS EN EL REVERENDO DE «SIETE EN EL PARAÍSO».

CAGOENTODO, MIENTRAS LO DIBUJO TENGO LA IMPRESIÓN DE QUE SE ME PARECE DE VERDAD.

YO ME MATO.

HIJO MÍO, EN TU CUARTO HE ENCONTRADO UN... PORRO.

HE LLAMADO A LA POLICÍA.

CUANDO SALGAS DE LA CÁRCEL TE HAREMOS UN EXORCISMO.

AUNQUE TAMPOCO SON GRANDES REFERENTES...

VETEALAPUTAMIERDA.

NI TÚ MISMO TE CREES ESAS CHORRADAS.

SABES PERFECTAMENTE POR QUÉ NO TIENES HIJOS.

PORQUE TE ACOJONA.

¿Y QUÉ HACES CUANDO ESTÁS ACOJONADO?

TE QUEDAS CONGELADO. COMO UN CIERVO EN UNA CARRETERA.

Y TE CREES QUE ASÍ TE SALVAS.

COMO SI AL PARARTE TÚ SE PARASE TODO EL MUNDO.

IGUAL QUE EN LOS TEBEOS EN LOS QUE NUNCA CRECE NADIE.

EN PLAN EL MUNDO TRANQUILIZADOR DE CHARLIE BROWN.

PARA TENER 70 TACOS ESTÁS ESTUPENDO, SECCO.

¿VAMOS A POR UN CATÉTER?

TE LO SUPLICO, DIOS-AUTOR.

MÁTAME.

ANTES DE CONVERTIRME EN UN MEME QUE DIGA FRASES DE BOOMER.

Y AUNQUE TE REFUGIES EN LOS DIBUJITOS....

SABES PERFECTAMENTE LO QUE PASA EN LA VIDA REAL.

QUE LA GENTE NO ESPERA A TENER EL MANUAL PARA ACTUAR.

PADRE MODERNO
FILOSOFÍA BARATA

Y TODO EL MUNDO HACE LO QUE SE HA HECHO SIEMPRE.

SE TIRA A LA PISCINA. SE EQUIVOCA. RECTIFICA. VIVE.

COMO HAN HECHO TODOS TUS COLEGAS.

TODOS.

INCLUSO A LA GENTE A LA QUE NO LE ENCARGARÍAS NI REGAR UN CACTUS DURANTE UNA SEMANA.

(TAMBIÉN TE DIGO QUE LA MITAD SON TÍOS ADULTOS QUE NO SABEN LO QUE ES UN ANTICONCEPTIVO).

VALE...
BASTA YA...

AHORA NO, TE ME DESHAGAS EN LÁGRIMAS.

QUE EL DRAMA NO ES LO TUYO.

EL DRAMA ES LO QUE SUFREN LOS QUE SE CRUZAN EN EL CAMINO DE GENTE ASÍ.

Y ACABAN PILLADOS DE VUESTROS PRETEXTOS PARA APLAZAR LA VIDA.

POR FAVOR...

BASTA...

Eres cinturón negro en esquivar la vida

UN PAPEL ADHESIVO MATAMOSCAS QUE ATRAPA A QUIEN LO PISA.

Y LE ROBA MESES. AÑOS. VIDAS.

VENGA, DESGRACIADO...

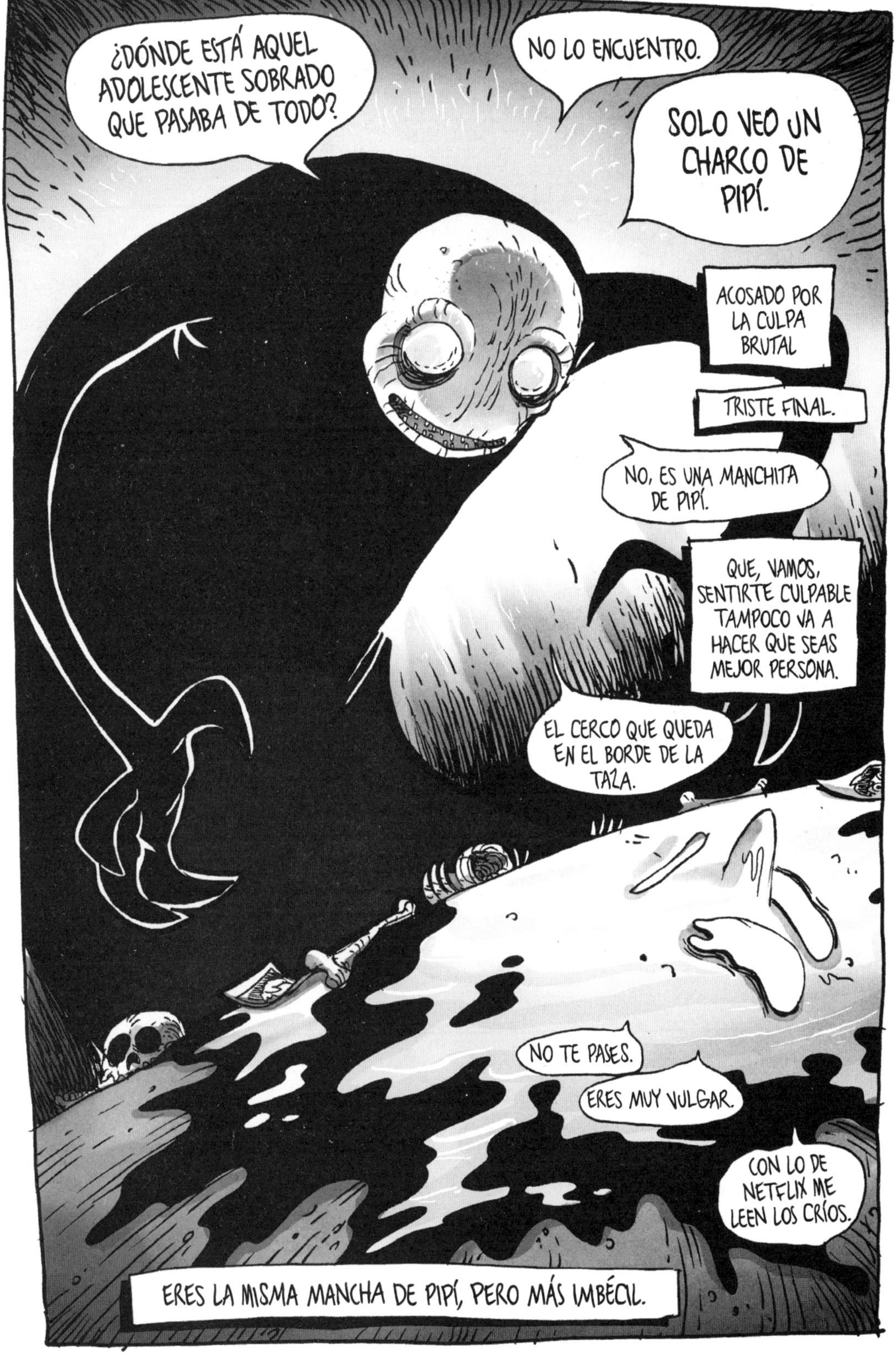
¿DÓNDE ESTÁ AQUEL ADOLESCENTE SOBRADO QUE PASABA DE TODO?
NO LO ENCUENTRO.
SOLO VEO UN CHARCO DE PIPÍ.
ACOSADO POR LA CULPA BRUTAL
TRISTE FINAL.
NO, ES UNA MANCHITA DE PIPÍ.
QUE, VAMOS, SENTIRTE CULPABLE TAMPOCO VA A HACER QUE SEAS MEJOR PERSONA.
EL CERCO QUE QUEDA EN EL BORDE DE LA TAZA.
NO TE PASES.
ERES MUY VULGAR.
CON LO DE NETFLIX ME LEEN LOS CRÍOS.
ERES LA MISMA MANCHA DE PIPÍ, PERO MÁS IMBÉCIL.

NO SÉ QUÉ PASÓ DESPUÉS DE ESO.

NO SÉ NI CÓMO ME VOLVÍ SÓLIDO OTRA VEZ.

TENGO COMO IMÁGENES FUGACES.

LA PUERTA QUE SE ABRE.

EL RUIDO DE MIS PASOS POR LA CALLE DE TIERRA.

EL AIRE DE LA NOCHE EN LOS PULMONES.

LA NECESIDAD DE OÍR A UNA PERSONA.

LA ÚNICA PERSONA QUE PODÍA AYUDARME.

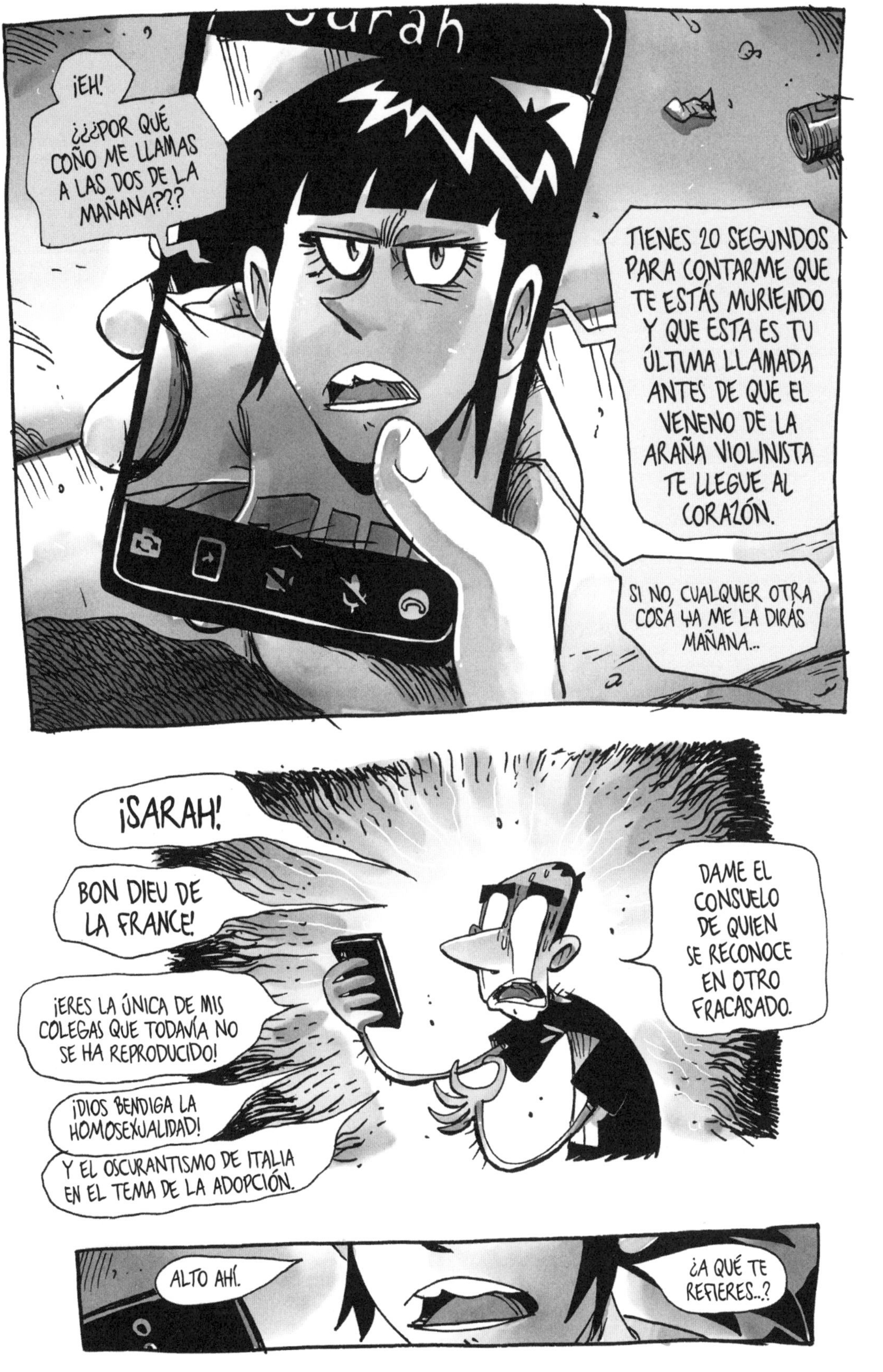

¡EH!
¿¿¿POR QUÉ COÑO ME LLAMAS A LAS DOS DE LA MAÑANA???
TIENES 20 SEGUNDOS PARA CONTARME QUE TE ESTÁS MURIENDO Y QUE ESTA ES TU ÚLTIMA LLAMADA ANTES DE QUE EL VENENO DE LA ARAÑA VIOLINISTA TE LLEGUE AL CORAZÓN.
SI NO, CUALQUIER OTRA COSA YA ME LA DIRÁS MAÑANA...
¡SARAH!
BON DIEU DE LA FRANCE!
¡ERES LA ÚNICA DE MIS COLEGAS QUE TODAVÍA NO SE HA REPRODUCIDO!
¡DIOS BENDIGA LA HOMOSEXUALIDAD!
Y EL OSCURANTISMO DE ITALIA EN EL TEMA DE LA ADOPCIÓN.
DAME EL CONSUELO DE QUIEN SE RECONOCE EN OTRO FRACASADO.
ALTO AHÍ.
¿A QUÉ TE REFIERES...?

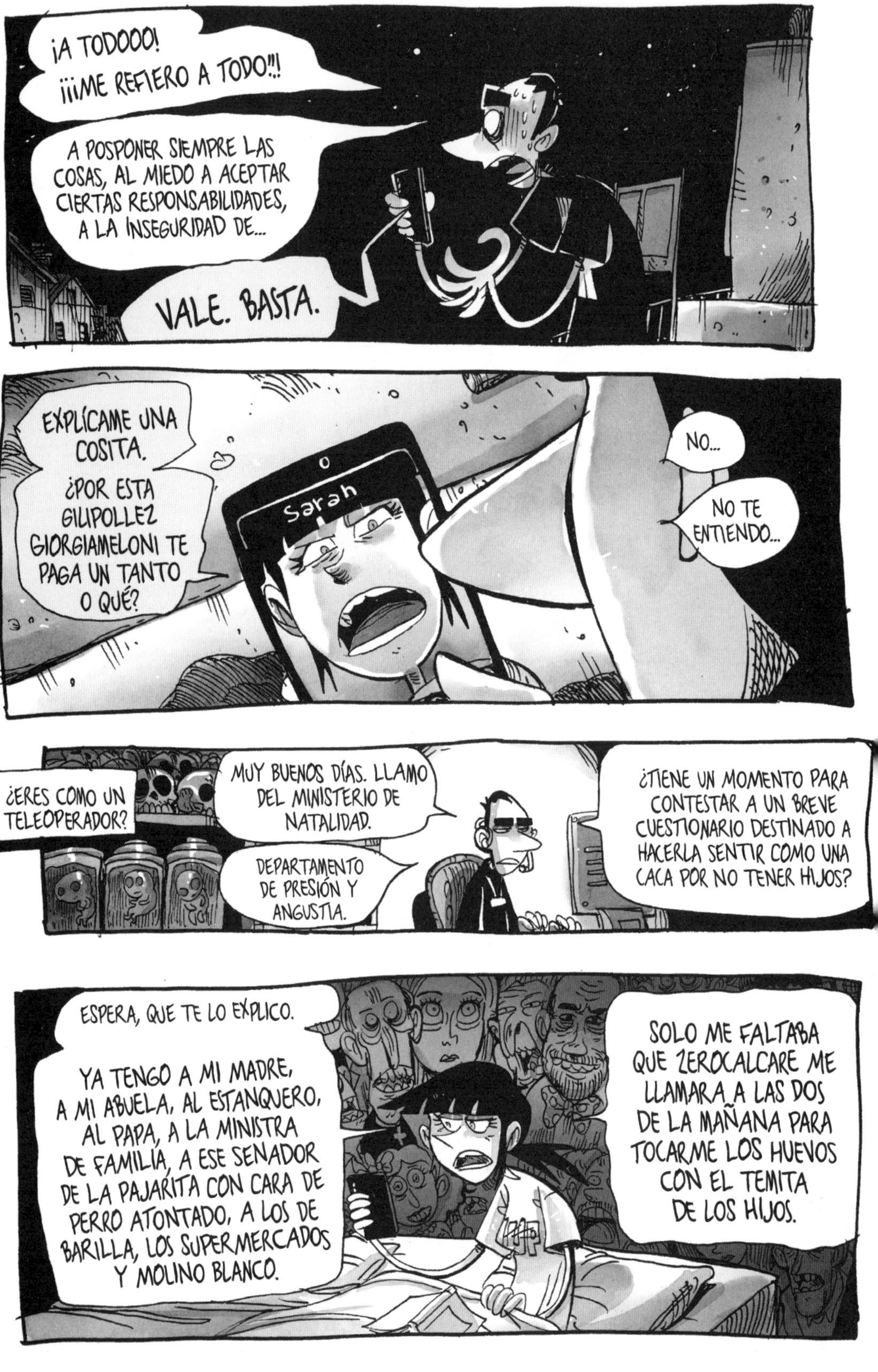
¡A TODOOO!
¡¡¡ME REFIERO A TODO!!!
A POSPONER SIEMPRE LAS COSAS, AL MIEDO A ACEPTAR CIERTAS RESPONSABILIDADES, A LA INSEGURIDAD DE...
VALE. BASTA.
EXPLÍCAME UNA COSITA.
¿POR ESTA GILIPOLLEZ GIORGIAMELONI TE PAGA UN TANTO O QUÉ?
Sarah
NO...
NO TE ENTIENDO...
¿ERES COMO UN TELEOPERADOR?
MUY BUENOS DÍAS. LLAMO DEL MINISTERIO DE NATALIDAD.
DEPARTAMENTO DE PRESIÓN Y ANGUSTIA.
¿TIENE UN MOMENTO PARA CONTESTAR A UN BREVE CUESTIONARIO DESTINADO A HACERLA SENTIR COMO UNA CACA POR NO TENER HIJOS?
ESPERA, QUE TE LO EXPLICO.
YA TENGO A MI MADRE, A MI ABUELA, AL ESTANQUERO, AL PAPA, A LA MINISTRA DE FAMILIA, A ESE SENADOR DE LA PAJARITA CON CARA DE PERRO ATONTADO, A LOS DE BARILLA, LOS SUPERMERCADOS Y MOLINO BLANCO.
SOLO ME FALTABA QUE ZEROCALCARE ME LLAMARA A LAS DOS DE LA MAÑANA PARA TOCARME LOS HUEVOS CON EL TEMITA DE LOS HIJOS.

¡QUÉ VA, SARAH! ¡SI ES AL REVÉS! ¡YO TE DIGO QUE NO LOS TENGAS!

¡SI TÚ TAMBIÉN TE REPRODUCES, DE VERDAD QUE ESTA VEZ ME SUICIDO, EN SERIO!

QUE NO PIENSO TENERLOS, PORTUSMUERTOS.

PERO NO POR HACERTE UN FAVOR A TI.

ESPERA, QUE SALGO. SI NOS OYE STELLA, LUEGO LA LIAMOS.

A VER, ME LA SUDA EL MOTIVO.

COMO SI ES PORQUE DE COMER DEMASIADAS ROSQUILLAS LA MANTECA DE CERDO TE TAPONA LAS TROMPAS DE FALOPIO.

ME BASTA CON QUE NO LOS TENGAS MIENTRAS NO LOS TENGA YO.

QUIÉN COÑO PIENSA EN LO TUYO.

YO NO SOY MADRE PORQUE LA VIDA QUE QUIERO

(QUE, POR CIERTO, NO SE PARECE EN NADA A LA QUE VIVO AHORA)

NO GIRA EN TORNO A LOS HIJOS.

VAYA,

QUE NO TIENE NI SITIO PARA LOS HIJOS.

Panel 1:
— VALE. CONGRUENTE. IRREPROCHABLE. LEÓN DE ORO A LA AUTODETERMINACIÓN.
— PERO LUEGO...
— CUANDO VES A TODOS NUESTROS AMIGOS QUE HAN PROCREADO... ¿NO TE PARECE QUE HAS HECHO ALGO MAL?

Panel 2:
— NI EN LA PUNTA DEL NABO. LA MITAD DE NUESTROS AMIGOS SE HINCHA A PASTILLAS PARA NO TIRARSE DE LO ALTO DE UN PUENTE AL RÍO TÍBER.
— NO, GUAPO, YO ESE COMPLEJO NO LO TENGO.
MENUDO PÓSTER PROFAMILIA.

YA HE CUMPLIDO MI CUPO DE AMARGARME LA VIDA PARA SER COMO LOS DEMÁS.

Panel 3:
A LOS 18 AÑOS HASTA ME FOLLÉ A UN TÍO PARA SER COMO VOSOTROS.
— ¿EN ZO? SÍ, HABLO BAJITO PARA QUE NO ME OIGA. SÍII. ME LA HE TIRADO.
— ME LA HE TIRADO. CASI UN MINUTO. LE MOLO.

LUEGO DESCUBRÍ QUE, AUNQUE TODO EL MUNDO HAGA ALGO, ESO NO QUIERE DECIR QUE SEA BUENA IDEA PARA TODO EL MUNDO.

Panel 4:
— MM. INTERESANTE... O SEA, ¿QUIERES DECIR QUE, IGUAL QUE TÚ NO ESTABAS HECHA PARA LOS TÍOS, YO NO ESTOY HECHO PARA LOS HIJOS...?
— ME GUSTA, ¿EH? COMO TODO LO QUE ME LIBERA DEL LIBRE ALBEDRÍO.
— ¿ES ESO? ¿QUEDAMOS ASÍ? PUEDO AFERRARME A ESO PARA NO... NO. DEJA DE PEDIRLES A LOS DEMÁS QUE TE DIGAN LO QUE TIENES QUE PENSAR.

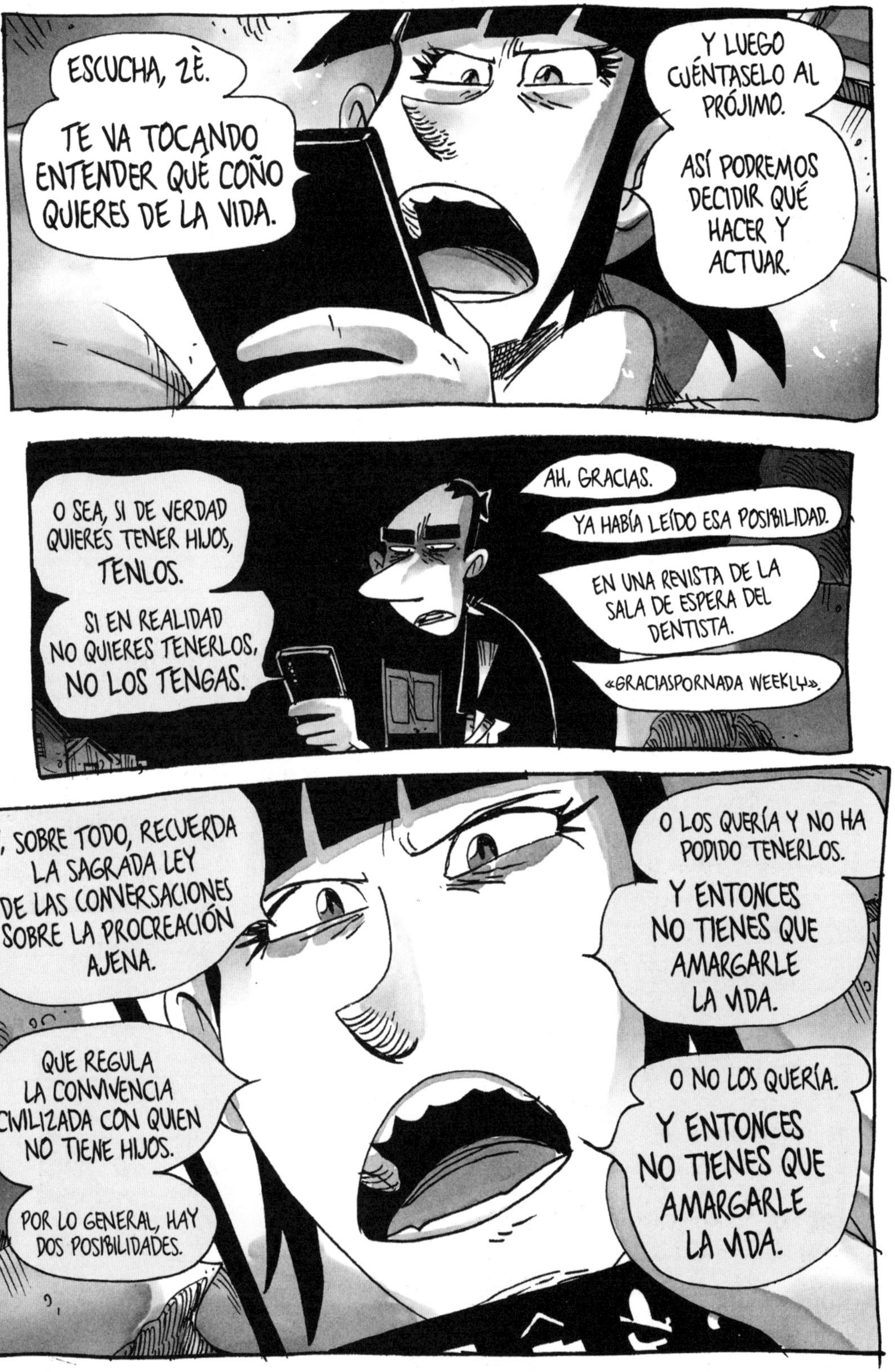
ESCUCHA, ZÈ.
TE VA TOCANDO ENTENDER QUÉ COÑO QUIERES DE LA VIDA.
Y LUEGO CUÉNTASELO AL PRÓJIMO.
ASÍ PODREMOS DECIDIR QUÉ HACER Y ACTUAR.
O SEA, SI DE VERDAD QUIERES TENER HIJOS, TENLOS.
SI EN REALIDAD NO QUIERES TENERLOS, NO LOS TENGAS.
AH, GRACIAS.
YA HABÍA LEÍDO ESA POSIBILIDAD.
EN UNA REVISTA DE LA SALA DE ESPERA DEL DENTISTA.
«GRACIASPORNADA WEEKLY».
Y, SOBRE TODO, RECUERDA LA SAGRADA LEY DE LAS CONVERSACIONES SOBRE LA PROCREACIÓN AJENA.
QUE REGULA LA CONVIVENCIA CIVILIZADA CON QUIEN NO TIENE HIJOS.
POR LO GENERAL, HAY DOS POSIBILIDADES.
O LOS QUERÍA Y NO HA PODIDO TENERLOS.
Y ENTONCES NO TIENES QUE AMARGARLE LA VIDA.
O NO LOS QUERÍA.
Y ENTONCES NO TIENES QUE AMARGARLE LA VIDA.

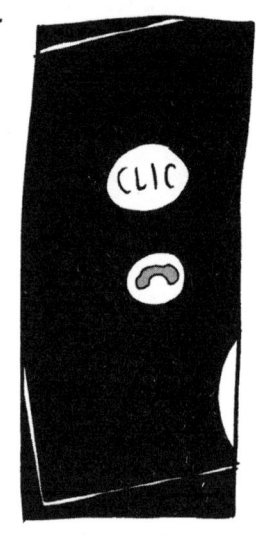

—AH.

—LOS HIJOS NO TENIDOS SON COMO EL CLUB DE LA LUCHA. ¿Y CUÁL ES LA PRIMERA REGLA DEL CLUB DE LA LUCHA?

—NO HABLAR DEL CLUB DE LA LUCHA.

—BRAVO. PUES IGUAL.

—CUANDO VUELVAS A ROMA TE HAGO UN TIRAMISÙ DE FRESA Y LO HABLAMOS.

—PERO AHORA SON LAS DOS DE LA MAÑANA. A DORMIR.

—BUENAS NOCHES.

CLIC

MUY BIEN.

SE ESTÁ ACABANDO EL VIAJE Y NO HE RESUELTO NADA.

RELACIÓN CON MI PADRE: INALTERADA.

TEMA DE LOS HIJOS: PEOR QUE ANTES.

MISTERIO MER-MAN: IMPENETRABLE.

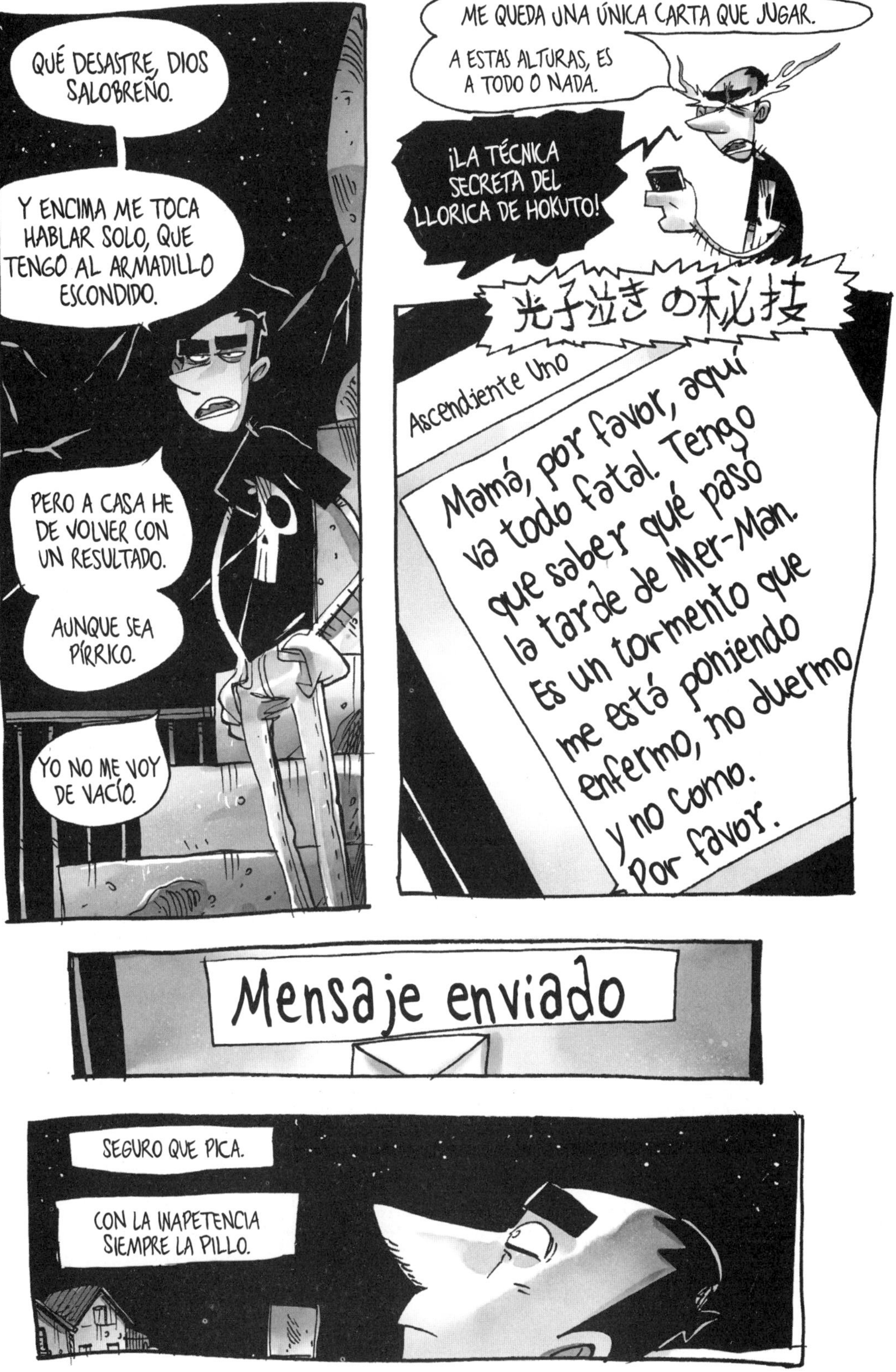
QUÉ DESASTRE, DIOS SALOBREÑO.
Y ENCIMA ME TOCA HABLAR SOLO, QUE TENGO AL ARMADILLO ESCONDIDO.
PERO A CASA HE DE VOLVER CON UN RESULTADO.
AUNQUE SEA PÍRRICO.
YO NO ME VOY DE VACÍO.
ME QUEDA UNA ÚNICA CARTA QUE JUGAR.
A ESTAS ALTURAS, ES A TODO O NADA.
¡LA TÉCNICA SECRETA DEL LLORICA DE HOKUTO!
光子泣きの秘技
Ascendiente Uno
Mamá, por favor, aquí va todo fatal. Tengo que saber qué pasó la tarde de Mer-Man. Es un tormento que me está poniendo enfermo, no duermo y no como. Por favor.
Mensaje enviado
SEGURO QUE PICA.
CON LA INAPETENCIA SIEMPRE LA PILLO.

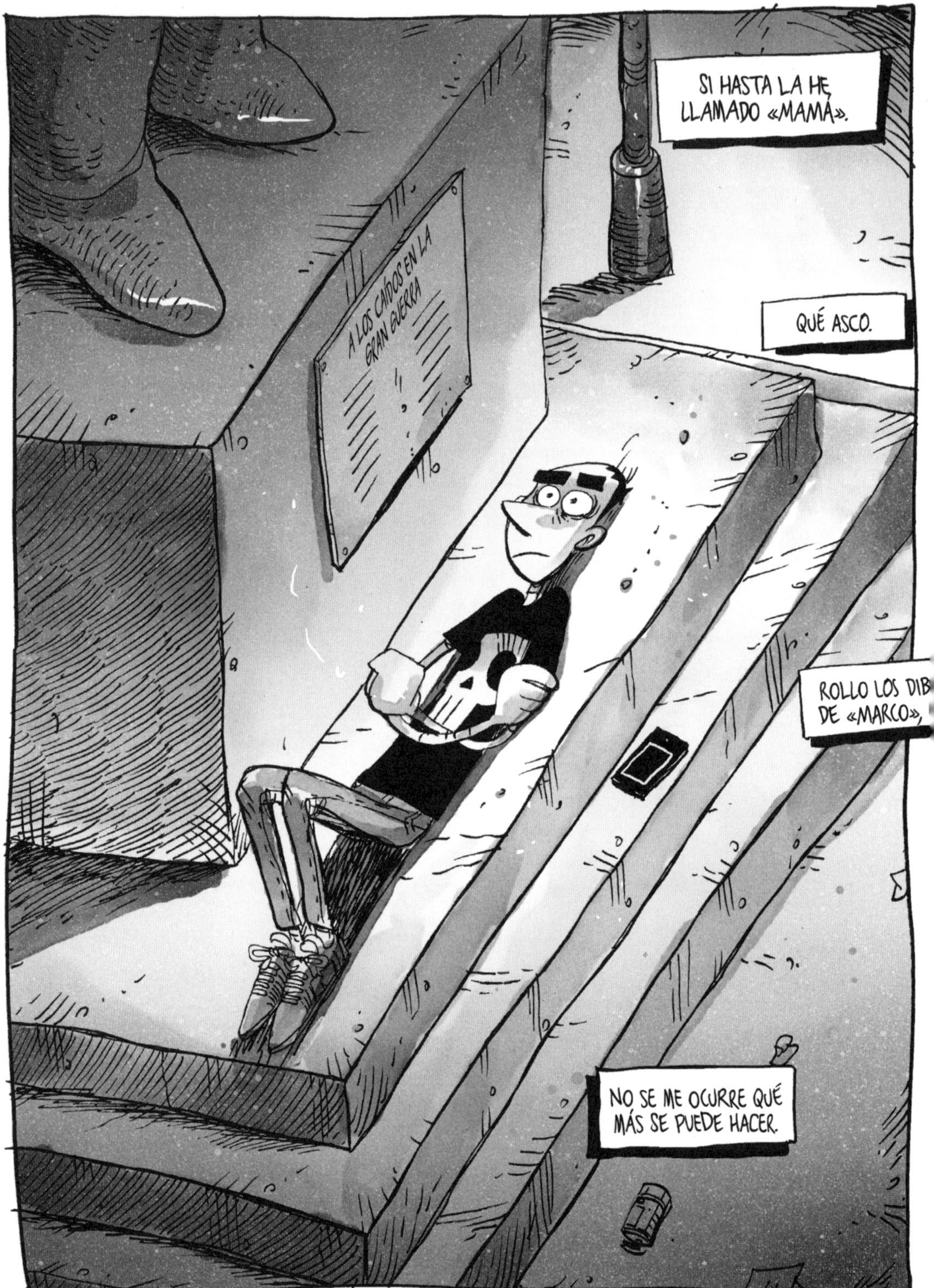
SI HASTA LA HE LLAMADO «MAMÁ».
QUÉ ASCO.
ROLLO LOS DIB
DE «MARCO»,
A LOS CAÍDOS EN LA GRAN GUERRA
NO SE ME OCURRE QUÉ MÁS SE PUEDE HACER.

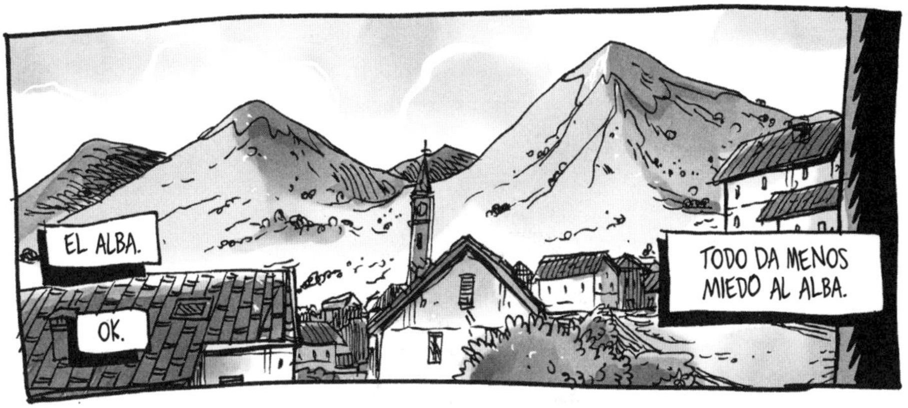

O SEA, LO DE «TODO» ES EXAGERADO.
LOS HIJOS. LAS DECISIONES. LA VIDA. TODO ESO ANGUSTIA LAS 24 HORAS.

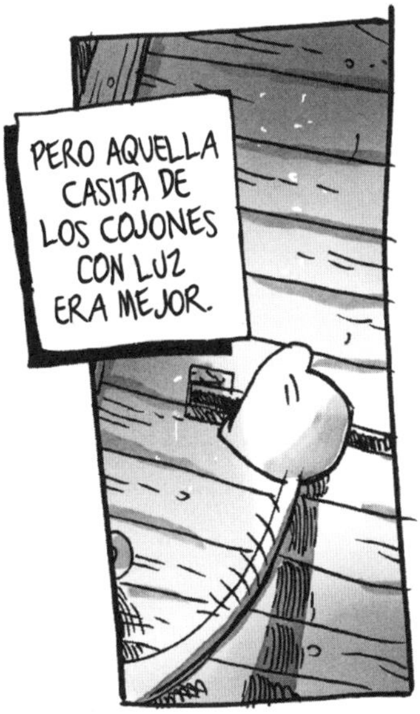

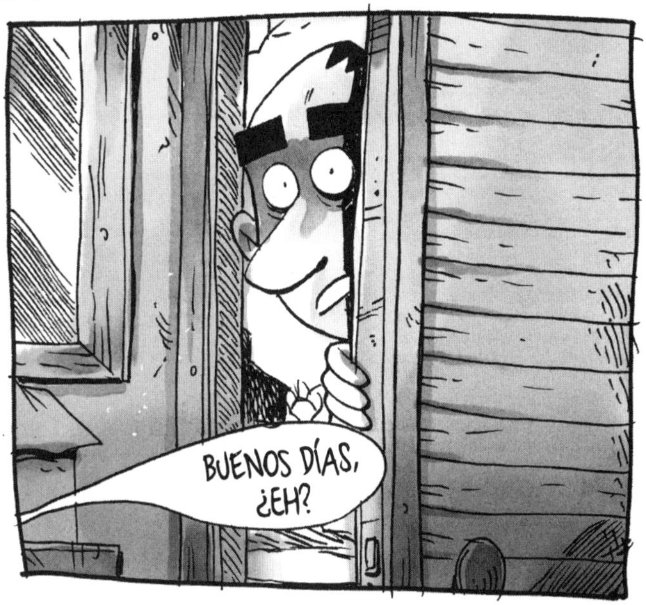

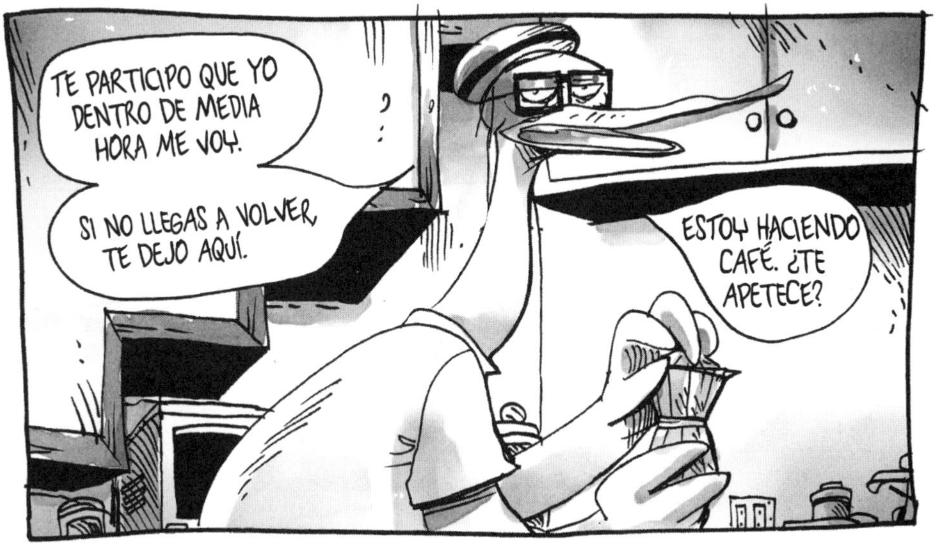

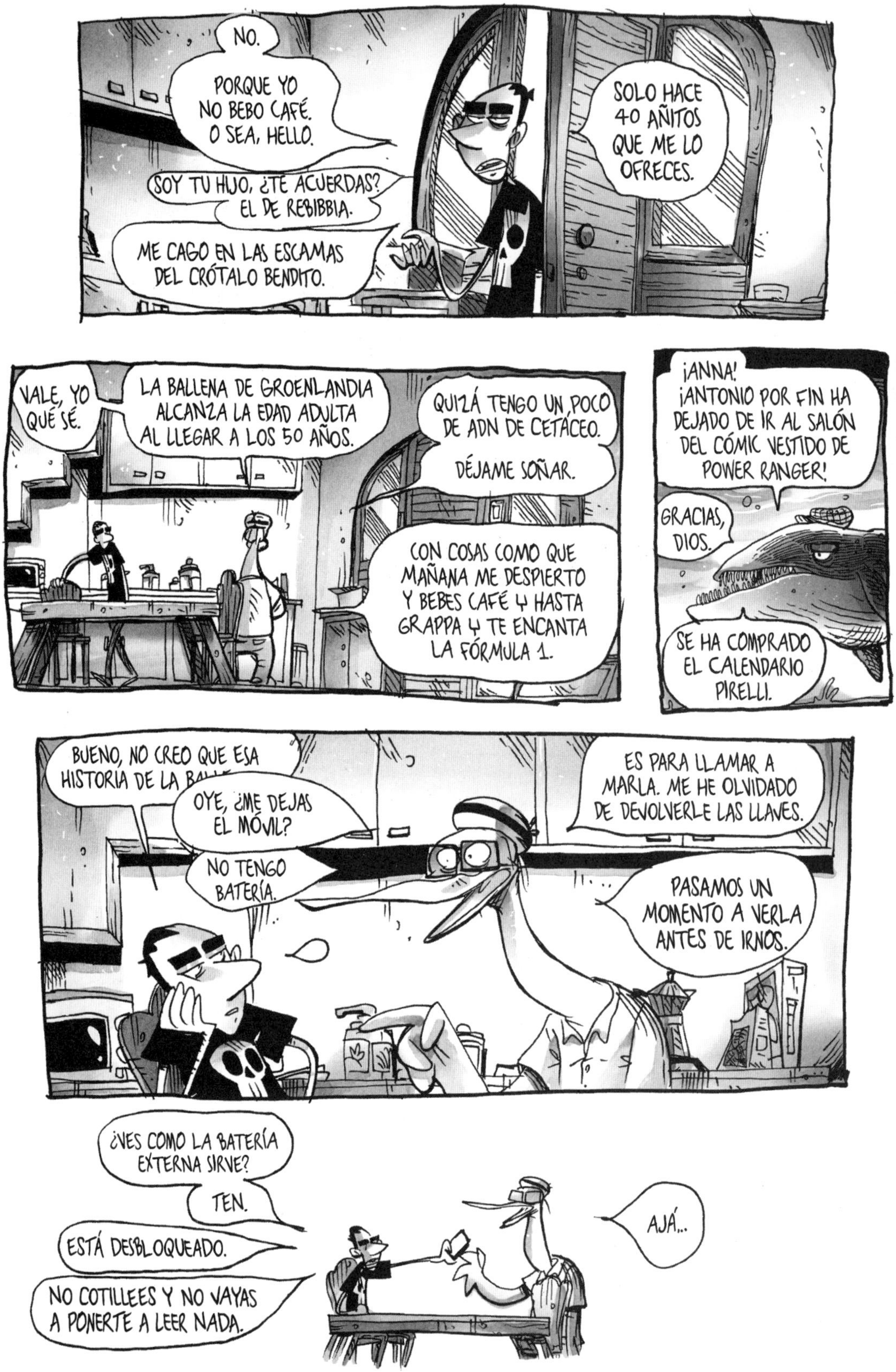
NO.
PORQUE YO NO BEBO CAFÉ. O SEA, HELLO.
SOLO HACE 40 AÑITOS QUE ME LO OFRECES.
SOY TU HIJO, ¿TE ACUERDAS? EL DE REBIBBIA.
ME CAGO EN LAS ESCAMAS DEL CRÓTALO BENDITO.
VALE, YO QUÉ SÉ.
LA BALLENA DE GROENLANDIA ALCANZA LA EDAD ADULTA AL LLEGAR A LOS 50 AÑOS.
QUIZÁ TENGO UN POCO DE ADN DE CETÁCEO.
DÉJAME SOÑAR.
CON COSAS COMO QUE MAÑANA ME DESPIERTO Y BEBES CAFÉ Y HASTA GRAPPA Y TE ENCANTA LA FÓRMULA 1.
¡ANNA! ¡ANTONIO POR FIN HA DEJADO DE IR AL SALÓN DEL CÓMIC VESTIDO DE POWER RANGER!
GRACIAS, DIOS.
SE HA COMPRADO EL CALENDARIO PIRELLI.
BUENO, NO CREO QUE ESA HISTORIA DE LA BALL
OYE, ¿ME DEJAS EL MÓVIL?
NO TENGO BATERÍA.
ES PARA LLAMAR A MARLA. ME HE OLVIDADO DE DEVOLVERLE LAS LLAVES.
PASAMOS UN MOMENTO A VERLA ANTES DE IRNOS.
¿VES COMO LA BATERÍA EXTERNA SIRVE?
TEN.
ESTÁ DESBLOQUEADO.
NO COTILLEES Y NO VAYAS A PONERTE A LEER NADA.
AJÁ...

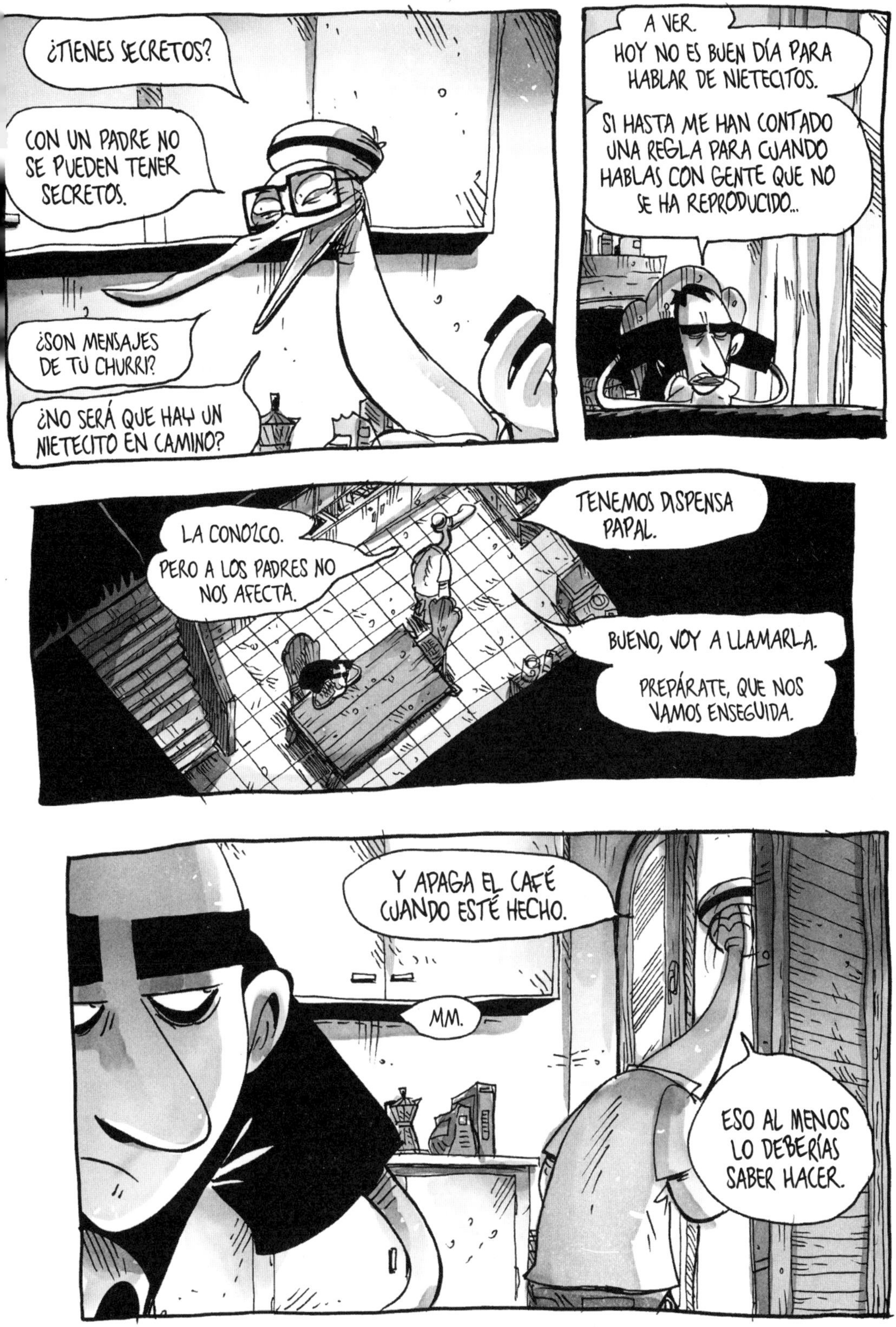
¿TIENES SECRETOS?
CON UN PADRE NO SE PUEDEN TENER SECRETOS.
¿SON MENSAJES DE TU CHURRI?
¿NO SERÁ QUE HAY UN NIETECITO EN CAMINO?
A VER.
HOY NO ES BUEN DÍA PARA HABLAR DE NIETECITOS.
SI HASTA ME HAN CONTADO UNA REGLA PARA CUANDO HABLAS CON GENTE QUE NO SE HA REPRODUCIDO...
TENEMOS DISPENSA PAPAL.
LA CONOZCO.
PERO A LOS PADRES NO NOS AFECTA.
BUENO, VOY A LLAMARLA.
PREPÁRATE, QUE NOS VAMOS ENSEGUIDA.
Y APAGA EL CAFÉ CUANDO ESTÉ HECHO.
MM.
ESO AL MENOS LO DEBERÍAS SABER HACER.

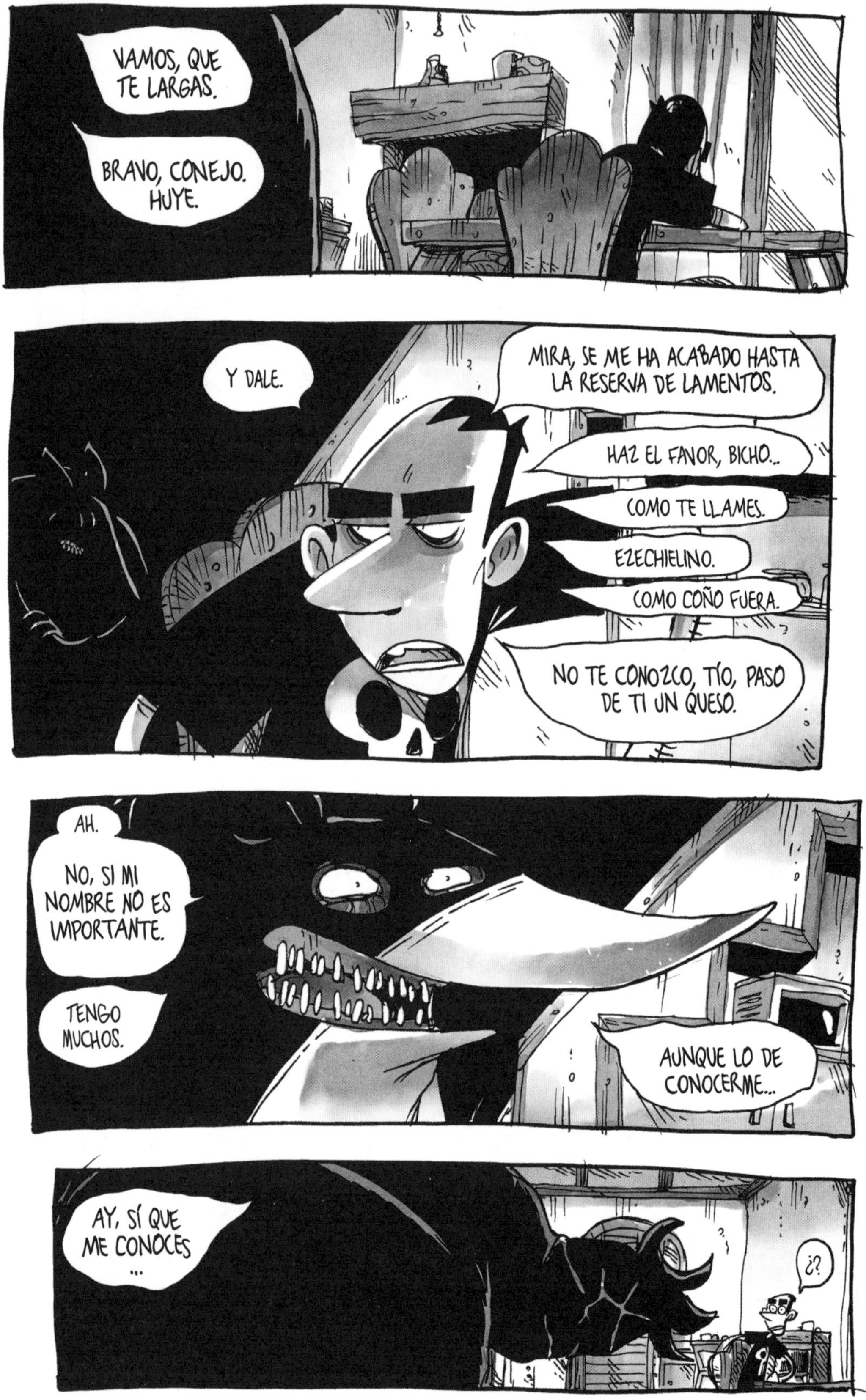
VAMOS, QUE TE LARGAS.
BRAVO, CONEJO. HUYE.
Y DALE.
MIRA, SE ME HA ACABADO HASTA LA RESERVA DE LAMENTOS.
HAZ EL FAVOR, BICHO...
COMO TE LLAMES.
EZECHIELINO.
COMO COÑO FUERA.
NO TE CONOZCO, TÍO, PASO DE TI UN QUESO.
AH.
NO, SI MI NOMBRE NO ES IMPORTANTE.
TENGO MUCHOS.
AUNQUE LO DE CONOCERME...
AY, SÍ QUE ME CONOCES ...
¿?

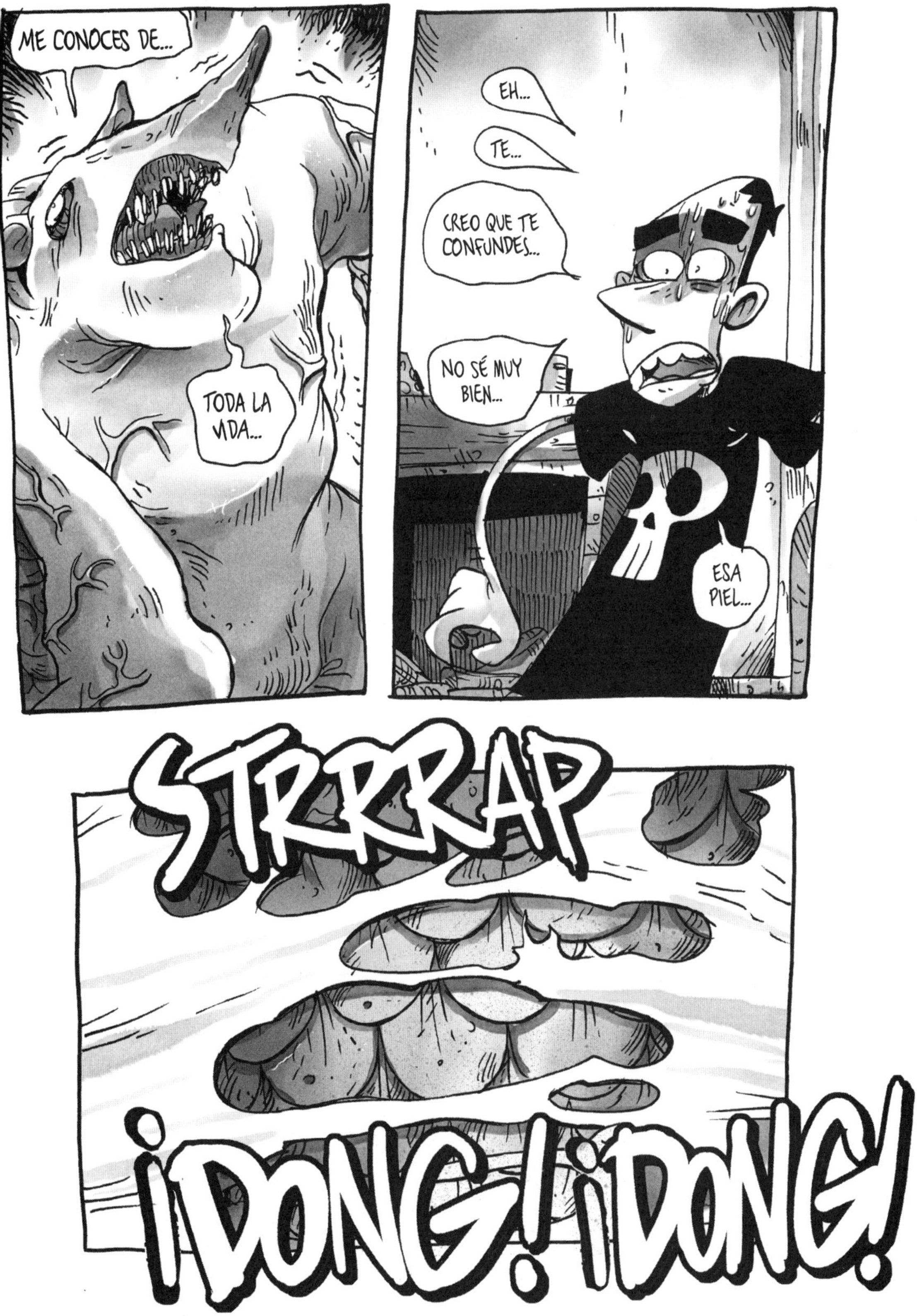
ME CONOCES DE...
TODA LA VIDA...
EH...
TE...
CREO QUE TE CONFUNDES...
NO SÉ MUY BIEN...
ESA PIEL...
STRRRAP
¡DONG! ¡DONG!

¡DONG! ¡DONG!

DE. TODA. LA. VIDA.

¡DONG! ¡DONG!

TENÍA RAZÓN. SÍ QUE LO CONOCÍA.

PERO ES QUE SIEMPRE LO HABÍA VISTO PEQUEÑO. DE PLÁSTICO. DE MATTEL.

CON AQUELLOS BÍCEPS Y AQUELLOS PECTORALES COMO DE CULTURISTA EN PLAN METROSEXUAL.

Y AL NATURAL ERA MUY...

DISTINTO.

SBREM

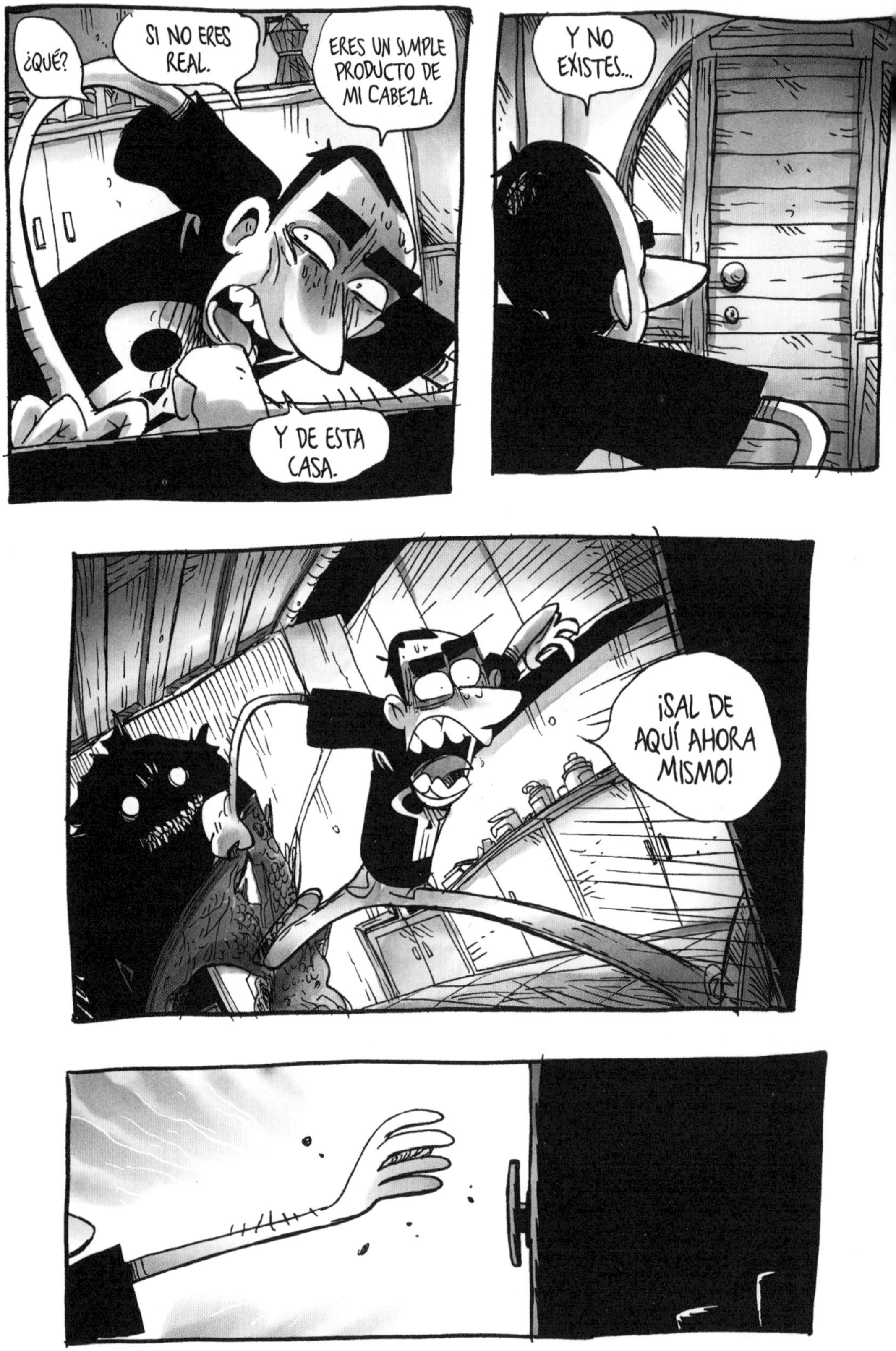
¿QUÉ?
SI NO ERES REAL.
ERES UN SIMPLE PRODUCTO DE MI CABEZA.
Y DE ESTA CASA.
Y NO EXISTES...
¡SAL DE AQUÍ AHORA MISMO!

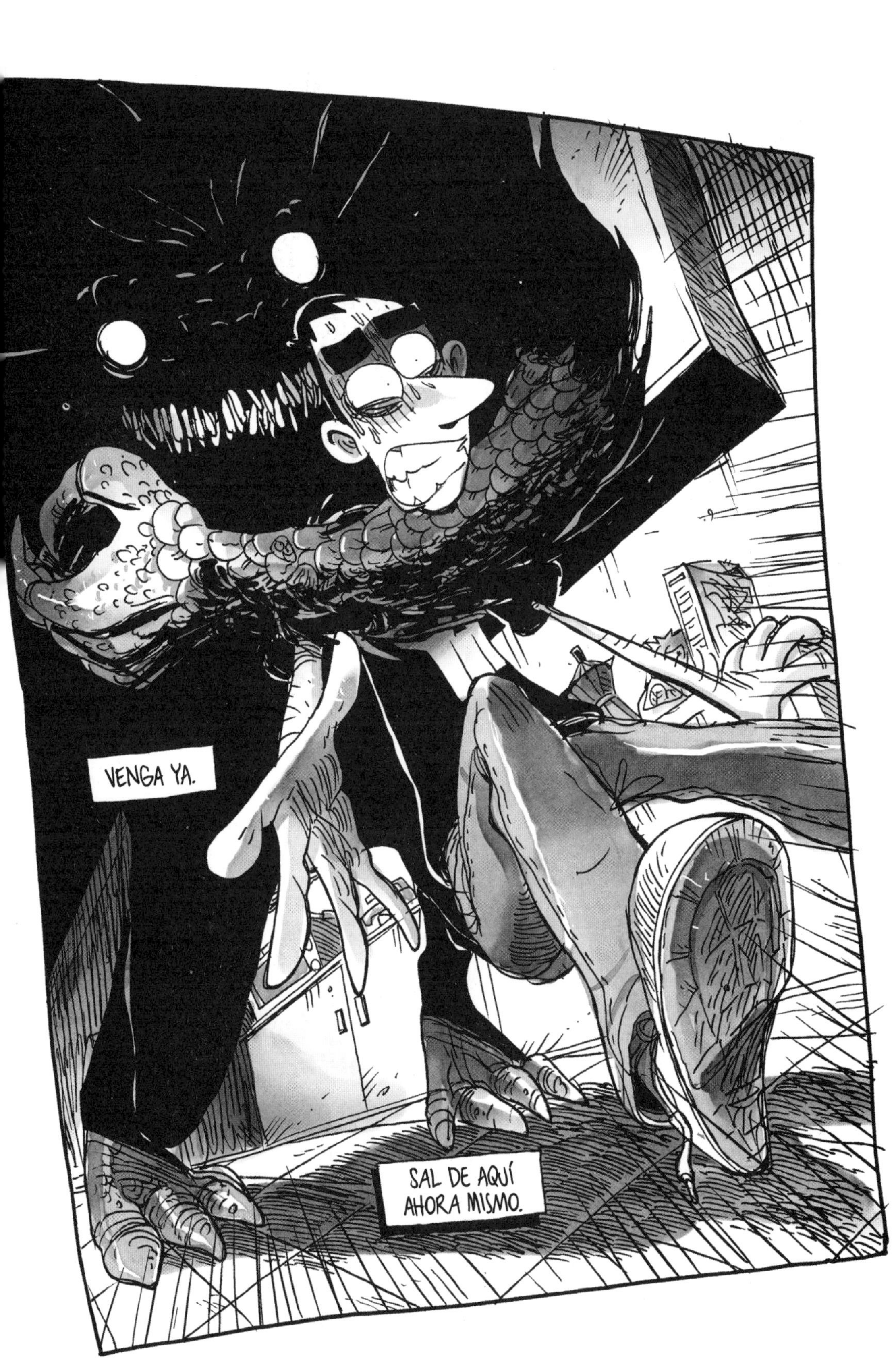
VENGA YA.
SAL DE AQUÍ AHORA MISMO.

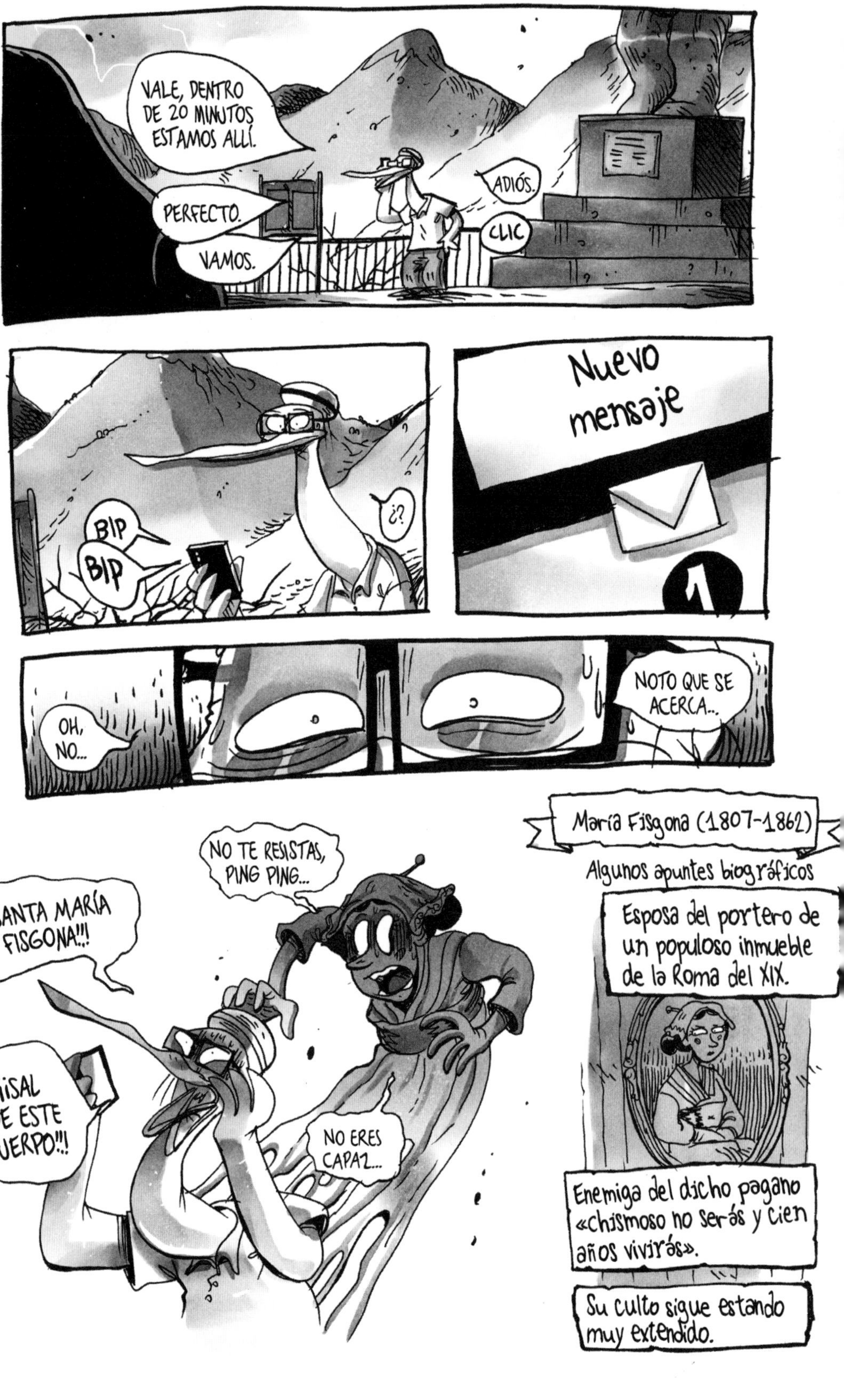
VALE, DENTRO DE 20 MINUTOS ESTAMOS ALLÍ.
PERFECTO.
VAMOS.
ADIÓS.
CLIC
BIP
BIP
¿?
Nuevo mensaje
1
OH, NO...
NOTO QUE SE ACERCA...
¡¡¡SANTA MARÍA FISGONA!!!
NO TE RESISTAS, PING PING...
¡¡¡SAL DE ESTE CUERPO!!!
NO ERES CAPAZ...
María Fisgona (1807-1862)
Algunos apuntes biográficos
Esposa del portero de un populoso inmueble de la Roma del XIX.
Enemiga del dicho pagano «chismoso no serás y cien años vivirás».
Su culto sigue estando muy extendido.

EN SAN PEDRO INCLUSO EXISTE UN FRESCO QUE REPRESENTA SU MARTIRIO.

«EL ÉXTASIS DE SANTA MARÍA FISGONA».

PINCHADA 73 VECES CON UN TENEDOR EN UNA TABERNA POR UNA SEÑORA QUE ALMORZABA EN LA MESA CONTIGUA.

«LLEVA DOS HORAS CON LA OREJA PUESTA, PENDIENTE DE NUESTRA CONVERSACIÓN».

LEER ESE MENSAJE RESULTA LÍCITO. ES MÁS: OBLIGADO.

TIENES QUE SABER PARA EJERCER MEJOR TU DEBER DE PADRE.

¿Y SI SE DROGA?

TIENES RAZÓN. SERÍA UNA NEGLIGENCIA DE LO MÁS IMPERDONABLE.

SON LOS AÑOS MÁS IMPORTANTES DEL DESARROLLO

DE MI HIJITO DE 40 TACOS.

Leer mensaje

Cariño mío, por favor te lo pido: te lo cuento todo, pero come, que, si no, te quedas en los huesos. 07:25

Ascendiente Uno   escribiendo un mensaje

«Eso sí, prepárate...».

«Es una historia dolorosa».

¿¿¿QUÉ COÑO QUIERES DE MÍ???

¡AL MENOS DIME POR QUÉ LO HACES!

¿¿POR MI ESCASA CONTRIBUCIÓN AL DESARROLLO DEMOGRÁFICO DE ESTA MIERDA DE PAÍS??

Lo que tú llamas el día de Mer-Man fue el momento más difícil de mi vida.

Pocas horas antes había comido con tu padre y habíamos tomado una decisión.

Bueno, no. Asumo la responsabilidad.

Yo había tomado una decisión.

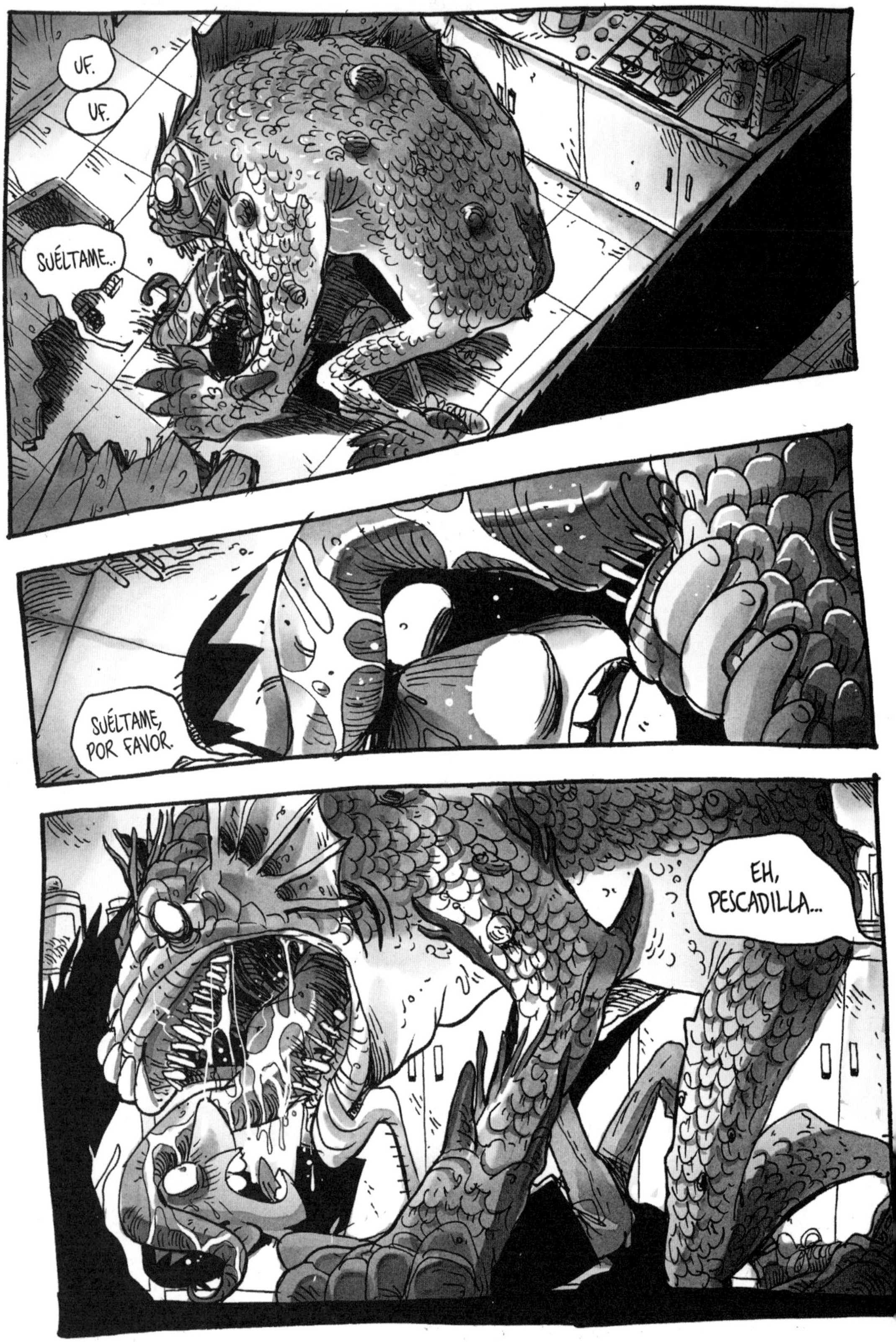
UF.
UF.
SUÉLTAME...
SUÉLTAME, POR FAVOR.
EH, PESCADILLA...

¿AHORA LA TOMAS CON MI HIJO?

STOCK

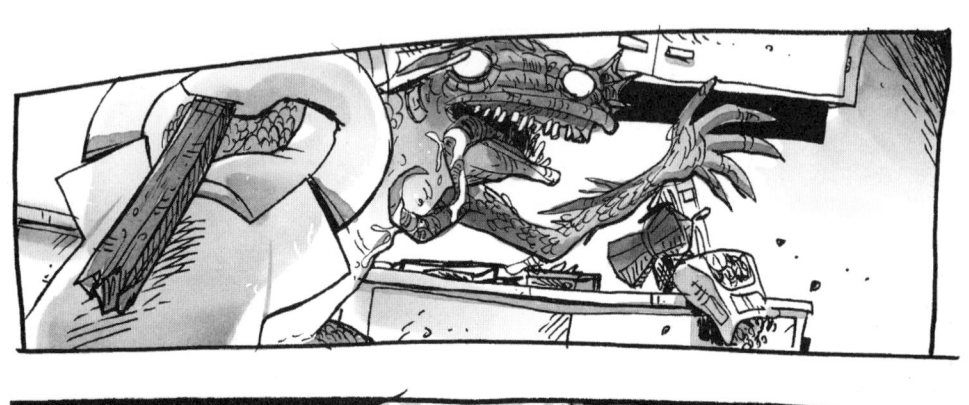

«No recuerdo qué palabras empleé. Pero se lo dije».

Le dije que no podíamos seguir así.

Y que estaba buscando otro piso.

No sé qué hizo.

Si volvió al trabajo...

... o si se quedó bajo la lluvia intentando recalcular el itinerario de su vida.

Es verdad que aquel día tu padre se enfrentó a un monstruo.

PERO... PAPÁ...

SI LO CONOCES...

Llámalo Mer-Man o como más te guste.

SÍ, DESDE LUEGO...

QUE ME CONOCE...

Pero no te olvides de que eras un niño.

¿Cómo le explicas a un niño que el demonio contra el que luchas...

¡TÚ VETE!

¡YA ME ENCARGO YO DE ÉL!

¿NO VES QUE YA HE GANADO, PING PING?

... tu mayor terror...

¡NO HAS GANADO NADA!

... es perder la relación con tu hijo?

Perder

pedazos de ti mismo.

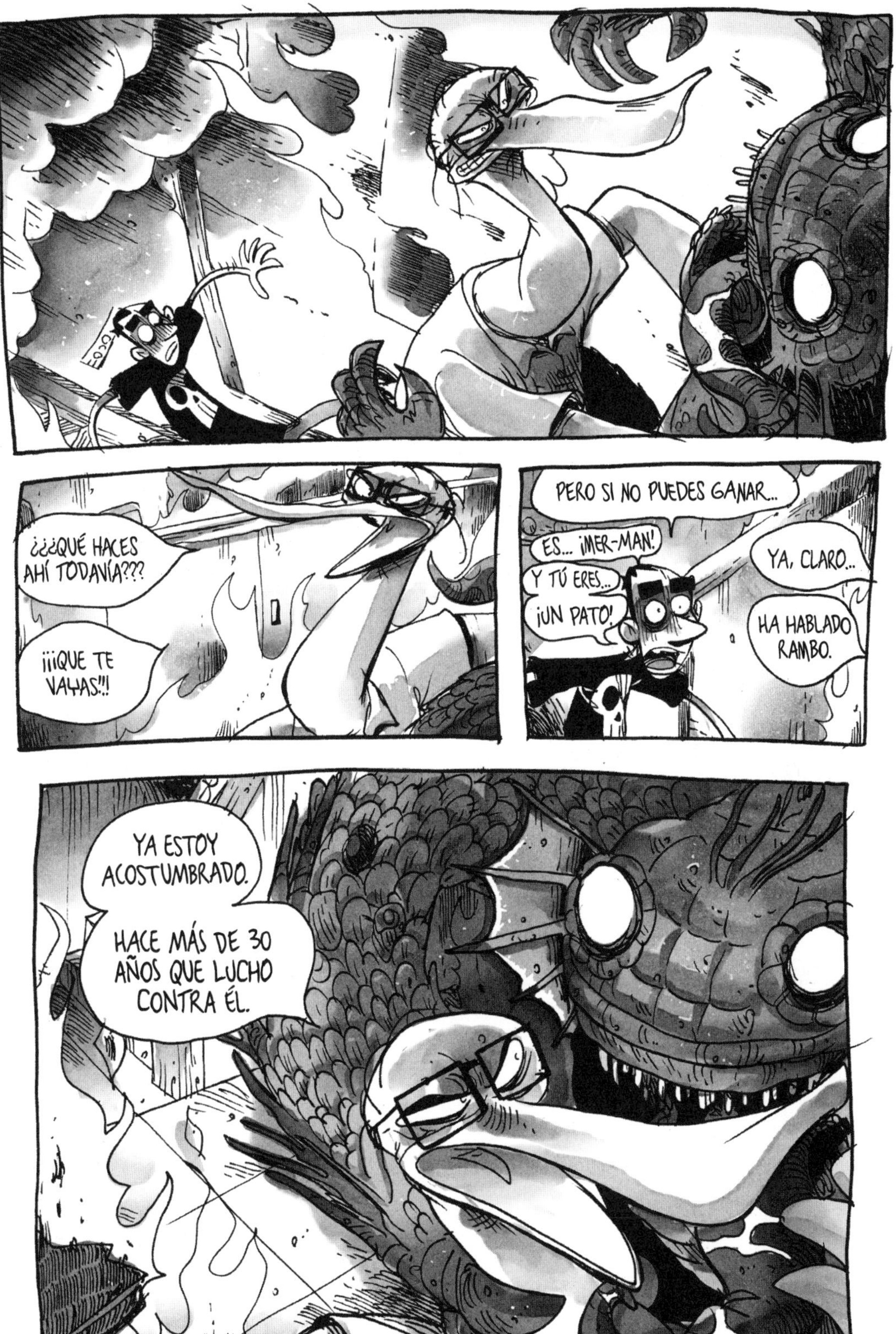
¿¿¿QUÉ HACES AHÍ TODAVÍA???
¡¡¡QUE TE VAYAS!!!
PERO SI NO PUEDES GANAR...
ES... ¡MER-MAN!
Y TÚ ERES...
¡UN PATO!
YA, CLARO...
HA HABLADO RAMBO.
YA ESTOY ACOSTUMBRADO.
HACE MÁS DE 30 AÑOS QUE LUCHO CONTRA ÉL.

YO SOLITO.

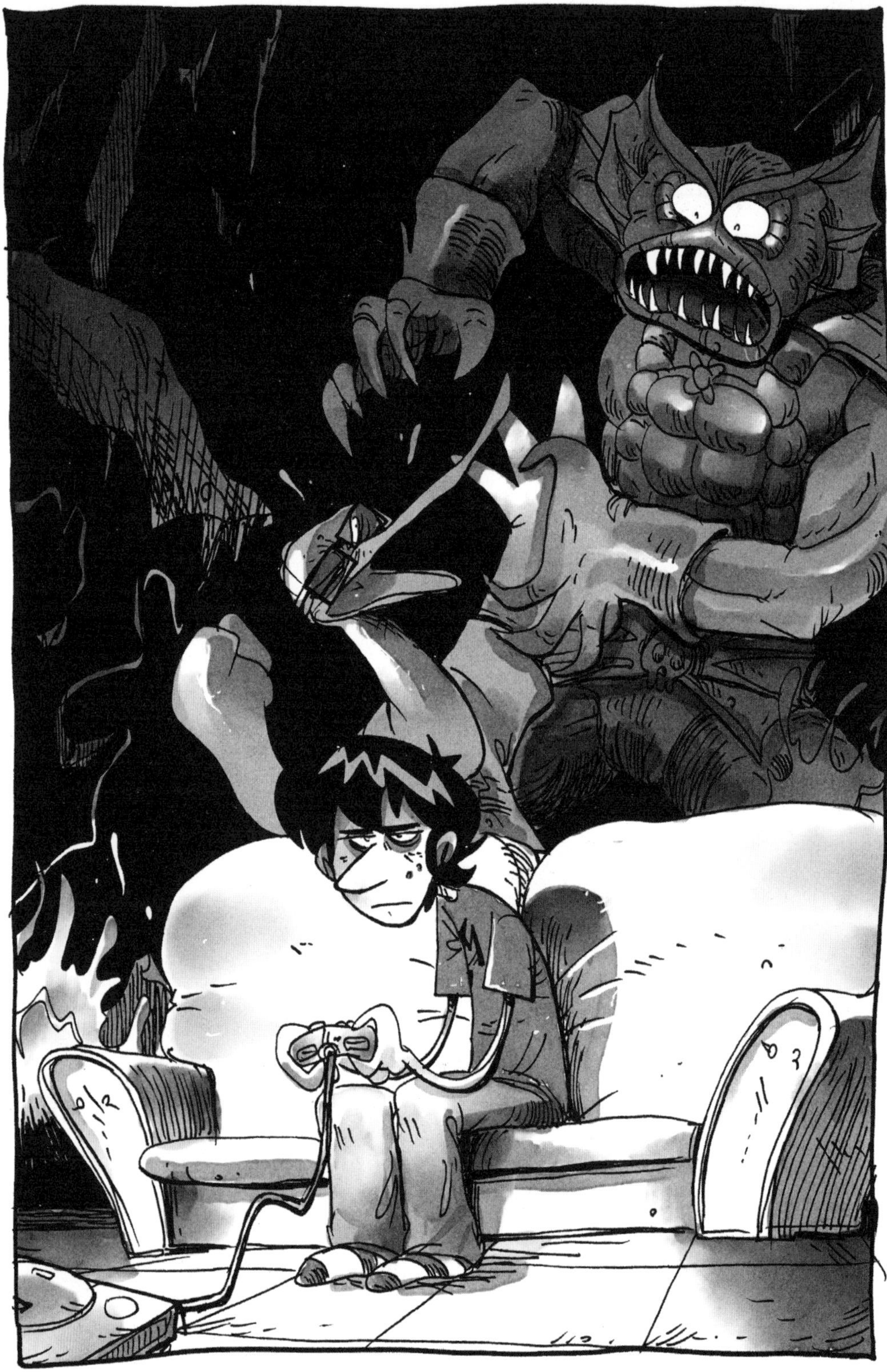

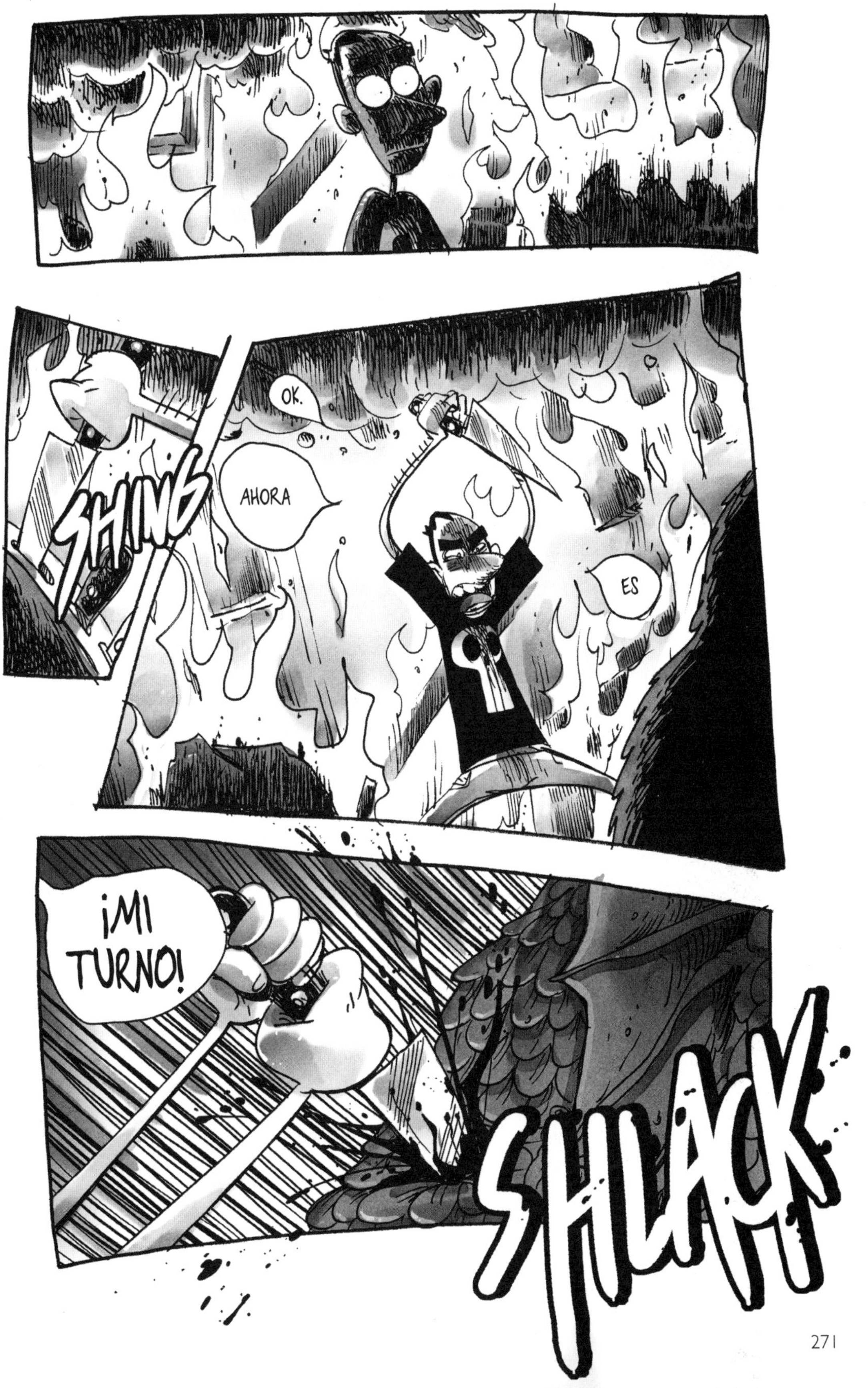
SHING
OK.
AHORA
ES
¡MI TURNO!
SHLACK

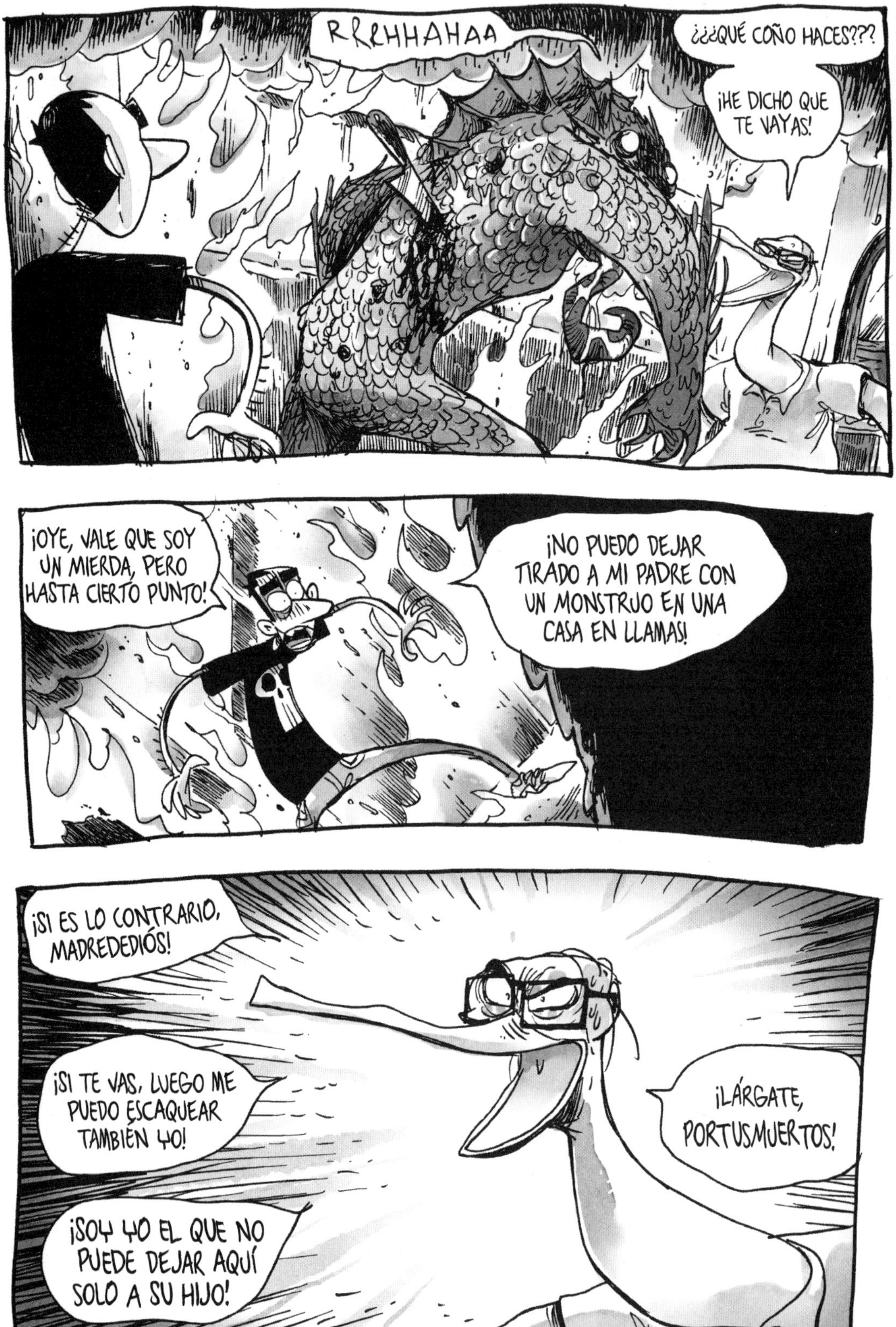
RRRHHAHAA
¿¿¿QUÉ COÑO HACES???
¡HE DICHO QUE TE VAYAS!
¡OYE, VALE QUE SOY UN MIERDA, PERO HASTA CIERTO PUNTO!
¡NO PUEDO DEJAR TIRADO A MI PADRE CON UN MONSTRUO EN UNA CASA EN LLAMAS!
¡SI ES LO CONTRARIO, MADREDEDIÓS!
¡SI TE VAS, LUEGO ME PUEDO ESCAQUEAR TAMBIÉN YO!
¡SOY YO EL QUE NO PUEDE DEJAR AQUÍ SOLO A SU HIJO!
¡LÁRGATE, PORTUSMUERTOS!

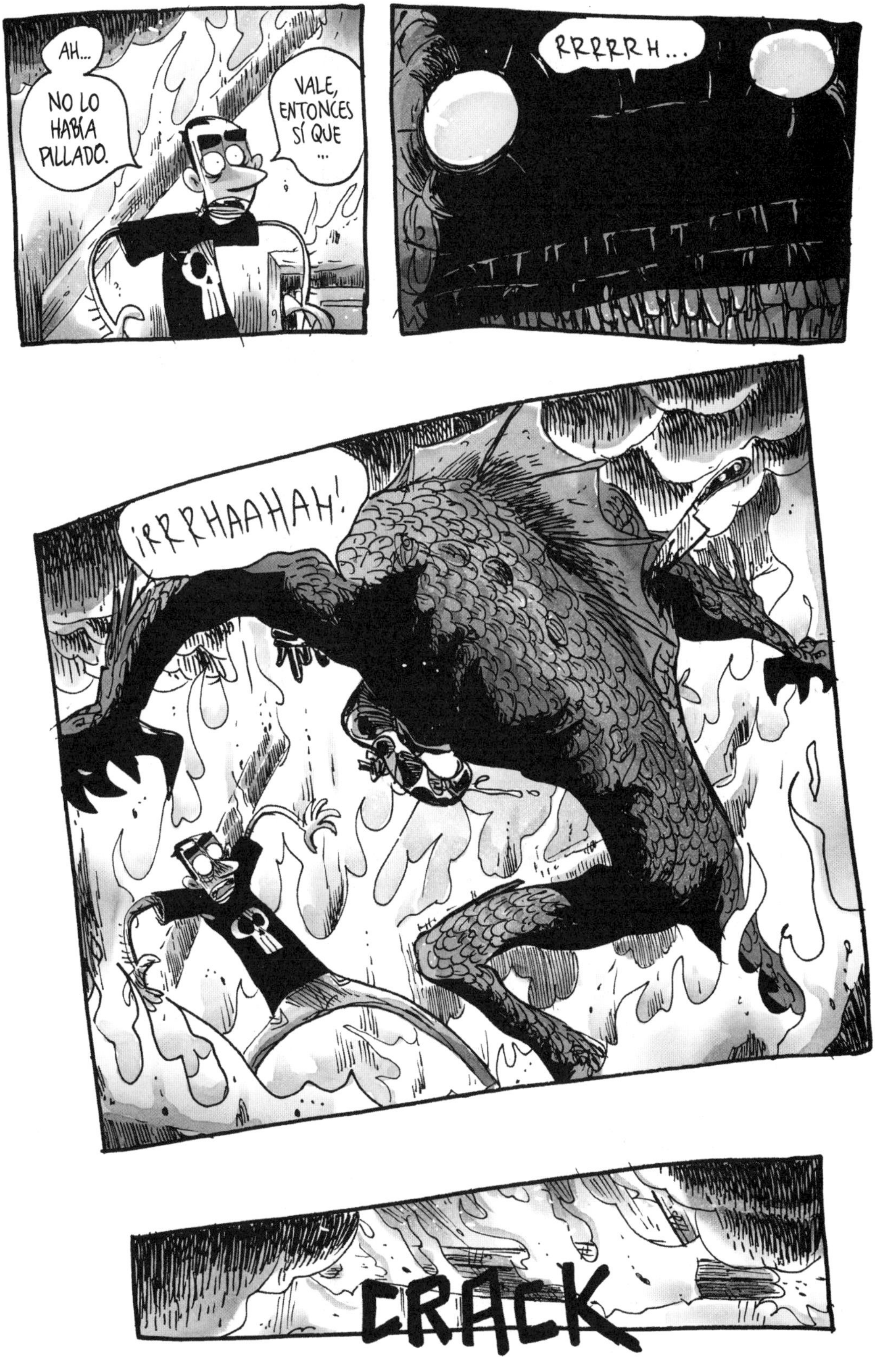
AH...
NO LO HABÍA PILLADO.
VALE, ENTONCES SÍ QUE ...
RRRRRH...
¡RRRHAAHAH!
CRACK

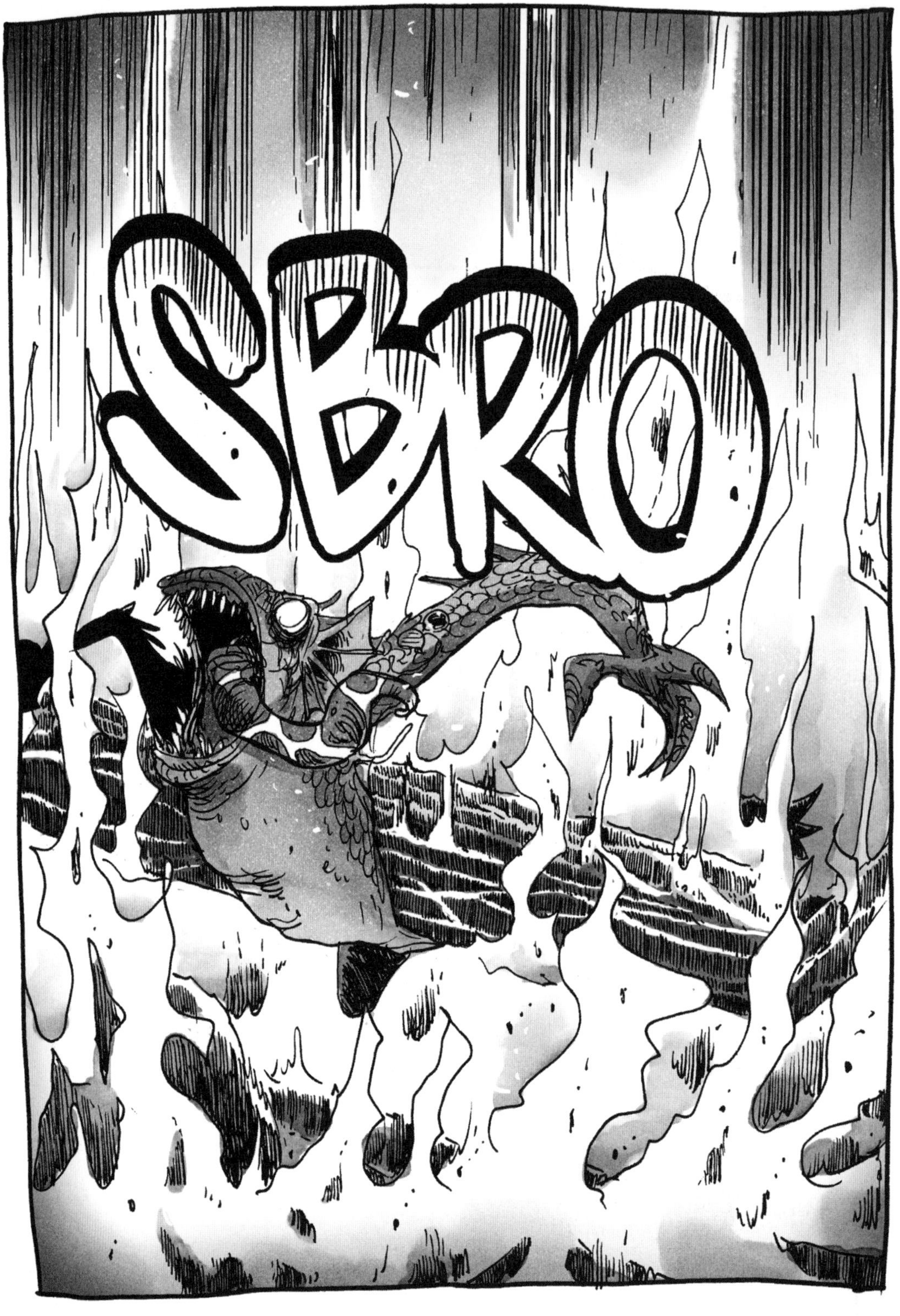
SBRO

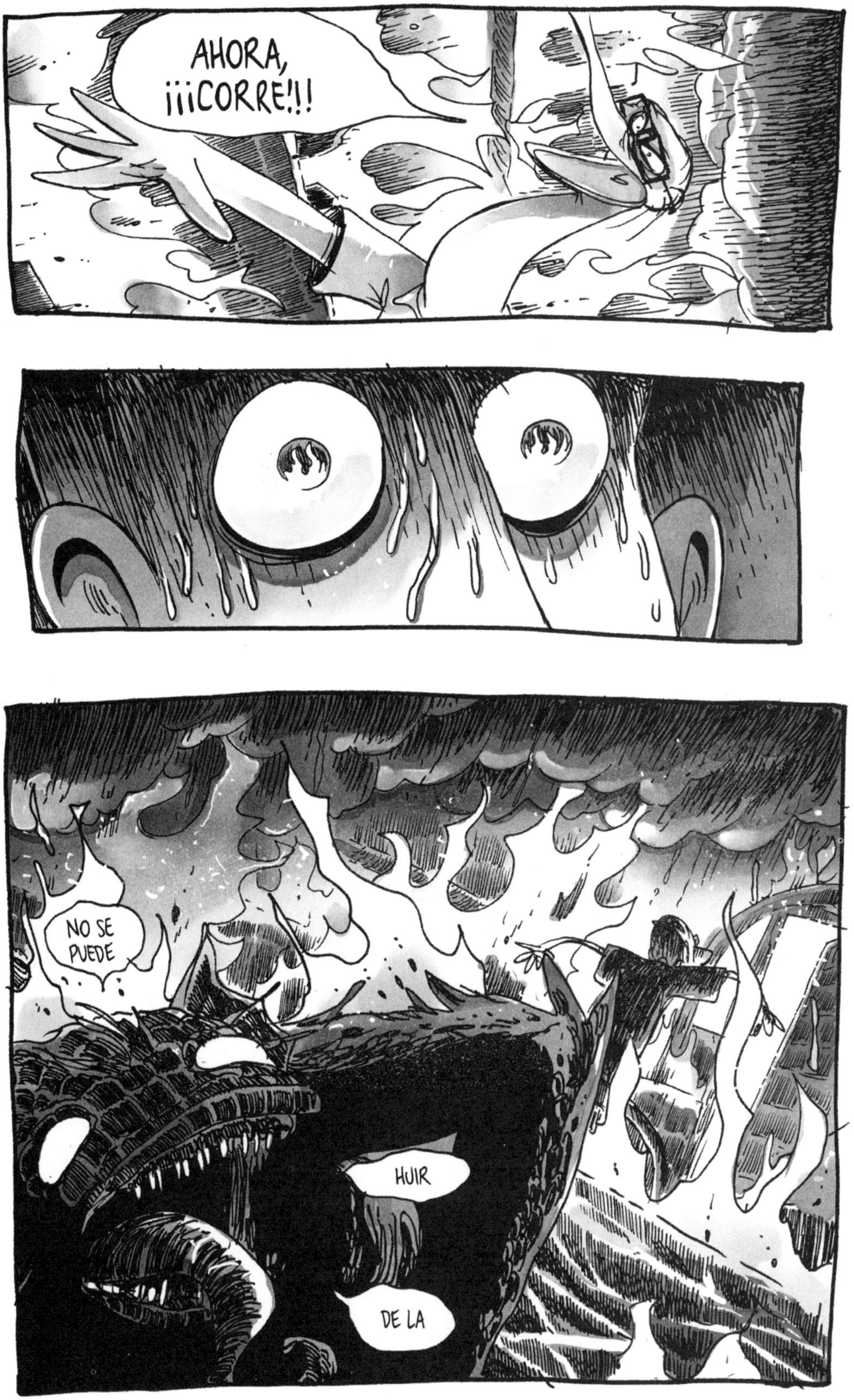
AHORA, ¡¡¡CORRE!!!
NO SE PUEDE
HUIR
DE LA

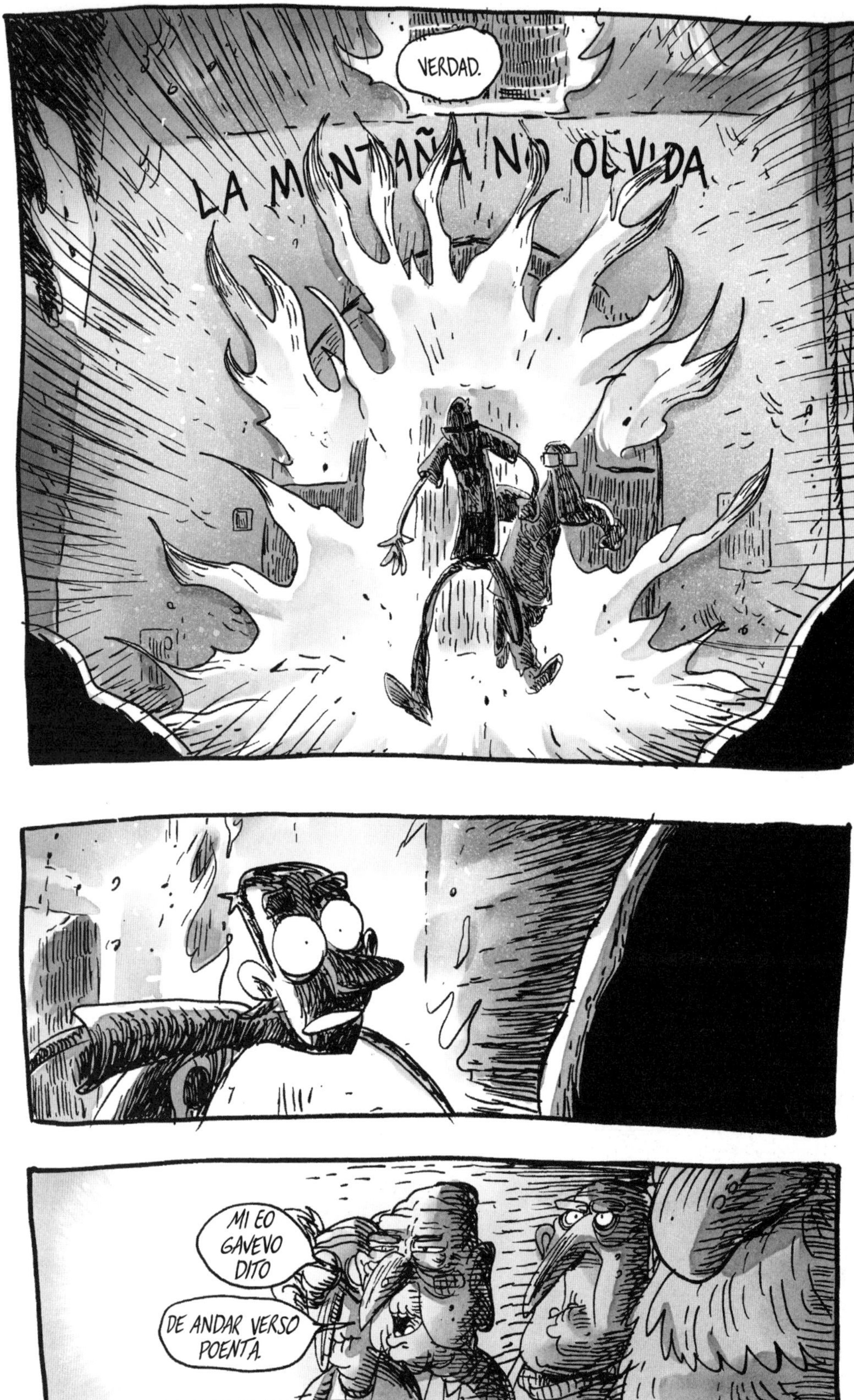
VERDAD.
LA MONTAÑA NO OLVIDA
MI EO GAVEVO DITO
DE ANDAR VERSO POENTA.

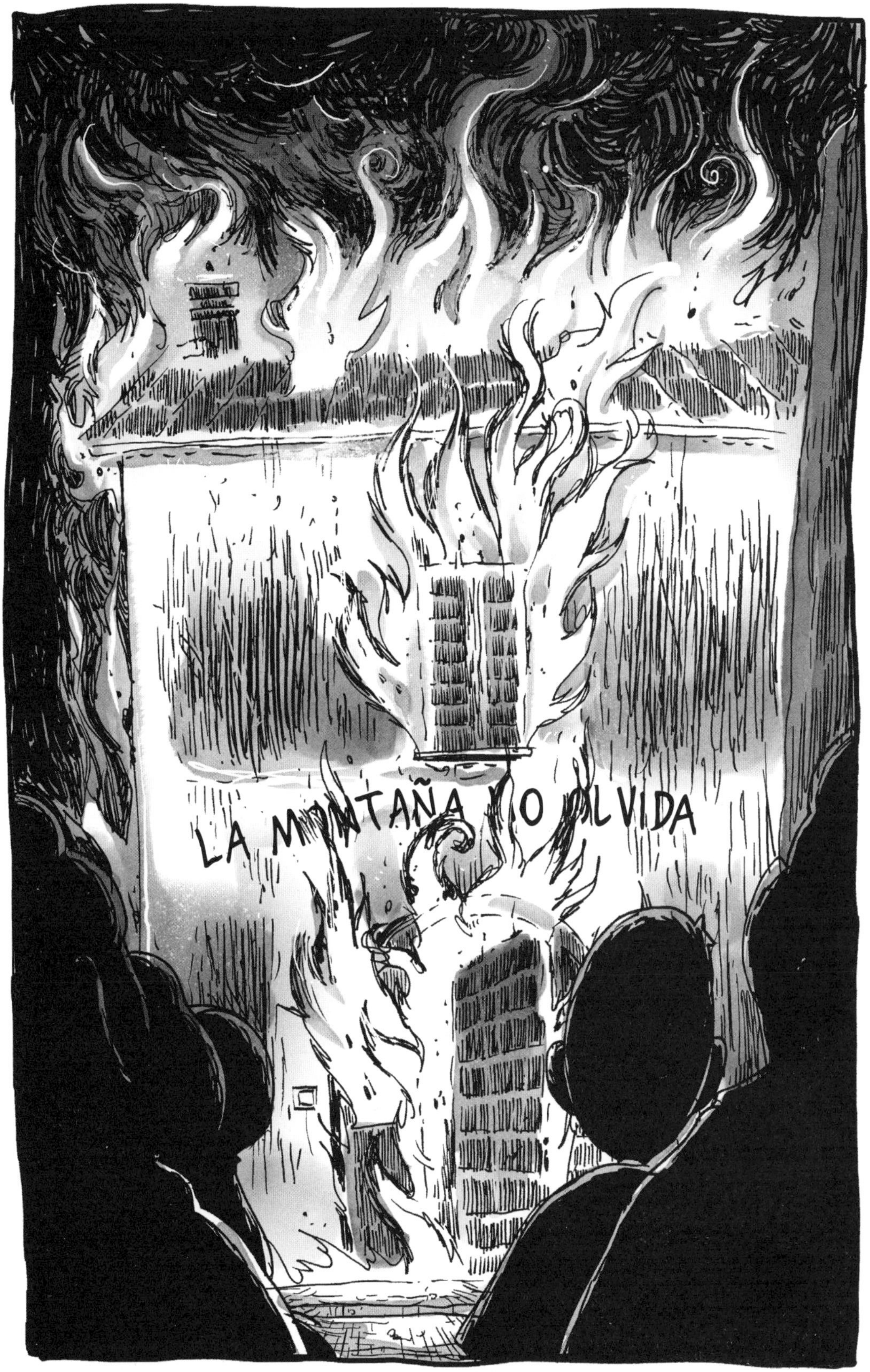
LA MONTAÑA NO OLVIDA

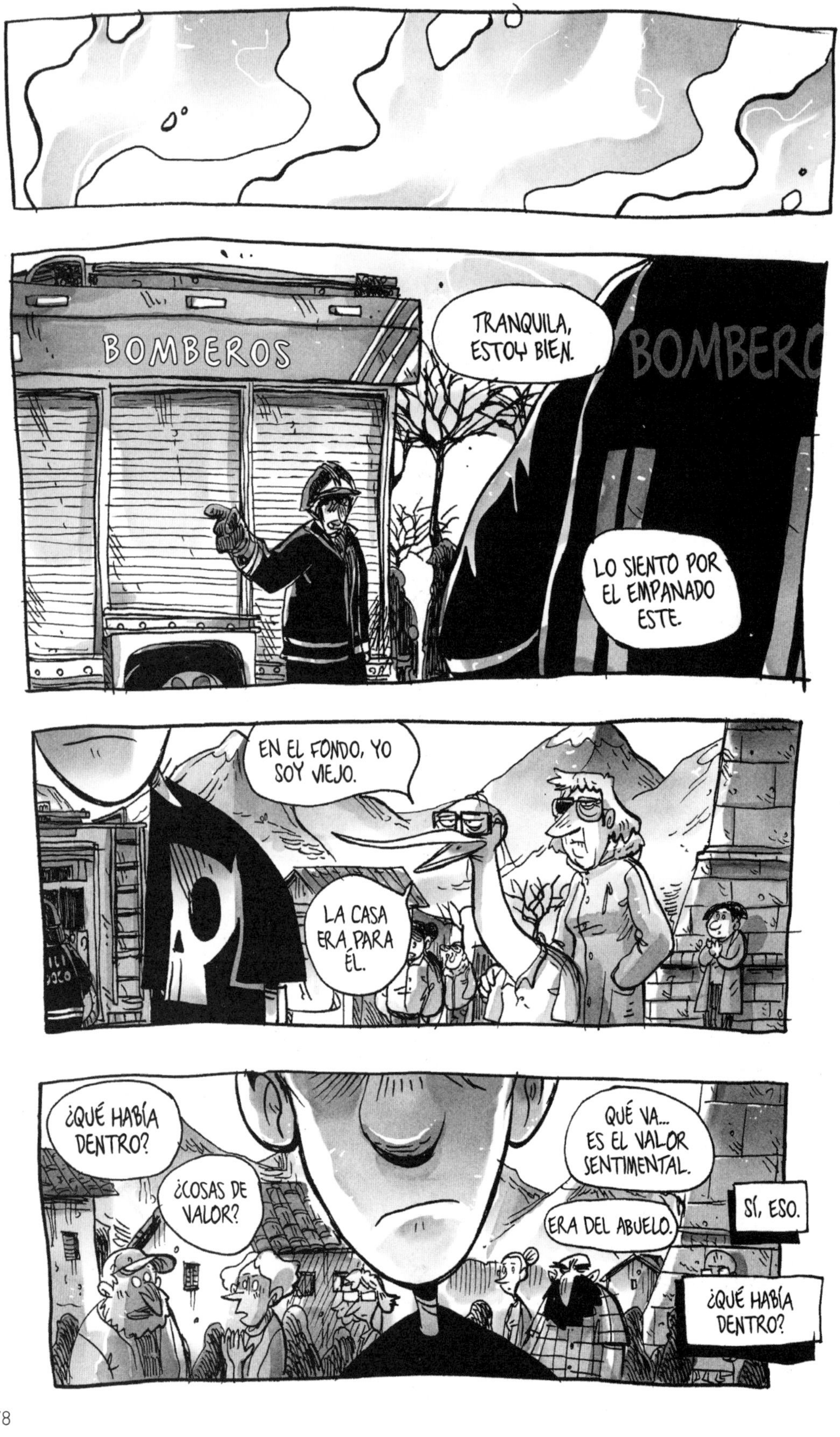
BOMBEROS
TRANQUILA, ESTOY BIEN.
BOMBERO
LO SIENTO POR EL EMPANADO ESTE.
EN EL FONDO, YO SOY VIEJO.
LA CASA ERA PARA ÉL.
¿QUÉ HABÍA DENTRO?
¿COSAS DE VALOR?
QUÉ VA... ES EL VALOR SENTIMENTAL.
ERA DEL ABUELO.
SÍ, ESO.
¿QUÉ HABÍA DENTRO?

NI UN TELEVISOR NI UN ORDENADOR.

UNA MESA DE MADERA.

DOS SILLAS.

CUATRO PLATOS DE IKEA.

VARIOS VASOS.

ALGUNOS CUBIERTOS DESPAREJADOS.

CUATRO CHORRADAS, VAMOS. O QUIZÁ NO.

QUIZÁ AHÍ DENTRO HABÍA CIEN AÑOS DE ODIO Y RENCOR.

DE SANGRE, DE ESPERANZAS Y TAMBIÉN DE TRAICIONES.

DE FAMILIAS Y DE GENERACIONES CONECTADAS.

DE BOCAS COSIDAS. DE PALABRAS MUERTAS AHOGADAS EN LA GARGANTA.

UNA MARAÑA ANCESTRAL DE NUDOS NUNCA DESHECHOS

QUE CUANDO MUERAS

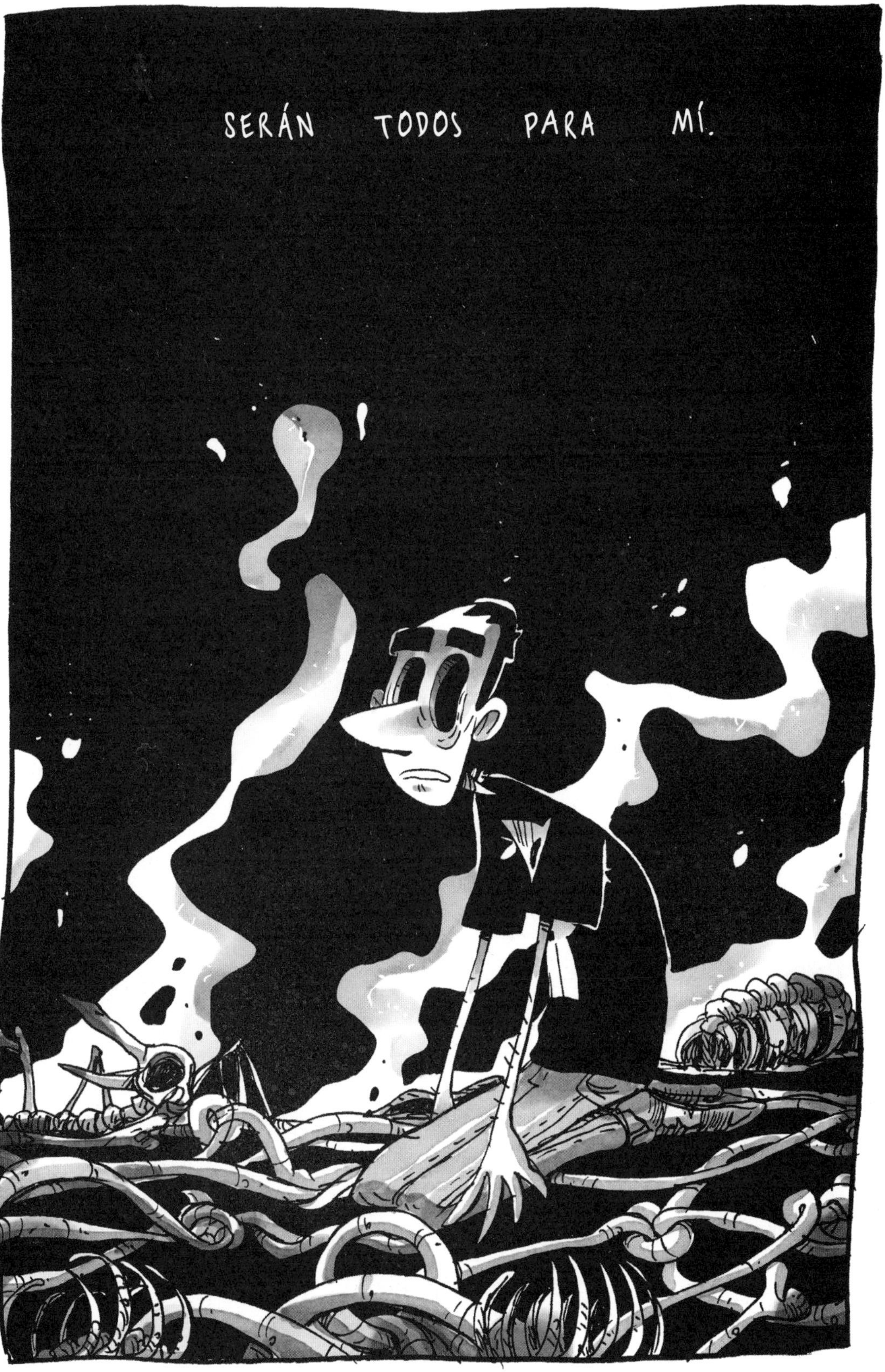
SERÁN TODOS PARA MÍ.

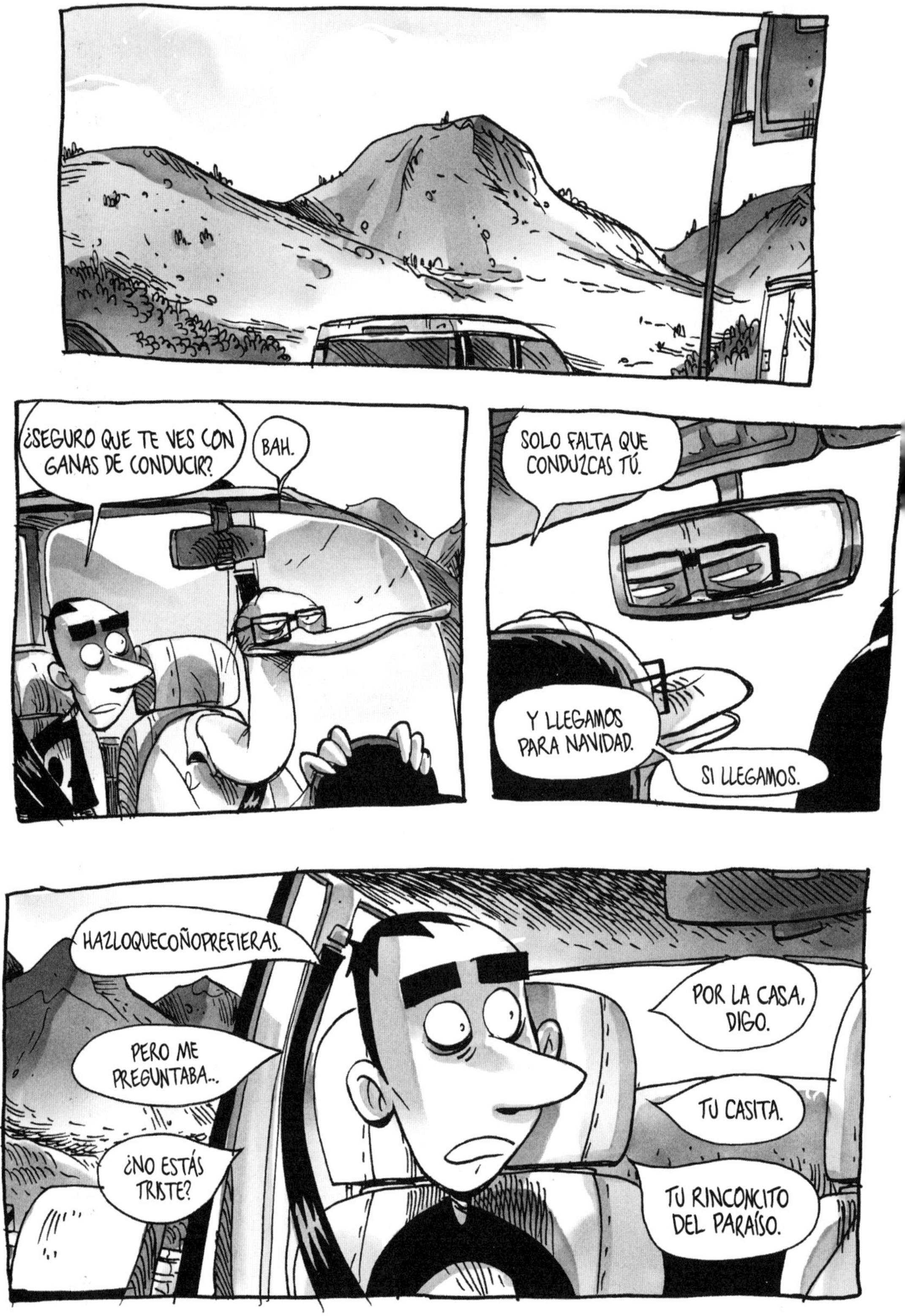
¿SEGURO QUE TE VES CON GANAS DE CONDUCIR?
BAH.
SOLO FALTA QUE CONDUZCAS TÚ.
Y LLEGAMOS PARA NAVIDAD.
SI LLEGAMOS.
HAZLOQUECOÑOPREFIERAS.
PERO ME PREGUNTABA...
¿NO ESTÁS TRISTE?
POR LA CASA, DIGO.
TU CASITA.
TU RINCONCITO DEL PARAÍSO.

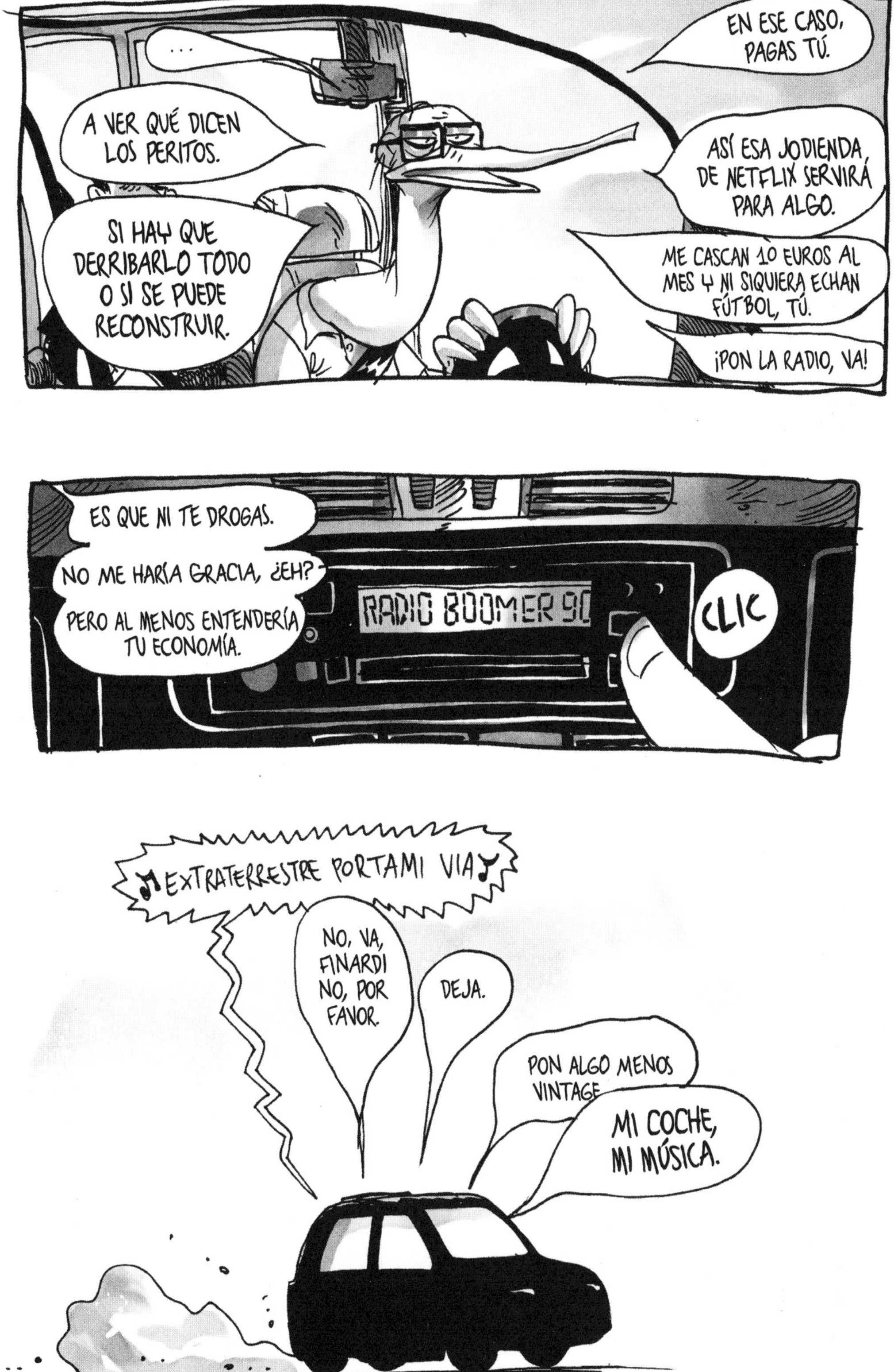
...
A VER QUÉ DICEN LOS PERITOS.
SI HAY QUE DERRIBARLO TODO O SI SE PUEDE RECONSTRUIR.
EN ESE CASO, PAGAS TÚ.
ASÍ ESA JODIENDA DE NETFLIX SERVIRÁ PARA ALGO.
ME CASCAN 10 EUROS AL MES Y NI SIQUIERA ECHAN FÚTBOL, TÚ.
¡PON LA RADIO, VA!
ES QUE NI TE DROGAS.
NO ME HARÍA GRACIA, ¿EH?
PERO AL MENOS ENTENDERÍA TU ECONOMÍA.
RADIO BOOMER 90
CLIC
♪ EXTRATERRESTRE PORTAMI VIA ♪
NO, VA, FINARDI NO, POR FAVOR.
DEJA.
PON ALGO MENOS VINTAGE
MI COCHE, MI MÚSICA.

—ADEMÁS, ¿QUÉ TIENES CONTRA FINARDI?

—HUY, NO, NADA.

—¿QUÉ DICES?

—POBRECILLO.

—ME RECUERDA A CUANDO ERA PEQUEÑO.

Y, POR ESO, ME ENTRAN GANAS DE LLORAR, MALDECIR AL CIELO Y TIRARME POR UN PRECIPICIO.

LO NORMAL, ¿NO?

♪ ...E SI ESERCITAVA CONTINUAMENTE ♪

¿NO ES LO QUE PASA CUANDO ALGO NOS RECUERDA EL PASO DEL TIEMPO?

♪ ...PER SVILUPPARE QUEL TALENTO LATENTE... ♪

ROLLO LOS VIAJES EN COCHE CON MIS PADRES DE NIÑO.

CON CANTAUTORES ITALIANOS COMO BANDA SONORA.

—PING PING, CIERRA LA VENTANILLA.

—¡AY, ESTOY SUDANDO!

—QUÍTATE ROPA.

—NO, PERDONA, TÁPATE TÚ.

—PARA, QUE ME BAJO.

—QUECOÑODICES.

CANTAUTORES Y DISCUSIONES.

—Y TÚ, CARIÑO, NO LEAS. QUE TE ENTRAN GANAS DE VOMITAR.

—ANDA YA A CAGAR. YO NO VOMITABA.

PODÍA PASARME CIEN HORAS TUMBADO ALLÍ EN EL ASIENTO DE ATRÁS.

EN ESA POSICIÓN, DESDE LA QUE NO VEÍA LA CARRETERA.

SOLO UNA ESQUINITA DE CIELO DELIMITADA POR LA VENTANILLA.

Y LAS FAROLAS IBAN ENTRANDO Y SALIENDO DE CUADRO MUY DEPRISA.

A INTERVALOS REGULARES.

♪ EXTRATERRESTRE, PORTAMI VIA... ♪

FIU. FIU.

TAN REGULARES QUE CONTABA LOS SEGUNDOS PARA CALCULAR CUÁNDO VOLVERÍAN A APARECER.

Y ME SALÍA UN RAYO INVISIBLE DEL DEDO, QUE LEVANTABA Y BAJABA ENTRE FAROLA Y FAROLA.

SIN QUE NUNCA SE CRUZARAN.

HASTA QUE ME ADORMILABA.

♪ ...VOGLIO UNA STELLA CHE SIA TUTTA MIA... ♪

ANDA QUE NO ERA UN CHAVAL RARITO.

¡EH, DESPIERTA!

ESTOY DESPIERTO.

SI SOLO DESCANSABA LOS OJOS.

ESTAMOS EN REBIBBIA.

AY, MIRA TÚ. QUÉ RÁPIDO.

Y CON DOS PARADAS A TOMAR ALGO.

TE HE DEJADO EN EL COCHE, BABEANDO LA VENTANILLA.

¿QUÉ? ¿TE LLEVO A TU CASA?

NO, NO, TE AYUDO A DESCARGARLO TODO EN LA TUYA.

HIJO MODELO.

COMO ENEAS, QUE CARGABA A SU PADRE A CABALLITO.

LUEGO YA ME VOY A PATA.

ASÍ INSPECCIONO SI REBIBBIA HA CAMBIADO EN ESTAS 48 HORAS DE EXILIO.

VALE. METO EL COCHE EN EL GARAJE.

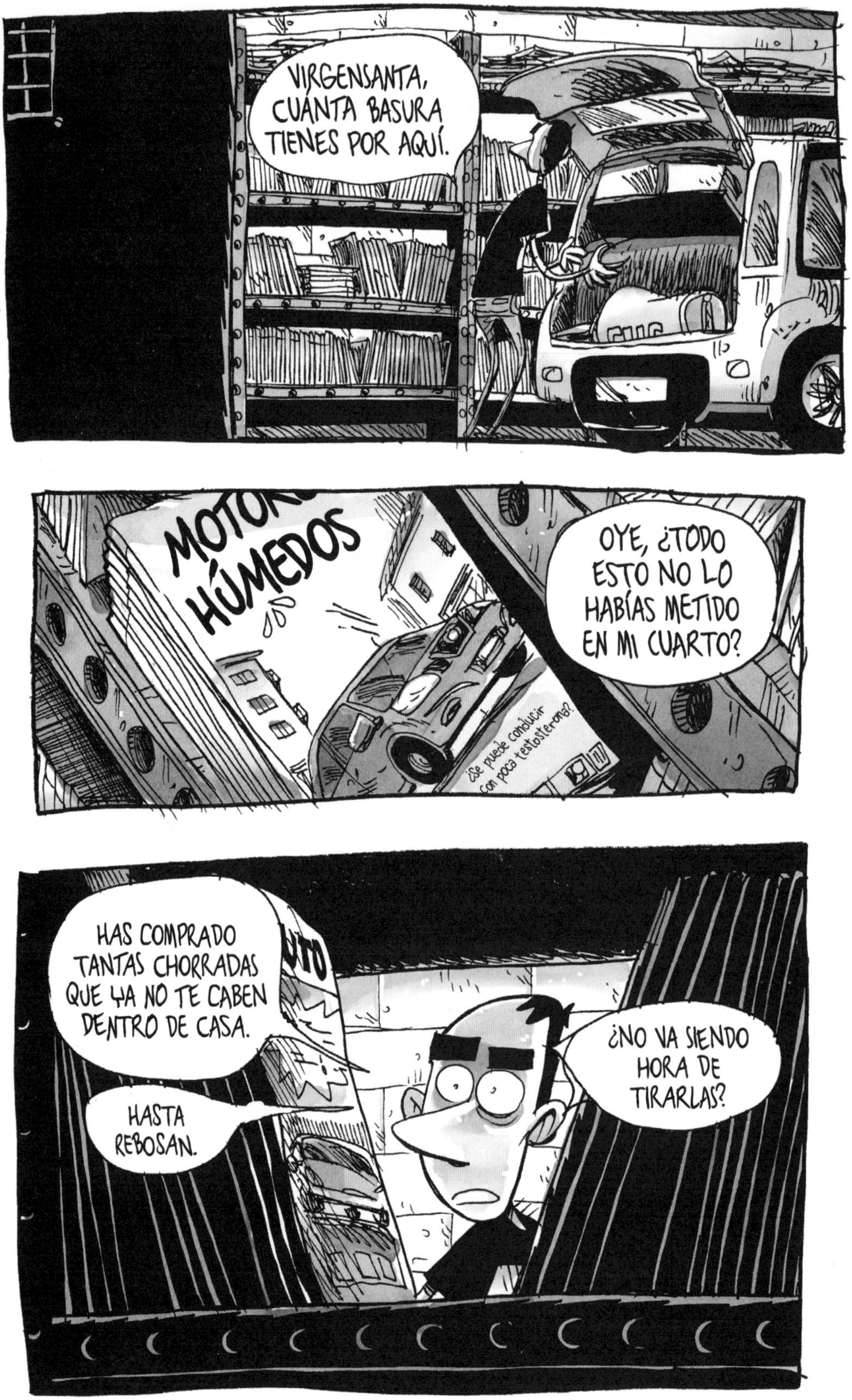
VIRGENSANTA, CUÁNTA BASURA TIENES POR AQUÍ.
HÚMEDOS
¿Se puede conducir con poca testosterona?
OYE, ¿TODO ESTO NO LO HABÍAS METIDO EN MI CUARTO?
HAS COMPRADO TANTAS CHORRADAS QUE YA NO TE CABEN DENTRO DE CASA.
HASTA REBOSAN.
¿NO VA SIENDO HORA DE TIRARLAS?

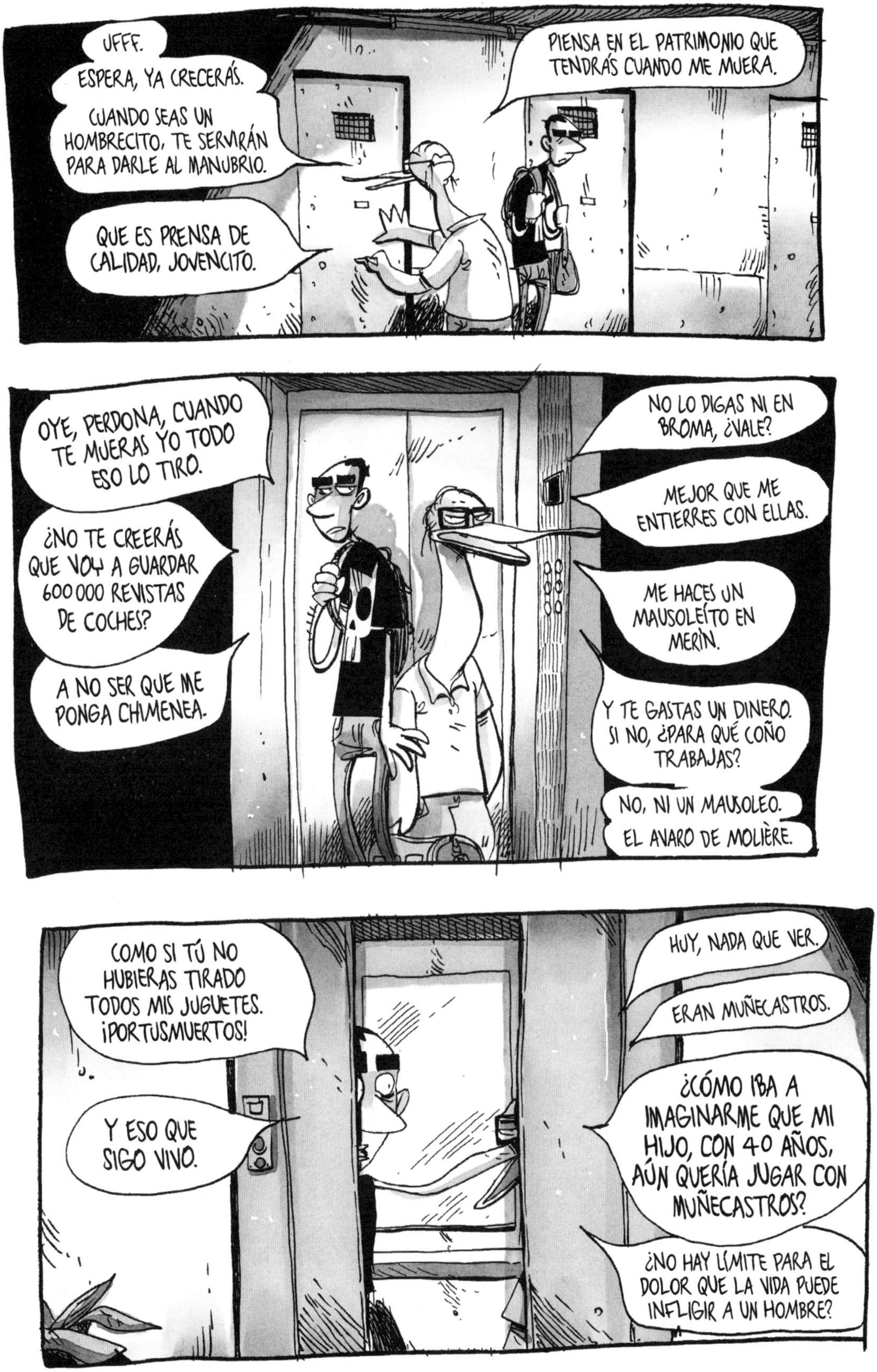
UFFF.
ESPERA, YA CRECERÁS.
CUANDO SEAS UN HOMBRECITO, TE SERVIRÁN PARA DARLE AL MANUBRIO.
QUE ES PRENSA DE CALIDAD, JOVENCITO.
PIENSA EN EL PATRIMONIO QUE TENDRÁS CUANDO ME MUERA.
OYE, PERDONA, CUANDO TE MUERAS YO TODO ESO LO TIRO.
¿NO TE CREERÁS QUE VOY A GUARDAR 600 000 REVISTAS DE COCHES?
A NO SER QUE ME PONGA CHIMENEA.
NO LO DIGAS NI EN BROMA, ¿VALE?
MEJOR QUE ME ENTIERRES CON ELLAS.
ME HACES UN MAUSOLEÍTO EN MERÍN.
Y TE GASTAS UN DINERO. SI NO, ¿PARA QUÉ COÑO TRABAJAS?
NO, NI UN MAUSOLEO.
EL AVARO DE MOLIÈRE.
COMO SI TÚ NO HUBIERAS TIRADO TODOS MIS JUGUETES. ¡PORTUSMUERTOS!
Y ESO QUE SIGO VIVO.
HUY, NADA QUE VER.
ERAN MUÑECASTROS.
¿CÓMO IBA A IMAGINARME QUE MI HIJO, CON 40 AÑOS, AÚN QUERÍA JUGAR CON MUÑECASTROS?
¿NO HAY LÍMITE PARA EL DOLOR QUE LA VIDA PUEDE INFLIGIR A UN HOMBRE?

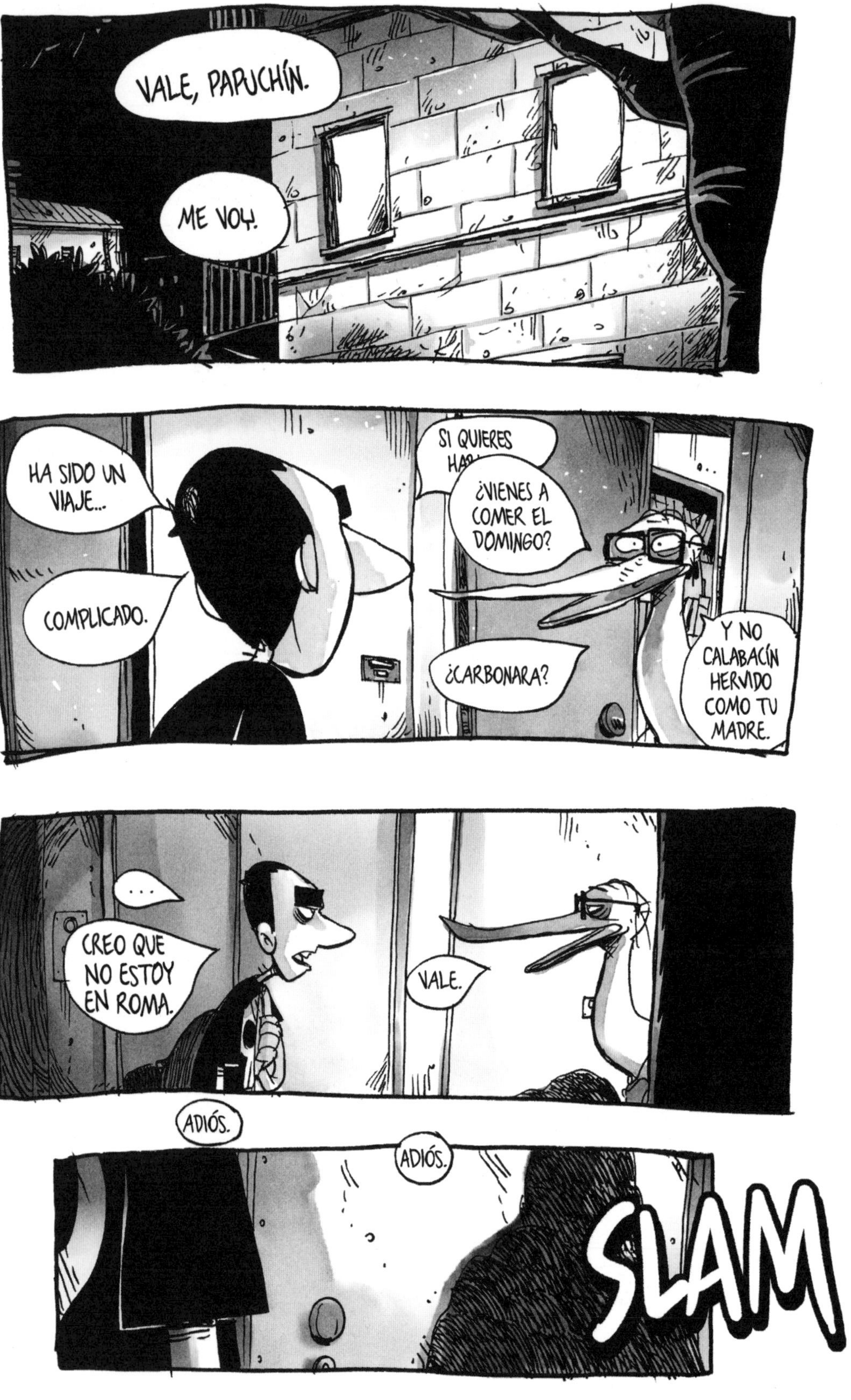
VALE, PAPUCHÍN.
ME VOY.
HA SIDO UN VIAJE...
COMPLICADO.
SI QUIERES
¿VIENES A COMER EL DOMINGO?
¿CARBONARA?
Y NO CALABACÍN HERVIDO COMO TU MADRE.
...
CREO QUE NO ESTOY EN ROMA.
VALE.
ADIÓS.
ADIÓS.
SLAM

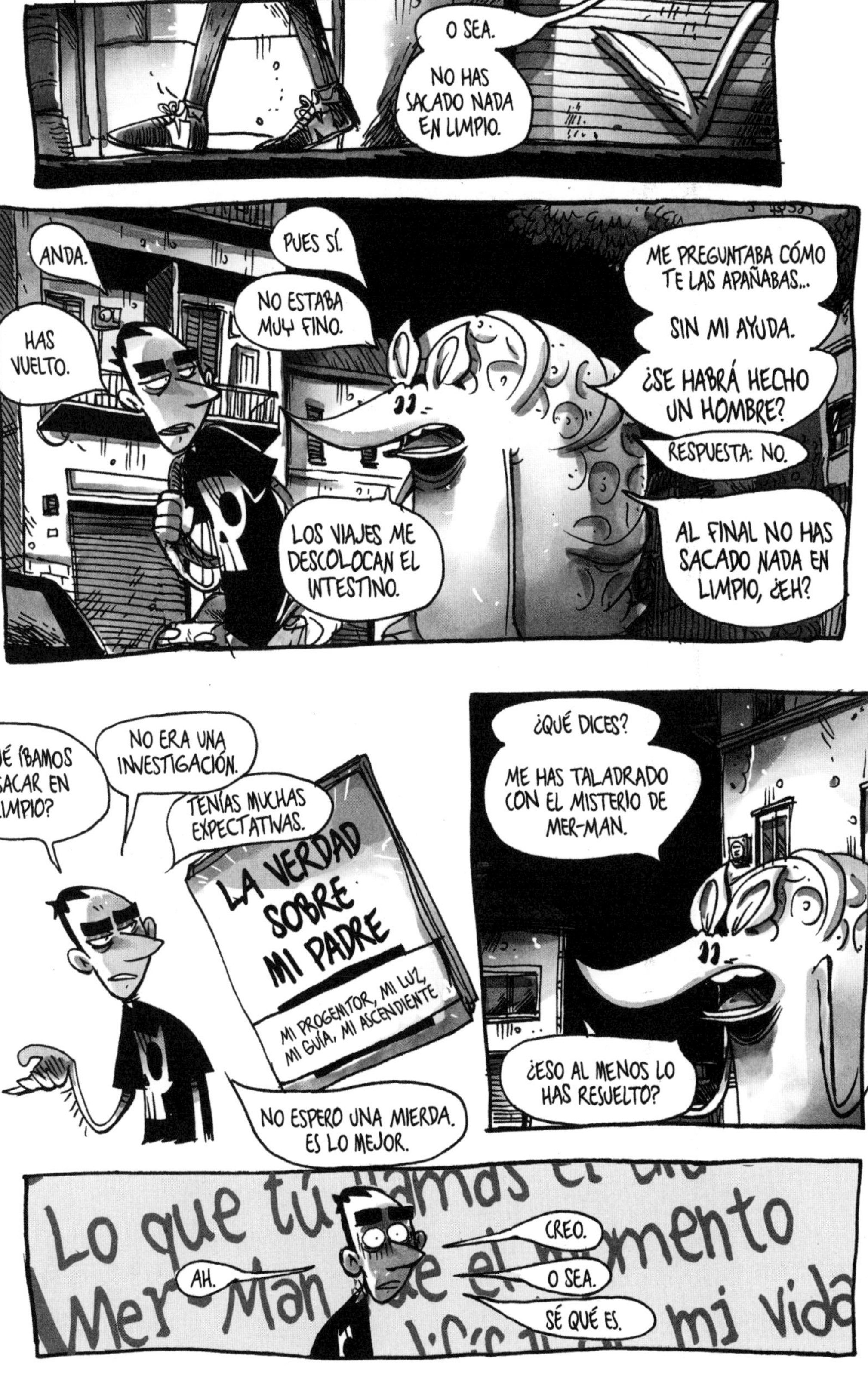
O SEA.
NO HAS SACADO NADA EN LIMPIO.
ANDA.
HAS VUELTO.
PUES SÍ.
NO ESTABA MUY FINO.
LOS VIAJES ME DESCOLOCAN EL INTESTINO.
ME PREGUNTABA CÓMO TE LAS APAÑABAS...
SIN MI AYUDA.
¿SE HABRÁ HECHO UN HOMBRE?
RESPUESTA: NO.
AL FINAL NO HAS SACADO NADA EN LIMPIO, ¿EH?
¿QUÉ ÍBAMOS A SACAR EN LIMPIO?
NO ERA UNA INVESTIGACIÓN.
TENÍAS MUCHAS EXPECTATIVAS.
LA VERDAD SOBRE MI PADRE
MI PROGENITOR, MI LUZ, MI GUÍA, MI ASCENDIENTE
NO ESPERO UNA MIERDA. ES LO MEJOR.
¿QUÉ DICES?
ME HAS TALADRADO CON EL MISTERIO DE MER-MAN.
¿ESO AL MENOS LO HAS RESUELTO?
AH.
CREO.
O SEA.
SÉ QUÉ ES.

UN MUÑECO DE PLÁSTICO.

CON EL QUE DE NIÑO JUGABA CON MI PADRE.

HASTA QUE ME CANSÉ.

Y LO DEJÉ A ÉL JUGANDO SOLO.

CUANDO YA NO ERA SOLO UN MUÑECO.

SE HABÍA CONVERTIDO EN MUCHAS COSAS. UN FANTASMA. UN MONSTRUO. UN COMPAÑERO DE VIAJE.

HASTA SE HABÍA PILLADO ACCIONES DE UNA EMPRESA DE CONSTRUCCIÓN.

OH, NO.

HOY HA VENIDO A LA OBRA EL ESCAMOSO DEL JEFE.

QUE NO NOS HAGA EMPEZAR DE CERO.

ES UN TOCACOJONES.

QUÉ VA.

SI SON MUROS DIVISORIOS.

NO DE CARGA.

PUEDEN ESTAR TORCIDOS.

— YA. BUENO. Y, AHORA QUE LO SABES, ¿HA CAMBIADO TODO? ¿SE OS HA ABIERTO EL CHACRA DE LA CHARLETA PADREHIJO?

— ¿QUÉ QUIERES QUE CAMBIE? QUE YO TENGO 40 AÑOS Y ÉL HA CUMPLIDO 70, HOMBREYÁ. ES TARDE PARA APRENDER A HABLAR.

— QUIZÁ SI INVENTAN EL DUOLINGO DE LAS EMOCIONES. Y NOS APRENDEMOS LOS TACOS.

PERO LO MÁS PROBABLE ES QUE YA NOS VAYAMOS ASÍ A LA TUMBA. SIENDO COMO FRACTURAS.

FRACTURAS DESCOLOCADAS QUE SE HAN CALCIFICADO TORCIDAS.

GUARIDA DE ZERO

CORAZONES COJOS Y AFÓNICOS QUE SON INCAPACES DE DECIRSE LAS COSAS.

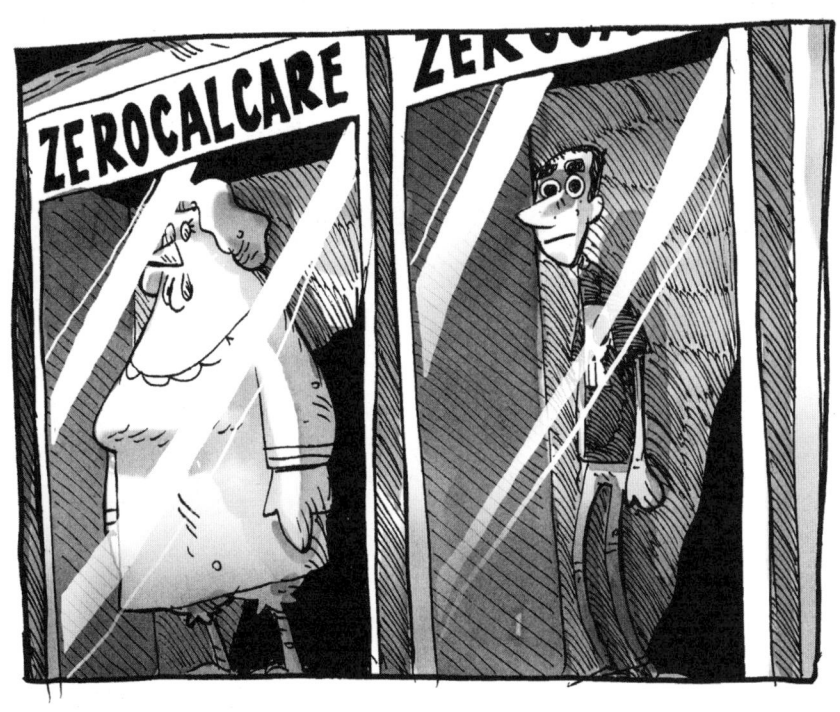

A VECES LAS INTUYEN.

Y A VECES NO.

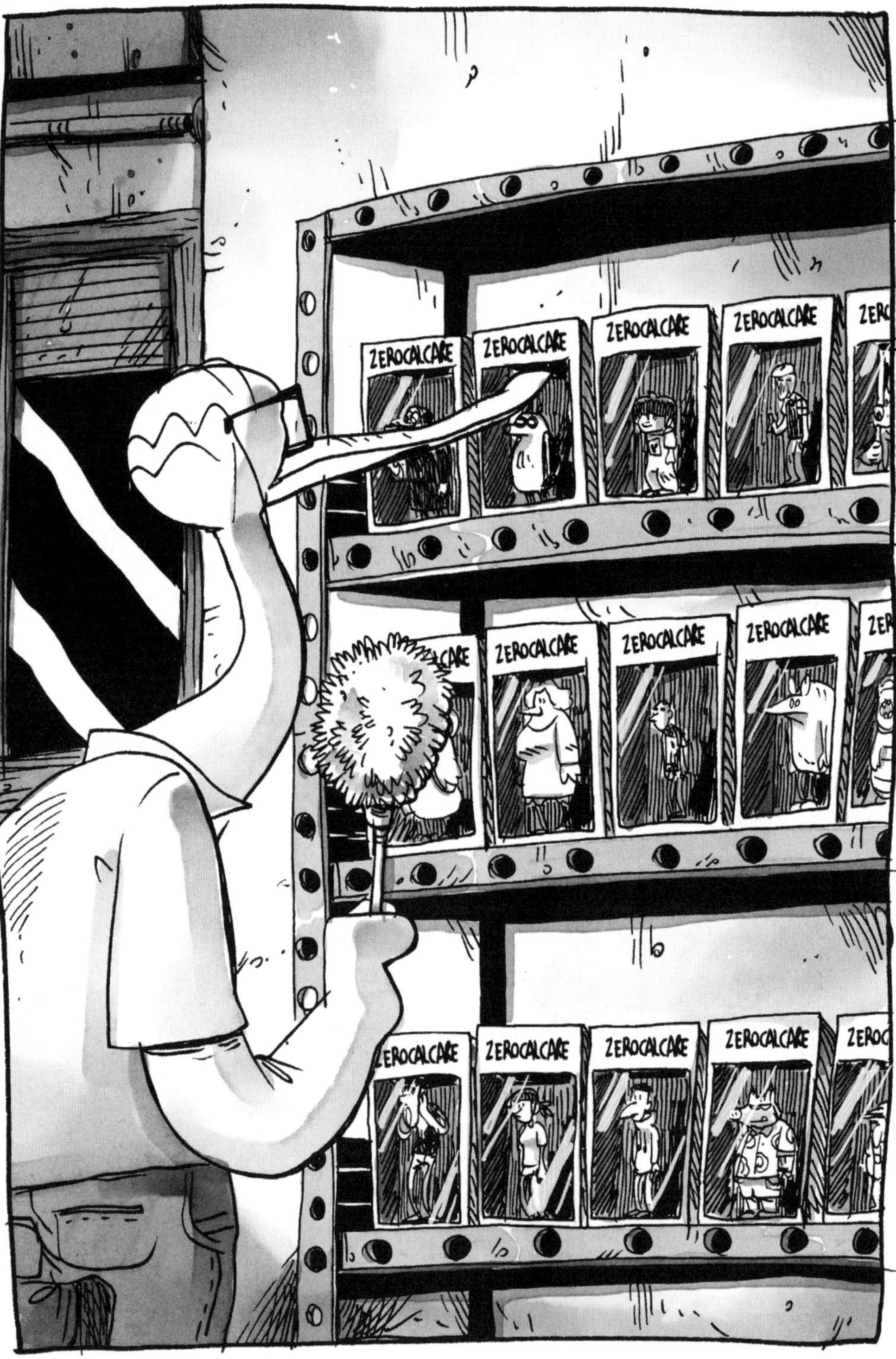
ZEROCALCARE
ZEROCALCARE
ZEROCALCARE
ZEROCALCARE
ZEROCALCARE
ZEROCALCARE
ZEROCALCARE
ZEROCALCARE
ZEROCALCARE
ZEROCALCARE
ZEROCALCARE
ZEROCALCARE
ZEROCALCARE

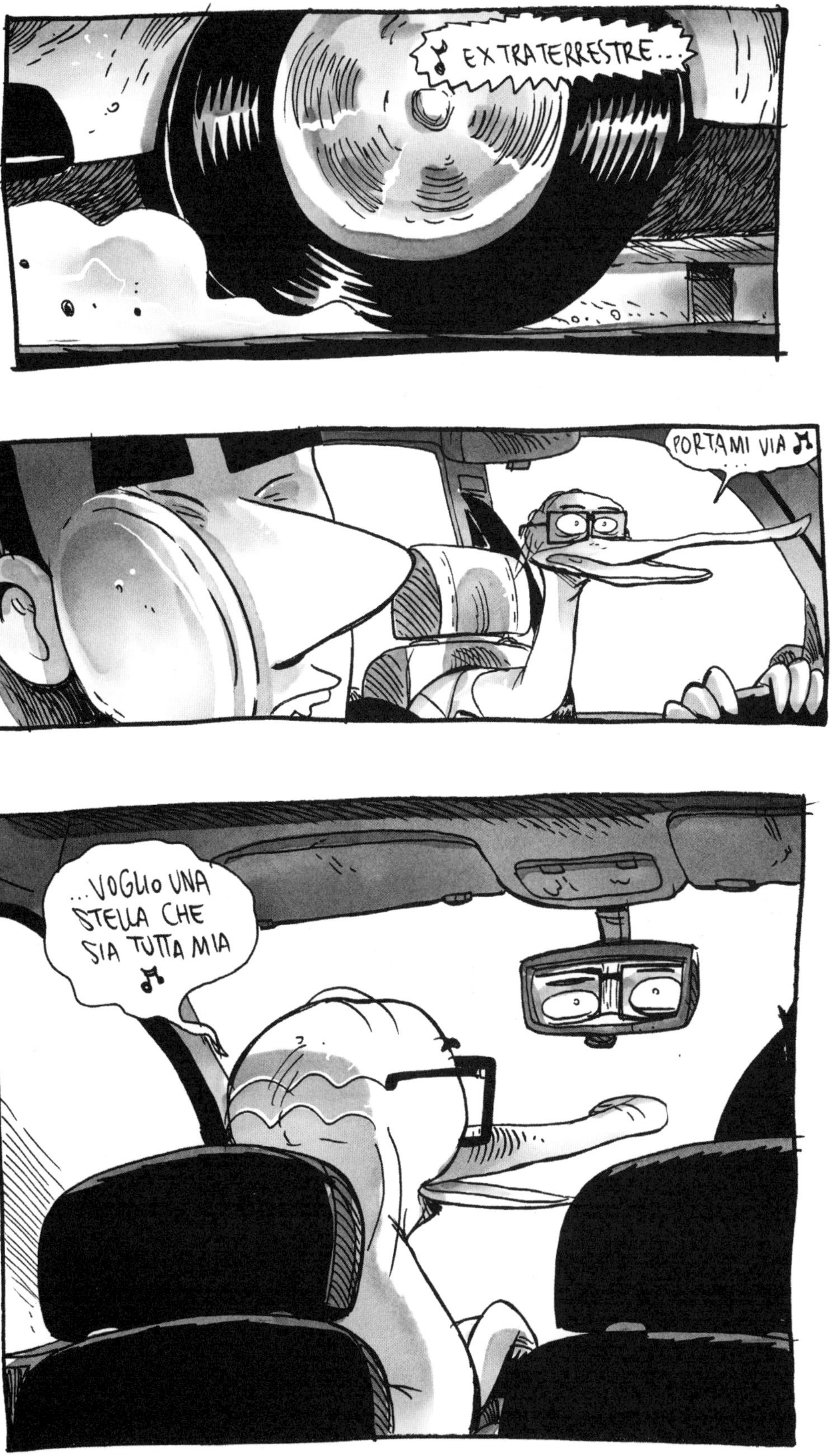
EXTRATERRESTRE...
PORTAMI VIA ...
...VOGLIO UNA STELLA CHE SIA TUTTA MIA

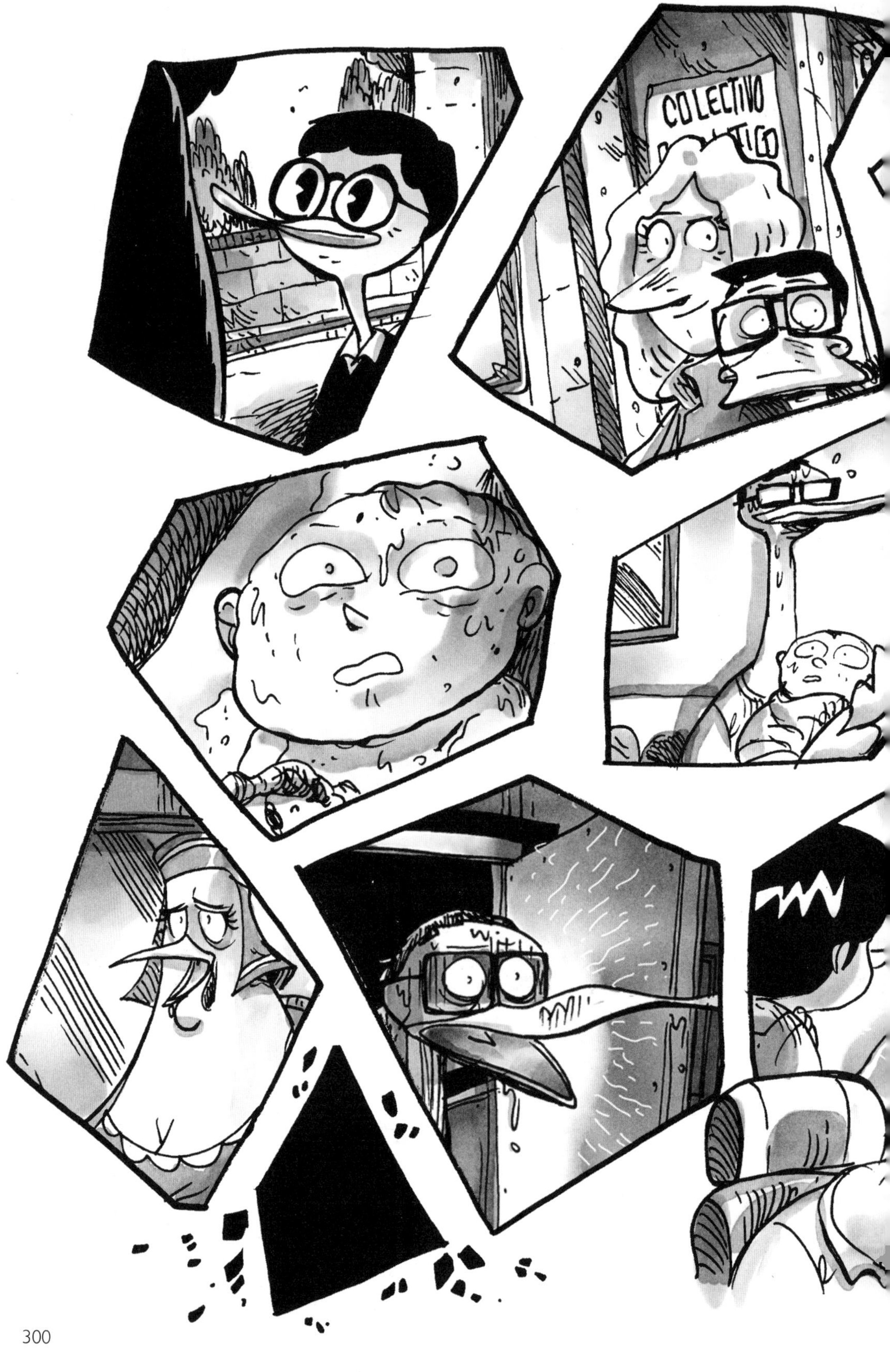
COLECTIVO

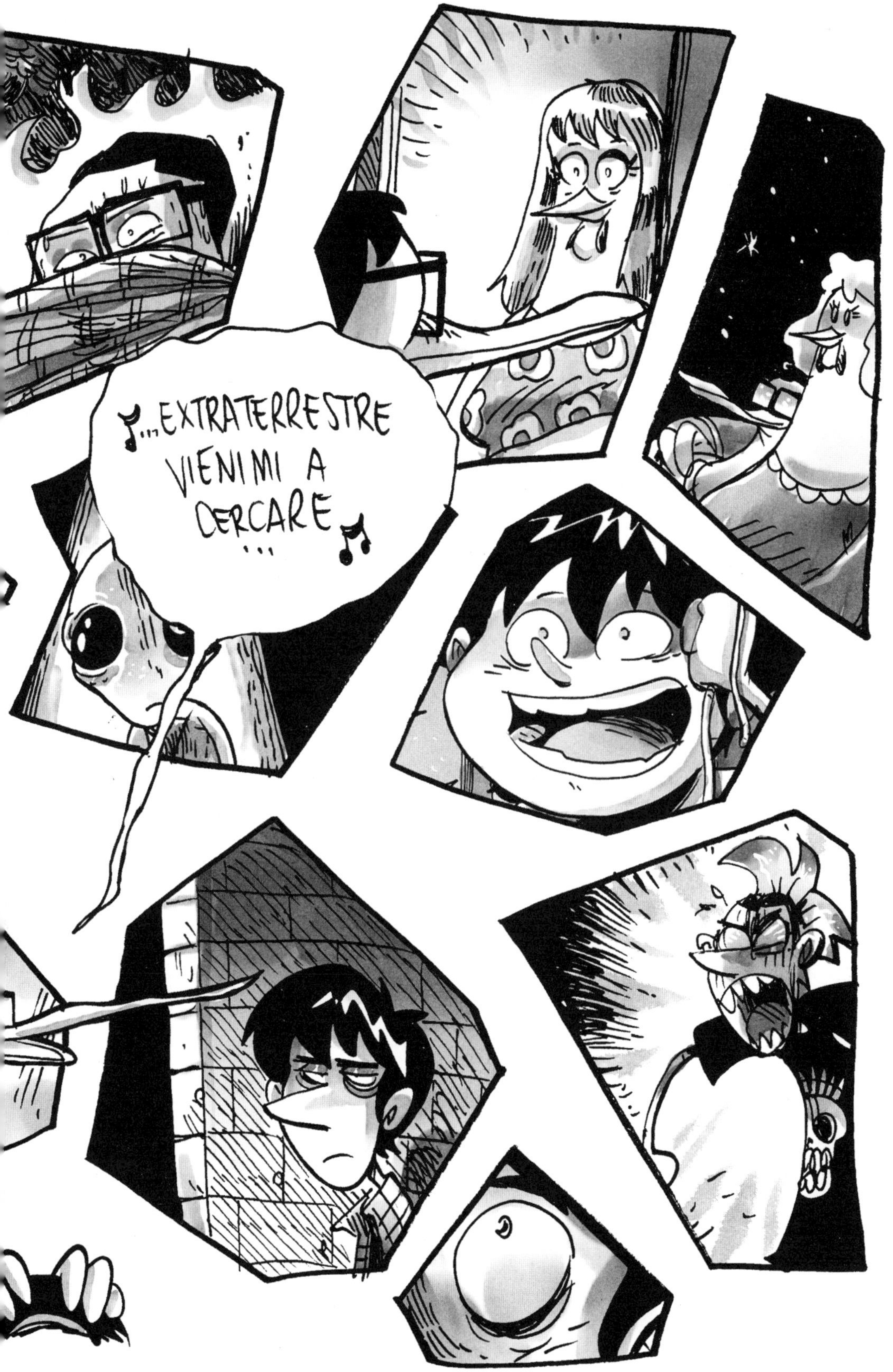
...EXTRATERRESTRE VIENIMI A CERCARE...

♪ QUE NO VARÍE LO QUE AHORA PIENSO DE LAS COSAS, DE LA GENTE. ♫

MARZO DE 2024

SERÁ TODO PARA MÍ

Zerocalcare es el seudónimo de Michele Rech (Arezzo, 1983), dibujante de cómics e ilustrador italiano. A finales de 2011 terminó su primer libro, *La profecía del armadillo*, con el que ganó el Premio Gran Guinigi, el galardón más importante del cómic italiano, otorgado en el festival Lucca Comics & Games. Desde entonces ha publicado, entre otras, las siguientes obras, editadas todas ellas en español por Reservoir Books: *Un pulpo en la garganta* (2012), *Olvida mi nombre* (2014, finalista del Premio Strega), *Kobane Calling* (2016, ganadora del Premio Micheluzzi del Napoli Comicon), *Macerie prime* (2017; actualmente en preparación), *Esqueletos* (2020), *No Sleep Till Shengal* (2022; ganadora del Premio Tiziano Terziani) y *Será todo para mí* (2024). Desde hace una década y media, cada libro suyo no ha hecho sino consolidarlo como uno de los mayores referentes de la cultura italiana actual, además de haber sido traducido a una quincena d idiomas. En 2019 el MAXXI de Roma, el Museo Nacional de las Artes del siglo XXI, le dedicó una exposición retrospectiva, titulada «Scavare Fossati – Nutrire coccodrilli». En 2021 se estrenó en Netflix, en todo el mundo, su serie de animación *Cortar por la línea de puntos*, que fue un fenómeno de audiencia global y lo encumbró internacionalmente; a esta siguió otra miniserie de animación en 2023, para la misma plataforma, titulada *Este mundo no me hará mala persona*. En 2023, asimismo, recibió el Premio Antonio Feltrinelli, por el conjunto de su obra, otorgado por la Academia Nacional de los Linces, la primera academia de ciencias fundada en Italia en1603.